존 파이퍼 목사의 '로마서 강해'는 위대한 본문이 훌륭한 해석자를 만나서 나온 작품이다. 로마서 강해는 영국의 탁월한 강해설교자, 고(故) 마틴 로이드 존스 목사의 강해서 이후로 좀 더 현대적이고 실제적인 설교자를 오랫동안 기다려 왔는데 마침내 좋은 해석자를 만났다. 존 파이퍼 목사는 신학자 출신의 목회자로 벧엘신학교에서 6년간 가르치다가 설교자로 부르심을 받았다. 그는 로마서의 위대함에 사로잡혀 있었고 그 중에서도 로마서 8장에 붙들려 18년 목회 사역을 감당할 수 있었다고 고백한다. 존 파이퍼의 '로마서 강해'가 마틴 로이드 존스의 '로마서 강해' 이상으로 한국 교회 강단에 큰 영향을 미칠 것으로 기대한다.

김서택 대구동부교회 담임목사

로마서는 성경의 모든 책들 중 가장 방대한 교리적 진술을 담고 있다. 존 파이퍼 목사의 로마서 강해는 교리적 가르침을 세밀하게 소개함과 동시에 그 진리가 주는 뜨거움을 생생하게 전달한다. 이는 불붙는 논리로 설교를 전했던 마틴 로이드 존스를 연상시킨다. 바른 진리는 열정을 발산시키게 하며, 열정은 바른 진리로부터 시작될 수 있다. 저자는 이것을 '구원의 틀'과 '현실을 바라보는 시각'으로 표현한다. 본서의 독자들은 견고한 구원의 진리를 만나게 될 것이며, 구원의 진리에 따라 살도록 도전받게 될 것이다. 이어 출간하게 될 로마서 강해집이 진리의 기반이 약한 한국 교회에 건강한 기초를 놓게 될 것을 기대한다.

송태근 삼일교회 담임목사

로마서에는 하나님과 세상과 우리 인간에 관한 진리와 복음의 중심이 고스란히 녹아 있다. 특별히 16년 간 베들레헴교회 강단에서 전해진 복음주의 설교자 존 파이퍼 목사의 로마서 강해가 책으로 정리되어 출간되니 무척이나 반갑다. 존 파이퍼 목사의 로마서 강해가 전하는 복음의 메시지는 신학을 전공한 학도들뿐 아니라 평신도들도 쉽고 명쾌하게 이해할 수 있다. 이 책을 통해 모든 성도들이 복음을 깨닫고 그 복음을 살며 열방 가운데 복음을 전하는 그리스도인으로 날마다 자라가길 기도한다.

이찬수 분당우리교회 담임목사

좋은 강해를 읽는 것은 언제나 감동이다. 이 책은 그런 보기 드문 역작 중의 하나다. 최근 우리에게 큰 유익을 끼치는 외국 작가로 우리는 팀 켈러와 존 파이퍼를 주목한다. 두 분은 모두 목회자요 강해 설교가다. 두 분 다 견고한 신학적 기반에서 설교하는 분들이다. 한 분은 장로교 목회자고, 또 한 분은 침례교 목회자다. 존 파이퍼는 그의 목회의 절정에서 이 로마서를 강해한다고 고백한다. 그는 존 스토트의 로마서 강해에서 영감을 얻었다고 말한다. 그는 이 책에서 그의 회심과 목회의 모든 것을 내놓고 있다. 그래서 어쩌면 존 파이퍼 신학의 절정이라고 할 만한 작품이다. 존 스토트나 마틴 로이드 존스의 로마서와는 또 다른 감동이 있다. 바로 우리 시대의 치유와 해답이라고 할 만한 현장을 느끼게 된다. 나는 이 책에서 한국 교회를 살리는 희망을 느끼며 읽었다. 그래서 이 책을 이 시대의 한국 강단의 동역자들에게 강추하는 바다. 오랫동안 이 책은 설교자의 필수 도서목록으로 남을 가치가 있다. 다른 불필요한 책들 대신에 이 책으로 자리를 대신하기 바란다. 그 대신 우리의 강단은 새로운 부요를 경험하게 될 것이다.

이동원 지구촌교회 원로목사

존 파이퍼 목사는 목회자와 저술가로서 그 영성과 지성이 검증된 주님의 사역자다. 로마서는 초대 교회 때부터 성도들의 신앙의 기초를 견고하게 세우는 영적 자양분을 공급하는 보고로 쓰임 받아왔다. 이제 한국 교회 성도들은 예배당 안에서의 영성이라는 편협성을 과감하게 극복해야 할 시대적 소명을 안고 있다. 일상의 예배자로 한걸음 더 개혁적인 발걸음을 내딛기 위해 말씀에 대한 불같은 확신과 진리에 대한 각성 및 생활의 변화가 그 열매로 나타나야 한다. 목회와 말씀의 균형 감각이 탁월한 저자를 통하여 펼쳐지는 로마서의 파노라마가 한국의 목회자들과 성도들의 가슴에 안겨질 때 하나님의 역사하심이 힘 있게 일어날 줄 믿는다. 저자가 금세기 지구촌 그리스도인들을 향한 하나님의 은혜로운 선물인 것처럼 '로마서 강해' 역시 한국 교회를 향한 주님의 마음이 담긴 선물임을 믿어 의심치 않는다.

오정호 새로남교회 담임목사, 제자훈련목회자협의회(CAL-NET) 대표이 책을 추천하는 나의 마음은 참 행복하고 기쁘다. 저자가 존 파이퍼이기 때문이고, 그가 다루는 주제가 복음이며, 복음이 무엇보다 잘 드러난 로마서이기 때문이다. 로마서는 복음을 가장 잘 담고 있을 뿐 아니라 동시에 성화라는 주제도 칭의와의 관계 안에서 균형 있게 잘 다뤄주는 책이어서 조국 교회에 시의적절한 필요를 가진다. 오늘 조국 교회는 성도들의 삶과 실천 문제와 관련해 깊은 고통을 느끼고 있다. 성도들의 삶을 가능하게 만드는 복음의 진리에 대한 바른 지식의 부재와 그로 인한 성화와 삶에 대한 혼동이 이 모든 문제들의 근원이라고 본다. 죄 많은 세상에 우리의 몸을 입고 오신 예수님의 삶과 죽으심과 부활이 우리의 칭의의 유일한 근거이며 성화의 능력이다. 사람들로 하나님의 진노를 벗어나 은혜에 이르게 하고, 죄의 권세에서 벗어나 거룩과 사랑의 삶으로 들어가게 하는 것이 복음의 능력이다. 이 귀한 책이 그런 복음의 능력을 새롭게 함으로 조국 교회에 많은 유익을 널리 끼칠 것이라 여겨 기쁘게 추천한다. **화종부** 남서울교회 담임목사

멋진 음악은 늘 새로이 연주되고 새로이 음미된다. 연주자가 달라지고, 듣는 내 삶의 자리도 달라지기에, 익숙한 아름다움이라도 언제나 그 맛이 새롭다. 로마서라는 멋진 음악 역시 오랜 세 월 숱한 설교자들을 만나며 깊고 진한 감동을 선사해 왔다. 오늘날 우리는 존 파이퍼라는 또 한 사람의 능숙한 연주자를 알고 있다. 로마서 연구로 박사학위를 받은 성경학자로서의 기량과 가슴 따스하고 열정적인 목회자로서의 정감을 함께 갖춘 그는 로마서를 연주할 최적의 연주자 중 하나다. 그의 설교를 읽으며 독자들은 복음의 의미에 대한 상세한 해설뿐 아니라 그 복음이 내 삶과 어우러지는 방식에 대해서도 많은 생각을 하게 될 것이다. 특히 복음의 탈을 쓴 욕망의 외침에 지치고 혼란스런 영혼들에게 값진 깨우침과 격려의 통로가 되리라 확신한다.

권연경 숭실대학교 기독교학과 교수

존 파이퍼 목사의 '로마서 강해'는 그의 신학적 통찰과 목회적 경건성이 잘 조화를 이루고 있으며, 복음의 진수를 배우고자 사모하는 이들에게 설득력 있는 문장으로 다가가는 잘 구성된 이야기다. 로마서는 복음의 비밀을 가장 분명하게 드러내는 성경 중의 성경으로, 최신 유행이나 문화적 흐름에 쉽게 반응하기 쉬운 가벼운 신앙과 신학을 경계하고 기독교 신앙과 신학을 바르게 안내하는 지침서라 할 수 있다. 더불어 이 책은 저자의 신학적 깊이와 목양적 소양이 함께 묻어나는 결과물로 복음의 영광과 복음의 기쁨을 잘 드러내고 있다. 저자는 자신의 회심과 부르심과 신학형성에 이르기까지 로마서에 빚지고 있음을 고백하고 있다. 로마서를 공부하는 이들에게 으뜸 길잡이가 될 책으로 기쁘게 추천한다.

김성희 기독대학인회(ESF) 대표

복음주의적 성경해석으로 이름난 존 파이퍼 목사의 로마서 강해집은 오늘날 행위심판과 행위구원을 강조하는 한국 교회의 도덕주의자들과 윤리주의자들을 향해 울리는 경고와 깨우침의 종소리다. 그는 왜 인간이 자신의 내재적 능력과 자원으로 스스로를 구원할 수 없는지, 왜 인간은 하나님의 은혜로만 구원받을 수밖에 없는지 설득력 있게 설명한다. 그리고 그의 설명은 복잡한 추론이 아니라, 성경 본문이 말하는 바를 직설적으로 지적하는 것이어서 더욱 간명하다. 이 책은 평신도, 신학생, 목회자들에게 두루 도움을 줄 수 있다. 그의 로마서 강해집의 출간을 환영하며 구원에 관해 잘못된 설명을 하고 있는 사람들이 다시 복음으로 돌아오게 되길 기대한다.

김철홍 장로회신학대학교 신약학 교수

존 파이퍼의 로마서 설교는 어느 페이지를 읽어도 그냥 지나칠 수 있는 내용이 없다. 그의 강점은 로마서를 조금씩 잘라 설교하면서 본문을 철저하게 분석하고 있는 것에서부터 시작된다. 본문을 치밀하게 분석하는 것은 이미 하나님의 뜻을 제대로 이해할 확실한 토대를 마련했다는 사실을 의미한다. 그런데 존 파이퍼의 더욱 놀라운 모습은 로마서 전체를 통찰할 뿐 아니라 바울 서신 전부를 섭렵하면서 본문 해석을 종합한다는 것이다. 그래서 존 파이퍼의 로마서 설교를 읽다보면 사도 바울의 영혼에 흐르고 있던 생각의 주류가 무엇인지 깨닫게 된다. 하지만 그의 로마서 설교는 여기서 그 놀라움을 멈추지 않는다. 그는 본문으로부터 우리의 현실을 직시하게 만들면서 때로는 우리의 오류를 맹렬하게 공격하고 때로는 우리의 믿음을 열렬하게 위로한다. 그 결과로 우리는 자신에 대한 명료한 일깨움을 얻는다. 이것이 존 파이퍼의 로마서 강해다.

조병수 합동신학대학원대학교 총장

존 파이퍼 목사는 학식과 영성 그리고 복음에 대한 열정을 겸비한 분이다. 전 세계 많은 그리스도인들로부터 인정과 존경을 받는 훌륭한 목회자요 저술가이기도 하다. 존 파이퍼 목사가 학술적 전문성과 목회 현장 체험을 토대로 집필한 바울 복음의 정수인 로마서 강해가 한국어로 출간되는 것을 매우 기쁘게 생각한다. 본문 해석에 충실하고 적절한 적용이 담긴 풍성한 강해설교를 원하는 목회자들에게 매우 유용한 책이다. 또한 바울의 복음과 로마서를 좀 더 깊이 이해하고 학습하려는 사람들에게도 적극 추천한다.

최흥식 횃불트리니티신학대학원대학교 신약학 부교수

ROMANS 5

John Piper

로마서 강해 5

(롬 9:1-11:36)

로마서 강해 5
복음과 하나님의 주권

초판 1쇄 인쇄 | 2015년 5월 20일
초판 1쇄 발행 | 2015년 5월 30일

지은이 | 존 파이퍼
옮긴이 | 주지현
펴낸이 | 신은철
펴낸곳 | 좋은씨앗
출판등록 | 제4-385호(1999. 12. 21)
주소 | (137-860) 서울시 서초구 효령로 77길 20, 212호(서초동, 현대ESA)
주문전화 (02)2057-3041 주문팩스 (02)2057-3042
홈페이지 | www.gsbooks.org
페이스북 | facebook.com/goodseedbook
ISBN 978-89-5874-241-8 04230
ISBN 978-89-5874-219-7(세트)

로마서 강해 5

복음과 하나님의 주권

존 파이퍼 지음 | 주지현 옮김

좋은씨앗

| 차례 |

1장

하나님의 절대적 주권: 로마서 9장은 무엇에 관한 책인가?

로마서 9:1-5

내가 그리스도 안에서 참말을 하고 거짓말을 아니하노라. 나에게 큰 근심이 있는 것과 마음에 그치지 않는 고통이 있는 것을 내 양심이 성령 안에서 나와 더불어 증언하노니 나의 형제 곧 골육의 친척을 위하여 내 자신이 저주를 받아 그리스도에게서 끊어질지라도 원하는 바로라. 그들은 이스라엘 사람이라. 그들에게는 양자 됨과 영광과 언약들과 율법을 세우신 것과 예배와 약속들이 있고 조상들도 그들의 것이요 육신으로 하면 그리스도가 그들에게서 나셨으니 그는 만물 위에 계셔서 세세에 찬양을 받으실 하나님이시니라. 아멘. _롬 9:1-5

만물을 대하는 사고체계에 대반전을 겪고 사역으로의 인도하심을 받는 과정에서, 로마서 9장은 제게 가장 중요한 성경 본문이 되었습니다. 그 중 하나는 신학생 시절에 있었던 일인데 그로 인해 저의 정신세계는 완전히 뒤집혔습니다. 다른 하나는 1979년 가을의 경험으로, 그 덕분에 지금 우리 교회로 와서 섬기게 되었습니다.

신학교에 들어갈 무렵만 해도 저는 인간의 자유의지를 굳게 믿고 있었습니다. 궁극적인 자기 결정력을 가지려면 그렇게 되어야 한다고 생각했습니다. 이것은 성경에서 배운 생각이 아니라, 우리가 매일 숨쉬며 살아가는 이 땅에 만연해 있던, 독립적이고 자기만족을 추구하며 스스로를 긍정하는 분위기 속에서 받아들인 생각이었습니다. 하나님의 주권이란 제가 그분께 '허용'한 부분에 있어서는 그분이 모든 일을 하신다는 의미에 불과했습니다. 저는 이러한 사고의 틀을 가지고서 대니얼 퓰러 교수의 빌립보서 강의와 제임스 모건 교수의 구원론 강의에 들어갔습니다.

빌립보서에서 저는 2장 13절이라는 매우 난해한 구절을 접했습니다. "두렵고 떨림으로 너희 구원을 이루라(12절). 너희 안에서 행하시는 이는 하나님이시니 자기의 기쁘신 뜻을 위하여 너희에게 소원을 두고 행하게 하시나니"(13절). 이 말씀에 따르면 우리가 어떤 뜻을 품지만 그 이면에 하나님의 뜻이 있으며, 마찬가지로 우리가 어떤 행위를 할 때 그 뒤편에서 일하시는 하나님이 계시다는 것이었습니다. 이 말씀대로라면 문제는 우리에게 뜻이 있느냐가 아니었고, 우리가 어쩌다 그 뜻(소원)을 품게 되었느냐에 있었습니다. 그에 대한 궁극적인 하나의 답은 바로 하나님이었습니다.

구원론 강의에서는 무조건적 선택과 저항할 수 없는 은혜에 관해 정면으로 다루었습니다. 이처럼 로마서 9장은 제 삶을 영원히 바꿔놓은 분기점이 되었습니다. 로마서 9장 11-12절은 이렇게 말합니다. "그 자식들[야곱과 에서]이 아직 나지도 아니하고 무슨 선이나 악을 행하지 아니한 때에 택하심을 따라 되는 하나님의 뜻이 행위로 말미암지 않고 오직 부르시는 이로 말미암아 서게 하려 하사 리브가에게 이르시되 큰 자가 어린 자를 섬기리라 하셨나니."

바울은 14절에서 다음과 같이 질문합니다. "하나님께 불의가 있느냐?" 바울은 그럴 수 없다고 말하면서 모세에 관한 말씀을 인용합니다. "내가 긍휼히 여길 자를 긍휼히 여기고 불쌍히 여길 자를 불쌍히 여기리라"(15절). 그리고 바울은 19절에서 "그러면 하나님이 어찌하여 허물하시느냐? 누가 그 뜻을 대적하느냐?"라고 의문을 제기하면서 21절 말씀으로 답합니다. "토기장이가 진흙 한 덩이로 하나는 귀히 쓸 그릇을, 하나는 천히 쓸 그릇을 만들 권한이 없느냐?"

나를 둘러싼 인간 중심적 세계가 무너진다고 느껴지면 분노가 치밀어 오르는 법입니다. 어느 날 복도에서 모건 교수님을 만났습니다. 내 의지에 관해 몇 분간 열띤 토론을 벌인 후, 저는 그분이 보는 앞에서 제 펜을 바닥에 떨어뜨렸습니다. 그러고는 학생으로서 응당 갖춰야 할 존경심도 없이 이렇게 말했습니다. "제가 떨어뜨렸거든요!" 펜을 떨어뜨린 나의 행동이 다른 존재가 아닌 오직 '나'라는 주체의 손에 의해서만 좌우되는 것임을 증명해 보려는 심산이었습니다.

하지만 하나님이 베푸신 은혜와 인내 덕분에, 학기말 마지막 시험 때 저는 답안지에 이렇게 쓸 수 있었습니다. "로마서 9장은 나 같은 자유의지주의자들을 집어삼키는 맹수와도 같다." 인간의 자율성과 의지를 향한 궁극적 자기 결정권과 함께했던 나의 애정 행각이 종결되는 시점이었습니다. 저의 세계관은 로마서 9장과 같은 말씀을 도저히 상대할 수가 없었습니다. 또한 절대적으로 모든 만물 가운데 있는 하나님의 주권을 목도하고 맛보고 싶은 평생의 열망이 시작되는 시점이기도 했습니다.

로마서 9장과 함께 시작된 목회 사역

그로부터 10년이 흐른 1979년 가을, 저는 베델 대학 교수직을 잠시 내려놓고 안식년을 보내고 있었습니다. 로마서 9장을 연구하고 책을 저술하면서 9장 각 구절의 의미를 제대로 잘 정리하는 것을 목표로 삼았습니다. 6년간 교수 생활을 하면서 제 수업에 들어오는 학생들 다수가 이런저런 이유로 로마서 9장에 대한 저의 해석을 무시한다는 사실을 알게 된 후로 여기에 8개월을 투자하기로 결심한 것입니다. 안식년을 통해 『하나님은 의로우신가?』(*The Justification of God*)라는 책을 결과물로 얻었습니다. 이 책에서 저는 로마서 9장에 나온 하나님의 절대적 주권에 반하는 모든 해석에 답하려고 애썼습니다.

그런데 안식년의 결과는 적어도 제가 기대했던 것과는 무척이나 달랐습니다. 원래 목표했던 바는 하나님의 말씀을 좀 더 자세히 분석하고 꼼꼼히 해석해서 설득력 있는 책을 저술하고, 시련의 시기를 견뎌 나가는 것이었습니다. 로마서 9장을 분석하는 데 6개월을 보낸 뒤 하나님의 강력한 말씀을 따라 베델 대학을 사임하고 목회자로 받아 줄 교회가 있는지 알아보기 위해 미네소타 침례교 회의에 참석하게 되리라고는 전혀 예상치 못했습니다.

실제 그 일은 이런 식으로 일어났습니다. 당시 저는 서른네 살이었고, 두 아이와 함께 아내의 뱃속에는 셋째 아이가 있었습니다. 매일 로마서 9장을 공부하던 중 하나님이 얼마나 장엄하고 자유롭고 궁극적인 주권자이신지 깨닫기 시작하면서 제 연구는 경배로 바뀌었고, 사실상 하나님이 이렇게 말씀하시는 듯 느껴졌습니다. "나는 단순한 분석 대상이 아니라 흠모의 대상이다. 나는 단지 음미할 대상이 아니라 선포할 대상이다. 내 주권은 그저 조사의 대상이 아니라 널리 전파할 대상이다. 그것은 논쟁의 체로 걸러 줘야 할 덩어리가 아니라 죄인들을 위한 복음이다. 자신들의 반항적 의지를 극복할 수 있는 내 은혜의 주권적 승리만이 유일한 소망임을 깨닫는 그런 죄인들 말이다." 그때가 베들레헴교회에서 제게 연락을 취했던 1979년 말입니다. 그러므로 제가 교수직을 떠나 목회자가 된 것은 바로 로마서 9장 때문이었다고 주저 없이 말씀드릴 수 있습니다. 로마서 9장에 나오는 하나님이야말로 제가 지난 22년간(2002년 당시—편집주) 말씀을 나누고 섬겨 온 모든 것의 강력한 초석이었습니다.

하나님의 절대적 주권에 관한 조나단 에드워즈의 증언

조나단 에드워즈의 눈으로 본다면, 우리의 의지와 우리 교회, 그리고 모든 열방을 뛰어넘는 하나님의 절대적 주권에 관한 진리를 보다 분명히 느낄 수 있을 것입니다. 물론 하나님의 진리를 목도하고 맛보았던 에드워즈의 능력이 제게는 없지만 말입니다. 우리 교회 안에서 일어난 여러 이야기들이고, 또 장차 그렇게 되리라 기도하면서 에드워즈가 기록한 다음의 이야기를 읽겠습니다.

> 어릴 때부터 내 머릿속에는 하나님의 주권에 관한 교리에 반대하는 생각들로 가득했다. 하나님이 원하시는 대로 어떤 이는 영생으로 부르고,

또 어떤 이는 거부하여 영원한 멸망에 내버려두셔서 영원히 지옥에서 고통받게 하시는 것에 관한 내용이었다. 그것은 내게 참으로 끔찍한 교리였다. 하지만 자신만의 주권적 기쁨에 따라 인간을 처분하시는[대하시는] 하나님의 주권과 정의에 대해 확신을 갖고 온전히 만족했던 순간을 지금도 분명히 기억한다.

하지만 내가 어떤 식으로 혹은 어떤 방법으로 그러한 확신을 갖게 되었는지는 당시에는 설명할 수 없었다. 그때는 상상할 수 없었지만 시간이 지나서 돌이켜 보면 성령의 놀라운 영향력이 임한 후에, 나의 이성이 하나님 주권의 공의와 합당함에 관해 이해할 수 있었던 것이다. 그때 내 마음은 안식을 누렸고, 모든 억지와 반대도 끝을 맺었다. 그리고 그날 이후로 하나님의 주권 교리에 있어서 내 마음속에 놀라운 변화가 일었고, 하나님이 긍휼을 보일 사람에게 긍휼을 보이시고 그렇지 않을 사람은 완악하게 하신다는 가장 절대적인 부분에 있어서 지금까지 크게 이의를 제기하는 일도 사라졌다. 구원과 멸망에 있어서, 적어도 가끔은 내 마음이 평안을 느끼고 내 눈으로 보는 것만큼이나 안심하게 되는 것이 바로 하나님의 절대 주권과 공의를 받아들일 때다. 그 교리가 참으로 유쾌하고 선명하고 달콤하게 보일 때가 많다. 그 절대적 주권이야말로 하나님께 있다고 기꺼이 말하고 싶다.*

로마서 9장에 대한 간략한 개요

지금까지의 내용이 로마서 9장에 관한 서론으로 다소 오인될지도

*Jonathan Edwards, *Selections* [New York: Hill and Wang, 1962], pp. 58-59.

모르겠습니다만, 어느 정도는 그런 역할을 합니다. 로마서 9장이 마치 하나님의 주권에 관한 논문 같다는 인상을 주는 것 같지만, 꼭 그렇지는 않습니다. 사실 로마서 9장은 하나님이 택하신 이스라엘 전체가 그리스도께로 돌아오지 않고 구원받지 못하고 있지만, 하나님의 말씀이 실패하지 않은 이유에 관해 설명합니다. 이스라엘의 실패에도 불구하고 하나님 은혜의 주권은 그분의 신실하심에 대한 최종적 근거로 제시되고, 따라서 로마서 8장에 나온 약속들에 관해 가장 심도 있는 기반으로 제시됩니다. 하나님이 그 말씀에 신실하지 않다면 우리는 로마서 8장의 내용을 신뢰할 수 없기 때문입니다.

지금의 간략한 개요 부분을 살펴보시기 바랍니다. 3절은 이스라엘이 저주를 받아 그리스도에게서 끊어졌다고 말합니다. "나의 형제 곧 골육의 친척을 위하여 내 자신이 저주를 받아 그리스도에게서 끊어질지라도 원하는 바로라." 바울의 주장에 관해서는 다음 주에 살펴보도록 하겠습니다. 지금은 이스라엘이 당한 곤경에 관해 말한다는 점을 주목하시면 됩니다. "저주를 받아 그리스도에게서 끊어질지라도." 여기에 엄청난 문제가 있습니다! 하나님이 이스라엘에게 주신 "나는 그들의 하나님이 되고 그들은 내 백성이 될 것이라"(렘 31:33)는 약속과 언약은 대체 어떻게 된 것일까요!

그래서 바울은 6절에서 이 의문에 이렇게 답합니다. "그러나 하나님의 말씀이 폐하여진 것 같지 않도다." 어떤 위기 상황에 있는지 보이실 겁니다. 마치 하나님의 말씀이 실패한 것처럼 보이지만 바울은 그렇지 않다고 말하고 있습니다. 그리고 인간의 의지를 뛰어넘는 무조건적인 선택과 거룩한 주권에 관한 교리를 설명하기 시작합니다.

6절 후반부에 바울의 설명이 나옵니다. "이스라엘에게서 난 그들이 다 이스라엘이 아니요." 육신으로 이스라엘이라고 해서 모두 진정한 이스라엘은 아닙니다. 즉, 하나님의 말씀이 실패하지 않은 것은 그 언약이 이스라엘 민족 전체가 반드시 개별적으로 전부 구원을 받는다는 약속이 아니기 때문입니다.

8절에서는 다시금 이렇게 말합니다. "곧 육신의 자녀가 하나님의 자녀가 아니요 오직 약속의 자녀가 씨로 여기심을 받느니라." 달리 말하자면, 아브라함의 모든 육신적 자손들이 언약에 따른 약속들을 누리는 것은 아니라는 뜻입니다. 하지만 여기서 이런 질문을 해볼 수 있습니다. "그들은 누구인가? '약속의 자손'이 되기 위해 반드시 갖춰야 할 조건은 무엇인가?"

바울은 11절에서 야곱과 에서의 예를 들면서, 약속의 수혜자를 선택하시는 하나님의 궁극적 주권에 대해 우리에게 설명합니다. 그는 야곱(상속자)과 에서(비상속자)를 언급하며 이렇게 말합니다. "그 자식들이 아직 나지도 아니하고 무슨 선이나 악을 행하지 아니한 때에 [여기에는 조건이나 이유가 없습니다] 택하심을 따라 되는 하나님의 뜻이 [인간적 조건보다 훨씬 심오한 것, 즉 하나님의 주권적 목적이 있음을 설명합니다] 행위로 말미암지 않고 오직 부르시는 이로 말미암아[행위를 믿음에 대조한 것이 아니라 '부르시는 자'와 대조합니다. 여기서 믿음을 하나의 조건으로 보는 시각은 없습니다] 서게 하려 하사, 리브가에게 이르시되 '큰 자가 어린 자를 섬기리라' 하셨나니."

이 모든 내용을 보면 자연스럽게 하나님의 공의에 관한 의문이 생깁니다. 여기서 바울은 아무것도 숨기지 않습니다. 모든 것을 드러내

놓고 있습니다. 14절입니다. "그런즉 우리가 무슨 말을 하리요 하나님께 불의가 있느냐?" 바울은 그럴 수 없다고 답합니다. 그리고 하나님께는 긍휼히 여길 자를 긍휼히 여길 자유가 있다는 모세의 이야기(15절)를 인용한 후에, 약속의 자녀가 되기 위해서는 절대적으로 하나님의 무조건적 선택을 받아야 한다는 사실을 반복합니다. 16절입니다. "그런즉 원하는 자로 말미암음도 아니요 달음박질하는 자로 말미암음도 아니요 오직 긍휼히 여기시는 하나님으로 말미암음이니라."

그리고 19절의 질문으로 이어집니다. "그러면 하나님이 어찌하여 허물[사람을 책망]하시느냐?" 이 장에서 우리가 대면해야 할 질문들입니다. 모든 이스라엘이 "약속의 자녀"입니까, 아니면 일부만 그렇습니까? 일부만 그러하다면 어떤 사람이 약속의 자녀이고 어떤 사람이 아닐까요? 궁극적으로 하나님이 무조건적이고 자유롭고 주권적으로 선택한 은혜라면, 불공평한 것이 아닐까요? 원하는 자에게 은혜를 베풀기도 하고 완악하게도 만들 자유가 하나님께 있다면(18절), 그리고 그것이 인간의 의지나 노력에 달린 것도 아니라면(16절), 하나님은 왜 여전히 죄인들에게 허물을 물으시는 것일까요?

로마서 9장의 핵심: 하나님의 말씀이 폐하지 않았다는 설명과 변론

이렇듯 하나님의 선택과 인간의 의지, 하나님의 공의, 인간의 죄, 하나님의 주권 등에 관한 쟁점을 9장에서 모두 찾아볼 수 있습니다. 로마서 9장은 다른 목적이 있어서 여기에 등장한 것이 아닙니다. "하나님의 말씀에 신뢰성이 있다면, 어떻게 선택받은 백성인 이스라엘이 저주를 받아 그리스도에게서 끊어질 수 있는가? '하나님의 말씀이 폐하여진 것 같지 않도다'는 6절의 말씀이 어떻게 사실일 수 있는가?"라는 관심사를 설명하기 위해 등장했습니다. 이는 이번 장의 쟁점이기도 합니다.

로마서 8장의 약속들은 이루어질 것인가?

이것은 우리가 하나님의 제단 앞에 나아갈 때 절대적으로 중요한 사안입니다. 과연 로마서 8장의 약속은 실현될 수 있을까요? 이방인인 우리와 유대인의 목숨이 걸려 있는, 피로 값 주고 산 약속들이 과연 실현되는 것일까요? 하나님은 그 아들의 피로 봉인한 맹세의 말씀을 지키실까요? 모든 것이 합력해서 우리에게 선을 이루도록 하실까요? 선택된 자들을 불러내셔서 의롭다 하시고 거룩하게 해주실까요? 그분과 함께 모든 것을 우리에게 주실까요? 그 어떤 것도 그리스도 안에 있는 하나님의 사랑에서 우리를 끊어내지 못하게 될까요? 이제는 정말로 정죄함 없이 내일도 깨끗할 수 있는 것일까요?

로마서 9장이 8장 다음에 등장하는 데에는 참으로 중요한 이유가 있습니다. 이스라엘과 맺은 언약의 말씀은 하나님의 주권과 택하심의 은혜에 근거하기 때문에 결코 폐하지 않습니다. 따라서 참된 이스라엘에게 주시는 약속들과 로마서 8장의 약속들은 반드시 이루어집니다! 그것이 로마서 9장의 복음입니다. 그리스도의 피로 값 주고 산 약속들은 하나님의 주권적 능력으로 반드시 성취될 것입니다. 그러므로 하나님께 예배할 때 우리는 진정한 감사와 겸손과 확신으로 그분께 나아갈 수 있습니다.

2장

나의 고통: 저주받은 나의 동족

로마서 9:1-5

내가 그리스도 안에서 참말을 하고 거짓말을 아니하노라. 나에게 큰 근심이 있는 것과 마음에 그치지 않는 고통이 있는 것을 내 양심이 성령 안에서 나와 더불어 증언하노니 나의 형제 곧 골육의 친척을 위하여 내 자신이 저주를 받아 그리스도에게서 끊어질지라도 원하는 바로라. 그들은 이스라엘 사람이라. 그들에게는 양자 됨과 영광과 언약들과 율법을 세우신 것과 예배와 약속들이 있고 조상들도 그들의 것이요 육신으로 하면 그리스도가 그들에게서 나셨으니 그는 만물 위에 계셔서 세세에 찬양을 받으실 하나님이시니라. 아멘. _롬 9:1-5

많은 교회와 기독교 학교의 외면적 성공 이면에는 서글픈 모순이 있습니다. 이해하기 쉽지 않은 성경 교리를 가공해 믿지 않는 사람에게 매력적인 것으로 보이기 위해 애쓰면 애쓸수록, 이들이 교회에 와서 진정한 기독교의 실체가 무엇인지 더욱 알기 어려워진다는 점이 그것입니다. 즉, 단기간에는 성공한 듯 보일지 모르나 길게 보면 결국 실패로 끝나기도 합니다. 회심자들 앞에 그럴 듯하게 보이기 위해 성경적인 하나님 상(象)을 변경하거나 애매하게 만들면, 이들에게 환상만 안겨 주고 맙니다. 이는 복음이 아니라 기만입니다.

이런 식의 '성공'이 가져온 결과는 무엇입니까? 세상은 소위 기독교의 교회들이 자신들과 별반 다르지 않으며 사고방식에도 차이가 없음을 깨닫고 굳이 교회에 다닐 이유를 찾지 못합니다. 혹 세상의 마음에 들기 위해 교리를 수정한다면, 세상은 교회가 주는 것이 자기들이 이미 가진 것과 하나도 다를 바가 없다는 사실을 머지않아 깨닫게 될 것입니다. 이런 현상은 20세기에 유럽과 미국의 주류 개신교에서 숱하게 일어난 일입니다. 세상의 눈에 매력적으로 보이겠다는 심사로 교리를 변경하면(혹은 축소시키면) 그 과정에서 그들을 자유롭게 할 근본적인 진리를 잃어버리고 맙니다.

여러 전문가들에 따르면 60여 년 전 주류 자유주의 교회들이 했던 일을 현재 복음주의 교회들이 되풀이하고 있습니다. 스티브 브루스(Steve Bruce)는 그의 책 『하나님은 죽었다: 서구의 세속화』(*God is Dead: Secularization in the West*)에서 "기독교 주류 교회의 숫자는 줄고 있고, 보수적 개신교회는 교리나 실천에 있어 변별력을 상실해 가고 있다"고 썼습니다.

오늘날 많은 목회자들과 교회들은 명확하고 성경적이며 교리적인 관점이야말로 교회와 그리스도인의 삶에 있어서 참으로 중요하다는 사실을 모릅니다. 그들은 하나님이 어떤 분인가에 대해 사람들이 잘 알지 못하고 다소 혼동하더라도 교회는 건강하게 자랄 수 있다고 믿습니다. 하지만 하나님에 대한 무지는 결코 단순한 진공 상태로 남아 있지 않습니다. 무지로 만들어진 공간에는 다른 것이 채워집니다.

에드워드 노먼(Edward Norman)은 그의 책 『세속화: 새로운 세기의 신학』(*Secularisation: New Century Theology*)에서 그 다른 것이 무엇인지 설명하며 문제의 핵심을 파고듭니다.

> 교회는 현대사회에서 거부당하고 있는 것이 아니다. 교회에 대한 사회적 지지가 줄어들고 있는 이유는 기독교 지도자들이 인류를 위한 세속적 열정을 기독교의 핵심인 양 끈질기게 주창하고 있기 때문이다.

처음에는 세상도 '인류를 위한 열정'이라는 종교성에 어느 정도 끌리지만, 이내 흥미가 다하면 차라리 TV를 볼 때 즐거운 일이 훨씬 많다는 것을 알게 됩니다.

로마서 9장은 교회가 그런 질병에 걸리지 않게 막아 주는 해독제입니다. 9장은 '인류를 위한 열정'이 아니라, 경이롭고 충격적이며 충만한 하나님의 주권에 그 기반을 두고 있습니다. 저는 하나님이 진실로 어떤 분이신지 우리 모두 깨닫게 되기를 기도합니다. 하늘을 찌르는 봉우리와 깊이를 알 수 없는 심연과 같은 하나님을 알고, 그분의 은혜로 많은 이들이 나아와 자기 자신을 기뻐하는 것이 아니라 하나님을 예배하게 될 날이 오기를 바랍니다.

오늘 저는 1-3절을 중점적으로 다루면서 특히 바울의 고통과 슬픔에 대해 보려고 합니다. 그는 동족인 유대인 전체가 저주를 받아 그리스도에게서 끊어졌다는 사실에 대해 심히 아파합니다.

바울의 고통에 대해 네 가지 측면으로 살펴보겠습니다.

1. 고통의 이유
2. 고통의 강도
3. 고통의 진정성
4. 고통의 결과

고통의 이유

3절 말씀을 읽겠습니다. "나의 형제 곧 골육의 친척을 위하여 내 자신이 저주를 받아 그리스도에게서 끊어질지라도 원하는 바로라." 이 말은 바울의 동족들이 저주를 받아 그리스도에게서 끊어졌음을 뜻합니다. 바울은 그들이 잃어버린 바 된 현실을 자신의 고통과 연관시켜 표현함으로써 순화시키고 있습니다. 하지만 현실은 처참합니다. 그들은 저주를 받아 그리스도에게서 끊어졌습니다. 그들은 길을 잃었습니다. 하나님의 심판을 받아 지옥으로 가는 길 위에 있습니다. 여기서 "저주를 받았다"는 말은 고린도전서 16장 22절에서 바울이 "만일 누구든지 주를 사랑하지 아니하면 저주를 받을지어다"에서 사용했던 그 저주를 말합니다.

그렇다면 여기서 그의 동족은 왜 그리스도에게서 끊어진 것일까요? 바울은 이에 대해 두 가지 답을 줍니다. 하나는, 그들이 율법의 목적이자 그들을 대신해서 저주를 당하고 의가 되신 예수님을 거부했기 때문입니다. 다른 하나는, 하나님께서 모든 이스라엘 민족을 영적인 이스라엘로 부르신 것이 아니기 때문입니다.

로마서 9장 30절 이하를 보십시오. "그런즉 우리가 무슨 말을 하리요. 의를 따르지 아니한 이방인들이 의를 얻었으니 곧 믿음에서 난 의요, 의의 법을 따라간 이스라엘은 율법에 이르지 못하였으니 어찌 그러하냐. 이는 그들이 믿음을 의지하지 않고 행위를 의지함이라. 부딪칠 돌에 부딪쳤느니라. 기록된 바, 보라 내가 걸림돌과 거치는 바위를 시온에 두노니 그를 믿는 자는 부끄러움을 당하지 아니하리라 함과 같으니라."

달리 말해 바울은 그리스도가 율법이 가리키는 의라고 말합니다. 이방인은 이를 보고 믿었기 때문에 믿음으로 의롭다 함을 받았고, 하나님은 믿음을 통해 그리스도의 의를 그들에게 전가하셨습니다. 하지만 이스라엘은 그리스도 때문에 넘어졌습니다. 그들은 예수님을 메시아, 의, 율법이 항상 주목했던 그분으로 보지 못했습니다. 하나님의 의를 얻는 방법이 행위라고만 알았지 믿음에 대해서는 무지했습니다. 그래서 율법이 가리켰던 분을 얻지 못하고 도리어 그분으로 인해 넘어진 것입니다.

바울은 로마서 10장 2-4절에서 다시금 이스라엘의 실패를 설명합니다. "내가 증언하노니 그들이 하나님께 열심이 있으나 올바른 지식을 따른 것이 아니니라. 하나님의 의를 모르고 자기 의를 세우려고 힘써 하나님의 의에 복종하지 아니하였느니라. 그리스도는 모든 믿는 자에게 의를 이루기 위하여 율법의 마침이 되시니라."

다시 말해 이스라엘 민족 전체가 율법의 의미를 통째로 잃어버렸고 그리스도의 의미도 놓치고 말았습니다. 율법은 이들을 그리스도께로 이끌어 주고, 그리스도는 그들의 의가 되셔야 했습니다. 그리스도의 의로 의롭다 함을 얻는 방법은 믿음이지 행위가 아니었습니다. "모든 믿는 자에게 의를 이루기 위하여 율법의 마침이 되시니라." 하지만 그들은 믿음을 통해 그리스도가 주신 하나님의 의를 선물로 받기보다는 행위를 통해 자기 의를 세우기 원했습니다.

그렇다면 이들은 왜 저주를 받은 것일까요? 율법의 저주에서 자신들을 구해 줄 유일한 분을 거부했기 때문입니다. 갈라디아서 3장 13절은 그리스도를 저주와 연관시킵니다. "그리스도께서 우리를 위하여 저주를 받은 바 되사 율법의 저주에서 우리를 속량하셨으니 기록된 바 나무에 달린 자마다 저주 아래에 있는 자라 하였음이라." 그리하여 그리스도는 우리의 저주가 되셨고, 우리의 죄, 그리고 의가 되셨습니다. 하지만 그들은 그리스도를 받아들이지 않았습니다. 그래서 저주를 받아 그리스도에게서 끊어졌습니다. 이것이 바울이 마음 깊이 아파하고 고통스러워하는 첫 번째 이유입니다.

그의 동족이 저주를 받은 이유에 관한 더욱 심도 깊은 이유는 6-29절에 설명되어 있습니다. 즉, 하나님이 모든 이스라엘 족속을 영적인 이스라엘로 부르지 않았다는 것입니다. 이에 대해서는 추수감사절 이후에 살펴보겠습니다. 이는 세 번째 항목에서도 연관될 내용이지만 먼저 두 번째 내용을 살펴보겠습니다.

고통의 강도

2-3절입니다. "나에게 큰 근심이 있는 것과 마음에 그치지 않는 고통이 있는 것을 … 나의 형제 곧 골육의 친척을 위하여 내 자신이 저주를 받아 그리스도에게서 끊어질지라도 원하는 바로라." 여기서 내가 저주를 받더라도 "원하는 바로라"로 번역된 부분을 보십시오. 여기서 핵심은 길 잃은 이스라엘을 향한 바울의 고통이 너무나 커서,

가능하기만 하다면 저주의 벼랑 끝에 자신을 내던질 준비까지도 되어 있다는 점입니다.

하지만 이런 일은 가능하지 않습니다. 그래서 "원하는 바로라"고 말하는 것입니다. 이것이 불가능한 이유는 네 절 앞에 있는 로마서 8장 38-39절에 나옵니다. 바울을 포함해서 그 어떤 것도 하나님이 선택하신 자를 그리스도 예수 안에 있는 하나님의 사랑에서 끊을 수 없기 때문입니다.

하나님은 그리스도의 숭고한 사랑을 입은 자가 스스로 저주를 받도록 하지 않으십니다. 하나님은 누군가가 다른 사람을 사랑하는 나머지 그 사람을 대신하여 지옥에 가도록 두지 않으십니다. 그러므로 바울은 이스라엘을 대신할 수 없고, 다만 아파할 수 있을 뿐입니다.

우리도 바울과 같은 영혼을 가질 수 있으면 좋겠습니다! 우리도 그런 고통을 경험하고 있습니까? 동족이 저주를 받아 그리스도에게서 끊어지는 모습을 보면 통렬한 아픔을 느낍니까? 우리 중에 그런 분들이 많은 줄 압니다. 좋습니다. 그 고통에 성경적인 진리를 더하시기 바랍니다. 그리고 기억하십시오. 예수님은 우리를 사랑하는 사람들뿐 아니라 우리의 원수까지도 사랑해야 한다고 말씀하셨습니다(마 5:34-44). 그래서 우리 베들레헴교회가 기쁨의 장소뿐 아니라 눈물의 장소가 되기를 바랍니다. 우리도 성경적인 기독교 희락주의자들이 되기를 바랍니다! 바울이 고린도후서 6장 10절에서 말한 것처럼 말입니다. "근심하는 자 같으나 항상 기뻐하고."

그러면 당연히 이런 식으로 질문하는 사람들이 있습니다. "그렇다면 우리는 저주를 받아 그리스도에게서 끊어져 지옥에 있는 사람들 때문에 영원토록 슬퍼해야 하는 것입니까? 천국이 영원한 슬픔의 장소가 되는 건가요?" 그에 대한 답은 '그렇지 않다'입니다. "모든 눈물을 그 눈에서 닦아 주시니 다시는 사망이 없고 애통하는 것이나 곡하는 것이나 아픈 것이 다시 있지 아니하리니"(계 21:4). 왜 그럴까요? 조나단 에드워즈는 다음과 같이 설명합니다. "경건한 자들이 하나님에 의해 최종적으로 버림받은 자들을 향해 품는 감정에 대해 말하자면, 하나님의 사랑이 이를 온전히 삼켜 버릴 것이다. 하나님의 사랑이 모든 것을 멈추게 할 것이다."

하나님에 대한 죄악된 반역으로 죽은 자들은(지금은 우리가 눈물로 이야기하지만) 그들이 자초한 비참함 때문에 천국을 힘들게 할 일이 없을 것입니다. 여기서는 우리가 괴로워하며 웁니다만, 거기에서는 그리스도의 영광에 사로잡힐 것입니다.

다만 우리가 바울에게서 배울 점이 있습니다. 바울은 그의 동족이 길을 잃고 영원히 바깥 어둠 속에 던져질 처지에 있음을 압니다. 하지만 그는 분노하거나 격분하면서 이것을 말하지 않습니다. 오히려 고통스러워하며 말합니다.

고통의 진정성

1절입니다. "내가 그리스도 안에서 참말을 하고 거짓말을 아니하노라. … 내 양심이 성령 안에서 나와 더불어 증언하노니." 1절 말씀은 2절에 나올 내용에 대한 도입부입니다. 2절입니다. "나에게 큰 근심이 있는 것과 마음에 그치지 않는 고통이 있는 것을." 1절 말씀은 간절한 호소입니다. '날 믿어 주십시오. 제발 믿어 주십시오. 그리스도 안에서 나는 진실을 말하고 있습니다. 거짓말이 아닙니다.' 이것을 증명할 방법은 없습니다. 자신의 고통을 어떻게 증명할 수 있을까요? 눈물은 만들어 낼 수 있습니다. 떨리는 목소리도 연습으로 지어낼 수 있습니다. 그러므로 바울은 이를 증명할 수가 없습니다. 오로지 자기 양심이 성령의 감동을 받았고, 그리스도께서 그리 하셨음을 호소할 수 있을 뿐입니다.

그런데 왜 이런 일들이 굳이 필요한 것일까요? 바울의 사랑과 고통의 진정성을 의심하는 사람들이 있었기 때문입니다. 사실, 바울이 했던 말 중에는 반유대주의로 오해받을 만한 내용이 있었습니다. 로마서 2장 24절로 가서 바울이 인용한 예언서 말씀을 봅시다. "기록된 바와 같이 하나님의 이름이 너희 때문에 이방인 중에서 모독을 받는도다." 로마서 3장 9절에서는 이렇게 말했습니다. "그러면 어떠하냐? 우리는 나으냐? 결코 아니라. 유대인이나 헬라인이나 다 죄 아래에 있다고 우리가 이미 선언하였느니라." 그리고 9장 3절에서 바울은 이스라엘이 저주를 받아 그리스도에게서 끊어졌다고 말합니다. 가장 놀라운 것은 바울이 6절에서 말하려는 부분입니다. "이스라엘에게서 난 그들이 다 이스라엘이 아니요." 하나님의 언약은 모든 유대인의 구원을 보장하지는 않는다는 것입니다. 어떤 유대인들이 저주를 받고 그리스도에게서 끊어진 궁극적인 이유는 그들이 선택된 자들 중에 있지 않았기 때문입니다. 바울은 로마서 11장 7절에서 이렇게 말합니다. "이스라엘이 구하는 그것을 얻지 못하고 오직 택하심을 입은 자가 얻었고 그 남은 자들은 우둔하여졌느니라."

바로 이러한 속 깊은 이유 때문에, 바울은 자신이 정말로 고통스럽다는 진실을 고백하면서 사실상 맹세를 하는 것입니다. 바울이 맞닥뜨렸던 이런 식의 반박이 앞으로도 항상 있을 것입니다. 사람들은 이렇게 말하겠지요. "하나님이 구원할 사람을 원하시는 대로 무조건적으로 선택하신다면 잃어버린 자들을 위해 진심으로 슬퍼할 수 없을 겁니다." 바울은 그러한 반박을 예상하면서 이렇게 말할 수밖에 없습니다. '나는 이스라엘에 대해 진심으로 아파합니다. 그리고 하나님은 구원받을 자와 그렇지 않을 자에 대한 주권을 가진 분임을 진심으로 믿습니다.'

하나님의 마음과 성도들의 마음을 지나치게 단순화시키지 않도록 유의해야 합니다. 이 세상에는 우리가 생각하는 것보다 훨씬 다양한 감정이 있습니다. 바울은 이런 상황에서 우리에게 본이 되는 감정을 제시합니다. 하나님께서 "내가 긍휼히 여길 자를 긍휼히 여기고 불쌍히 여길 자를 불쌍히 여기리라"고 하신 말씀에 대해, 그는 긍휼을 받지 못한 자들에 대해 어떻게 고통스러워하는지 보여 주었습니다. 하나님의 말씀보다 높아진 인간의 논리를 주의하십시오. 자신이 현재 느끼는 다양한 감정을 하나님의 기준인 것처럼 여기지 않도록 하십시오.

고통의 결과

저는 로마서 10장 1절에서 그 결과를 발견했습니다. "형제들아 내 마음에 원하는 바와 하나님께 구하는 바는 이스라엘을 위함이니 곧 그들로 구원을 받게 함이라." 저주를 받아 그리스도에게서 끊어진 동족을 향한 바울의 고통은 그들의 구원을 갈망하며 구원받기를 기도

하는 것으로 열매 맺습니다.

다시금 말씀드리지만 여기서 인간의 회의적 논리를 따라가지 않기 바랍니다. 이렇게 말하지 마십시오. '구원은 하나님의 주권에 속한 것이니 굳이 죄인들을 위해 기도할 필요가 없다.' 우리는 대신 이렇게 말해야 합니다. '구원은 하나님의 주권에 있으니 소망을 품고 죄인들을 위해 기도할 것이다. 바울도 그들의 구원을 위해 기도했으니 나도 기도해야겠다. 그리스도께서도 십자가에서 그들의 구원을 위해 기도하셨으니 나도 그렇게 기도하겠다.' 디모데후서 2장 25절에 나오듯이 말입니다. "혹 하나님이 그들에게 회개함을 주사 진리를 알게 하실까 하며." 바울은 그 목적으로 이스라엘을 위해 기도하고, 온 나라와 구원받아야 할 동족들을 위해 기도합니다.

주님께서 지금도 그 일을 하시길 소망합니다. 아직도 죄의 부담감 아래 살고 있고 저주를 받아 그리스도에게서 끊어진 분들이 있다면, 거기 그냥 머무르지 마십시오. 그리스도께서 우리를 위해 저주가 되셨습니다. 우리의 죄를 위해 죽으셨고 죽은 자 중에서 일어나셨습니다. 그분을 우리의 유일한 소망으로 의지하고, 우리를 온전히 만족시키시는 보화로 여기십시오. 그러면 구원을 받을 것입니다. 아멘.

3장

이스라엘의 영광이 얼마나 놀라운가?

로마서 9:1-5

내가 그리스도 안에서 참말을 하고 거짓말을 아니하노라. 나에게 큰 근심이 있는 것과 마음에 그치지 않는 고통이 있는 것을 내 양심이 성령 안에서 나와 더불어 증언하노니 나의 형제 곧 골육의 친척을 위하여 내 자신이 저주를 받아 그리스도에게서 끊어질지라도 원하는 바로라. 그들은 이스라엘 사람이라. 그들에게는 양자 됨과 영광과 언약들과 율법을 세우신 것과 예배와 약속들이 있고 조상들도 그들의 것이요 육신으로 하면 그리스도가 그들에게서 나셨으니 그는 만물 위에 계셔서 세세에 찬양을 받으실 하나님이시니라. 아멘. _롬 9:1-5

로마서 12-14장은 로마서 9-11장과 1-8장에 기반을 두고서 "그러므로"라는 단어로 시작합니다. 이를 통해 12-14장이 로마서 1-11장에 나오는 하나님의 자비(긍휼)에 기반을 두고 있음을 명백히 보여 줍니다. "그러므로 형제들아 내가 하나님의 모든 자비하심으로 너희를 권하노니…"(롬 12:1). 그렇습니다. 12-14장에서는 영적 은사와 사랑, 용서,

섬김, 열심, 소망, 고통, 기도, 접대, 긍휼, 겸손, 평화, 보복, 권세, 술 취함, 성적 부도덕, 다툼, 질투 등 여러 가지를 말하고 있는데 이것은 모두 로마서 1-8장, 9-11장과 특히 하나님의 자비하심에 기반을 두고 있습니다. "그러므로 형제들아 내가 하나님의 모든 자비하심으로 너희를 권하노니…"

그러므로 자비하심을 눈여겨보시기 바랍니다. 분명 우리가 기대하는 방식은 아니겠지만, 그것을 명확하게 볼 수 있습니다. 심지어 여기 로마서 9장에서도 볼 수 있습니다. 15절입니다. "모세에게 이르시되 내가 긍휼히 여길 자를 긍휼히 여기고 불쌍히 여길 자를 불쌍히 여기리라 하셨으니." 그리고 18절에 다시 나옵니다. "그런즉 하나님께서 하고자 하시는 자를 긍휼히 여기시고 하고자 하시는 자를 완악하게 하시느니라." 또다시 22-23절에도 등장합니다. "만일 하나님이 그의 진노를 보이시고 그의 능력을 알게 하고자 하사 멸하기로 준비된 진노의 그릇을 오래 참으심으로 관용하시고 또한 영광받기로 예비하신 바 긍휼의 그릇에 대하여 그 영광의 풍성함을 알게 하고자 하셨을지라도 무슨 말을 하리요."

이렇듯 바울은 로마서 9장에서 하나님의 자비(긍휼), 즉 결코 받을 자격이 없으나 택하신 자에게 주시는 하나님의 선하심에 대해 벌써 세 번이나 외치고 있습니다. 그리고 이것이 로마서 12장 1절, "그러므로 형제들아 내가 하나님의 모든 자비하심으로 너희를 권하노니…"에서 말하는 자비입니다. 달리 말하자면, 로마서 9-11장의 모든 중요한 교리가 12장을 실제적으로 적용하는 데 기초가 되는 것입니다.

지난 월요일과 화요일에는 교역자들이 만나 16시간 동안 기도하며 회의를 했는데, 가장 힘들었던 시간은 우리 교회가 구제 사역에 얼마나 더 열심을 품고 협력하여 섬길 것인가를 논의할 때였습니다. 구제 사역이란 정녕 가난한 사람들과 병자들, 죽어가는 사람들, 장애인, 노숙자, 고아, 역기능 가정과 사회에서 고통당하는 사람들을 위한 사역을 말합니다. 그것은 교리의 장식물 정도가 아닌, 교리의 열매가 되어야 한다는 점을 우리 스스로 되새겼습니다. 열매가 없는 곳에는 생명도 없으며, 그러면 조만간 나무도 뽑히고 말 것입니다.

200여 년 전, 윌리엄 윌버포스는 영국인들이 기독교 교리에 무관심한 결과로 인종차별과 아프리카 노예 매매를 용인하게 되었다고 지적했습니다. 그러면서 다음과 같이 말했습니다.

> 기독교 도덕을 기독교 교리와는 전혀 별개인 것으로 분리해서 생각하는 치명적인 습관이 우리도 모르는 사이에 득세하고 말았다. 그리하여 기독교만의 독특한 교리는 점차 시야에서 사라지고, 자연스럽게 예상할 수 있듯, 도덕 체계 역시 시들고 쇠퇴하기 시작했다. 원래 채워져야 할 생명과 영양분은 소실된 채로 말이다.

윌버포스는, 피 흘림이 있고 결코 흔들리지 않으며 견고한 기독교 교리야말로 자비와 정의라는 도덕 체계에 생명과 영양분을 제공한다고 보았습니다. 그리고 이것은 바울 사도가 (모든 중요한 교리들을 가르친 뒤에) "그러므로 형제들아 내가 하나님의 모든 자비하심으로 너희를 권하노니…"라는 말로 시작했던 실천적이고 윤리적인 가르침과 일맥상통합니다. 말하자면, 지금까지 우리는 하나님, 그리스도, 역사, 인간의 본성, 이스라엘, 자비와 공의와 믿음에 대해 있는 그대로를 배웠습니다. 이러한 교리를 기초로 우리 삶에서 자비와 정의의 열매를 맺어야 합니다.

매주마다 바울의 메시지를 듣고 집으로 돌아가면서, 우리는 우리 자신이 하나님의 자비를 덧입은 자라는 사실에 놀라야 합니다. 우리는 하나님의 진노 외에는 기대할 것이 없는 존재이지만, 그리스도 안에서 하나님의 자비를 받는다는 사실에 놀라야 합니다. 그리고 자격 없는 우리에게 은혜를 베푸시도록 하나님께 간구해야 합니다.

나는 받을 자격이 있다는 생각을 멈추고 어떻게 하면 더 많은 은혜를 베풀 수 있을지 생각한다면, 그리고 받을 자격이 없는 서로에게 선을 베푸는 법을 고민한다면, 우리의 결혼 생활이 얼마나 달콤해질까요. 아무런 선한 것도, 받을 자격이 없는 사람임을 깊이 깨닫고 하나님의 자비를 베푼다면 성도 간의 교제는 얼마나 아름다워질까요. 그리스도의 자비로 가난한 자들을 돌아본다면 복음이 얼마나 밝게 빛날까요. 하나님께서 더 많은 이들을 일으키셔서 우리의 도시와 나라를 위해 기쁨으로 긍휼의 사역을 베풀게 하시기를 기도합니다.

이제 다시 로마서 9장 4-5절로 돌아가도록 하겠습니다. 여기서 바울은 이스라엘의 아홉 가지 특권을 나열합니다. "그들은 이스라엘 사람이라. 그들에게는 양자 됨과 영광과 언약들과 율법을 세우신 것과 예배와 약속들이 있고 조상들도 그들의 것이요 육신으로 하면 그리스도가 그들에게서 나셨으니 그는 만물 위에 계셔서 세세에 찬양을 받으실 하나님이시니라. 아멘." 왜 그들에게 특권을 주셨을까요? 여기에는 하나의 핵심적인 이유가 있고, 아홉 개의 특권에 관한 세 가지 부차적 의미가 담겨 있습니다.

이스라엘에게 어떠한 특권이 있는지 언급하는 주된 이유는 저주를 받아 그리스도에게서 끊어진 이스라엘의 상황이 얼마나 비참한지 보여 주려는 데 있습니다. 3절에서 바울이 동족인 이스라엘이 망하게 되었다는 사실을 우회적으로 말했다는 것을 기억하실 겁니다. "나의 형제 곧 골육의 친척을 위하여 내 자신이 저주를 받아 그리스도에게서 끊어질지라도 원하는 바로라." 이 모든 암시에도 불구하고 정말로 끔찍한 것은 그들이 바울의 동족일 뿐 아니라 하나님이 택하신 이스라엘 사람들이라는 사실입니다. 그래서 바울은 그것이 뜻하는 바를 분명하게 설명하고 있습니다. 그는 장차 세 장에 걸쳐 이를 다룸으로써 이것이 얼마나 비참하고 심각한 문제인지 보여 주려고 합니다. 이스라엘은 하나님이 선택하신 백성이고 무엇과도 비할 수 없는 특권을 지니고 있었지만, 저주를 받아서 그리스도에게서 끊어졌습니다. 하나님이 신실하시다면 어떻게 이런 일이 일어날 수 있을까요?

바울은 이 문제에 대한 해결책을 세 장에 거쳐 설명하고 있습니다. 그래서 4-5절에서는 그를 비판하는 자들의 말에 동의합니다. '그렇다. 이스라엘은 하나님의 백성이다. 그들은 엄청난 영광과 특권을 받았으며, 구원의 약속까지 받았다.' 이것이 4-5절이 말하는 바입니다. 바울이 그토록 고통스러워하는 것은 단지 멸망해 가는 유대인들이 자신의 동족이라는 사실 때문만이 아닙니다. 함축된 의미에서 봤을 때 그들이 이스라엘 백성임에도 그렇게 되었다면 하나님의 신실하심을 받아들일 수 없는 위기 상황이 발생하기 때문입니다.

그래서 이스라엘의 아홉 가지 특권을 나열하고 있습니다. 하지만 여기에 세 가지 부차적 의미가 있다는 점도 말씀드렸습니다. 먼저 세 가지의 부차적인 의미를 이야기하고, 각 특권을 하나씩 간략히 설명하겠습니다.

세 가지 부차적인 의미

이 특권들은 이스라엘 안에서도 택하심을 입은 남은 자에게만 온전히 유효하다.

첫째, 이 모든 특권은 지금은 이스라엘 안에서도 택하심을 입은 남은 자에게만 여전히 유효합니다. 바울은 너무나 많은 이스라엘이 잃어버린 바 되었지만 그래도 하나님의 말씀은 실패하지 않았다는 사실을 설명하면서 6절에서 이렇게 말합니다. "그러나 하나님의 말씀이 폐하여진 것 같지 않도다. 이스라엘에게서 난 그들이 다 이스라엘이 아니요." 다른 말로 설명하면 당시의 모든 이스라엘이 다 이스라엘이 아니라는 말입니다. 이스라엘 민족 전부가 참되고 신령한 이스라엘은 아니라는 것입니다. "이스라엘에게서 난 그들이 다 이스라엘이 아니요." 따라서 4-5절에서 말하는 첫 번째 부차적 의미는, 온전한 의미에서 이 특권들은 이스라엘 민족 한 사람 한 사람 모두에게 적용되지 않고 선택 받은 남은 자에게 적용된다는 것입니다. 이는 로마서 11장 7절에서 말하는 바와도 같습니다. "이스라엘이 구하는 그것을 얻지 못하고 오직 택하심을 입은 자가 얻었고 그 남은 자들은 우둔하여졌느니라."

이 특권들은 장래 어느 시점에 온 이스라엘이 구원을 받고 온전히 누리게 된다.

아홉 가지 특권에 담긴 두 번째 의미는 언젠가 온 이스라엘이 구원을 받고 이 특권들을 온전히 누리게 될 것이라는 점입니다. 지금까지 살아온 모든 유대인 한 사람 한 사람을 말하는 것이 아니라, 장래 어느 시점에 이스라엘 민족 전체가 그렇게 된다는 말입니다.

제가 이렇게 말하는 데는 두 가지 이유가 있습니다. 첫째, 여기서 바울은 현재 시제로 말하고 있습니다. "그들은 이스라엘 사람이라." 둘째, 따라서 이스라엘 사람인 그들이 지금 그 모든 혜택을 유지하고 있다는 말입니다. 그들이 이스라엘 사람들이었으므로 이 모든 혜택을 누렸었다는 게 아닙니다. 지금 바울은 전체로서의 이스라엘을 가리키고 있다고 생각합니다. 11장 26절에서 이 사실이 확인됩니다. "그리하여 온 이스라엘이 구원을 받으리라." 달리 말해, 가려진 수건이 벗겨지고(고후 3:14) 우둔한 마음이 사라지며(롬 11:25) 이스라엘 전체가 회개하고 그리스도를 믿어 모든 믿는 이방인들과 함께 언약의 나무에 다시 접붙여지는 그날이 오게 되리라는 것을 말하고 있습니다.

이 특권들은 그리스도를 신뢰하고 믿음으로 진정한 이스라엘에 접붙여진 모든 이방인에게도 허락되었다.

4-5절에 나오는 아홉 가지 특권이 지닌 세 번째 부차적인 의미는 아브라함의 자손이자 유대인 메시아이신 그리스도를 믿는 이방인들이 진정한 이스라엘의 나무에 접붙여지고 모든 특권을 누리는 공동

상속자가 되리라는 것입니다. 바울은 11장 17절에서 본래의 가지(믿지 않는 이스라엘)는 꺾이고 돌감람나무 가지(예수님을 메시아로 믿는 이방인)가 접붙여진 참감람나무가 진정한 이스라엘이라고 분명하게 말합니다. 따라서 오늘 아침 그리스도를 믿는 여러분은 유대인이든 이방인이든 바울이 말하는 아홉 가지 특권을 소유하고 있습니다.

결론적으로 여기서 말하려는 주된 내용은 불신앙 때문에 저주를 받아 그리스도에게서 꺾여 나간 수많은 유대인들의 비극과 위기는 아홉 가지 특권으로 인해 더욱 부각된다는 것입니다. 세 가지 의미를 다시 정리해 보겠습니다.

1. 이 특권들은 이스라엘 안에서도 택하심을 입은 남은 자에게만 온전히 유효하다.

2. 이 특권들은 장래 어느 시점에 온 이스라엘이 구원을 받고 온전히 누리게 된다.

3. 이 특권들은 그리스도를 신뢰하고 믿음으로 진정한 이스라엘에 접붙여진 모든 이방인에게도 허락되었다.

이스라엘의 비극을 보여 주는 이스라엘의 아홉 가지 특권

이제 아홉 가지 특권을 간략히 살펴보겠습니다. 각각의 특권을 보면서 우리는 "그리스도를 믿지 않으면 이러한 특권을 잃는다"는 사실을 자신에게 적용해야 합니다. 반대로 그리스도를 믿으면 이런 특권을 얻습니다. 그러므로 목숨을 다해 메시아이신 예수님을 믿어 이 특권들을 누리십시오. 혹 유대인 친구가 있다면 기도와 사랑으로 바울이 했던 것처럼 그들과 복음을 나누십시오.

"그들은 이스라엘 사람이라"

이 말은 처음이자, 모든 것을 포괄하는 명칭입니다. 이후에 나올 모든 유익을 담고 있으므로 첫 머리에 등장합니다. 이스라엘 사람이 된다는 것은 이 모든 특권을 소유한다는 의미입니다. 특권에 담긴 모든 혜택을 소유하는 하나님의 사람이 된다는 말입니다.

로마서 11장 1절에서 바울은 이렇게 말합니다. "하나님이 자기 백성을 버리셨느냐? 그럴 수 없느니라. 나도 이스라엘인이요 아브라함의 씨에서 난 자요 베냐민 지파라." 즉, 진정한 이스라엘 사람은 하나님의 백성이고 아브라함의 상속자라는 말입니다. 그리고 갈라디아서 3장 7절에는 이방인인 우리에게 주시는 엄청난 소식이 나옵니다. "그런즉 믿음으로 말미암은 자들은 아브라함의 자손인 줄 알지어다." 아브라함의 믿음을 지닌 자라면, 아브라함의 자손이며 진정한 이스라엘에 속한다는 말입니다. 참 이스라엘의 나무에 접붙여져 모든 특권의 수혜자가 됩니다.

"그들에게는 양자 됨과…"

'양자 됨'을 의미하는 헬라어(huiothesia, υἱοθεσία)는 신약성경에서 오직 바울만 사용했으며, 구약성경에서는 사용되지 않았습니다. 오늘 본문 앞에 있는 로마서 8장 15절(그리고 23절)에도 나옵니다. "너희는 다시 무서워하는 종의 영을 받지 아니하고 '양자'(huiothesias, υἱοθεσίας)의 영을 받았으므로 우리가 아빠 아버지라고 부르짖느니라"(롬 8:15).

이 구절에서 "너희"는 유대인이나 이방인 여부와 관계없이 단순히 그리스도인을 말합니다. 그러한 "그리스도의 영"을 지닌 사람들은 그리스도께 속해 있습니다(롬 8:9). 유대인과 이방인을 비롯해 모든 진정한 그리스도인은 하나님의 자녀(아들)입니다. 하나님은 그리스도를 통해 우리를 자녀로 입양해 주셨습니다.

"영광과…"

여기서 말하는 영광은 구약의 성막을 가득 채운 쉐키나(Shekinah) 영광만을 뜻하지는 않습니다. 바울이 사용하는 영광이라는 단어는 주로 하나님의 사람들, 특히 하나님의 자녀들(아들)에게 임할 영광을 말합니다. "생각하건대 현재의 고난은 장차 우리에게 나타날 영광과 비교할 수 없도다. 피조물이 고대하는 바는 하나님의 아들들이 나타나는 것이니"(롬 8:18-19). 하나님의 아들이 되는 것과 영광은 이렇듯 함께 갑니다. 이것은 단지 과거의 영광을 말하는 것이 아닙니다. 우리에게 계시해 주셨으며 장차 영원한 기쁨으로 우리에게 안겨 주실 하나님의 영광입니다. 그리고 예수님이 직접 온전한 영광이 되셨습니다. 아기 예수님을 보았던 시므온은 이렇게 말했습니다. "[내 눈이 보았사오니] 이방을 비추는 빛이요 주의 백성 이스라엘의 영광이니이다"(눅 2:32).

"언약들과… 약속들이…"

'언약들'과 본 구절 끝에 있는 '약속들'을 같이 보겠습니다. 여기서 바울은 다른 것들도 함께 요약하기 위해 복수형 명사로 '언약들',

'약속들'이라 말했을 것입니다. 하나님이 세우신 언약들과 모든 약속들이 우리에게 속해 있습니다. 우리는 이스라엘의 남은 자로 선택을 받았습니다. 우리는 메시아를 믿고 언약과 약속의 나무에 접붙여진 이방인이며, 장차 이스라엘 민족이 될 것입니다. 어떻게 이런 일이 가능할까요? 모든 믿는 자를 위해 흘리신 그리스도의 피로 말미암아 모든 언약들을 성취하는 새로운 언약이 이루어졌기 때문이며(눅 22:20), "하나님의 약속은 얼마든지 그리스도 안에서 예"가 되기 때문입니다(고후 1:20).

"율법을 세우신 것과…"

율법을 이스라엘에게 주신 것은 모든 민족과 우리 자신을 위해서입니다. 로마서 3장 19절입니다. "우리가 알거니와 무릇 율법이 말하는 바는 율법 아래에 있는 자들에게 말하는 것이니 이는 모든 입을 막고 온 세상으로 하나님의 심판 아래에 있게 하려 함이라." 그리고 로마서 10장 4절을 보면 율법으로 온 세상이 하나님의 심판 아래 있게 된 사실뿐 아니라 율법의 목적도 명시하고 있습니다. "그리스도는 모든 믿는 자에게 의를 이루기 위하여 율법의 마침이 되시니라." 율법의 장기적 목표는 정죄가 아니라 구원입니다. 우리가 메시아를 우리의 의로 믿으면 율법은 우리를 위해 본래의 목적, 즉 그리스도께로 우리를 이끄는 종의 역할을 합니다.

"예배와…"

여기서 말하는 예배(temple service)는 우리 죄를 속하기 위해 희생

제물을 드리고(레 4:20, 26, 31) 하나님께 열납되게 하는(출 28:38) 제사장의 사역을 언급합니다. 가장 중요한 '성전 사역'(temple service)은 유월절(출 12:25-27)이었으며, 고린도전서 5장 7절에서도 바울은 이렇게 말합니다. "우리의 유월절 양 곧 그리스도께서 희생되셨느니라." 즉, 그리스도는 십자가 위에서 최종적이고 결정적인 속죄의 '예배'를 행하셨다는 말입니다. 또한 이러한 '예배'가 진정한 이스라엘에게 속했다는 것은 우리의 죄가 용서되고 하나님이 기꺼이 우리와 교제하신다는 것을 확실히 보증하는 말입니다.

"조상들도 그들의 것이요…"

이 말이 의미하는 바는 로마서 11장 28절에 나와 있습니다. "복음으로 하면 그들[유대인]이 너희[이방인]로 말미암아 원수된 자요, 택하심으로 하면 조상들로 말미암아 사랑을 입은 자라." 즉, 하나님이 그 뜻하시는 대로 아브라함과 이삭과 야곱을 선택하셨고 그들의 후손이 하나님을 유업으로 받게 되리라는 약속을 하셨다는 말입니다. 여기에는 세 가지 의미가 있습니다.

1. 이스라엘 안에 택하심을 입은 남은 자가 있는데, 과거에도 항상 있었고 장래에도 늘 있을 것입니다.

2. 장래의 어느 시점에 온 이스라엘이 구원을 얻으리라는 약속이 있습니다.

3. 메시아를 믿는 이방인들도 이 조상들의 후손이 되었고, 본래의 후손들과 동일한 복을 받습니다. 아브라함과 이삭과 야곱에게 주신

모든 약속이 메시아이신 예수 그리스도 안에서 그들의 것이 됩니다.

"육신으로 하면 그리스도가 그들에게서 나셨으니 그는 만물 위에 계셔서 세세에 찬양을 받으실 하나님이시니라. 아멘."

온 세상의 구원자이신 메시아가 육신으로는 유대인으로 태어나신다는 것이 이스라엘에게는 얼마나 놀라운 특권입니까! 하지만 그분이 유대인으로 오셨어도 그 백성이 받아들이지 않았다는 사실은 엄청난 비극입니다. 요한복음 1장 12절은 이와 관련해서 진실을 말합니다. "영접하는 자 곧 그 이름을 믿는 자들에게는 하나님의 자녀가 되는 권세를 주셨으니."

그 어느 것보다 놀라운 사실은 우리가 예수님을 메시아로 받아들이면 만물 위에 계셔서 영원히 찬양받으실 하나님을 받아들이는 것이 됩니다. 그러므로 가장 심각한 비극은 메시아이신 예수님을 하나님으로 보지 못하는 것입니다. 반대로 최고의 특권은 육체로 오신 하나님을 깨닫고 영원히 그분에 대한 새롭고 놀라운 사실을 보면서 그분을 쉼 없이 찬양하는 것입니다. 그래서 바울은 "세세에 찬양을 받으실" 하나님이라고 말하는 것입니다. 우리의 눈은 그리스도 안에 있는 새로운 영광을 영원히 멈추지 않고 바라보게 될 것입니다. 우리 마음은 우리가 보는 영광을 영원히 싫증내지 않고 맛보게 될 것입니다. 또한 우리의 입은 우리가 맛보는 것을 영원토록 지치지 않고 노래하게 될 것입니다. 그러므로 그분에게서 떠나지 마십시오. 예수님에게로 나오십시오. 그분을 받아들이십시오. 그분을 믿으십시오. 아멘.

4장

이삭의 후손이 이스마엘의 후손을 축복하는 법

로마서 9:1-13

내가 그리스도 안에서 참말을 하고 거짓말을 아니하노라. 나에게 큰 근심이 있는 것과 마음에 그치지 않는 고통이 있는 것을 내 양심이 성령 안에서 나와 더불어 증언하노니 나의 형제 곧 골육의 친척을 위하여 내 자신이 저주를 받아 그리스도에게서 끊어질지라도 원하는 바로라. 그들은 이스라엘 사람이라. 그들에게는 양자 됨과 영광과 언약들과 율법을 세우신 것과 예배와 약속들이 있고 조상들도 그들의 것이요 육신으로 하면 그리스도가 그들에게서 나셨으니 그는 만물 위에 계셔서 세세에 찬양을 받으실 하나님이시니라. 아멘. 그러나 하나님의 말씀이 폐하여진 것 같지 않도다. 이스라엘에게서 난 그들이 다 이스라엘이 아니요 또한 아브라함의 씨가 다 그의 자녀가 아니라. 오직 이삭으로부터 난 자라야 네 씨라 불리리라 하셨으니 곧 육신의 자녀가 하나님의 자녀가 아니요 오직 약속의 자녀가 씨로 여기심을 받느니라. 약속의 말씀은 이것이니 명년 이 때에 내가 이르리니 사라에게 아들이 있으리라 하심이라. 그뿐 아니라 또한 리브가가 우리 조상 이삭 한 사람으로 말미암아 임신하였는데 그 자식들이 아직 나지도 아니하고 무슨 선이나 악을 행하지 아니한 때에 택하심을 따라 되는 하나님의 뜻이 행위로 말미암지 않고 오직 부르시는 이로 말미암아 서게 하려 하사 리브가에게 이르시되 큰 자가 어린 자를 섬기리라 하셨나니 기록된 바 내가 야곱은 사랑하고 에서는 미워하였다 하심과 같으니라. _롬 9:1-13

우리 교회에서는 매년 열리는 두 주간의 선교대회 기간 중에 마지막 주가 되면 캠퍼스마다 예배 후에 사람들을 앞으로 초청해서 기도를 받게 합니다. 하나님이 그들을 타문화 지역, 특히 예수님을 아는 사람이 거의 없는 민족들을 향해 장기 선교사로 부르셨는지 분명하게 확인시켜 달라고 기도하는 것입니다. 오늘 예배 후에도 여러분을 기도의 자리로 초대하려고 합니다. 지금 이 말씀을 드리는 이유는 자신이 선교사로 나가야 하는지를 놓고 기도해 보시라는 것입니다.

'가는 자와 보내는 자, 그렇지 않으면 불순종하는 자'라는 말에 담긴 우리의 신념을 잘 아실 겁니다. 가는 자와 보내는 자 모두 하나님 보시기에 귀하며 교회의 선교 전반에 있어서 매우 중요한 사람들입니다. 오늘날의 깨어진 문화나 가정과 이웃들을 생각하면 보내는 자에 대한 기대와 도전은 무척 큽니다. 하지만 오늘은 그리스도의 복음을 거의 들을 기회가 없는 지역 사람들을 향해 가는 자에게 초점을 맞추려고 합니다.

장기 타문화 선교로의 부르심

저는 오늘 이 시간이 여기 계신 많은 분들(10대에서 60대까지 모두)에게 인생의 결정적 순간이 되기를 기도합니다. 삶에서 하나님이 행하신 모든 일들이 거부할 수 없는 느낌으로 다가와 우리로 하여금 열방을 향해 나아가게 하고 있음을 깨닫게 하시기를 바랍니다. 물론 하나님이 보여 주시지 않으면 우리는 알 수 없습니다. 저는 지금 단기 선교를 말하는 것이 아닙니다. 단기 선교가 가치 있는 일임을 우리 모두 믿기는 하지만 말입니다. 오늘 우리는, 하나님이 다른 길을 보여 주시지 않는 한 이 길로 가야만 한다고 생각할 만큼 하나님이 자신을 장기 타문화 선교사로 이끌고 계신다고 느끼는 분들을 향한 부르심을 나누려고 합니다.

믿지 않는 자들을 전도하기 위한 삶

오늘은 로마서 9장 1-13절에 대한 강해를 하기보다는 로마서 9장의 진리가 어디에서 시작되었는가에 관해 창세기에서부터 살펴보려고 합니다.

오늘 설교의 제목은 "이삭의 후손이 이스마엘의 후손을 축복하는 법"입니다. 이 제목이 의미하는 바와 배경은 이렇습니다. 지금 전 세계의 인구는 이미 70억을 넘어서고 있습니다(이 설교는 2011년에 선포되었음—편집주). 이 70억 인구 중에 무슬림은 10억을 거뜬히 넘습니다.

그리고 알다시피 그 중 수만 명이 우리가 사는 쌍둥이 도시(미네소타 주의 미니애폴리스, 세인트 폴—옮긴이) 인근에 거주하고 있습니다. 이들이 이곳에 오게 된 것을 우리는 기쁘게 생각합니다.

성경적인 그리스도인이라면 비그리스도인들이 주변에 사는 것을 달가워하지 않는 그러한 편협한 사고방식을 버립니다. 그리스도인은 왕이신 예수님께서 한때 멀리 떠났던 비그리스도인들을 복음 가까이로 이끌어 오시는 모습을 보며 기뻐합니다. 그것이 천국의 사고방식입니다. 그리고 믿지 않는 사람들을 피해서 살려고 하지 않습니다. 우리는 그들에게 다가가기 위해 삽니다. 거대한 바다도 넘지만 옆집으로 가는 길도 넘습니다.

이슬람과 '이스마엘의 후손'

오늘날 이슬람은 거대한 현실입니다. 십자가에 못 박혀 죽으시고 부활하셔서 다스리시는 우리 주 예수님은 하나님의 사람들을 일으켜 온 세계 무슬림을 향한 사랑의 사명을 감당케 하실 만반의 준비가 되어 있으십니다. 제가 의식적으로 무슬림들만 언급한다고 해서 이 말씀이 무슬림과만 연관된다고 생각하지는 마시기 바랍니다. 로마서 9장과 이번 설교의 핵심은 하나님이 무조건적으로 죄인들을 선택하고 부르신다는 점입니다. 유대인이나 무슬림이라는 정체성이 결코 하나님의 선택과 부르심을 제한하거나 막지 못합니다. 따라서 이 메시지는 우리의 꿈이라는 용광로에 불을 지피고, 우리를 통해 하나님이 부르심 받은 대상자들에게 복음을 전할 수 있게 하는 것을 목표로 합니다.

"이삭의 후손이 이스마엘의 후손을 축복하는 법"이라는 제목의 의미가 여기에 있습니다. 역사적으로 보면 무슬림은 자신을 아브라함의 첫 아들인 이스마엘의 후손으로 여겼습니다. 무함마드는 자신의 혈통을 거슬러 가면 아랍계를 거쳐 이스마엘의 후손으로 태어난 두령들과 족속들에서 출발한다고 보았습니다. 창세기 17장 20절에서 하나님은 아브라함에 이렇게 말씀하십니다.

"이스마엘에 대하여는 내가 네 말을 들었나니 내가 그에게 복을 주어 그를 매우 크게 생육하고 번성하게 할지라. 그가 열두 두령을 낳으리니 내가 그를 큰 나라가 되게 하려니와."

이들 두령의 이름은 창세기 25장 12-18절에 나와 있습니다. 따라서 제가 "이스마엘의 후손"이라고 할 때는 무슬림들이 지닌 자기 정체성에 따라 그들을 지칭하는 것입니다. 하지만 이 말은 아랍인이 되는 것과 무슬림이 되는 것이 자동적으로 연결된다는 뜻은 아닙니다. 무슬림이면서 비아랍인일 수도 있고, 아랍인이면서 비무슬림일 수도 있습니다. 다만 일반적으로 무슬림은 자신의 혈통적 복이 아브라함 및 이스마엘과 관련한 언약에서 시작한다고 봅니다.

아브라함의 후손, 그리고 모든 족속을 위한 복

하지만 유대인과 그리스도인에게는 이야기가 아주 다릅니다. 창세기는 하나님께서 아브라함에게 주신 약속이 이스마엘을 통해 성취될 것으로 보지 않으신다고 가르칩니다. 하나님은 창세기 12장 3절에서 아브라함에게 이렇게 말씀하셨습니다. "땅의 모든 족속이 너로 말미암아 복을 얻을 것이라." 그리고 창세기 17장 7-8절에서는 이렇게 말씀하셨습니다. "내가 내 언약을 나와 너 및 네 대대 후손 사이에 세워서 영원한 언약을 삼고 너와 네 후손의 하나님이 되리라. … 나는 그들의 하나님이 되리라."

따라서 하나님은 이후에 한 후손이 있을 것이며, 그를 통해 아브라함의 하나님을 자기 하나님으로 삼는 백성들이 나올 것이라고 약속하십니다. 이 후손을 통해 구원을 얻고 영원히 하나님의 백성이 되는 이들이 있을 것입니다. 하나님은 죽은 자의 하나님이 아니라 산 자의 하나님이십니다!(막 12:27) 이것이 바로 아브라함이 받은 약속입니다. 아브라함과 그의 후손을 통해 구원이 이 땅의 모든 족속에게 임할 것입니다.

이것이 성취되는 이야기는 다음과 같이 펼쳐집니다.

불임 아내에게서 아들이 태어나다

창세기 15장에서 아브라함은 자신이 늙은 데다 아들도 없어서 종 엘리에셀을 후계자로 삼겠다며 하나님께 토로했습니다. 하나님은 창세기 15장 4절에서 이렇게 말씀하십니다. "네 몸에서 날 자가 네 상속자가 되리라." 아브라함은 나이 많고 임신하지 못하는 아내 사라를 통해 어떻게 이런 일이 일어날지 알지 못했습니다.

그래서 아브라함과 사라는 사라의 몸종인 하갈을 통해 자기가 생각하는 방식대로 아들을 만들어 내기로 합의했습니다. 그리하여 사라는 아브라함에게 하갈을 주었고, 창세기 16장 16절에서 하갈은 아브라함을 통해 이스마엘이라는 아들을 얻었습니다. 아브라함의 나이 86세였습니다. 아브라함은 약속이 성취되는 데 필요한 후손을 얻었다고 생각했습니다.

하지만 창세기 17장을 보면 아브라함이 99세이고 사라가 90세였던 당시, 하나님은 아브라함이 잘못 생각하고 있다고 말씀하십니다. 창세기 17장 18절에서 아브라함은 하나님께 큰소리로 말합니다. "이스마엘이나 하나님 앞에 살기를 원하나이다." 하나님은 이에 대해 19절에서 이렇게 말씀하십니다. "아니라. 네 아내 사라가 네게 아들을 낳으리니 너는 그 이름을 이삭이라 하라. 내가 그와 내 언약을 세우리니 그의 후손에게 영원한 언약이 되리라."

하나님이 약속을 지키시는 방법

달리 말하면, 하나님은 인간적 노력과 성취를 상징하는 후손(이스마엘)을 통해 약속의 백성이 나오기를 원치 않으시고, 초자연적인 기적과 하나님의 절대적 자유에 따른 행위를 의미하는 후손(이삭)의 씨를 통해 그렇게 되기 원하신다는 것을 분명히 보여 주십니다.

그래서 모든 인간적 가능성과 무관하게 태어난 이삭을 보며 하나님은 창세기 21장 12절에서 아브라함에게 이렇게 말씀하셨습니다. "이삭에게서 나는 자라야 네 씨라 부를 것이라." 즉, 이스마엘도 아브라함의 후손이니 여러 방법으로 그를 축복하겠지만, 온 세상에 임할 구원의 언약을 성취할 후손은 이스마엘이 아니라 이삭을 통한다는 것입니다.

그런 뒤에 하나님은 이스마엘의 계통이 아니라 이삭의 계통을 통해 역사하신다는 점을 분명하게 보이기 위해 이삭이 첫 아이를 낳을 때에도 동일한 일이 일어나게 하십니다. 이삭의 아내 리브가도 사라와 같이 불임이었고(창 25:21), 이삭은 이를 위해 기도했으며 하나님은 임신을 허락하십니다. 리브가 태중의 쌍둥이는 야곱과 에서였습니다. 이들이 태어나 선과 악을 행하기도 전에 하나님은 어느 쪽을 언약의 계통으로 삼을지 미리 결정하셨습니다. 하나님은 동생으로 태어난 야곱을 무조건적으로 구원의 언약과 열방의 복이 되는 쪽으로 정하신 것입니다. 그리고 창세기 25장 23절에서 이렇게 말씀하십니다. "큰 자가 어린 자를 섬기리라."

인간적 성취에 근거하지 않는 하나님의 선택

여기서 하나님이 어떤 일을 행하시는지 볼 수 있습니다. 언약의 계보를 선택함에 있어 하나님은 인간의 성취나 특성에 기반을 두지 않으심을 분명히 보여 주십니다. 무조건적인 선택입니다. 이삭과 이스마엘보다는 야곱과 에서의 사례에서 그 사실을 보다 분명하게 알 수 있습니다.

이삭과 이스마엘은 서로 다른 어머니를 두었으며 하갈은 애굽 사람이었습니다(창 16:1). 혹자는 이삭의 어머니가 유대인이기 때문에 선택받았다고 생각할 수도 있습니다. 따라서 그것이 아니라는 것을 명백히 보여 주시기 위해, 하나님은 야곱과 에서를 세우셨습니다. 그 둘은 동일한 부모를 두고 같은 뱃속에서 같은 시간에 태어났으며, 자신이 더 낫다는 사실을 증명하기 위한 삶을 시작하기도 전이었습니다. 하지만 모든 문화와 기대와는 달리 하나님은 큰 자가 작은 자를 섬길 것이라고 선포하십니다. 즉, 에서는 그의 장자권을 포기하게 되고 에서가 아닌 야곱이 약속의 계보를 이어 이스라엘 열두 지파의 아버지가 된다는 말입니다. 야곱은 그렇게 유대인의 조상이 되었습니다. 그리고 유대인을 통해 메시아가 오십니다. 또한 그 메시아를 통해 아브라함의 축복이 이스마엘의 후손을 비롯한 모든 열방에 임하게 됩니다.

확장을 위한 축소

따라서 아브라함에게 주시는 언약은 창세기 12장 3절에서 시작됩니다. "땅의 모든 족속이 너로 말미암아 복을 얻을 것이라." 믿기 힘들 만큼 전 지구적이며 전 민족적인 확장입니다! 어찌 보면 이스마엘이 아닌 이삭, 에서가 아닌 야곱, 온 나라가 아닌 이스라엘의 열두 지파라는 축소된 선택이지만, 유대인이라는 한 민족에 초점이 맞춰진 하나님의 구원 역사는 어느 날, 전 세계 모든 족속에 대한 축복으로 폭발적인 확장을 하게 됩니다. 여기에는 이스마엘과 에서에 속한 족속, 즉 아랍인과 무슬림, 저와 여러분 모두가 포함됩니다.

이러한 폭발적 확장은 어떻게 일어난 것일까요? 바로 선택받은 씨, 선택받은 후손, 메시아이신 예수 그리스도라는 최종적인 축소를 통해 일어납니다. 마태복음을 보면 예수님의 계보가 야곱과 이삭을 거쳐 아브라함으로까지 거슬러 올라갑니다(마 1:1-2). 이삭의 후손을 통해 이스마엘의 후손을 비롯한 지구상의 모든 족속이 축복을 받습니다. 이 모든 일이 지난 2천 년간 선교를 통해 이루어져 왔습니다.

바울은 이에 대해 갈라디아서 3장 16절에서 다음과 같이 설명합니다. "이 약속들은 아브라함과 그 자손에게 말씀하신 것인데, 여럿을 가리켜 그 자손들이라 하지 아니하시고 오직 한 사람을 가리켜 네 자손이라 하셨으니 곧 그리스도라." 바울이 무지해서 (마치 '자손'이 집합 명사임을 모르는 것처럼) 문법적 실수를 저지른 게 아닙니다. 바울은 하나님이 이스마엘과 이삭이라는 두 후손 가운데 하나를 선택하셨음을 주목합니다. 에서와 야곱이라는 두 후손 중에서도 하나를 선택하셨습니다. 그리고 바울은 하나님의 마지막 선택인 예수 그리스도가 그 후손임을 지목합니다.

모든 족속이 예수 안에서 복을 받다

예수님이 오셔서 이스라엘의 모든 구원 약속을 따라 열방을 위해 피값을 지불하셨을 때(계 5:9), 창세기 12장 3절의 "땅의 모든 족속이 너로 말미암아 복을 얻을 것이라"는 말씀이 아브라함 안에서, 즉 그의 후손이신 예수님 안에서 성취될 때가 마침내 이르렀습니다. 어떻게 말입니까? 유대인과 무슬림과 힌두교도를 비롯해 예수님의 이름을 부르는 모든 사람은 구원을 얻게 될 것입니다(롬 10:13).

왜 그렇습니까? 예수님을 영접하는 사람은 예수님과 더불어 아브라함의 후손이 되기 때문입니다. 갈라디아서 3장 8, 9, 29절입니다.

"성경이 미리 알고 먼저 아브라함에게 복음을 전하되 '모든 이방인이 너로 말미암아 복을 받으리라' 하였느니라. 그러므로 믿음으로 말미암은 자는 믿음이 있는 아브라함과 함께 복을 받느니라. … 너희가 그리스도의 것이면 곧 아브라함의 자손이요 약속대로 유업을 이을 자니라."

모든 이를 부르시는 초대

예수님이 자신의 죽으심과 부활로 위대한 대속 사역을 행하시고 모든 믿는 자를 위한 구원의 약속을 성취하셨을 때, 축소되었던 선택은 비로소 확장되기 시작했습니다. 이스마엘이 아닌 이삭, 에서가 아닌 야곱, 모든 나라가 아닌 유대 민족, 유대인 전체가 아닌 유대인 한 사람, 한 후손, 기름부음받은 자요 오직 한 분인 신인(God-man), 예수 그리스도에게 이르렀을 때, 그분은 어떤 일을 하셨습니까? "일찍이 죽임을 당하사 각 족속과 방언과 백성과 나라 가운데에서 사람들을 피로 사서 하나님께 드리[셨습니다]"(계 5:9). 그리고 예수님은 "가서 모든 민족을 제자로 삼으라"(마 28:19)고 말씀하십니다.

모든 민족입니다! 모든 사람에게 오라고 말씀하십니다. 문이 열려 있습니다. 연회장에는 생각보다 자리가 훨씬 많습니다. "빨리 시내의 거리와 골목으로 나가서 가난한 자들과 몸 불편한 자들과 맹인들과 저는 자들을 데려오라 하니라. 종이 이르되 주인이여 명하신 대로 하였으되 아직도 자리가 있나이다. 주인이 종에게 이르되 길과 산울타리 가로 나가서 사람을 강권하여 데려다가 내 집을 채우라"(눅 14:21-23).

이 초대는 모든 민족, 모든 언어, 모든 사람들에게 해당됩니다. 이스마엘의 후손들이여 오십시오. 에서의 후손들이여 오십시오. 야곱의 후손들도 오십시오. "너희 모든 목마른 자들아 물로 나아오라. 돈 없는 자도 오라. 너희는 와서 사 먹되 돈 없이, 값없이 와서 포도주와 젖을 사라"(사 55:1). "성령과 신부가 말씀하시기를 오라 하시는도다. 듣는 자도 오라 할 것이요 목마른 자도 올 것이요 또 원하는 자는 값없이 생명수를 받으라 하시더라"(계 22:17). 이스마엘, 에서, 야곱, 아랍인, 아시아인, 아프리카인, 아메리카인 할 것 없이 주의 이름을 부르는 모든 사람은 구원을 받을 것입니다(롬 10:13).

우리의 과제와 원동력

그러므로 우리 앞에는 위대한 선교의 과제가 놓여 있습니다. "그런즉 그들이 믿지 아니하는 이를 어찌 부르리요? 듣지도 못한 이를 어찌 믿으리요? 전파하는 자가 없이 어찌 들으리요? 보내심을 받지 아니하였으면 어찌 전파하리요? 기록된 바, 아름답도다 좋은 소식을 전하는 자들의 발이여 함과 같으니라"(롬 10:14-15).

하나님은 우리 모두를 아름다운 발을 가진 자로, 구원의 좋은 소식을 우리가 아는 모든 이들에게 전하는 자로 부르십니다. 설교를 마무리하는 이 시점에서 초점은 바로 우리에게로 향합니다. 그리고 우리 안에서 더 많은 일을 행하시는 하나님을 바라보게 합니다. 하나님은 오래전부터 그 일을 해오셨습니다. 어떤 분들에게는 그 일이 오늘부터 시작될 수 있습니다. 하나님이 우리 안에서 일하실 때, 우리가 문화와 언어와 생활 방식이 전혀 다르고 아는 사람도 없고 오히려 위험과 미지의 것들이 가득한 땅으로 들어가도록 하십니다. 왜 그렇습니까? 하나님도 열방에 아브라함의 복을 전하게 하시려고 독생자를 그렇게 보내셨으니까요. 이제는 우리를 통해 그 일을 하기 원하십니다. 이것이 부르심입니다!

저는 우리가 지금 당장 자기 미래의 방향을 정해야 한다거나, 혹은 분명히 갈 것인지, 가면 언제 어디로 갈 것인지를 알아야 한다고 말하는 것이 아닙니다. 베들레헴교회가 그런 분들을 후원할 수 있다고 약속하는 것도 아닙니다. 물론 부분적으로는 보내는 자들이 얼마나 열성적인가에 달려 있습니다. 하지만 제가 약속할 수 있는 것은 예수님의 임재와 능력입니다. 그분은 이렇게 말씀하셨습니다. "하늘과 땅의 모든 권세를 내게 주셨으니 … 세상 끝날까지 너희와 함께 있으리라."

오늘 제가 앞으로 초청하고 싶은 분들은 하나님이 특별히 다른 변화를 주시지 않는 한 열방을 향해 장기간 나가야겠다고 느끼는 분들입니다. 하나님이 오늘 이 말씀과 이 시간을 사용하셔서 우리가 하나님의 인도하심을 느낄 수 있게 해주시기를 기도합니다.

5장

하나님의 말씀이 서리라: 모든 이스라엘이 이스라엘은 아니다(1부)

로마서 9:6-13

그러나 하나님의 말씀이 폐하여진 것 같지 않도다. 이스라엘에게서 난 그들이 다 이스라엘이 아니요 또한 아브라함의 씨가 다 그의 자녀가 아니라. 오직 이삭으로부터 난 자라야 네 씨라 불리리라 하셨으니 곧 육신의 자녀가 하나님의 자녀가 아니요 오직 약속의 자녀가 씨로 여기심을 받느니라. 약속의 말씀은 이것이니 명년 이 때에 내가 이르리니 사라에게 아들이 있으리라 하심이라. 그뿐 아니라 또한 리브가가 우리 조상 이삭 한 사람으로 말미암아 임신하였는데 그 자식들이 아직 나지도 아니하고 무슨 선이나 악을 행하지 아니한 때에 택하심을 따라 되는 하나님의 뜻이 행위로 말미암지 않고 오직 부르시는 이로 말미암아 서게 하려 하사 리브가에게 이르시되 큰 자가 어린 자를 섬기리라 하셨나니 기록된 바 내가 야곱은 사랑하고 에서는 미워하였다 하심과 같으니라. _롬 9:6-13

로마서 9장을 이해하려면 바울의 생각이 어떻게 흘러가고 있는지 지속적으로 살펴보아야 합니다. 1-5절에서 바울은 자기 동족 유대인들이 잃어버린 바 되었다는 사실을 아파하고 있습니다. 3절입니다.

"나의 형제 곧 골육의 친척을 위하여 내 자신이 저주를 받아 그리스도에게서 끊어질지라도 원하는 바로라." 4-5절에서 강조되고 있는 것은 이스라엘이 바울의 동족이라는 사실이 아니라, 그들이 하나님의 친척(kinsmen)이라는 사실입니다. "그들은 이스라엘 사람이라. 그들에게는 양자 됨과 영광과 언약들과…." 따라서 1-5절에 나오는 위기는 바울에게는 개인적으로 겪는 위기이기도 하지만, 하나님의 신실하심이라는 문제가 달렸다는 측면에서는 우리 모두가 겪는 신학적 위기입니다. 1-5절에 나온 위기는 이스라엘이 하나님의 선택을 받은 언약 백성이지만 이들 다수가 저주를 받아서 그리스도와 구원에서 끊어졌다는 사실에 있습니다. 하나님은 자신의 언약에 신실하지 않으신 걸까요? 만일 그렇다면 우리에게 무슨 소망이 있습니까?

위기: 우리에게 주신 약속들은 하나님의 신실하심에 달렸다

바울은 로마서 9장 1-23절에서 바로 이러한 위기를 다루고 있습니다. 이스라엘은 하나님의 택하심을 받은 백성이지만 이들 대부분은 멸망의 길에 서 있고 구세주이신 예수 그리스도에게서 끊어졌습니다. 이것이 유대인뿐 아니라 우리에게도 위기가 되는 이유는 만일 하나님이 이스라엘에 주신 약속이 유효하지 않다면 우리에게 주신 약속도 안전하리라고 확신할 이유가 없기 때문입니다. 혹 하나님이 언약 백성에게 신실하지 않으시다면, 견고한 바위같이 안전할 것 같고 우리 기쁨의 근거이자 믿음의 핵심일 것 같은 로마서 8장에 나오는 하나님의 택하심(33절, "누가 능히 하나님께서 택하신 자들을 고발하리요? 의롭다 하신 이는 하나님이시니!")은 아무 가치가 없습니다. 하나님이 이스라엘에게 그 약속을 지키지 않으신다면 우리에게 주신 약속은 지키신다고 어떻게 확신하겠습니까?

오늘 본문의 앞부분에서 바울이 다루는 위기가 바로 그것입니다. 우리는 앞으로 두 주에 걸쳐 6-13절을 다룰 예정입니다. 이 단락에서 바울은 자신의 요지를 두 가지 예를 통해 설명하고 있습니다. 하나는 이스마엘이 아닌 이삭을 언약의 자녀로(6-9절) 설명하는 부분이고, 다른 하나는 에서가 아닌 야곱을 언약의 자녀로(10-13절) 설명하는 부분입니다. 오늘은 6-9절에서 육신의 자녀가 아닌 언약의 자녀로 태어난 이삭에 관한 내용을 주로 다루겠습니다.

정말 하나님의 말씀은 실패하지 않았는가?

6절 말씀은 9장 전체의 핵심 구절입니다. "그러나 하나님의 말씀이 폐하여진 것 같지 않도다." 1-5절에서 설명한 위기와는 반대되는 바울의 주장입니다. 그렇습니다. 언약을 받은 사람 중의 다수가 저주를 받고 그리스도에게서 끊어져 나간 것은 사실입니다. 또한 하나님이 이스라엘을 선택하셔서 언약을 맺으시고 약속을 주신 것도 사실입니다. 하지만 그렇다고 해서 하나님의 말씀이 폐하여졌다(실패했다)는 것은 사실이 아니라고 바울은 주장합니다.

지금까지는 주장에 불과합니다. 하지만 그는 9장의 나머지 부분과 이후 세 장에 걸쳐 이 주장에 대한 논증 또는 입증을 하고 있습니다. 바울은 그저 주장만 한 뒤 미제로 남겨 두는 일은 하지 않습니다. 그 주장을 뒷받침할 만한 근거를 제시합니다. 따라서 우리가 이번 장에서 염두에 둘 것은 이 부분이 무조건적 선택과 구원과 연관된 하나님의 주권에 관해 성경 전체에서 가장 명확하고도 강력하게 말하고 있으며 이는 약속에 대한 하나님의 신실하심을 보여 준다는 사실입니다.

바울은 논쟁이 되는 교리를 결코 가볍게 다루지 않습니다. 우리가 하나님의 신실하심을 이해하고 누릴 수 있도록 도와줍니다. 바울이 보기에 이 위대한 교리는 우리가 살아가는 방식과 직접 관련이 있습니다. 혹 우리 삶이 이것과 아무 관련이 없다고 여긴다면, 삶의 계획과 방식을 다시금 생각해 봐야 합니다. 하나님의 위대한 진리가 우리 삶에 영향을 미치지 못한다면 과연 우리는 제대로 살아가고 있는 것일까요?

하나님의 신실하심을 입증하기 위한 바울의 논점은 무엇입니까? 많은 이스라엘인들이 저주를 받아 그리스도에게서 끊어졌는데도 하나님의 말씀이 폐하지 않았다고 어떻게 말할 수 있을까요? 6-9절에서 바울은 세 번에 걸쳐 답을 제시하고 있으며 이를 입증하기 위해 구약의 두 부분을 인용하고 있습니다.

1. 민족적 이스라엘과 진정한 이스라엘

첫째, 6절에서 바울은 이렇게 말하고 있습니다. "이스라엘에게서 난 그들이 다 이스라엘이 아니요." 즉, 바울은 하나님의 언약이 진정한 이스라엘과 영적인 이스라엘에게는 유효하지만 모든 이스라엘 민족이 진정한 이스라엘은 아니라고 주장합니다. 이것이 이번 논증의 첫 번째 진술입니다. "이스라엘의 모든 후손이 다 진정한 이스라엘은 아니다." 이 말에 담긴 전제는 이것입니다. '진정한 이스라엘이 있다. 하

나님의 구원 약속은 이들에게 해당하는 것이며, 그들에게 이 약속은 절대 폐하여지지 않는다.'

2. 아브라함의 씨와 아브라함의 자녀

둘째, 바울은 7절에서 조금 다르기는 하지만 동일한 주장을 폅니다. "또한 아브라함의 씨가 다 그의 자녀가 아니라." 즉, 바울은 두 종류의 '자녀'로 구분하고 있습니다. 하나는 아브라함의 씨(descendants)이고, 다른 하나는 바울이 '자녀'(children)라고 부르는 좀 더 적은 수의 무리입니다. 혹은 이들을 "진정한 자녀"라고 부를 수도 있겠습니다. 다른 이들도 육체로는 자녀이기 때문입니다. 이 주장의 전제는 하나님의 약속이 아브라함의 진정한 자녀에게는 유효하지만 아브라함의 모든 후손에게 해당하지는 않는다는 점입니다. 그래서 바울은 6절에서 모든 이스라엘이 참 이스라엘이 아니라고 말하고, 7절에서는 아브라함의 씨라고 해서 모두 진정한 자녀는 아니라고 말합니다. 참 이스라엘이 있고 참 자녀가 있습니다. 하나님의 말씀은 폐하지 않았습니다. 말씀은 참된 이스라엘과 참된 자녀에게 주어진 것이고 그들에게는 결코 폐하여진 적이 없기 때문입니다.

3. 육신의 자녀와 하나님의 자녀

셋째, 바울은 8절에서 여기에 관련된 원칙이 무엇인지 우리가 이해할 수 있도록 이스라엘이나 아브라함을 지칭하지 않고 좀 더 일반적인 용어를 사용해서 세 번째 진술을 폅니다. "곧 육신의 자녀가 하나님의 자녀가 아니요, 오직 약속의 자녀가 씨로 여기심을 받느니라." 여기서 바울은 다시금 하나님의 말씀(혹은 약속)이 실패하지 않은 이유를 말합니다. 육신을 따라 난 이스라엘 중 많은 이들이 저주를 받고 그리스도에게서 끊어졌음에도 불구하고 말입니다. 이는 하나님의 약속이 그 약속의 자녀들(하나님의 자녀들)에게 주어졌기 때문이며, 육신에 속한 이스라엘 자녀들이 모두 약속의 자녀는 아니기 때문입니다.

바울이 "육신의 자녀"와 "하나님의 자녀"를 구분할 때는 육신을 따라 태어난 이스라엘 전체가 "하나님의 자녀"는 아니라는 사실을 강조합니다. 즉, "하나님의 자녀"라는 단어는 단지 민족적, 육체적, 역사적 의미에서 사용되는 것이 아니라, 로마서 8장 16, 21절과 빌립보서 2장 15절(호세아 1장 10절과 비교)에서 보듯 온전히 구원과 관련된 의미를 담고 있습니다. 또한 바울이 "하나님의 자녀"가 "약속의 자녀"라고 말하는 것은 이들이야말로 육체적 연결 고리가 아닌 하나님의 유효한 약속 덕분에 영적인 지위를 지닌다는 의미입니다. 약속이 그런 지위를 낳았습니다.

구약성경은 이를 어떻게 입증하는가?

여기서 바울이 이를 입증하기 위해 사용한 구약성경을 살펴보겠습니다. 하지만 먼저 이스라엘에 대한 하나님의 말씀이 실패하지 않은 이유에 관해 바울이 말했던 세 가지 진술을 기억하기 바랍니다.

1. 6절, "이스라엘에게서 난 그들이 다 이스라엘이 아니요."
2. 7절, "아브라함의 씨가 다 그의 자녀가 아니라."

3. 8절, "곧 육신의 자녀가 하나님의 자녀가 아니요, 오직 약속의 자녀가 씨로 여기심을 받느니라."

이것이 바로, 그토록 많은 이스라엘 백성들이 저주를 받아 그리스도에게서 끊어졌지만 하나님의 말씀은 실패하지 않았다는 증거로 바울이 내놓은 것입니다. 이들은 참 이스라엘인이 아니었습니다. 그들은 아브라함의 진정한 자녀도 아니었습니다. 그들은 육신의 자녀였지 약속의 자녀, 하나님의 자녀가 아니었습니다.

바울은 구약의 어느 부분에서 이러한 내용을 살펴보고 있습니까? 하나님의 약속이 단순히 모든 이스라엘에게 주어진 것이 아니고 약속의 자녀들에게 주어졌다는 사실을 어디서 발견할 수 있을까요? 또한 약속의 자녀들이란 어떤 의미일까요?

이삭과 이스마엘의 경우

바울은 6-9절에서 두 가지 예를 듭니다(다른 하나는 10-13절에 나오는데, 다음 주에 살펴보겠습니다). 첫 번째 예는 7절에 나옵니다. 바울은 "아브라함의 씨가 다 그의 자녀가 아니라"고 말한 뒤 창세기 21장 12절을 인용합니다. "오직 이삭으로부터 난 자라야 네 씨라 불리리라." 구약성경에서 문맥상 이 부분은 하나님이 아브라함에게 말씀하시는 부분입니다. '네게 이스마엘이라는 큰 아들이 있지만 그는 약속의 상속자가 되지 못할 것이다'라는 뜻입니다. 오직 이삭을 통해 태어난 후손만 그의 후손이라 불릴 것입니다. 여기서 바울은 이스마엘이 아무리 장자였더라도, 단지 아브라함의 육신의 자녀가 되는 것만으로는 언약 백성에게 주어지는 약속의 상속자가 될 수는 없었다는 점을 이해시키려 합니다.

그리하여 바울은 9절에서 창세기 18장 10절을 통해 얻은 통찰을 덧붙입니다. 그는 8절에서 "오직 약속의 자녀가 씨로 여기심을 받느니라"고 말한 뒤, 창세기 18장 10절을 인용합니다. "약속의 말씀은 이것이니 명년 이 때에 내가 이르리니 사라에게 아들이 있으리라 하심이라." 문맥상 매우 중요한 부분입니다. 하나님은 아브라함에게 그를 통해 땅의 모든 족속이 복을 얻으리라고 약속하셨고(창 12:3), 또한 그의 자손이 하늘의 별과 같이 될 것이라고 하셨습니다(창 15:5). 하지만 아브라함에게는 당시 자식이 없었고, 아내 사라는 불임이었습니다. 그렇다면 해결책은 무엇이었습니까? 아브라함은 이때 분명 이렇게 대답해야 했습니다. "하나님께서 약속의 자녀를 주시리라 믿습니다. 하나님의 언약 자체로 능력이 있으니 그 말씀이 이뤄질 것이라 믿습니다." 하지만 아브라함은 오히려 자신의 힘으로 할 만하다 싶은 일을 했습니다. 사라의 여종 하갈을 첩으로 삼아 이스마엘을 낳은 것입니다. 아브라함은 하나님이 난감한 상황에서 빠져나오시도록 '도왔습니다.' 그리고 바울이 말하는 소위 "육신의 자녀"를 생산했습니다. 인간이 최선을 다해 할 수 있는 일을 했지만 그 자녀는 "육체를 따라 난 자"였습니다(갈 4:29).

아브라함은 이스마엘이 하나님이 약속하신 상속자가 되기를 바랐습니다. 창세기 17장 18절에서 아브라함은 하나님께 이렇게 말했습니다. "이스마엘이나 하나님 앞에 살기를 원하나이다." 하지만 하나님은 이렇게 말씀하셨습니다. "아니라. 네 아내 사라가 네게 아들을 낳으리니 너는 그 이름을 이삭이라 하라." 이 말씀이 바로 로마서 9장 9절에서 바울이 인용한 내용입니다. 하나님은 이렇게 약속하십니다. "명년 이 때에 내가 이르리니 사라에게 아들이 있으리라." 주권적인 하나님께서 분명한 목적을 품고 하신 말씀입니다. 하나님은 직접 약속하실 뿐 아니라 그 일을 친히 이루겠다고 하십니다. '내 약속은 너희의 도움을 받아야 이룰까 말까 한 예견이 아니다. 내 약속은 나의 주권적 능력으로 이루려는 것에 대한 선언이다.' "내가 이르리니 사라에게 아들이 있으리라." 아이를 못 낳는 사라와 노쇠한 아브라함은 육체의 자녀가 아니라 약속의 자녀를 얻게 될 것입니다.

그렇다면 약속의 자녀(하나님의 자녀)란 무엇일까요? 약속의 자녀는 하나님의 구원의 은혜를 받는 상속자입니다. 이는 민족적 혈통이나 육체적 태생 때문이 아니고, 또한 인간의 수단으로 인한 것도 아니며, 하나님의 주권적 말씀 덕분에 가능한 일입니다. 이삭의 탄생은 하나님의 자녀가 영적으로 태어나는 모습을 보여 주는 하나의 그림입니다. 결정은 하나님의 일입니다. 아브라함이나 이삭이나 우리의 일이 아닙니다. 하나님의 일입니다.

위기에 대한 답변

그렇다면 1-5절에 나오는 위기에 대한 답은 무엇일까요? 많은 이스라엘인들이 저주를 받아 그리스도에게서 끊어져 나간 것 때문에 하나님의 말씀은 실패한 것일까요? 하나님의 약속은 이제 무로 돌아가고 만 것일까요? 바울은 그렇지 않다고 말하고, 그 이유를 세 번이나 제시합니다. 하나님의 약속 그 자체로 이미 목적을 이루었습니다. 그 목적이란 하나님 자신을 위하여 진정한 이스라엘을 만드는 것입니다. 하나님의 약속과 목적은 모든 이스라엘 사람의 구원을 보장한다는 것이 결코 아니었습니다. 진정한 이스라엘이 태어나 구원을 얻게 하시겠다는 것이 하나님의 약속이었습니다. 그리고 우리는 유대인과 이방인이 모두 포함된 참 이스라엘을 목도했고 앞으로 다시 보게 될 것입니다.

오늘을 위한 적용

그렇다면 이 말씀을 우리에게는 어떻게 적용할 수 있을까요? 오늘 우리는 성찬식을 거행할 예정입니다. 하나님은 아브라함의 진정한 씨이자 다윗의 진정한 후손, 그리고 그분 자체로 참 이스라엘이신 아들 예수 그리스도를 보내셔서 이 땅에 약속의 자녀들인 참 이스라엘이 나게 하셨습니다. 예수님은 이스라엘에게 예정된 모든 일을 이루셨습니다. 이제 유대인이든 이방인이든 그리스도를 믿는 모든 사람은 그리스도 안에서 그분과 연합하여 참 이스라엘의 일원이 되는 것입니다.

오늘 아침, 성찬에 참여하는 우리가 답해야 할 질문은 이것입니다. 예수 그리스도를 자신의 구주이자 주님, 보화로 믿고 있습니까? 그분과 연합했습니까? 하나님이 우리를 약속의 자녀이자 진정한 유대인, 그분의 자녀로 삼아 주셨습니까? 그렇다면 오늘 성찬을 통해 떡과 포도주를 나누며 그분과 교제를 누리시기 바랍니다. 만약 그렇지 않다면 지금 예수님을 믿으십시오.

6장

하나님의 말씀이 서리라: 모든 이스라엘이 이스라엘은 아니다(2부)

로마서 9:6-13

그러나 하나님의 말씀이 폐하여진 것 같지 않도다. 이스라엘에게서 난 그들이 다 이스라엘이 아니요 또한 아브라함의 씨가 다 그의 자녀가 아니라. 오직 이삭으로부터 난 자라야 네 씨라 불리리라 하셨으니 곧 육신의 자녀가 하나님의 자녀가 아니요 오직 약속의 자녀가 씨로 여기심을 받느니라. 약속의 말씀은 이것이니 명년 이 때에 내가 이르리니 사라에게 아들이 있으리라 하심이라. 그뿐 아니라 또한 리브가가 우리 조상 이삭 한 사람으로 말미암아 임신하였는데 그 자식들이 아직 나지도 아니하고 무슨 선이나 악을 행하지 아니한 때에 택하심을 따라 되는 하나님의 뜻이 행위로 말미암지 않고 오직 부르시는 이로 말미암아 서게 하려 하사 리브가에게 이르시되 큰 자가 어린 자를 섬기리라 하셨나니 기록된 바 내가 야곱은 사랑하고 에서는 미워하였다 하심과 같으니라. _롬 9:6-13

바울 시대뿐 아니라 오늘날에도 여전히 많은 이스라엘 사람들이 불신과 정죄 아래 있다는 사실 때문에 모든 그리스도인들은 개인적으로나 신학적으로 위기를 겪습니다. 하나님의 약속들을 그대로 믿을 수 있을까 하는 의심이 들기 때문입니다. 3절을 보면, 많은 유대인들이 저주를 받아 그리스도에게서 끊어졌습니다. 바울은 근심과 고통 가운데 그 사실을 말합니다. 4-5절에서는 그 위기가 심화됩니다. 그들은 이스라엘 백성이고 약속과 언약을 받았습니다. 그런데도 메시아에게서 끊어져 멸망해 가고 있습니다. 바울이 이 구절에서 다루는 위기가 바로 그것입니다.

6절 전반부에 나오는 바울의 답은 이렇습니다. "그러나 하나님의 말씀이 폐하여진 것 같지 않도다." 어떻게 그렇다는 것일까요? 이에 대한 근거는 6절 후반부에 나옵니다. "이스라엘에게서 난 그들이 다 이스라엘이 아니요." 즉, 하나님의 구원 약속은 오로지 "이스라엘 안에 있는 이스라엘", 참 이스라엘에게만 적용됩니다. 하나님의 말씀은 실패하지 않았습니다. 그 말씀이 지금도 참 이스라엘을 구원하고 있습니다. 이스라엘 안에 이스라엘이 있습니다.

바울은 그 사실을 세 번이나 말하고 있습니다. 다시 7절 말씀을 보겠습니다. "아브라함의 씨가 다 그의 자녀가 아니라 오직 이삭으로부터 난 자라야 네 씨라 불리리라 하셨으니." 8절에도 나옵니다. "육신의 자녀가 하나님의 자녀가 아니요 오직 약속의 자녀가 씨로 여기심을 받느니라."

1. 이스라엘 민족 안에 참된 영적 이스라엘이 있다.
2. 아브라함의 자녀 중에 참된 이스라엘이 있다.
3. 참 자녀와 참 이스라엘이야말로 하나님의 자녀요, 육신의 자녀가 아닌 약속의 자녀다.

하나님의 말씀이 실패하지 않은 이유는 말씀이 이들 참 이스라엘에게 적용되기 때문입니다. 구약성경에서 하나님이 이스라엘 자손 일부를 선택해서 약속의 자녀로 삼으신 두 가지 실례야말로 그 사실을 뒷받침합니다.

첫 번째 예는 지난주에 살펴본 이삭과 이스마엘입니다. 하나님은 약속받을 상속자로 이삭을 선택하셨을 뿐 아니라, 약속의 자녀를 창조하시는 하나님의 자유와 능력을 함께 보여 주셨습니다. 9절을 보면 이런 말씀이 나옵니다. "약속의 말씀은 이것이니 명년 이 때에 내가 이르리니 사라에게 아들이 있으리라 하심이라." 여기서 핵심은 이삭이 약속의 자녀가 된 것은 하나님의 자유로운 선택과 주권적인 창조 역사 덕분이라는 점입니다. 사라는 아이를 낳지 못하는 여인이었고, 아브라함은 나이 많은 노인이었습니다. 그런데 하나님은 "내가 이르리니"(I will come)라고 말씀하십니다. '약속의 자녀는 인간의 수단을 통해서가 아니라 반드시 나의 강력한 약속으로 말미암아 태어날 것이다.' 이는 하갈에게 하신 말씀이 아닙니다. 약속의 자녀가 하나님의 자녀인 것은 하나님의 자유 선택으로 그렇게 되었기 때문입니다. 이것이 열쇠입니다.

야곱과 에서의 예

오늘은 구약성경의 두 번째 실례인 야곱과 에서를 살펴보도록 하겠습니다. 바울은 이스라엘의 육체적 자손 중에 하나님이 선택하신 참 이스라엘이 있다는 사실을 알려 줍니다. 바울이 여기서 분명히 설명하는 바는 하나님의 선택(무조건적으로 약속의 자녀를 선택하시는 하나님의 자유)이야말로 하나님의 말씀이 절대로 실패할 수 없다는 사실을 보증한다는 점입니다.

10절부터 읽겠습니다. "그뿐 아니라[이삭과 이스마엘의 경우에서만 그 사실을 볼 수 있는 게 아니라] 또한 리브가가 우리 조상 이삭 한 사람으로 말미암아 임신하였는데." 바울이 여기서 무엇을 하는지 주의하시기 바랍니다. 바울은 에서 대신 야곱을 선택한 이 사건이 이삭과 이스마엘의 사례보다도 하나님의 무조건적인 택하심을 훨씬 강력하게 설명한다고 말합니다.

첫째, 야곱과 에서는 쌍둥이였습니다. 둘 다 같은 뱃속에 있었습니다. 둘 사이의 차이점은 찾아보기 힘들다는 사실에 관심을 집중시킵니다. 둘 다 태어나는 조건은 거의 비슷합니다. 그러니 둘 중에 누구를 선택할지는 하나님께 달렸지, 그들에게 달린 것은 아닙니다.

둘째, 야곱과 에서가 이삭과 이스마엘과 다른 부분은 이들이 바로 동일한 부모 밑에서 태어났다는 점입니다. 10절 말씀을 자세히 보십시오. "한 사람으로 말미암아 임신하였는데." 이스마엘에 관해 혹자는 이렇게 말합니다. "하나님이 이스마엘을 약속의 자녀로 선택하지 않은 것은 당연합니다. 그 어머니가 유대인이 아니고 이방인이었으니 말입니다." 하지만 바울은 계속 말합니다. "아닙니다. 핵심을 비켜 가셨군요. 그래서 야곱과 에서를 예로 들어 분명하게 설명하겠습니다. 그 둘은 같은 어머니 뱃속에 있었고 아버지도 하나였습니다." 바울은 여기서 하나님의 택하심을 제한할 수도 있는 인간적 특성을 체계적으로 제거합니다. 택하심은 하나님께 있는 것이지 사람에게 있지 않다는 점을 말합니다.

그런 다음 11절에서 택하심의 무조건성에 대해 아주 선명하게 설명합니다. "그 자식들이 아직 나지도 아니하고 무슨 선이나 악을 행하지 아니한 때에…." 12절에 있는 주요 구절로 넘어갑니다. "리브가에게 이르시되 큰 자가 어린 자를 섬기리라 하셨나니." 창세기 25장 23절을 인용한 이 말씀은 하나님이 두 자녀가 태어나기도 전에 그들이 대표하는 두 민족의 운명을 결정하셨음을 간단명료하게 보여줍니다. 그리고 바울은 그 점을 좀 더 분명히 설명하기 위해, 하나님이 그들의 운명을 선택하셨을 때는 그들이 태어나지 않은 시점일 뿐 아니라 "무슨 선이나 악을 행하지 아니한 때"였다고 말합니다. 또한 장자라는 자격에 따라 선택했다는 이론을 물리치기 위해 작은 자를 선택하셨습니다.

이것이 바로 우리가 무조건적 선택이라는 성경적 교리를 주장하는 이유입니다. 하나님은 야곱과 에서가 태어나기도 전에, 그리고 선과 악을 행하기도 전에 야곱을 택하셨습니다. 이들의 행위나 태도, 믿음이나 부모의 무언가가 하나님의 마음을 움직여 에서 대신 야곱을 택하신 것이 아니었습니다. 그 선택에는 조건이 없었습니다. 인간이 아니라 오직 하나님께 뿌리를 두고 있었습니다.

그래도 우리의 진실 된 믿음의 선택은 필요하다

본문의 나머지 부분을 보기 전에, 혹 우리가 전혀 성경적이지 않고 근거도 없는 결론을 섣불리 내리지 않도록 한 가지를 분명히 짚고 넘어가고자 합니다. 로마서 9장의 가르침은 야곱과 에서와 우리가 인생에서 어떤 선택을 해야 하며 그 선택에 스스로 책임을 져야 한다는 사실과 모순되지 않습니다.

야곱이 구원을 받는다면 그것은 믿음으로 받는 것입니다. 그리고 에서가 결국 정죄를 받는다면, 이는 그의 악한 행동과 불신 때문에 그렇게 된 것입니다. 우리의 마지막 심판은 인생을 살면서 복음에 반응했던 모습대로 임할 것입니다. 그 말은 우리가 마지막 날에 천국에 가거나 지옥에 가는 것은 무조건인 결과가 아니라는 의미입니다. 마지막 날에 구원을 받으려면 반드시 믿음이 있어야 합니다. 그리고 잃어버린 자가 되는 것은 죄를 짓고 믿지 않은 결과입니다. 지옥의 절벽에 서서 "억울하다"고 말할 수 있는 사람은 아무도 없습니다.

로마서 2장 7-8절은 이 사실을 보여 줍니다. "참고 선을 행하여 영광과 존귀와 썩지 아니함을 구하는 자에게는 영생으로 하시고, 오직 당을 지어 진리를 따르지 아니하고 불의를 따르는 자에게는 진노와 분노로 하시리라." 다시 말해, 무조건적 선택은 믿음의 순종이 있어야 마지막 날에 구원받는다는 사실이나, 믿지 않고 불순종하면 정죄를 받는다는 사실과 모순되지 않습니다. 무조건적 선택은 인간이 자랑하는 모든 구원의 근거를 파하여 하나님의 흔들리지 않는 사랑과 목적으로 바꾸는 일을 합니다(11절 하).

믿으려고 하는 의지가 있으면 구원을 얻고, 그런 의지가 없으면 저주를 받습니다. 우리는 양쪽 모두에 대해 책임이 있습니다. 하지만 양쪽 모두 그 이면에는 구원받을 사람과 구원받지 못할 사람에 대한 하나님의 자유와 무조건적인 선택이 있습니다. 선택된 자는 믿습니다. 선택되지 않은 자는 믿지 않습니다. 우리는 주권자도 아니며 자기 결정자도 아니고 자율적인 존재도 아닙니다. 오직 하나님만 그러하십니다. 하나님이 우리의 책임을 훼손하지 않으면서도 인간의 이러한 믿음과 불신을 어떤 식으로 다뤄 가시는지에 대해 저는 온전히 이해하지 못합니다.

이 말씀 때문에 우리 생각이 한계에 다다를 만큼 부담이 된다면, 말씀이 훼손되는 것보다는 차라리 우리의 생각이 깨뜨려지는 것이 더 낫습니다. 물론 우리의 사고와 마음이 깨뜨려지는 대신 넓게 확장되어서 성경이 가르치는 모든 가르침을 담을 수 있다면 그 편이 훨씬 낫습니다.

"내가 야곱은 사랑하고 …"

말씀의 배경에 대해 이 정도의 이해를 가지고 13절을 보겠습니다. 바울은 야곱과 에서가 태어나기도 전에, 그리고 선악을 행하기도 전에 하나님께서 이들의 운명을 결정하셨다는 언급을 한 뒤(12절), 구약을 인용하면서 이를 입증합니다. "내가 야곱을 사랑하였고 에서는 미워하였으며"(말 1:2-3).

이 말라기서 말씀이야말로 에서 대신 야곱을 무조건적으로 선택하신 것을 입증하기에 알맞은데, 과연 바울은 이 인용구를 어떤 식으로 보고 있을까요? 이 구절을 문맥 안에서 살펴보겠습니다. 말라기가 논하는 방식은 바울과 같습니다. 말라기 1장 1-3절입니다.

"여호와께서 말라기를 통하여 이스라엘에게 말씀하신 경고라. 여호와께서 이르시되 내가 너희를 사랑하였노라 하나, 너희는 이르기를 주께서 어떻게 우리를 사랑하셨나이까 하는도다. 나 여호와가 말하노라. 에서는 야곱의 형이 아니냐? 그러나 내가 야곱을 사랑하였고 에서는 미워하였으며, 그의 산들을 황폐하게 하였고 그의 산업을 광야의 이리들에게 넘겼느니라."

하나님은 야곱에 대한 사랑을 어떤 식으로 주장하십니까? 이스라엘은 이렇게 말합니다. "우리를 어떻게 사랑하셨습니까?" 그러자 하나님은 "에서는 야곱의 형이 아니냐?"라고 답하십니다. 다시 말하면 "에서는 너희만큼 선택받을 권리가 있지 않았겠느냐? 에서는 이삭의 아들이 아니었느냐? 너희와 같은 배에 있던 쌍둥이가 아니었느냐? 에서가 너희보다 형이지 않았더냐? 그럼에도 나는 너희를 택했다"는 뜻입니다. "에서는 야곱의 형이 아니냐?"라는 질문의 핵심은 바울의 논점과 정확히 같습니다. 바울은 그 말씀을 창세기에서, 그리고 말라기에서도 보았습니다. 야곱과 에서는 하나님의 선택과 관련해서 동등한 권리가 있었습니다. 즉, 그들은 둘 다 아무것도 요구할 수 없었던 것입니다. 그리고 하나님은 무조건적으로 야곱을 선택하셨습니다. 이것이 "내가 야곱을 사랑했다"는 말의 의미입니다. 사실상 우리는 하나님의 사랑을 온전히 이해하지도, 경험할 수도 없습니다. 우리 안에 아무런 근거가 없는데도 하나님이 우리를 자유롭게 선택하셨다는 의미를 깨닫기 전까지는 말입니다.

"… 에서는 미워했다"

그렇다면 "에서는 미워하였다"는 말의 의미는 무엇일까요? 여기서 모든 추론은 잠시 제쳐 놓고 말라기와 로마서 9장의 맥락에서 정확한 뜻을 보도록 하겠습니다. 말라기 1장 3-4절입니다. "에서는 미워하였으며 그의 산들을 황폐하게 하였고 그의 산업을 광야의 이리들에게 넘겼느니라. 에돔은 말하기를 우리가 무너뜨림을 당하였으나 황폐된 곳을 다시 쌓으리라 하거니와, 나 만군의 여호와는 이르노라. 그들은 쌓을지라도 나는 헐리라. 사람들이 그들을 일컬어 악한 지역이라 할 것이요, 여호와의 영원한 진노를 받은 백성이라 할 것이며."

4절을 볼 때 하나님의 '미움'을 두 가지로 이해할 수 있습니다. 첫 번째 의미는 '악한'이라는 단어에서 볼 수 있습니다. 4절 후반부에서 하나님은 이렇게 말씀하십니다. "사람들이 그들을 일컬어 악한 지역이라 할 것이요." 다시 말해 하나님이 그들을 악한 자들에게 내어 주신 것입니다. 앞서 하나님의 마지막 심판의 조건에 대해 논의한 바를 보면 이는 매우 중요한 내용입니다. 하나님은 죄가 없는 에서 혹은 에돔에게는 심판하실 수 없습니다. 에돔은 악하기 때문에 심판을 받았습니다. 두 사람이 태어나기 전에 하나님께서 에서 대신 야곱을 택하셨던 당시 하나님이 정하신 뜻은 에서가 심판을 받으리라는 것이 아니었습니다. 오히려 하나님이 정하신 바는 에서를 지나 그에 대한 선택의 사랑을 거두어 악한 것에 내어 주시는 것이었습니다. 그리고 에서가 악을 행했을 때 스스로가 악에 대한 책임을 지고 하나님의 분노와 심판을 마땅히 받았던 것입니다.

이것은 하나님의 '미움'에 대한 두 번째 의미로 연결됩니다. 4절 뒷부분입니다. "사람들이 그들을 일컬어 악한 지역이라 할 것이요, 여호와의 영원한 진노를 받은 백성이라 할 것이며." 어떤 면에서는 하나님의 미움이 수동적인 면과 능동적인 면으로 나뉜다고 말할 수 있습니다.

수동적인 면에서 볼 때 하나님은 에서에게서 택하심의 사랑을 거두시고 야곱에게 주십니다. 그리고 에서를 악에 내어 주십니다. 에서는 그 악에 대해 책임이 있고 비난받아 마땅합니다. 그리고 능동적인 면으로 볼 때 하나님은 그의 악에 대해 영원히 진노하십니다. 그리고 에서는 마지막 날 정죄를 받을 때 "나는 저주받을 짓은 한 적이 없다"고 말할 수 없습니다. 에서의 죄가 그의 입을 막을 것이고, 에서의 양심이 그를 정죄할 것입니다. 그리고 야곱은 그 반대편에서 자신이 믿기로 선택되고 구원을 받았다는 경외감과 경이감에 두려워 떨 것입니다.

주의하라!

베들레헴교회 성도 여러분, 여기서 주의하시기 바랍니다. 하나님이 마땅히 나를 구원해 주셔야 한다는 식으로 따지며 하나님을 가지고 놀지 않도록 주의하십시오. 자신을 성경보다 높은 권위에 두면서 이건 되고 저건 안 된다는 식으로 요구하지 않도록 주의하십시오. 자기 마음이 선해서 하나님의 선하심을 판단해도 된다고 착각하지 않도록 주의하십시오. 혹은 자신의 지혜로 하나님의 지혜를 판단할 수 있다고 착각하지 않도록 하십시오. 우리는 이해하지 못하지만 하나님이 하시는 일에는 그럴 만한 이유가 무수히 많습니다. "감추어진 일은 우리 하나님 여호와께 속하였거니와"(신 29:29). 그러므로 우리는 모든 논증과 논의 끝에 어떤 결론에 다다르게 됩니까? 로마서 11장의 이 말씀과 같아야 합니다.

"깊도다. 하나님의 지혜와 지식의 풍성함이여, 그의 판단은 헤아리지 못할 것이며 그의 길은 찾지 못할 것이로다. 누가 주의 마음을 알았느냐? 누가 그의 모사가 되었느냐? 누가 주께 먼저 드려서 갚으심을 받겠느냐? 이는 만물이 주에게서 나오고 주로 말미암고 주에게로 돌아감이라. 그에게 영광이 세세에 있을지어다. 아멘"(롬 11:33-36).

왜 하나님은 이런 방법으로 우리를 구원하셨는가?

왜 하나님은 이러한 무조건적 선택이라는 방법으로 우리를 구원하시는지 묻는다면, 이 장은 그에 대한 몇 가지 대답을 제시합니다. 하나님은 정직하고 겸손한 질문에 반대하지 않으십니다. 많은 이들이 간절히 바라는 것보다 훨씬 더 심오한 곳까지 우리를 인도하십니다. 하나님의 첫 번째 답은 11절 후반부에 나옵니다. 하나님은 왜 야곱과 에서가 태어나서 선과 악을 행하기도 전에 에서가 아닌 야곱을 선택하셨을까요? 이것이 하나님의 답입니다. "하나님의 뜻이 행위로 말미암지 않고 오직 부르시는 이로 말미암아 서게 하려 하사."

이것은 참으로 중요한 내용이므로 다음 주에 이 주제로 더 설명해 가도록 하겠습니다. 여하튼 우리는 여기서 6절과의 연관성과 더불어 이번 장의 전체적인 목적도 볼 수 있습니다. 하나님의 말씀은 실패하지 않았습니다. 우리는 로마서 8장의 약속들을 믿고 의지할 수 있습니다. 왜 그렇습니까? 11절에서 말하듯 하나님은 그분의 목적이 온전히 서는 확고한 방법으로 백성들을 구하겠다고 결정하셨기 때문입니다. 구원은 우리에게 달린 것이 아니라 우리를 부르신 이에게 달려 있습니다. 모든 것은 그분에게서 나오고, 그분을 통해 실현되며, 그분에게 달려 있습니다. 세세토록 하나님께만 영광이 있습니다.

온 우주의 창조, 세상의 역사, 구원 계획, 죄인을 위해 오신 예수 그리스도의 죽음과 부활, 믿음의 선물은 모두 하나님의 영광을 위해서입니다.

예수 그리스도를 바라보십시오. 하나님의 말씀을 바라보십시오. 그리고 시편 기자의 언어로 기도하십시오. "오 주여, 내 눈을 열어 기이한 것을 보게 하소서." 그리고 우리의 모든 두려움을 떨쳐 버리십시오. 아멘.

7장

무조건적 선택과 확고한 하나님의 목적

로마서 9:6-13

그러나 하나님의 말씀이 폐하여진 것 같지 않도다. 이스라엘에게서 난 그들이 다 이스라엘이 아니요 또한 아브라함의 씨가 다 그의 자녀가 아니라. 오직 이삭으로부터 난 자라야 네 씨라 불리리라 하셨으니 곧 육신의 자녀가 하나님의 자녀가 아니요 오직 약속의 자녀가 씨로 여기심을 받느니라. 약속의 말씀은 이것이니 명년 이 때에 내가 이르리니 사라에게 아들이 있으리라 하심이라. 그뿐 아니라 또한 리브가가 우리 조상 이삭 한 사람으로 말미암아 임신하였는데 그 자식들이 아직 나지도 아니하고 무슨 선이나 악을 행하지 아니한 때에 택하심을 따라 되는 하나님의 뜻이 행위로 말미암지 않고 오직 부르시는 이로 말미암아 서게 하려 하사 리브가에게 이르시되 큰 자가 어린 자를 섬기리라 하셨나니 기록된 바 내가 야곱은 사랑하고 에서는 미워하였다 하심과 같으니라. _롬 9:6-13

오늘 우리의 목적은 제한적이지만 거대합니다. 11-12절을 중점적으로 살펴보겠습니다. "그 자식들이 아직 나지도 아니하고 무슨 선이나 악을 행하지 아니한 때에 택하심을 따라 되는 하나님의 뜻이 행위로 말미암지 않고 오직 부르시는 이로 말미암아 서게 하려 하사, 리브가에게 이르시되 큰 자가 어린 자를 섬기리라 하셨나니."

하나님은 왜 그렇게 하셨을까요? 그에 대한 답이 11절에 일부 제시되어 있습니다. "택하심을 따라 되는 하나님의 뜻이 행위로 말미암지 않고 오직 부르시는 이로 말미암아 서게 하려 하사." 이것이 바로 야곱이 태어나기도 전에 택했다고 선포하시는 이유이자 우리가 이해하기 원하는 부분입니다.

이 문장이 얼마나 중요한지 우리는 느낄 수 있어야 합니다. 무조건적 선택과 같이 영원히 근원적인 주제를 설명하실 때 하나님은 우리에게 궁극적 실재(즉 하나님의 실재)의 본질에 관한 정보를 제공하십니다. 그것은 모든 인간의 지식보다 훨씬 근본적이고 중대합니다.

하나님이 왜 그렇게 행하시는지 알아야 합니다. 그보다 더 중대한 일은 세상에 없습니다. 그리고 참으로 중요한 문장들 중 하나가 우리 앞에 있습니다. 이렇게 묻습니다. "하나님, 무조건적 선택이라는 이 위대한 일을 행하시는 이유가 무엇인지요?" 이에 대한 답은 이것입니다. "하나님의 뜻이 행위로 말미암지 않고 오직 부르시는 이로 말미암아 서게 하려 하사."

저는 이렇게 개요를 잡으려고 합니다. 먼저 "택하심을 따라 되는 하나님의 뜻이"라는 구절과 그 의미를 살펴보겠습니다. 둘째, "행위로 말미암지 않고"라는 구절이 하나님의 목적에 어떤 의미를 더해 주는지 볼 것입니다. 셋째, "오직 부르시는 이로 말미암아"라는 구절을 보도록 하겠습니다.

"택하심을 따라 되는 하나님의 뜻"

첫째, "택하심을 따라 되는 하나님의 뜻"이란 어떤 의미일까요? 원문 구조를 문자 그대로 옮기면 "택하심[이라는] 목적에 따라"(the according to election purpose)입니다. 무슨 목적인가요? "택하심[이라는] 목적"입니다. 즉, "택하심"이 곧 목적이 되는 것입니다. 로마서 11장 21절도 동일한 문법적 구조인데, 거기에는 "원 가지를 따라"(the according to nature branches)라고 나옵니다. 그런데 모든 영어 성경이 이 부분을 그냥 "원래의 가지"(the natural branches)로 번역합니다. "원래"를 "원래의"라는 형용사로 바꾼 것입니다. 의미를 잘 살린 좋은 번역입니다. 따라서 로마서 9장 11절에 나오는 "택하심[이라는] 목적을 따라"를 "택하신 목적에 따라"로 바꿀 수도 있습니다.

이를 볼 때, 하나님의 목적을 최소한 부분적으로는 택하심으로 정의할 수 있습니다. 택하심이 없다면 하나님의 목적도 원래 지금의 모습이 아닐 수 있습니다. 목적의 상당 부분은 택하심에 있습니다. 왜 그럴까요? 어떻게 하나님의 택하심 자체가 목적이라고 말할 수 있을까요?

이것을 확실히 알아보기 위해 바울이 '목적'이라는 단어를 사용했던 다른 본문들을 살펴보고 다시 11절로 돌아가겠습니다.

로마서 8장 28절

먼저 로마서 8장 28절을 보겠습니다. "우리가 알거니와 하나님을 사랑하는 자 곧 그의 뜻[목적]대로 부르심을 입은 자들에게는 모든 것이 합력하여 선을 이루느니라." 여기서 바울은 하나님이 사람들을 부르시지만 그 부르심 뒤에는 다른 어떤 것, 즉 목적이 있어서 하나님이 부르신 사람을 그에 따라 인도하신다고 말합니다. 우리는 "그의 목적대로" 부르심을 받았습니다. 따라서 이 말씀에서 하나님의 목적은 그분의 구원 사역과 관련됩니다.

디모데후서 1장 9절

다음으로는 디모데후서 1장 9절을 보겠습니다. "하나님이 우리를 구원하사 거룩하신 소명으로 부르심은 우리의 행위대로 하심이 아니요, 오직 자기의 뜻과 영원 전부터 그리스도 예수 안에서 우리에게 주신 은혜대로 하심이라." 여기서 다시 바울은 하나님의 부르심과 목적을 연결시킵니다. 이에 관해 네 가지를 얘기할 수 있습니다.

첫째, 하나님의 목적은 영원합니다. "영원 전부터"라고 말하고 있습니다. 다른 어떤 것에서 파생된 것이 아닙니다. 영원합니다.

둘째, 하나님의 목적은 영원 전부터 그리스도와 연결되어 있습니다. 그리스도는 부차적인 존재가 아닙니다. 하나님의 목적은 영원 전부터 그리스도 안에, 그리스도를 통해 있었습니다.

셋째, 하나님의 목적은 은혜와 연결되어 있습니다. "자기 뜻과 은혜대로…." 이것은 은혜로운 목적이요, 은혜를 베푸시려는 목적을 의미합니다.

넷째, 하나님의 목적은 구원을 위한 부르심의 근거로서 행위를 배제합니다. "하나님이 우리를 구원하사 거룩하신 소명으로 부르심은 우리의 행위대로 하심이 아니요 오직 자기의 뜻과…." 하나님의 목적이 부르심의 근거이지, 우리의 행위는 근거가 될 수 없습니다.

에베소서 1장 4-6, 11절

세 번째 내용은 에베소서 1장 4-6절과 11절입니다. 먼저, 에베소서 1장 11절은 이렇게 말합니다. "모든 일을 그의 뜻의 결정대로 일하시는 이의 계획(purpose)을 따라 우리가 예정을 입어 그 안에서 기업이 되었으니." 여기서 두 가지를 눈여겨보기 바랍니다.

첫째, 우리의 부르심뿐 아니라 예정까지도 "그분의 목적을 따라" 이루어졌습니다. 따라서 하나님의 목적은 예정을 주관합니다.

둘째, 바울은 하나님의 자유와 주권적 목적은 하나님 밖에 있는 그 어떤 것에 의해서도 영향을 받지 않는다고 말합니다. "모든 일을 그의 뜻의 결정대로 일하시는 이의 계획을 따라." 이 말의 핵심은 하나님이 모든 것을 주관하시며, 그 주관하심은 궁극적으로 인간이나 자연에 기초하는 것이 아니라 하나님 자신에 기초하고 있다는 것입니다. "모든 일을 그의 뜻의 결정대로 일하시는." 우리는 하나님의 뜻을 돌리는 데 아무런 결정적 역할을 할 수 없으며 오직 하나님만 그렇게 하실 수 있습니다.

이어지는 12절은 하나님의 목적에 대해 명확히 설명하고 있습니다. 이는 11절과 연결되어 있는데, 모든 일을 그분의 뜻에 따라 결정하시는 하나님의 목적이 무엇인지 말해 줍니다. 그분의 뜻은 "우리가 그리스도 안에서 전부터 바라던 그의 영광의 찬송이 되게 하려 하심"입니다. 달리 말하면 하나님은 목적을 이루기까지 모든 일을 행하십니다. 우리가 "그의 영광의 찬송이" 되는 그 목적 말입니다. 여기서 말하는 하나님의 목적은 그분의 영광을 찬송하는 것입니다.

4-5절에서는 이 부분이 보다 분명히 드러나 있습니다. 6절에서 목

적에 대한 말씀이 절정을 이룹니다. "곧 창세 전에 그리스도 안에서 우리를 택하사 우리로 사랑 안에서 그 앞에 거룩하고 흠이 없게 하시려고 그 기쁘신 뜻대로[그의 목적을 말하는 또 다른 방식] 우리를 예정하사 예수 그리스도로 말미암아 자기의 아들들이 되게 하셨으니 이는 그가 사랑하시는 자 안에서 우리에게 거저 주시는 바, 그의 은혜의 영광을 찬송하게 하려는 것이라." 여기서 다시 나옵니다. 하나님의 목적은 그의 은혜의 영광을 찬송하게 하려는 것입니다. 모든 택함과 예정과 부르심과 속죄가 그분의 은혜의 영광을 찬양하려는 목적에 따라 이루어집니다.

무엇이 하나님의 목적인가?

로마서 9장 11절로 돌아가겠습니다. 하나님은 에서 대신 야곱을 무조건적으로 선택하십니다. "택하심을 따라 되는 하나님의 뜻이 … 서게 하려 하사." 본문의 맥락뿐 아니라 지금까지 보아왔던 모든 말씀을 볼 때 저는 하나님의 목적을 이렇게 정리하고 싶습니다.

하나님의 목적은 하나님의 자유롭고 주권적인 은혜 안에서 그분이 무한히 영화로운 분으로 알려지고 향유되고 찬양받는(혹은 깨달아지고 음미되고 노래되는) 것입니다. 이것이 하나님이 행하시는 모든 역사를 포괄하는 목적입니다. 바로 이 목적을 위해 우리를 택하시고 예정하시고 부르시고 대속하시고 의롭다 하시고 영화롭게 하시는 것입니다. 이를 통해 그분은 자유롭고 주권적인 은혜 가운데서 무한히 영광스러운 분으로 알려지고 향유되고 찬양받기를 바라십니다.

이에 대해 좀 더 설명하겠습니다. 여기서 제가 말하는 "무한한 영광"이란 완전한 아름다움과 측량할 수 없는 위대함을 의미합니다. 그리고 "자유롭다"는 말은 우주에서 일어나는 모든 일의 최종적 이유가 다른 어떤 것이 아닌 하나님께 있음을 의미합니다. 이 세상에서 일어나는 모든 일을 결정하는 영향력은 하나님께 있습니다. 그분이 이 모든 일을 하십니다. 하나님 자신의 뜻에 따라 어떤 일의 일부가 아닌 모든 일에 전적으로 역사하십니다. 온 우주에서 오직 하나님만이 궁극적으로 자유로운 자기 결정권을 갖고 계십니다. "주권"이라는 말은 그분이 원하시면 그 어떤 것도, 그 누구도 그분의 뜻을 거스를 수 없다는 의미입니다.

이처럼 하나님의 목적은 그분의 자유롭고 주권적인 은혜 가운데서 무한히 영광스러운 분으로 알려지고 향유되고 찬양받는 것입니다. 이 목적은 "택하심에 따라" 이루어지며 이것이 택하심의 목적입니다.

만일 하나님이 무조건적으로 선택하지 않으셨다면 하나님은 자유롭지도 주권적이지도 영화롭지도 않으신 것입니다. 자유롭지 않다는 것은 하나님이 아니라 인간 스스로 선택하는 일이 되기 때문입니다. 그러면 인간의 자기 결정에 얽매일 수밖에 없습니다. 또한 주권적이지 않다는 것은 하나님이 가장 원하시는 것을 성공적으로 행하는 대신 인간이 스스로 결정한 것에 계속 훼방을 받기 때문입니다. 영광스럽지 않다는 것은 하나님의 절대적 자유와 주권이야말로 하나님 은혜의 영광스런 본질이기 때문입니다.

“행위로 말미암지 않고”

이 마지막 핵심을 보여 주기 위해 바울은 11절 후반부에 부정과 확언의 어법을 사용하고 있습니다. “… 택하심을 따라 되는 하나님의 뜻이 행위로 말미암지 않고 오직 부르시는 이로 말미암아 서게 하려 하사.”

먼저 부정적인 부분을 봅시다. 하나님은 “행위로 말미암지 않고”에서 대신 야곱을 선택하셨습니다. 이 말씀은 바울이 11절 전반부에서 언급한 “그 자식들이 아직 나지도 아니하고 무슨 선이나 악을 행하지 아니한 때에” 부분에서 그 중요성을 더합니다. 하나님께서 이들이 태어나지도 않고 선악을 행하기도 전에 야곱을 선택하셨다는 사실을 강조합니다. 하지만 바울은 여기서 더 나아가 그 선택이 “행위에 기반하고 있지 않다”고 말합니다. 여기서 핵심은 선택한 때가 아니라 선택의 기반입니다. 하나님은 야곱이 어떤 일을 했기 때문에 선택하신 것이 아닙니다. 또한 야곱이 이후에 어떤 일을 할 것이기 때문에 선택하신 것도 아닙니다.

달리 설명하자면, 여기서 바울은 야곱이 앞으로 하게 될 선한 일과 에서가 하게 될 악한 일을 원천적으로 배제하고 있습니다. 바울이 말하려는 바는 이것입니다.

“하나님의 선택은 어떤 경우에도 행위에 기반을 두지 않습니다. 우리가 이미 행했거나 하고 있거나 하게 될 일에 근거하지도 않고, 혹은 하지 않았거나 하지 않을 일에 근거하지도 않습니다. 하나님의 선택은 자유롭습니다. 그것이 하나님의 영광입니다. 따라서 하나님의 목적은 이러한 선택과 합치됩니다. 하나님의 목적은 자유롭고 주권적인 은혜 안에서 무한히 영광스러운 분으로 알려지고 향유되고 찬양을 받으시는 것이기 때문입니다."

마지막으로, 11절 마지막에 나오는 확언 부분을 보겠습니다. 바울은 왜 "택하심을 따라 되는 하나님의 뜻이 행위로 말미암지 않고 오직 부르시는 이로 말미암아 서게 하려" 한다고 말할까요? 아주 눈에 띄는 부분입니다. 일반적으로 바울은 행위를 믿음과 대조시킵니다. 9장 32절에서는 "이는 그들이 믿음을 의지하지 않고 행위를 의지함이라"고 말합니다. 그리고 3장 28절에서는 "사람이 의롭다 하심을 얻는 것은 율법의 행위에 있지 않고 믿음으로" 된다고 했습니다. 또한 갈라디아서 2장 16절에서는 "사람이 의롭게 되는 것은 율법의 행위로 말미암음이 아니요 오직 예수 그리스도를 믿음으로 말미암는[다]"고 말했습니다. 바울이 "행위가 아니라"는 식으로 운을 띄우면 우리는 당연히 그 뒤에 "믿음으로"라는 말이 나올 줄로 기대합니다.

"오직 부르시는 이로 말미암아"

하지만 바울은 여기서 그렇게 말하지 않습니다. "행위로 말미암지 않고 오직 부르시는 이로 말미암아"라고 말합니다. 왜일까요? 믿음은 칭의의 조건이지만 선택의 조건은 아닙니다. 선택은 무조건적입니다. 우리가 의롭다 하심을 받기 전에 우리는 반드시 예수 그리스도를 믿어야 합니다. 하지만 우리가 예수 그리스도를 믿을 수 있기 전에 우리는 반드시 선택받고 부르심을 받아야 합니다. 하나님은 우리가 장차 믿을 것이기 때문에 선택하시는 것이 아닙니다. 우리가 장차 믿을 수 있도록 우리를 선택하시는 것입니다.

바울이 어떤 식으로 말하는지 주의를 기울이시기 바랍니다. "택하심을 따라 되는 하나님의 뜻이 … 오직 부르시는 이로 말미암아 서게 하려 하사." '그분의 부르심 때문에 그분의 목적이 서게 된다'고 말하지 않음에 주목하십시오. 부르시는 그분 때문이라고 말합니다. 언젠가 하나님은 자기가 택하신 자를 부르실 것입니다. 하지만 그분의 선택은 부르심 자체에 달려 있지 않습니다. 오로지 부르시는 하나님의 자유롭고 주권적인 뜻과 그분 자신에 달려 있는 것입니다.

따라서 이 구절을 이렇게 바꿔 쓸 수 있습니다. "하나님의 택하심이라는 목적은 우리가 앞으로 행할 어떤 행동이나 믿음으로 말미암아 서는 것이 아니고, 오로지 하나님 자신으로 말미암아 섭니다." 택하심의 궁극적인 기초는 바로 하나님이십니다. '하나님이 하나님 되시기 위해서는 반드시 자유롭고 주권적이어야 한다'는 말을 다르게 표현한 것이기도 합니다. 이것이 바로 하나님의 영광이며, 하나님이 하나님 되신다는 의미이기도 합니다.

우리 삶에 적용하기

좀 더 깨달아야 할 부분이 아직도 많습니다. 그렇지만 지금 당장 우리 삶에 적용할 내용은 분명합니다. 하나님의 목적(하나님이 되신다는 의미의 본질에서 나오는 것)이 그분의 자유롭고 주권적인 은혜 속에서 무한히 영화로운 분으로 알려지고 향유되고 찬양을 받는 것이라면, 우리의 존재 의미는 분명해집니다. 우리는 하나님의 자유롭고 주권적인 은혜의 영광을 깨닫고 누리고 찬양하고 드러내기 위해 지금 이곳에 존재합니다. 우리는 하나님의 은혜의 영광을 깨닫고 음미하고 노래하며 열정을 전하기 위해 존재합니다.

그리고 우리 인생의 의미를 보증하는 최고의 확신은 하나님의 목적이 서게 되리라는 것입니다. 믿음으로 그리스도 안에 있는 모든 사람이 그 목적 안에 서게 될 것입니다. 그러므로 하나님의 위대한 목적을 위해 살아가시기 바랍니다. 그리스도 안에서 택함받은 모든 사람은 선택을 받고, 하나님의 목적이 서게 되며, 결코 실패하지 않을 것입니다.

8장

무조건적 선택 안에 있는 하나님의 자유와 의

로마서 9:14-18

그런즉 우리가 무슨 말을 하리요 하나님께 불의가 있느냐 그럴 수 없느니라. 모세에게 이르시되 내가 긍휼히 여길 자를 긍휼히 여기고 불쌍히 여길 자를 불쌍히 여기리라 하셨으니 그런즉 원하는 자로 말미암음도 아니요 달음박질하는 자로 말미암음도 아니요 오직 긍휼히 여기시는 하나님으로 말미암음이니라. 성경이 바로에게 이르시되 내가 이 일을 위하여 너를 세웠으니 곧 너로 말미암아 내 능력을 보이고 내 이름이 온 땅에 전파되게 하려 함이라 하셨으니 그런즉 하나님께서 하고자 하시는 자를 긍휼히 여기시고 하고자 하시는 자를 완악하게 하시느니라. _롬 9:14-18

하나님의 무조건적 선택 교리는 우리들 대부분이 자란 환경과는 무척 다르기 때문에, 그 부분을 믿기란 쉽지 않을 뿐 아니라 그것을 복된 소식으로 여기는 것도 버겁다고 생각합니다. 그래서 다른 때보다 두 배는 힘겹게 물살을 가르고 로마서 9장의 본문을 살펴 나갈까 합니다. 한편으로 저는 이것이 로마서 9장이 가르치는 교리라고 믿고, 다른 한편으로는 이 교리야말로 복된 소식이라고 믿습니다. 따라서 저는 이 교리가 성경에 나와 있으며 그것이 복된 소식이라는 두 가지 사실을 보이기 위해 최선을 다하려 합니다. 이것이 오늘 제가 할 일입니다. 인간은 불가능하지만 하나님께는 모든 것이 가능합니다. 그래서 주님의 도우심이 필요합니다.

오늘 아침 설교의 요지는 '무조건적으로 선택하시는 하나님은 의로우시다'는 것입니다. 설교는 이렇게 진행됩니다. 첫째, 14절의 반론은 어디에서 나온 것인지 질문하겠습니다. 왜 하나님의 공의, 혹은 의에 관해 의문을 제기했을까요? 둘째, 무조건적 선택의 교리가 복된 소식인 이유에 관해 세 가지 이유를 제시하겠습니다. 셋째, 바울이 어떤 식으로 16절에서 "원하는 자로 말미암음도 아니요 달음박질하는 자로 말미암음도 아니요, 오직 긍휼히 여기시는 하나님으로 말미암음이니라"고 주장하는지 살펴보겠습니다. 넷째, 무조건적 선택 안에 있는 하나님의 의에 관해 바울이 15절에서 반박하는 내용을 이해해 보도록 하겠습니다.

14절의 반론은 어디에서 나왔는가?

첫째, 바울은 14절에서 이렇게 질문합니다. "그런즉 우리가 무슨 말을 하리요? 하나님께 불의가 있느냐?" 그리고 이렇게 답합니다. "그럴 수 없느니라!" 로마서 9장 14절에 등장하는 반론은 대체 어디서 나온 것일까요? 바울은 자신의 가르침에 대해 이런 식의 전형적인 반론이 제기된다는 사실을 알고 있었습니다. 바울은 지난 수년 간 회당과 교회와 시장에서 사람들 앞에 복음을 전하고 가르쳐 왔습니다. 자신이 어떤 부분을 다뤄야 하는지 잘 알았습니다. 그래서 사람들이 전형적으로 제기하고 다뤘던 질문을 내놓고 있는 것입니다.

하나님이 공의롭지 않거나 의롭지 못하다는 식의 반론을 끄집어 내기 위해 바울은 먼저 무슨 내용을 다뤘습니까? 그는 하나님이 이스마엘이 아닌 이삭을 선택하셨고, 태어나거나 선악을 행하기도 전에 에서가 아닌 야곱을 선택하셨다는 사실을 언급했습니다. 이것이 7-13절의 핵심입니다. 11-13절을 다시 떠올려 봅시다. "그 자식들이 아직 나지도 아니하고 무슨 선이나 악을 행하지 아니한 때에 택하심을 따라 되는 하나님의 뜻이 [조건적인] 행위로 말미암지 않고 오직 부르시는 이로 말미암아 [무조건적으로] 서게 하려 하사, 리브가에게 이르시되 큰 자가 어린 자를 섬기리라 하셨나니. 기록된 바 내가 야곱은 사랑하고 에서는 미워하였다 하심과 같으니라." 여기서 말하려는 핵심은 하나님의 택하심은 우리의 행동이나 사고, 감정, 선택에 근거하지 않고, 오직 부르시는 하나님께만 달려 있다는 것입니다.

그리고 우리가 강조해야 할 사실은 바울이 9장에서 다루고 있는 문제가 우리 개인의 영원한 운명이 달린 택하심에 대한 것이라는 점입니다. 즉, 유대인과 이방인 각 개인에 대한 하나님의 선택에 관한 것이지 유대 민족 전체와 이방인 전체에 대한 것이 아니며, 이들의 영원한 운명에 관한 것이지 역사적 역할에 대한 부분이 아니라는 점을 강조해야 합니다. 왜냐하면 종종 그 사실이 무시되기 때문입니다. 여기서 바울이 씨름하는 문제가 3절에 나와 있습니다. 바울의 동족들 다수가 저주를 받아 그리스도에게서 끊어졌다는 것입니다. 그 사실이 위기를 만들어 냅니다. 이는 한 민족 전체의 역사적 역할이 아니라 바울이 회당마다 다니며 복음을 전할 때 이를 거부한 유대인 개개인의 운명입니다.

따라서 첫 번째 질문의 답은 이것입니다. 14절에 나오는 반론은 무조건적 선택, 즉 우리가 태어나지 않고 선악을 행하기 전에 하나님이 은혜로 구원할 사람을 선택하셨다는 바울의 가르침에서 제기된 것입니다. 우리가 영생을 얻도록 선택받은 것은 우리의 선택이나 행동에 근거를 둔 것이 아닙니다. 오직 하나님께 근거한 일입니다. 어떤 사람이 그리스도를 믿어 구원받게 될지, 또 어떤 사람이 그리스도를 거부하여 잃어버리게 될지는 최종적으로 하나님의 결정입니다.

그래서 바울의 가르침을 들은 사람들이 이에 반대하며 말했습니다. "우리한테는 아무 근거가 없고 하나님의 선택에만 근거를 두다니 하나님은 공의롭지 못하고 불의합니다. 누가 믿어서 구원을 받을지, 누가 거부해서 잃어버리게 될지를 하나님이 결정하는 것은 의롭지 못합니다." 그래서 바울이 14절에 언급한 반론이 제기되는 것입니다. "하나님께 불의가 있는 것이 아니냐? 공의롭지 못한 것이 아니냐?" 바울은 대답합니다. "그럴 수 없느니라." 원하는 자를 무조건적으로 선택하시는 하나님께 불의란 없습니다.

무조건적 선택의 교리가 복된 소식이 되는 세 가지 이유

둘째, 바울이 주장하는 일종의 교리에 해당하는 16절과 그에 대한 논증으로 나오는 15절을 살펴보기에 앞서, 무조건적 선택의 교리가 복된 소식이 되는 세 가지 이유를 말씀드리려고 합니다.

이 교리가 복된 소식인 이유는 어떤 악한 불신자라도 복음을 듣고서 "저는 너무 악해서 선택받을 수 없습니다. 참으로 오랜 세월 동안 심각한 죄를 지어 왔습니다"라고 말하지 못한다는 의미이기 때문입니다. 하나님의 선택은 우리가 얼마나 많은 죄를 지었는지, 혹은 죄를 짓지 않았는지에 근거하지 않습니다. 선택은 우리의 행위나 생각이나 감정이나 선택에 기반을 두지 않습니다. 그러므로 이런 식으로 절망하는 이들에게 반응하는 가장 적절한 말은 이것입니다. "자신의 죄를 하나님의 수준으로까지 높이다니 당신은 스스로를 누구라고 생각합니까? 누구라고 생각하기에 절망 속에 뒹굴면서 자신의 죄악 된 의지를 마치 우주의 주권자인 것처럼 만들려 합니까? 마치 죄의 분량에 따라 선택받지 못하는 사람과 선택받는 사람이 정해져 있고, 그것을 자기 스스로 선택할 수 있다는 듯이 말입니다!"

결코 그럴 수 없습니다! 우리에게는 자기 자신이 하나님의 선택보다 우위에 있다고 선포할 권리나 힘이 없습니다. 오직 하나님만이 누구를 선택할지 결정하십니다. 그리고 하나님은 우리의 죄나 의에 기반을 두고 결정하지 않으시고 오직 그분의 심오한 뜻에 따라 결정하십니다. 그러니 자신의 죄 문제를 가지고 하나님을 무시해서는 안 됩니다. 죄가 아무리 많다 한들 그것이 우리가 선택받지 못하는 근거가 되지도 않습니다. 택하심은 오직 하나님의 몫입니다.

그러니 회개하고, 죄인을 위해 죽으신 예수 그리스도를 통해 하나님의 이름을 부르십시오. 그분이 이렇게 말씀하셨기 때문입니다. "누구든지 주의 이름을 부르는 자는 구원을 얻을 것이다." 자신이 너무나도 많은 죄를 지어 선택받을 가능성이 없다고 느끼며 절망하는 영혼에게 무조건적인 선택은 이처럼 복된 소식입니다.

무조건적 선택의 교리가 복된 소식인 두 번째 이유는 구원의 모든 면에서 하나님의 영광스러운 은혜를 찬양하지 않을 수 없기 때문입니다. 구원에 있어 우리가 결정적인 원인(cause)이 되는 일은 과거에도, 지금도, 앞으로도 절대 없을 것입니다. 하나님은 우리가 자기를 자랑하지 않고 하나님을 자랑하도록 하시려고 그분의 뜻대로 자유롭게 우리를 택하셨습니다. 이것이 왜 복된 소식입니까? 우리는 찬양받는 일이 아닌 찬양하는 데에서 가장 큰 기쁨을 누리도록 만들어진 존재이기 때문입니다. 인류의 타락 이후 우리가 물려받은 가장 깊은 죄악이자, 특히나 지난 50년에 걸쳐 인간이 하나님을 찬양하기보다 스스로 찬양받는 데서 행복과 건강을 찾을 수 있다는 믿음이 노골적으로 만연해 왔습니다. 인간은 하나님을 영원히 찬양하는 데에서 정신적인 건강을 누릴 수 있습니다. 그것이 우리가 만들어진 이유이며, 바로 거기에서 가장 위대하고 깊고 오랜 기쁨을 발견할 수 있습니다. 스스로 높임받는 것이 아닌, 하나님의 영광을 높이는 기쁨 속에서 자신을 잊을 때 우리는 진정한 자신을 찾습니다. 하나님의 자유롭고 주권적인 은혜 안에 하나님의 영광이 있습니다. 무조건적 선택은 바로 그 위대하고 행복한 결말을 위해 정해진 것입니다. 그러므로 복된 소식입니다.

무조건적 선택의 교리가 복된 소식인 또 다른 이유가 있습니다. 우리가 믿음을 통해 은혜로 하나님의 사랑을 받고 죄사함을 받고 의롭다 함을 얻으며 용납받았다는 사실을 알게 될 때, 선택의 교리는 우리 구원의 뿌리(하나님의 약속이라는 뿌리)가 얄팍하지 않고 영원의 목적에까지 깊이 뿌리박고 있음을 보장하기 때문입니다. 우리 구원의 뿌리가 영원까지 박혀 있고 영원한 은혜에까지 도달해 있으므로, 그 구원이 조건적이거나 쉽게 깨지거나 혹 장래의 우리 믿음이나 선행에 의해 좌지우지될 일이 전혀 없다는 것은 복된 소식입니다. 무조건적 선택이 복된 소식이 되는 여러 다른 이유가 있지만, 오늘은 시간상 여기까지만 보겠습니다.

바울은 무조건적 선택 교리를 어떻게 주장하고 있는가?

셋째, 16절에서 바울이 이 교리를 어떤 식으로 주장하고 있는지 주의하시기 바랍니다. "그런즉 원하는 자로 말미암음도 아니요 달음박질하는 자로 말미암음도 아니요 오직 긍휼히 여기시는 하나님으로 말미암음이니라." 무엇으로 말미암지 않는다고요? "원하는 자로 말미암음도 아니요 달음박질하는 자로 말미암음도 아니요." 이것은 바울이 11절부터 다뤘던 문제입니다. 하나님의 선택은 인간의 의지나 노력에 달려 있지 않습니다. 11절은 그 목적이 "택하심을 따라 되는 하나님의 뜻"이라고 분명히 말합니다.

오늘 본문을 보면 하나님의 택하심에 달린 무조건성을 강조하는 것이 핵심입니다. 그리고 '원함'과 '행위'와 연관된 단어("원하는 자", "달음박질하는 자")를 사용해서 그 무조건성을 강조하고 있습니다.

이것이 중요한 이유는 사람들이 자주 논쟁거리로 삼는 인간의 의지를 다루기 때문입니다. 바울은 인간의 의지가 최종적으로 선택을 좌우할 수 없음을 분명하게 말하고 있습니다. 하나님이 결정하십니다. 오직 하나님이 하시는 일입니다. 우리가 믿거나 사랑을 행하기 이전에 하나님은 자기 백성을 정하십니다. 그것이 16절의 핵심이며, 바울이 11-14절에서 가르쳤던 내용을 다시 주장하는 것입니다.

무조건적 선택에 따른 하나님의 의에 대한 15절의 논증

마지막으로 무조건적 선택에 따른 하나님의 의에 대해 바울은 15절에서 어떻게 논증하고 있습니까? 바울은 하나님께 불의함이 없다고 말했습니다. 그것이 14절의 핵심입니다. 이후 15절에서는 그렇게 말한 이유와 근거와 기반이 무엇인지 보여 주기 위해 핵심 단어인 "왜냐하면"(for)으로 시작합니다(한글 성경에는 생략되어 있음—옮긴이). "[왜냐하면] [하나님이] 모세에게 이르시되 내가 긍휼히 여길 자를 긍휼히 여기고 불쌍히 여길 자를 불쌍히 여기리라 하셨으니."

무조건적 선택에서 하나님의 의로우심을 주장하는 아주 특이한 논증이 나옵니다. 바울은 이렇게 말합니다. "그렇지 않다. 하나님은 사람을 긍휼히 여기는 데 있어서 그 사람의 의지나 행위를 고려하지 않으신다. '왜냐하면' 하나님이 모세에게 '내가 긍휼히 여길 자를 긍휼히 여기고 불쌍히 여길 자를 불쌍히 여기리라' 하셨기 때문이다." 이 부분은 선택의 무조건성이 의롭다는 논증이라기보다 무조건적 선택이 무엇인지 정리하는 말처럼 들립니다.

저는 1979년 초에 로마서 9장의 이 말씀을 읽다가, 베델 대학에서 성경을 가르치는 것을 쉬고 9개월간 안식년을 가지면서 바울의 논점을 연구하기로 결정했습니다. 그래서 5월부터 다음해 1월까지 이 부분을 연구하는 데 시간을 보냈습니다. 그리고 앞서 말씀드렸다시피 『하나님은 의로우신가?』라는 책을 저술했고(제게 있어서는 지금까지 쓴 어떤 책보다 기본에 충실한 책입니다), 학교를 떠나 베들레헴교회로 오게 되었습니다. 바로 15절에서 시작되는 "왜냐하면"이라는 한 단어 때문에 일어난 결과였습니다. 하나님께는 불의함이 없으십니다. "왜냐하면 하나님이 모세에게 '내가 긍휼히 여길 자를 긍휼히 여기고 불쌍히 여길 자를 불쌍히 여기리라' 하셨기 때문입니다."

이 논증을 이해하는 데 도움이 되는 두 가지 열쇠가 있습니다. 오늘은 그 두 가지를 간단히 소개해 드리고, 앞으로 남은 본문을 살펴볼 때 다시 언급하겠습니다. 첫 번째 열쇠는 구약의 출애굽기 33장 19절이 인용된 본문입니다. 두 번째 열쇠는 하나님의 의에 대한 바울의 이해입니다. 바울의 논증을 잘 따라가면서 15절이 무조건적 선택에 대한 하나님의 의를 어떤 식으로 변호하는지 이해하기 위해 그 두 가지를 하나씩 살펴보겠습니다.

출애굽기 33장 19절이 인용된 본문

출애굽기 33장 19절에서 모세는 하나님께 백성들과 함께 약속의 땅으로 올라가겠다는 약속을 해주시라고 간구하고 있습니다. 그 앞 18절에서는 모세가 하나님의 영광을 보게 해달라고 간청하고 있고, 이후에 로마서 9장 15절에서 바울이 인용한 말씀이 나옵니다. 출애굽기 33장 18-19절입니다. "모세가 이르되 원하건대 주의 영광을 내게 보이소서. 여호와께서 이르시되 내가 내 모든 선한 것을 네 앞으로 지나가게 하고 여호와의 이름을 네 앞에 선포하리라. 나는 은혜 베풀 자에게 은혜를 베풀고 긍휼히 여길 자에게 긍휼을 베푸느니라."

모세가 하나님의 영광을 보여달라고 간청하자 하나님은 이렇게 말씀하십니다. "내가 내 모든 선한 것을 네 앞으로 지나가게 하고 여호와의 이름을 네 앞에 선포하리라." 그런 후에 이 말씀을 덧붙이십니다. "나는 은혜 베풀 자에게 은혜를 베풀고 긍휼히 여길 자에게 긍휼을 베푸느니라." 다시 말해, 하나님은 모세뿐 아니라 우리에게도 이렇게 말씀하시는 것 같습니다. "나의 영광은 내 이름 야훼 안에 드러나 있으며, 내 이름은 내가 은혜 베풀 자에게 은혜를 베푸는 자유 안에 드러나 있다. 이것이 바로 스스로 있는 자이다. 이것이 나의 이름이다. 이것이 내 영광이다. 하나님으로서 나의 본질은 내 의지 밖에 있는 어떤 제약으로부터도 자유롭다는 것에 있다. 이것이 하나님이라는 의미의 본질이다. 이것이 그 이름이며, 나의 영광이다."

이 사실을 확인할 수 있는 말씀이 출애굽기 3장에 나옵니다. 모세는 이스라엘 백성에게 누가 자기를 보냈는지 말해 줄 수 있도록 하나님의 이름을 가르쳐 달라고 부탁합니다. 하나님은 14절에서 이렇게 대답하십니다. "하나님이 모세에게 이르시되, '나는 스스로 있는 자'(I AM WHO I AM)이니라. 또 이르시되, 너는 이스라엘 자손에게 이같이 이르기를 '스스로 있는 자'(I AM)가 나를 너희에게 보내셨다 하라." 다시 말해, 하나님은 여기서 자신의 이름을 '나는 스스로 있는 자'라고 알려 주십니다.

그리고 출애굽기 33장 19절에서는 "나는 은혜 베풀 자에게 은혜를 베[푼다]"고 설명하십니다. 동일한 구조이지만 의미는 확장되어 있습니다. 하나님의 영광의 본질인 그 이름을 보면, 하나님은(He IS) 절대적이시며 그분 외의 어떠한 원인이나 한계에 의해서도 제약받지 않으심을 말합니다. 그분은 스스로 계신 자입니다. 33절에서는 그 의미가 확장되어 하나님의 본질인 그분의 이름은 "은혜 베풀 자에게 은혜를 베푸는 자"라고 말씀하십니다. 즉, "나는 스스로 존재하는 자이며 절대적 결정자다. 나는 나 외에 다른 어떤 원인이나 제약에 구애받지 않고 자유롭게 존재한다. 그리고 나는 값없이 은혜를 베푼다. 은혜를 베풀기로 결정하는 데 있어서 내 의지를 넘어선 원인이나 한계나 제약은 존재하지 않는다. 그것이 하나님이 된다는 의미다. 그것이 내 이름이며 내 영광의 본질이다"라는 것입니다.

하나님의 의가 지닌 의미

출애굽기 33장 19절을 인용한 로마서 9장 15절을 이해하는 첫 번째 열쇠를 살펴보았습니다. 이제는 그 두 번째 열쇠인 하나님의 의(righteousness)를 보도록 하겠습니다. 바울이 "하나님께 불의가 있느냐?"라고 말할 때 그가 의미한 하나님의 의란 무엇일까요? 오늘은 제한된 시간 때문에 이에 대한 결론만 제시하고, 나중에 다시 그에 대한 근거를 제시겠습니다.

하나님의 의는 본질적으로 하나님의 이름과 영광에 대한 확고한 헌신입니다. 하나님은 그 이름의 영광을 지키고 나타내실 만큼 의로우십니다. 하나님이 가장 가치 있는 것을 최고로 가치 있게 여기실 때 그분은 의로우시며, 여기서 가장 가치 있는 것은 그분의 영광입니다. 그러므로 하나님의 공의와 의는 근본적으로 하나님의 이름과 영광을 높이고 드러내는 데에 있습니다. 만일 하나님이 그분의 영광을 무한히 가치 있는 것으로 높이고 드러내지 않으신다면 그분은 불의하게 됩니다.

지금까지 로마서 9장 15절의 논증을 이해하기 위한 두 가지 열쇠를 살펴보았습니다. 바울은 하나님이 무조건적으로 선택하실 때에 아무런 불의가 없다고 논증합니다. 왜일까요? 두 가지 열쇠를 보면 그에 대한 답은 이것입니다. 하나님의 영광의 본질인 하나님의 이름은 긍휼히 여길 자에게 긍휼을 베푸시는 절대적인 자유에 있기 때문입니다. 그것이 '스스로 계신 자'입니다. 그리고 그 영광을 높이고 드러내려는 확고한 헌신이 그분의 의입니다. 그러므로 하나님이 의로우시기 위해서는 반드시 그 자유를 높이고 드러내셔야 합니다.

한 번 더 반복하겠습니다. 하나님의 의는 그분의 이름과 영광을 지키시려는 확고한 헌신에 있습니다. 그리고 그 이름과 영광은 긍휼을 베푸는 궁극적 자유에 있으므로, 그분이 의로우시려면 반드시 택하심의 은혜를 베풀 대상을 그들이 태어나고 선악을 행하기 전에 선택하셔야 합니다. 그러므로 무조건적 선택의 교리는 성립되며 하나님의 의도 여기에 있습니다.

이것이 어떻게 복된 소식이 되는가에 대해 다시 정리하겠습니다.

1. 지금까지 우리가 지었던 죄의 분량 때문에 하나님의 선택을 받지 못하는 일은 없습니다. 하나님은 과거에도 현재에도 미래에도 늘 자유로우십니다. 우리가 과거에 지은 죄의 기록은 우리가 선택받는 데에 아무런 방해가 된 적이 없었고 지금도 그렇습니다.

2. 우리의 구원에 있어 영광을 받을 대상은 우리가 아니라 하나님이십니다. 그분의 선택 덕분에 구원받은 것입니다. 나 자신이 아니라 하나님과 그분의 은혜 속에서 기쁨을 찾으십시오. 믿음을 통해 그리스도 안에서 안식을 누리십시오. 그리고 우리의 구원을 보장하는 근원은 하나님의 영원한 은혜라는 깊은 뿌리에 있음을 알고 영광을 돌리십시오. 아멘.

9장

그 이름의 명성과 긍휼의 자유

로마서 9:14-18

그런즉 우리가 무슨 말을 하리요 하나님께 불의가 있느냐 그럴 수 없느니라. 모세에게 이르시되 내가 긍휼히 여길 자를 긍휼히 여기고 불쌍히 여길 자를 불쌍히 여기리라 하셨으니 그런즉 원하는 자로 말미암음도 아니요 달음박질하는 자로 말미암음도 아니요 오직 긍휼히 여기시는 하나님으로 말미암음이니라. 성경이 바로에게 이르시되 내가 이 일을 위하여 너를 세웠으니 곧 너로 말미암아 내 능력을 보이고 내 이름이 온 땅에 전파되게 하려 함이라 하셨으니 그런즉 하나님께서 하고자 하시는 자를 긍휼히 여기시고 하고자 하시는 자를 완악하게 하시느니라. _롬 9:14-18

로마서 9장 14-16절에서 보았던 내용을 복습해 보겠습니다. 14절에서 하나님의 의에 대한 의문이 제기된 이유는 바울이 로마서 9장 6-13절에서 가르친 내용 때문입니다. 어떤 사람이 믿어서 공로 없이 구원을 받게 될지, 또 어떤 사람이 반항하다가 결국 멸망할지는 오직 하나님의 무조건적인 선택에 달렸다는 것이었습니다.

멸망할 사람들에 대한 끔찍한 실상은 3절에 나와 있으며, 여기서 바울은 동족인 유대인들이 그가 말한 대로 "저주를 받아 그리스도에게서 끊어진" 것으로 인해 마음 아파했습니다. 이렇듯 많은 이스라엘 사람들이 믿지 않고 멸망하고 만다면 과연 하나님이 이스라엘과 맺은 언약과 말씀은 어떻게 유지될 수 있는 것일까요?

바울은 6절에서 육체적으로 이스라엘에 속했다고 해서 모두 진정한 이스라엘은 아니라고 답합니다. 그리고 한편으로는 이삭과 이스마엘을 예로 들고, 다른 편으로는 야곱과 에서를 예로 들면서, 이스라엘 안에서도 "은혜로 선택된"(롬 11:5) 남은 자가 있다고 설명합니다. 이스마엘이 아닌 이삭이 선택되었고, 에서가 아닌 야곱이 선택되었습니다. 이것이 바로 믿지 않아서 저주를 받고 그리스도에게서 끊어진 동족들이 수없이 많다는 사실에 대한 바울의 설명입니다. 이는 궁극적으로 누구를 선택하고 누구를 선택하지 않으시는 하나님의 자유와 무조건적인 선택에 달렸다는 말입니다.

그래서 바울은 로마서 9장 11-13절에서 이 점을 명확히 하고 있습니다. "그 자식들이[야곱과 에서] 아직 나지도 아니하고 무슨 선이나 악을 행하지 아니한 때에[무조건성을 보여 주는 부분], 택하심을 따라 되는 하나님의 뜻이 행위로 말미암지 않고 오직 부르시는 이로 말미암아 서게 하려 하사 리브가에게 이르시되, 큰 자가 어린 자를 섬기리라 하셨나니, 기록된 바 내가 야곱은 사랑하고 에서는 미워하였다 하심과 같으니라."

바울은 그때든 지금이든 사람들이 이 대목에서 넘어질 것을 알았습니다. 사람들은 믿어서 공로 없이 구원받을 사람과 반항해서 마땅히 멸망할 사람을 자기 뜻을 따라 자유롭게 무조건적으로 선택하시는 하나님을 의롭지 못하다고 말합니다. 따라서 바울은 말씀을 가르칠 때마다 어김없이 수차례 들어 왔던 질문을 제기합니다. 14절입니다. "그런즉 우리가 무슨 말을 하리요? 하나님께 불의가 있느냐?" 그리고 답합니다. "그럴 수 없느니라!" 무조건적으로 선택하시는 하나님은 불의하지 않습니다.

왜 그럴까요? 15-16절에서 그 부분을 언급했습니다. 그 내용을 요약하면서 제가 약속드렸던 부분까지 덧붙여서 보도록 하겠습니다. 지난 시간에는 출애굽기 33장 19절에서 인용된 말씀이 15절에서 어떻게 기능하는지 살펴보았습니다. "모세에게 이르시되, 내가 긍휼히 여길 자를 긍휼히 여기고 불쌍히 여길 자를 불쌍히 여기리라 하셨으니." 이 부분은 무조건적으로 선택하시는 하나님의 공의와 의에 대한 논증으로 제시되었습니다. "하나님께 불의가 있느냐? 그럴 수 없느니라! [왜냐하면] [하나님이] 모세에게 이르시되, 내가 긍휼히 여길 자를 긍휼히 여기고 불쌍히 여길 자를 불쌍히 여기리라 하셨으니." 이 논증이 어떻게 타당합니까?

첫 번째 열쇠: 하나님이 절대적인 자유에 따라 선택하시는 것도 하나님의 영광에 포함된다

출애굽기 33장 19절의 문맥이 참으로 중요합니다. 긍휼을 베푸시는 하나님의 자유에 대한 이 말씀은 하나님의 이름과 성품과 영광을 표현하고 드러냅니다(지난 시간에 살펴보았습니다). 그래서 바울은 문제를 다시금 정리해 주는 듯한 말씀을 인용하면서 그분이 원하시는 자에게 긍휼을 베푸신다고 말한 것입니다. 하나님은 자유로우시며 그분

외의 어떠한 것에 의해서도 제약을 받지 않으십니다. 문맥상 이 자유는 하나님의 하나님 되심의 의미를 가장 잘 밝혀 주는 핵심으로 제시됩니다. 야훼라는 이름은 '스스로 있는 자, 은혜 베풀 자에게 은혜를 베푸는 자'라는 의미입니다.

이것이 무조건적으로 선택하시는 하나님의 의에 대해 제기된 반론을 향해 바울이 제시한 논증을 이해하는 첫 번째 열쇠였습니다.

두 번째 열쇠: 하나님의 의의 본질은 그 영광과 이름의 무한한 가치를 지키고 드러내시려는 하나님의 헌신이다

하나님의 절대적 자유에 따른 선택이 하나님의 의에 대한 바울의 논증을 이해하는 하나의 열쇠였다면, 하나님의 의를 바울이 어떻게 이해하고 있는지가 두 번째 열쇠입니다. 지난 시간에는 그것이 무엇인지 짧게 언급하면서 오늘 이에 대해 설명하겠다고 약속드렸습니다. 저는 이렇게 정리했습니다. "하나님의 의는 본질적으로 하나님의 이름과 영광에 대한 하나님의 확고한 헌신입니다. 하나님은 그 이름의 영광을 지키고 드러내실 만큼 의로우십니다. 하나님이 가장 가치 있는 것을 최고로 가치 있게 여길 때 그분은 의로우시며, 여기서 가장 가치 있는 것은 그분의 영광입니다." 바울은 하나님의 의의 본질에 대해 이렇게 이해하고 있었습니다.

로마서 3장 23-25절에서 이를 찾아볼 수 있습니다. "모든 사람이 죄를 범하였으매 하나님의 영광에 이르지 못하더니." 죄를 하나님의 영광과 연관지어 정의하고 있음을 주의 깊게 보십시오. 죄는 하나님의 영광을 과소평가합니다. 죄란 다른 어떤 것이 더 가치 있기를 바라면서 하나님의 가치를 축소시킵니다. 그래서 바울은 하나님의 영광이 멸시당하는 것에 대한 하나님의 처방을 묘사합니다.

24-25절입니다. "[그들은] 그리스도 예수 안에 있는 속량으로 말미암아 하나님의 은혜로 값없이 의롭다 하심을 얻은 자 되었느니라. 이 예수를 하나님이 그의 피로써 믿음으로 말미암는 화목제물로 세우셨으니 이는 하나님께서 길이 참으시는 중에 전에 지은 죄를 간과하심으로 자기의 의로우심을 나타내려 하심이니."

여기서 우리는 하나님이 예수님을 보내어 죽임당하게 하셨고, 그분의 죽음으로("그의 피로써") 하나님의 의가 나타나고 분노가 가시게 되어, 하나님의 영광을 과소평가하던 죄인들이 믿음만으로 의롭다 함을 얻게 하셨음을 봅니다. 왜 하나님의 의는 이런 방식으로 나타나야 할까요? 하나님이 죄를 간과하셨기(그냥 넘어가셨기, passed over) 때문입니다(25절). 마치 하나님의 영광이 조롱받는 것이 아무 일도 아닌 듯 행하셔서, 그분의 의와 영광에 대한 헌신에 의문이 생기게 되었기 때문입니다. 하나님은 마치 자신의 영광이 별 가치가 없는 듯 행동하셨습니다. 하지만 이것은 영원한 무게를 지닌 중대한 일입니다. 하나님이 그 영광의 진정한 가치를 지키고 드러내지 않으신다면 공정하지 않고 불의한 자가 되십니다. 그러므로 하나님의 영광을 과소평가한 (우리와 같은) 죄인을 의롭다 하시면서도, (그 일이 별 것 아닌 양 행동하신 탓에) 자기의 영광이 축소되는 일이 일어나지 않게 하기 위해, 하나님은 독생자의 죽음으로써 그 영광의 무한한 가치를 입증하고 나타내신 것입니다(요 12:27-28).

그러므로 로마서 3장 23-25절에서는(3장 1-8절과 다른 곳에서도 마찬가지

인데) 본질적으로 하나님의 의가 하나님의 영광과 이름의 무한한 가치를 지키고 드러내려는 그분의 확고한 헌신이라는 사실을 보여 줍니다.

바울의 결론: 무조건적으로 선택하시는 하나님에게 불의는 없다

이 두 가지 열쇠로 바울의 논증을 펼치겠습니다. 로마서 9장 15절에 나오는 출애굽기 33장 19절의 인용문이 보여 주는 첫 번째 열쇠는, 하나님의 하나님 되심과 그분의 절대적 자유에 따른 선택도 그분의 영광(그분의 이름으로 대변되는 영광)에 포함된다는 것입니다. "나는 스스로 존재하는 자이다." "나는 긍휼 베풀 자에게 긍휼을 베푼다." 이것이 그분의 영광이고 이름입니다. 또한 하나님 되심의 의미입니다.

두 번째 열쇠는 하나님의 영광과 이름의 무한한 가치를 지키고 드러내려는 확고한 헌신이야말로 하나님의 의라는 사실입니다.

이를 통해 바울이 도출하는 결론은 이것입니다. '그러므로 무조건적 선택을 하시는 하나님에게는 아무런 불의가 없다. 은혜받을 자를 택하는 데 있어서 인간의 의지나 행위는 아무런 제약이 되지 못하며, 하나님은 그런 방식으로 행하시면서 자기의 이름과 영광을 지키고 드러내신다. 그리고 그것이 하나님의 진정한 본질이다.'

바울은 로마서 9장 16절에서 무조건적 선택을 다시 언급합니다. "그런즉 원하는 자로 말미암음도 아니요 달음박질하는 자로 말미암음도 아니요 오직 긍휼히 여기시는 하나님으로 말미암음이니라." 믿어서 공로 없이 구원받는 자와 반항해서 멸망할 수밖에 없는 자를 정하시는 하나님의 궁극적 선택은 인간의 범죄나 인간의 행위에 근거를 두지 않습니다.

그런 뒤 바울은 이러한 확신을 뒷받침할 다른 구약 말씀으로 넘어갑니다. 로마서 9장 17절에서는 출애굽기 9장 16절을 인용합니다. 그런 다음 18절에서 다시금 자신의 확신을 진술합니다. "그런즉 하나님께서 하고자 하시는 자를 긍휼히 여기시고 하고자 하시는 자를 완악하게 하시느니라"(18절). 15절과 얼마나 비슷한지 볼 수 있습니다. "내가 긍휼히 여길 자를 긍휼히 여기고 불쌍히 여길 자를 불쌍히 여기리라." 하지만 18절에서는 긍휼의 반대가 완악함이라는 사실이 언급됩니다. "하나님께서 하고자 하시는 자를 긍휼히 여기시고 하고자 하시는 자를 완악하게 하시느니라."

여기서 바울이 무슨 일을 하는지 볼 수 있습니다. 바울은 로마서 9장 13절에서 "내가 야곱은 사랑하고 에서는 미워하였다"고 말했습니다. 하나는 선택받고 다른 하나는 악한 것에 내어 주었습니다. 하나님의 선택에는 두 가지 측면이 있으며 18절이 그 점을 짚어 줍니다. "하나님께서 하고자 하시는 자를 긍휼히 여기시고 하고자 하시는 자를 완악하게 하시느니라." 그 은혜가 궁극적으로 무조건적이라면, 완악해지는 것 역시 궁극적으로 무조건적입니다. 18절은 이 사실을 덧붙이고 있으며 11절에 나온 말씀을 되풀이하고 있습니다. "그 자식들이 아직 나지도 아니하고 무슨 선이나 악을 행하지 아니한 때에" 하나님은 그분의 은혜를 받을 자와 그렇지 못할 자를 선택하셨습니다. 궁극적으로 하나님은 인간의 의지나 행위로 제약을 받아 사람을 구원하거나 정죄하지 않으십니다. 하나님은 자유로우십니다. 하나님의 완전한 영광을 지키고 드러내려는 지혜로운 목적에 따라 움직이십니다.

원하는 자를 완악하게 하신다

바울은 "하고자 하시는 자를 완악하게 하시는" 하나님을 보여 주기 위해 위대한 출애굽 이야기로 넘어갑니다. 그리고 그중 한 구절인 출애굽기 9장 16절을 선택해서 로마서 9장 17절에 인용합니다. "성경이 바로에게 이르시되 내가 이 일을 위하여 너를 세웠으니 곧 너로 말미암아 내 능력을 보이고 내 이름이 온 땅에 전파되게 하려 함이라 하셨으니."

완악함에 대해 직접적인 언급조차 없을 뿐 아니라 선택할 만한 다른 구절이 많았을 텐데 왜 이 구절을 선택해서 "하고자 하시는 자를 완악하게 하신다"는 결론을 내렸을까요? 여기에는 아주 심오한 이유가 있습니다. 이는 하나님의 자유와 세계 복음화라는 하나님의 위대한 목적과도 관련이 있습니다. 하지만 그 부분은 다음으로 넘기고 오늘은 성찬식을 거행해야 하기 때문에 한 발짝 뒤로 물러나 큰 그림을 보면서 분명하게 몇 가지 내용을 언급하려 합니다. 무조건적인 선택은 우리의 최종적인 구원과 정죄 역시 무조건적이라는 것을 의미하지는 않습니다.

무조건적 선택은 구원과 멸망의 조건과 충돌하지 않는다

우리는 믿음으로 구원을 받으며(롬 10:9), 딱딱하고 완고한 마음 때문에 진노와 멸망을 받습니다(롬 2:5). 칭의를 위해 필요한 조건이 있습니다. 바로 그리스도에 대한 믿음입니다. 그리고 정죄를 위해 필요한 조건도 있습니다. 바로 완고함과 불신앙입니다. 하나님의 의로 옷 입고 영생을 얻기 위해서는 그리스도와 연합하는 쪽을 택해야 하는 실제적 선택이 있습니다. 그리고 아담과 우리에게는 진리를 거스르고 정죄를 받는 쪽을 택하는 실제적 선택도 있습니다.

여기서 바울이 가르치는 무조건적 선택은 그중 어떤 것과도 모순되지 않습니다. 어느 누가 믿어서 공로 없이 구원을 받고, 어느 누가 반항하다가 결국 멸망할지, 이 둘 중 어느 쪽에 속할지는 전적으로 하나님이 결정하신다는 것이 무조건적 선택의 가르침입니다.

우리에게 의미하는 것

오늘 아침 우리가 알아야 할 두 가지 큰 의미가 있습니다.

첫째, 우리는 예수 그리스도를 우리의 주요 구세주요 보화로 믿어야 합니다. "네가 만일 네 입으로 예수를 주로 시인하며 또 하나님께서 그를 죽은 자 가운데서 살리신 것을 네 마음에 믿으면 구원을 받으리라"(롬 10:9). 하나님의 말씀을 지나쳐서 머리를 굴리지 마십시오. 하나님은 자기가 원하시는 사람을 선택하시니 나는 굳이 그분을 선택하지 않아도 된다고 말하지 마시기 바랍니다. 성경은 이렇게 말합니다. "너희가 섬길 자를 오늘 택하라"(수 24:15).

이렇게 말하지 마십시오. "주님이 나를 붙드시는데 굳이 내가 그리스도를 붙들 필요가 있는가?" 차라리 바울이 말한 것을 말하십시오. "그리스도께서 나를 사로잡으셨으므로, 나는 그것을 붙들려고 좇아가고 있습니다"(빌 3:12 새번역). 하나님 말씀보다 자기 생각이 지혜롭다고 넘겨짚지 마십시오. "하나님께서 이 세상의 지혜를 미련하게 하신 것이 아니냐"(고전 1:20). 스스로 낮추고 그리스도께로 돌아와 구원을 받으십시오.

둘째, 믿었다 하더라도 혹 자신의 믿음이 궁극적으로 자기 힘으로 얻은 것이라 믿고 자랑하지 않도록 주의하십시오. 대신 감사하고 사도 바울처럼 고백하십시오. "내 마음이 그리스도의 가르침을 따르게 된 것을 하나님께 감사합니다"(롬 6:17 참조).

성경은 하나님이 아무도 자랑하지 못할 방법으로 우리를 구원하신다고 분명하게 말합니다. 자랑은 우리 것이 아닙니다. 믿음이라는 원리에 있어서나, 무조건적 선택이라는 진리에 있어서도 우리는 자랑할 수 없습니다.

믿음은 자랑을 배제합니다. 로마서 3장 27절입니다. "그런즉 자랑할 데가 어디냐 있을 수가 없느니라. 무슨 법으로냐 행위로냐 아니라, 오직 믿음의 법으로니라." 믿음은 모든 인간적 특성을 보지 않고(인간 자체를 포함해서) 오직 값없는 은혜를 받아들이기에 자랑을 배제시킵니다.

무조건적 선택은 자랑을 배제합니다. 고린도전서 1장 27-29절입니다. "그러나 하나님께서 세상의 미련한 것들을 택하사 지혜 있는 자들을 부끄럽게 하려 하시고 세상의 약한 것들을 택하사 강한 것들을 부끄럽게 하려 하시며, 하나님께서 세상의 천한 것들과 멸시 받는 것들과 없는 것들을 택하사 있는 것들을 폐하려 하시나니. 이는 아무 육체도 하나님 앞에서 자랑하지 못하게 하려 하심이라."

그러므로 그리스도를 믿으십시오. 그리고 믿게 되었다면 그분께 감사를 드리십시오. 자랑하는 자는 주 안에서 자랑하십시오.

10장

하나님이 그 영광의 풍성함을 어떻게 알리시는가

로마서 9:19-23

혹 네가 내게 말하기를 그러면 하나님이 어찌하여 허물하시느냐 누가 그 뜻을 대적하느냐 하리니 이 사람아 네가 누구이기에 감히 하나님께 반문하느냐 지음을 받은 물건이 지은 자에게 어찌 나를 이같이 만들었느냐 말하겠느냐. 토기장이가 진흙 한 덩이로 하나는 귀히 쓸 그릇을, 하나는 천히 쓸 그릇을 만들 권한이 없느냐. 만일 하나님이 그의 진노를 보이시고 그의 능력을 알게 하고자 하사 멸하기로 준비된 진노의 그릇을 오래 참으심으로 관용하시고 또한 영광받기로 예비하신 바 긍휼의 그릇에 대하여 그 영광의 풍성함을 알게 하고자 하셨을지라도 무슨 말을 하리요. _롬 9:19-23

목회자로서 제가 사람들 앞에 매주 서야 한다는 점은 하나님의 말씀을 이해하기 위해 수고하고 그 말씀을 기쁨으로 선포하는 데에 있어 누리는 크나큰 혜택 중에 하나입니다. 강단에서 제가 매주마다 만나는 분들은 인생이라는 진짜 세상에서 온갖 고통과 죄와 허무함을 겪으며 살아가는 분들입니다. 어떤 분들은 그 자녀가 죽거나 다치거나, 더 끔찍하게는 영적으로 죽어가고, 배우자가 심각하게 아프거나 더 나쁘게는 영적으로 힘들어지며, 건강이 시들어가고, 직장 생활의 위기를 경험하고, 재정적으로 어려움을 겪고, 자신 또는 가족이 우울증에 시달리는 등의 온갖 경험을 통해 세상이(그리고 현실 세계가) 죄와 고통과 헛된 것으로 가득하다는 것을 알아 갑니다. 하나님의 말씀을 이해하고 가르치고 기뻐하도록 부르심받은 목회자로서 그런 분들을 목양한다는 것이 제게는 너무도 큰 유익이 됩니다.

그것이 제게 유익이 되는 이유는, 제가 이곳에서 고상한 학문적 놀음을 벌일 여유가 없기 때문입니다. 중요한 가르침에 관해 끊임없이 이런저런 비평을 쏟아 놓을 여유도 없습니다. 사람들의 인생을 좌지우지하는 엄청난 현실 앞에서 우아하게 중립을 취할 수도 없습니다. 하찮고 시시한 것으로 시간을 때우기에는 한 주 동안 일어나는 위태로운 일들이 너무나도 많습니다. 인생은 힘겹기만 한데, 여러분은 이곳에 저의 사색을 들으러 오는 것도 아니고 제 의견을 들으러 오는 것도 아니며, 잠시 문제에서 벗어나 기분전환이 되도록 재미난 강의를 들으러 오는 것도 아닙니다.

매주 온갖 종류의 고통을 짊어진 사람들과 관련해서 성경의 위대한 진리가 도움을 주기도 하고 때로는 그렇지 않을 때도 있다는 사실이 또한 제게는 큰 유익입니다. 목회자인 저는 이를 전해 듣습니다. 저에게는 고통당하는 사람들이 모인 이 언약 공동체 속에서 신학을 한다는 것이 엄청난 복입니다. 고통의 문제와 악의 문제, 하나님의 주권에 대한 진리는 결코 멀리 떨어져 있지 않습니다.

하나님의 주권적 선하심에 대한 간증

지금 제가 "하나님의 주권"이라는 주제 아래 분류해 놓은 자료들은 125개가량 됩니다. 그중 다수는 편지입니다. 우리 주 예수 그리스도의 아버지 하나님께서 모든 고통과 죄를 궁극적으로 주관하신다는 진리가 미치는 실제적이고 강력하며 고귀한 영향력에 관해 여러분과 전국의 많은 사람들에게서 받은 편지입니다.

제가 로마서 9장에 나타난 하나님의 모습을 힘주어 강조하는 이유 중 하나는 지난 30여 년간 하나님의 탁월하심과 주권에 대해 가르쳐 오면서 이것이 단지 성경적인 믿음일 뿐 아니라 심오할 만큼 실제적이고 믿음을 견고하게 하며 생명력이 있다는 사실을 경험했기 때문입니다. 저는 하나님의 순전하고 절대적인 거룩하심과 위엄과 주권이 모든 악과 인간의 의지와 행위를 압도할 뿐 아니라, 폭풍에 휩쓸리는 영혼들에게 닻이 되고 두려움에 떠는 자들에게 안식처가 되며, 모든 것이 무너지고 세상의 귀한 것을 잃어버린 사람들에게 흔들리지 않는 반석과 소망이 되고, 끔찍한 불행을 겪은 이들에게 모든 것이 합력하여 결국 선이 되리라는 확신을 주는 것을 수없이 목도했습니다.

스키 사고를 당한 뒤 2년간 의식을 회복하지 못하고 있는 스물두 살의 대학생 아들을 둔 어느 어머니가 제게 이런 편지를 보내왔습니다. "목사님이 '우리가 현실에서 겪는 고통과 상실은 모든 지혜에 뛰어나고 모든 것을 주관하시는 하나님을 우리가 현재 잃어버린 것보다 귀하게 여기는지 가늠하는 시험대입니다'라고 하시는 말씀을 들으면서 저는 다시 무릎을 꿇게 되었습니다. '귀한 것'을 하나님께 돌려드리는 것이 제게는 너무나도 힘겹습니다. 목사님이 말씀하셨듯이 말입니다. '이는 매우 소중한 발견입니다. 그로 인해 회개하고 그리스도를 마땅히 귀중한 분으로 갈망할 수 있게 해주기 때문입니다.'"

참으로 놀랍지 않습니까! 제가 이런 편지들을 언급하는 또 다른 이유는 모든 것을 주관하시는 하나님의 주권적 진리에 대해 사람들이 반응하는 모습이 우리의 상상과는 많이 다르기 때문입니다.

사실 우리가 제한된 경험을 거치면서 얻은 하나님에 대한 관념은 어떤 고통스런 환경에 처했을 때 필요할 수도 있지만 어쩌면 전혀 필요치 않을 수도 있습니다. 우리의 제한적인 관념 속의 하나님이 아니라 하나님이 주권적이며 절대적인 하나님으로 드러나실 때 그것이 얼마나 놀랍고도 강력한 영향을 미치는지 깨닫고 놀란 적이 있습니까? 우리는 사람들이 다소 부드럽고 비신학적이며 감정을 달래 주는 쿠션 같은 하나님을 원한다고 생각하지만, 가장 깊은 고통의 골짜기를 지날 때 바로 주권적인 하나님의 하나님 되심이 정말로 그들에게 필요한 것으로 드러납니다. 비록 정확히 말로 표현하지는 못하더라도 그들은 놀랍게도 이렇게 고백합니다. "하나님의 장엄하심과 주권이라는 강력한 처방약만이 오로지 내게 선을 행하실 수 있다는 사실이 내 존재를 근원까지 흔들었습니다."

지난 3월에 한 남자 분을 만나 이야기를 들었습니다. 그분은 자기 딸들이 삼촌에게 학대를 당했다는 사실을 알고서 이후 끔찍한 세 달의 시간을 보냈습니다. 하지만 1월에 설교로 들었던 하나님의 절대적 거룩하심과 주권에 대한 진리가 그 세 달을 버티게 하는 반석이었다고 고백했습니다.

몇 년 전에는 인도에서 온 젊은 여성을 만났는데, 그녀는 제 설교를 통해 들었던 진리의 말씀에 감사한다며 자기 이야기를 써 보내도 되겠느냐고 물었습니다. 그 여성은 치료가 가능한 질병을 안고 태어났지만 진단을 잘못 받아 몸이 마비되고 말았습니다. 열네 살이 될 때까지 무려 스물한 번의 수술을 받았고 주변 사람들은 그녀를 '불구'라 부르며 잔인하게 대했습니다. 그 여성은 고등학생 때 그리스도인이 되었고, 이후 결혼을 했지만 네 번의 유산을 겪었으며, 두 번째 아이는 태어난 지 두 달 만에 남편의 품에서 죽었습니다. 여인은 다음과 같은 말로 편지를 마무리했습니다.

"저는 고통에 관해 많은 책을 읽었지만 대부분 인간 중심적이고 … 하나님의 영광과 위엄과 주권을 아예 배제하거나 축소시키는 내용이었습니다. 하지만 하나님이 우리의 고통과 운명을 결정하는 분이시며, 그저 우리에게 좋은 일이 생기기 바라며 수동적으로 허용하시는 분이 아니라고 말하는 것은 참으로 급진적인 사고라 할 수 있습니다. 저는 인생을 걸어오면서 이 세상에서 하나님의 주권적 의지 없이 일어나는 일은 단 하나도 없다는 사실을 깨닫고 있습니다."

우리의 하나님은 성경의 하나님인가?

생각해 보십시오. 장차 우리에게 다가올 일들이 이 나라에서 전례를 찾아볼 수 없을 정도로 비참한 일이어서, 우리가 아는 지상의 모든 안전장치가 무용지물이 되고, 로마서 9장에 나오는 하나님, 우리의 안전하고 편안하고 사치스러웠던 지난 세월 동안 그토록 확실히 무시당했던 그 하나님이 진정한 하나님으로 드러나셔서, 해묵은 문제들을 해결하고 교회 안에 있는 거짓 가르침에서 우리를 보호하시며 온 세상이 그리스도를 대적해서 일어설 때도 우리에게 소망을 주실 만큼 위대한 분이 되실 그날이 오는 것을 말입니다. 그런 시절이 오면 우리가 믿고 있던 신이 정말 성경의 하나님인지 확신할 수 있겠습니까? 끊임없이 변하는 21세기 현실 세계 속에서도 우리의 하나님은 위대하고 장엄하시며 최고의 주권을 갖고 계시겠습니까?

하나님의 모습에 대한 이의

로마서 9장 19절에서 바울은 하나님의 모습에 대해 이의를 제기하는 사람들의 목소리를 듣습니다. 그들은 이렇게 말합니다. "그러면 하나님이 어찌하여 허물하시느냐 누가 그 뜻을 대적하느냐." 바울은 17-18절에서 이렇게 말했습니다. "내가 이 일을 위하여 너를 세웠으니 곧 너로 말미암아 내 능력을 보이고 내 이름이 온 땅에 전파되게 하려 함이라 하셨으니 그런즉 하나님께서 하고자 하시는 자를 긍휼히 여기시고 하고자 하시는 자를 완악하게 하시느니라." 마지막 구절 때문에 반대의 목소리가 나온 것입니다. 어떤 자들을 하나님이 완악하게 하신다면, 즉 누가 하나님을 적대시할지 정할 권리가 하나님께 있다면 "왜 하나님이 사람을 책망하시는가? 과연 누가 하나님의 뜻을 거스를 수 있다는 말인가?"라는 반문입니다.

바울은 하나님을 절대적 주권자로 묘사했습니다. 하나님은 누가 믿어서 공로 없이 구원을 받게 되고, 또 누가 반항해서 마땅히 멸망하게 되는지 결정하십니다. 그들이 태어나서 선악을 행하기도 전에,

하나님은 야곱을 사랑하시고 에서를 죄악과 멸망에 내어 주십니다(9:11-13). 긍휼을 얻을 자와 그렇지 못할 자를 결정할 때 다른 어떤 외부의 영향력 없이 자유롭게 행하십니다(9:15-18).

하나님이 이렇게 행하시는 게 왜 의로운 것일까요? 바울은 14-18절에 그 답을 제시했으며, 지금은 두 가지 이유를 더 제시합니다. 저는 이것을 아주 간단히 정리해서 그것에 제 나름대로 약간의 설명을 붙이려고 합니다. 정리한 내용을 소개하고, 본 구절에 담긴 엄청난 의미를 깨닫도록 도와준 조나단 에드워즈의 강력한 인용문도 함께 읽어드리겠습니다.

첫 번째 논증: 진흙이 토기장이를 판단할 수 없다

먼저 바울은 같은 덩어리를 가지고 아주 다양한 모양의 그릇을 만들 권한과 권리는 진흙이 아닌 토기장이에게 있다고 주장합니다. 21절입니다. "토기장이가 진흙 한 덩이로 하나는 귀히 쓸 그릇을, 하나는 천히 쓸 그릇을 만들 권한이 없느냐?" 여기 등장하는 주장은 기본적으로 이런 내용입니다. 어떤 그릇을 만드는 게 좋은가에 대해서는 토기장이가 진흙보다 더 많이 안다는 것입니다.

바울이 20절에서 이렇게 묻습니다. "이 사람아 네가 누구이기에 감히 하나님께 반문하느냐? 지음을 받은 물건이 지은 자에게 어찌 나를 이같이 만들었느냐 말하겠느냐?" 달리 말하면 바로 이런 뜻입니다. "우리 인간의 가치와 기준과 통찰로는 하나님을 판단하지 못한다. 이것은 하나님께, '당신은 어리석고 불의한 방법으로 당신 주권을 행사했소'라고 말하는 셈이다." 이것이 첫 번째 반박입니다. 토기장이와 진흙 사이에는 질적으로 무한대의 차이가 있으므로 진흙이 토기장이의 선택을 비난하는 것은 어리석고 잘못된 일입니다.

두 번째 논증: 긍휼의 그릇이 하나님의 영광을 알게 하는 것이 목적이다

두 번째는 더 깊이 들어갑니다. 누구를 사랑하고 누구를 미워할지, 누구에게 긍휼을 보이고 누구를 완악하게 할지, 어떤 그릇을 귀하게 쓰고 어떤 그릇을 천히 쓸지를 무조건적으로 선택하시는 하나님이 왜 의로우신가에 대해 성경 전체에서 가장 심도 깊게 다루고 있습니다. 왜냐하면 이 진술이 죄에 대한 하나님의 진노와 심판하시는 권능뿐 아니라 '하나님의 영광'을 가장 충만히 드러내고 있기 때문입니다. 그 결과 긍휼의 그릇들이 하나님을 가장 온전히 알게 되고 온 힘을 다해 그분을 영원토록 경배할 수 있게 만듭니다.

22-23절을 읽으면서, 바울의 논증이 적절한지 판단해 보시기 바랍니다. "만일 하나님이 그의 진노를 보이시고* 그의 능력을 알게 하고자 하사 멸하기로 준비된 진노의 그릇을 오래 참으심으로 관용하시고 또한 영광받기로 예비하신 바 긍휼의 그릇에 대하여 그 영광의 풍성함을 알게 하고자 하셨을지라도 무슨 말을 하리요."

*여기에 NASB판 영어 성경처럼 '비록 ~하더라도'(although)를 문장에 삽입하면 '만일 하나님이 비록 그의 진노를 보이고 싶으셨더라도'(although he desired to show his wrath)가 되는데, 그러면 이 구절의 의미를 정확히 반대로 만드는 셈이 된다. 이것이 틀린 이유는 하나님이 비록 그의 진노와 능력을 보이고 싶으셨더라도 바로 왕을 세우셔서 열 번의 재앙을 거치기까지 그의 반항을 참으셨다는 것이 아님을 17절을 보면서 알 수 있기 때문이다. 하나님은 그의 진노와 능력을 보이기 원하셨기 때문에 바로 왕을 그런 식으로 다루신 것이다(출 7:3, 8:10, 10:1, 14:4).

22-23절의 세 가지 목적

여기에는 세 가지 목적이 있는데 처음 두 가지 목적이 마지막 목적을 보완합니다. 첫째, 하나님은 죄를 대한 진노를 보이기 위해 행하십니다(22절). 하나님은 죄를 미워하는 거룩한 자임을 보이십니다. 둘째, 하나님은 심판 때의 권능을 보이기 위해 행하십니다(22절). 셋째, 이 모든 자기 계시(self-revelation)는 긍휼의 그릇을 향한 하나님의 영광의 풍성함(그리고 거룩한 진노와 권능)을 알리기 위함입니다(23절). 즉, 하나님이 주권적 자유를 행하시는 깊은 이유는 이것이 하나님의 영광을 온전히 드러내고 죄에 대한 진노와 심판하시는 권능을 보여 주는 방법이라는 것입니다. 그리하여 긍휼의 그릇들이 하나님을 온전히 알고 영원토록 온 힘을 다해 예배할 수 있습니다.

하나님이 악을 정하시는 이유에 대한 에드워즈의 글

저보다 이 주제에 대해 더 깊은 통찰과 이해를 갖고 있는 분의 이야기를 듣겠습니다. 선하고 거룩한 하나님이 왜 완악하고 악한 자를 정하셨는지에 대한 조나단 에드워즈의 설명을 들어보고자 합니다. 이 글은 성경이 아닙니다. 하지만 제가 믿기로는, 이 부분에 대해서 성경을 제대로 이해하고 있는 한 사람의 설명입니다.

> 영원한 영광이 밝게 빛나는 것이야말로 놀랍고도 올바른 일이다. 이와 동일한 이유로, 하나님의 영광이 온전히 빛나는 것이 옳은 일이다.
>
> 즉, 하나님 영광의 모든 부분이 밝히 빛나야 하며, 그의 모든 아름다움이 온전히 광채를 드러내야 한다. 그래야 바라보는 자들이 하나님을 제

대로 인정할 수 있다. 한 가지 영광만 드러나고 다른 부분은 그렇지 못한 것은 적절치 않다. …

따라서 하나님의 지극한 위엄과 권세와 위대함과 공의와 거룩함은 반드시 드러나야 한다. 그렇지만 죄와 형벌이 정해지지 않고서는 그렇게 될 수 없다. 거룩한 영광의 일부가 다른 부분만큼 드러나지 못하고, 또한 하나님의 선하심과 사랑과 거룩함이 그것 없이는 부각되지 못하므로, 하나님 영광의 광채가 매우 불완전해진다. 아니, 거의 빛날 수 없게 된다.

하나님이 마땅히 죄를 정하시고 허용하시고 벌하시는 것이 옳지 않다면, 죄를 미워하고 어떤 자를 더 사랑하고 섭리를 베푸시는 하나님의 거룩하심과 하나님 되심을 전혀 드러낼 수 없게 된다. 용서할 죄가 없고 구원받아야 할 비참함이 없다면 하나님의 은혜나 진정한 선하심이 전혀 드러나지 못하는 것이다. 하나님이 얼마나 큰 기쁨을 우리에게 주셨는지, 그의 선하심이 얼마나 중요하고 높임을 받을 일인지, 그에 대한 감각이 그다지 크지 않게 되는 것이다. …

따라서 피조물의 지극한 행복과 하나님과의 완전한 교제를 위해서 악은 필수적이다. 이를 위해 하나님이 세상을 만드셨다. 피조물의 행복은 하나님에 대한 지식과 하나님의 사랑에 대한 감각에 있다. 하나님에 대한 지식이 불완전하다면, 피조물의 행복도 상당 부분 불완전할 수밖에 없다.*

* Jonathan Edwards, "Concerning the Divine Decrees," in *The Works of Jonathan Edwards* (Edinburgh: Banner of Truth, 1974), p. 528.

요약

그래서 저는 이렇게 질문합니다. "하나님이 악과 죄를 정하시고 이를 심판하시기 때문에 덜 영광스럽습니까?" 바울은 그렇지 않다고 답하며 그 반대를 이야기합니다. 지금 우리가 알고 있는 온 세상을 정하고 다스리시는 분이 하나님이시기 때문에 그분의 영광은 참으로 더 환하게 빛날 것입니다. 죄에 대해 미리 아시고 죄를 궁극적으로 다스리시는 하나님을 거부하면서 하나님의 주권을 제한한다면 믿음과 소망과 예배를 파괴하게 됩니다. 이는 하나님의 말씀과 지혜에 대한 큰 모독입니다. 그리스도인 여러분, 하나님의 영광을 사랑한다면, 교회와 학교에서 듣는 가르침에 주의하시기 바랍니다. 그것을 시험해 보기 바랍니다.

하나님의 위엄과 지극한 영광과 죽으시고 부활하신 아들의 은혜가 여러분에게 임하시길 바랍니다. 아멘.

11장

하나님의 목적: 긍휼의 그릇이 그 영광의 풍성함을 아는 것

로마서 9:23-24

또한 영광받기로 예비하신 바 긍휼의 그릇에 대하여 그 영광의 풍성함을 알게 하고자 하셨을지라도 무슨 말을 하리요. 이 그릇은 우리니 곧 유대인 중에서뿐 아니라 이방인 중에서도 부르신 자니라. _롬 9:23-24

오늘은 영광을 위해 예비된 긍휼의 그릇이 되는 놀라움으로 시작해서 그것으로 끝을 맺겠습니다. 하나님이 이 세상에서 어떤 식으로 역사하시는지 우리가 온전히 이해하지는 못하더라도 23절을 보면 놀랍고도 분명한 한 가지 사실이 나옵니다. 모든 진노와 권능과 긍휼에 있어 하나님의 궁극적인 목적은 바로 이것입니다. "영광받기로 예비하신 바 긍휼의 그릇에 대하여 그 영광의 풍성함을 알게 하고자."

지금 우리가 그리스도인이라면, 즉 입술로 예수님을 주로 시인하고 마음으로 하나님이 예수님을 죽은 자 가운데서 살리셨음을 믿는다면, 우리야말로 창조 전부터 영광을 위해 예비된 긍휼의 그릇입니다. 즉, 하나님의 영광의 풍성함을 알기 위해 준비된 자들입니다.

이 내용을 세 부분으로 나눠 깊이 생각해 보는 동안, 우리 안에 임한 이 놀라운 일에 마음을 열기 바랍니다. 먼저 '긍휼의 그릇'을 보고 두 번째로는 '영광받기로 예비하신 바'를 본 뒤, '하나님의 영광의 풍성함'에 대해 보도록 하겠습니다.

긍휼의 그릇

23절에 나오는 하나님의 목적은 "영광받기로 예비하신 바 긍휼의 그릇에 대하여 그 영광의 풍성함을 알게 하[는]" 것입니다.

그리스도인인 우리는 긍휼의 그릇입니다. 우리는 영적 사망과 죄의 흑암에서 긍휼로써, 긍휼을 통해, 그리고 긍휼을 위해 부름받았습니다. 우리는 하나님께 반역한 상태였기에 그분께 깨어나 복종할 만한 자격이 없는 사람이었으므로 긍휼로써(By mercy) 부름받았습니다. 또한 우리에게 역사하여 그리스도께로 이끌어 가는 모든 영향력이 하나님에게서 온 긍휼이었으므로 긍휼을 통해(Through mercy) 부름받았습니다. 그리고 장차 우리가 영원히 누릴 모든 기쁨은 긍휼의 기쁨이므로 긍휼을 위해(For mercy) 부름받은 것입니다. 그리고 긍휼은 그 자체로 장차 맛보아 알게 될 최상의 기쁨이 될 것입니다.

우리는 긍휼의 그릇입니다. 우리는 구원받고 다른 이들은 구원받지 못한 이유와 하나님의 택하심에 대해 생각할 때, 반드시 다음 사실에 지속적으로 초점을 맞춰야 합니다.

우리는 그리스도인이 될 자격이 없습니다. 우리는 선택받거나 부르심을 받거나 구원을 받거나 변화되거나 천국에 갈 자격이 없습니다. 모든 것이 긍휼입니다. 자격이 없습니다. 믿는 자들은 이 말을 듣고 겸손해지고, 믿지 않는 자들은 소망을 갖기를 바랍니다! 우리 안에 있는 어떤 것으로도 하나님이 행하신 일에 결정적인 영향을 주지 않았습니다. 우리가 지금까지 받은 모든 선한 것, 즉 하나님의 용서와 용납, 하나님의 영광, 영원한 기쁨에 대한 소망은 모두 긍휼로 말미암은 것입니다.

그리고 여기 우리 삶에 거대한 깃발처럼 흔들리고, 우리 귓가에 희생제사의 나팔소리처럼 우렁차게 울리는 예수님의 말씀이 있습니다. "너희가 거저 받았으니 거저 주라"(마 10:8). 무조건적 선택(긍휼의 선택)이라는 영광스러운 교리가 절대로 교만이나 파벌이나 편협함, 혹은 편견이나 파멸에 이르는 독선적 무관심으로 우리를 이끌어 가지 않기를 간절히 소망합니다.

그리스도 안에 있다면 자신을 시험해 보시기 바랍니다. 긍휼은 긍휼을 낳고 또다시 긍휼을 얻습니다. 우리는 긍휼을 받아야 긍휼을 베풀 수 있습니다. 그리고 더 많은 긍휼을 얻으려면 긍휼을 보여야 합니다. "긍휼히 여기는 자는 복이 있나니 그들이 긍휼히 여김을 받을 것임이요"(마 5:7). 긍휼을 거저 받았으니, 거저 주어야 합니다. 그러면 더 많은 긍휼을 받을 것입니다. "후히 되어 누르고 흔들어 넘치도록"(눅 6:38) 받을 것입니다. 긍휼에 긍휼이 더해집니다.

이것이 바로 긍휼의 그릇이 된다는 의미입니다. "내 평생에 선하심과 인자하심이 반드시 나를 따르리니"라고 말할 수 있는 의미이

기도 합니다. 모든 날 동안(기쁨의 날이나 죽음의 날에도) 긍휼이 나를 추적할 것이며, 나를 복의 그릇으로 만들어 주지 않는 날이 없을 것입니다.

영광받기로 예비하신 바

우리는 아직 23절에 머물면서 우리 삶을 위한 하나님의 궁극적인 목적에 대해 살펴보고 있습니다. "영광받기로 예비하신 바 긍휼의 그릇에 대하여 그 영광의 풍성함을 알게 하고자."

여기서의 초점은 우리의 영광이 아니라(로마서 8장 30절에 따르면 물론 그것도 우리 소망의 한 부분입니다) 하나님의 영광을 예비하는 데에 맞춰져 있습니다. 그렇게 말씀드리는 이유는 23절에서 하나님의 목적을 "하나님의 영광의 풍성함을 알게 하는 것"으로 말하고 있기 때문입니다. 우리는 이를 위해 예비되었습니다.

"예비하신 바"라는 단어는 이것이 모두 긍휼에 해당함을 강조하고 있습니다. 우리는 자신을 하나님의 영광을 알기에 적합한 사람으로 만들지 못했습니다. 하나님이 하신 일입니다. 그리고 하나님은 그분의 영광을 보지도, 사랑하지도 않는 사람들과 같은 성분으로, 동일한 진흙덩이로 우리를 만드셨습니다(롬 9:2). 오늘 하나님의 영광을 보고 경험하고 있다면, 스스로 그런 상태가 된 것이 아닙니다. 우리는 하나님의 영광을 알 수 있는 그릇으로 모양이 빚어지고 다져지고 때론 치대어진 것입니다. 이 "예비하신 바"라는 구절은 하나님의 영광을 보고 맛볼 수 있는 우리의 능력이 모두 하나님의 긍휼 덕분임을 부각시키며 강조하고 있습니다.

그리스도인이라면, 혹은 예수 그리스도에 대한 믿음으로 그렇게 되기를 간절히 바란다면, 우리는 하나님의 영광을 알기 위해 예비된 사람입니다. 이것이 우리를 향한 하나님의 궁극적인 목적입니다. 23절입니다. "긍휼의 그릇에 대하여 그 영광의 풍성함을 알게 하고자." 이 말씀이 가슴속 깊이 스며들기를 간곡히 기도합니다. 일단 말씀이 우리의 가장 깊은 속을 통과하면(말씀이 우리를 붙들면) 예전과는 완전히 다른 사람이 됩니다. 우리는 하나님의 영광을 알도록 만들어졌습니다.

여기서 "안다"는 말을 지성 중심적으로 생각하지 않도록 유의하기 바랍니다. 여기서 "안다"는 말은 "감정은 다르게 느끼더라도 머리로는 인지하는 것"을 뜻하지 않습니다. 그런 지식은 우리를 긍휼의 그릇으로 만들어 주지 않습니다. 오히려 우리는 진노의 그릇으로 인정받을 것입니다. 로마서 1장에서 바울이 뭐라고 했습니까? "하나님의 진노가 불의로 진리를 막는 사람들의 모든 경건하지 않음과 불의에 대하여 하늘로부터 나타나나니 … 썩어지지 아니하는 하나님의 영광을 썩어질 사람과 … 우상으로 바꾸었느니라"(롬 1:18, 23). 즉, 그들은 하나님의 영광을 알면서도 귀하게 여기지 않았습니다. 오히려 우상으로 바꾸어 버렸습니다.

하나님이 영화롭게 되지도 않고 우상으로 대치되는 것은 하나님의 목적이 아닙니다. 하나님의 목적은 그분의 영광이 알려지고 소중히 여김을 받는 것입니다. 바울이 하나님의 목적에 대해 말할 때는 하나님의 영광을 알리고 싶다는 의미이고, 하나님은 그분의 영광이 무한히 귀하고 무한히 즐거운 것으로 알려지기 원하십니다. 우리는 하나님의 영광을 알고 그 영광을 맛보고 목도하며, 그 영광을 귀하게 여기고 즐거워하도록 창조되었습니다.

그렇다면 그 목적을 위해 살고 있습니까? 자신의 인생을 향한 하나님의 계획을 듣고 이를 따르고 싶은 열정이 일어납니까? 만일 그렇지 않다면, 그 이유가 무엇인지 궁금합니다.

"나한테는 불가능한 일이다"

어쩌면 나에게는 그런 일이 일어날 수 없다고 생각하는지도 모르겠습니다. 혹시 그런 분이 있다면 이 모든 것이 긍휼이라는 사실을 기억하기 바랍니다. 사람에게는 불가능하지만 하나님께는 가능합니다. "사람으로는 할 수 없으되 하나님으로는 그렇지 아니하니 하나님으로서는 다 하실 수 있느니라"(막 10:27).

"나는 하나님의 영광을 보는 것보다는 내가 영광을 받고 싶다"

혹은 이러한 목적을 추구하지 않는 이유가 하나님의 영광을 보는 것보다는 자신이 영광을 받고 싶기 때문인지도 모르겠습니다. 그것에 관해서는 참으로 무시무시한 이야기를 할 수도 있겠지만 지금은 이렇게만 말씀드리겠습니다. "하나님의 영광을 바라보고 맛보는 대신 자신의 영광을 추구한다면, 결국 몹시 낙담하게 될 것입니다. 마지막 날에 우리는 영광스럽게 되지 않을 것이고, 모든 사람이 그 모습을 보며 고개를 돌릴 것이기 때문입니다." 자신의 영혼을 위해서 그러한 실수는 하지 말기 바랍니다.

"위대한 자를 바라보기보다 내 스스로 위대한 일을 성취하고 싶다"

혹은 하나님의 계획을 거부하며 이렇게 말하는 분이 있을지도 모르겠습니다. "나는 작품 앞에 서서 '아, 얼마나 영광스러운가. 저 영광스러운 모습을 봐' 하고 감탄하며 쳐다보기만 하는 군중이 되고 싶지는 않다. 나는 스스로 뭔가 위대한 일을 성취하고 싶다." 이렇게 말하는 분에게 간단하게 두 가지를 말씀드리겠습니다.

첫째, 하나님의 영광을 찬양하는 사람들에 대해서는 말을 조심하십시오. 둘째, 역사상 하나님의 영광을 가장 최고의 것으로 보았던 사람들이 세상에서 가장 놀라운 일을 성취했습니다. 바울의 말을 기억하십시오. "우리가 … 주의 영광을 보매 그와 같은 형상으로 변화하여 영광에서 영광에 이르니"(고후 3:18). 하나님의 영광을 드러내는 사람들의 인생은 열매 없이 끝나지 않습니다.

"나는 하나님의 영광을 맛본 적이 없다"

혹은 단순히 경험해 본 적이 없거나 무엇인지 몰라 마음이 끌리지 않기 때문에 하나님의 영광을 보고 싶은 열망을 따르지 못하는 경우도 있습니다. 그런 분들에게는 이렇게 말씀드립니다. 하나님의 영광은 어느 곳에서나 빛납니다. 우리는 하나님 안에서 살고 움직이며 존재합니다. 시편 기자가 "하늘이 하나님의 영광을 선포하고"(시 19:1)라고 말한 것은 해가 뜨고 지는 것이 하나님의 영광을 드러낸다는 단순한 의미가 아닙니다. 일출과 일몰과 같은 지구 전체를 가로지르며 다양한 색채가 어우러지는 장관, 인간의 감성을 뒤흔드는 능력은 단지 하나님 영광의 일부가 드러난 그림자에 불과합니다. 하나님은 우

리에게 다가와 이렇게 말씀하십니다. '내 영광은 이와 같으며, 이보다 훨씬 더 낫다!'

C. S. 루이스는 이런 말을 했습니다.

> 자연은 영광과 무한한 위엄을 지니신 하나님이 존재한다는 사실을 내게 가르쳐 준 적이 없다. 나는 다른 방법으로 배워야만 했다. 하지만 자연은 영광이라는 단어에 의미를 부여해 주었다. 험준한 협곡과 오를 수 없는 바위를 보지 못했다면 하나님에 대한 '경외'(fear)가 의미하는 바를 그저 안위를 보장받으려는 저급한 노력 정도로밖에 보지 못했을 것이다. 자연이 내 안에 있는 열망을 일깨워 주지 않았다면 하나님의 '사랑'이 의미하는 바의 상당 부분이 내게 존재하지 않았을 것이다.*

하나님의 영광을 한 번도 맛보지 못했다고 말하는 분들에게 조금 달리 말씀드린다면, 여러분은 이미 여러 전채 요리를 맛보았습니다. 하늘을 올려다본 적이 있습니까? 누군가에게 안겨 본 적이 있습니까? 무언가에 푹 빠져 본 적이 있습니까? 따스한 불 앞에 앉아 본 적이 있습니까? 성욕을 느낀 적이 있습니까? 숲으로 걸어 들어가 호수 옆에 앉거나 해먹에 누워 본 적이 있습니까? 더운 여름날 좋아하는 음료수를 마시고 좋은 음식을 먹은 적이 있습니까? 모든 욕구는 하늘의 영광을 향한 경건한 욕구이거나 왜곡된 욕망입니다.

* 『네 가지 사랑』, C. S. 루이스, 홍성사,

자신은 하나님의 영광을 맛보지 못했다고 말하지만, 분명히 말씀드립니다. 여러분은 전채 요리를 맛보았습니다. 이제는 가서 식사를 하십시오. 지금껏 그림자를 보았다면 이제는 실체를 바라보십시오. 낮의 따뜻한 햇살 아래 걸었다면 이젠 고개를 돌려 태양 자체를 바라보십시오. 곳곳에 울리는 하나님 영광의 메아리를 들었다면 이제는 여러분의 심장을 진짜 음악에 고정하십시오.

우리의 심장을 고정할 최고의 지점은 예수 그리스도의 십자가입니다. "우리가 그의 영광을 보니 아버지의 독생자의 영광이요 은혜와 진리가 충만하더라"(요 1:14). 하나님의 영광이 가장 집중되어 있는 곳을 찾고 싶다면 복음서에 나온 예수님을 바라보되 특별히 십자가를 주목하십시오. 그러면 십자가가 우리의 눈에 시선을 맞추고 심장을 요동케 하고 미각을 일깨워서, 우리도 온 땅에 충만한 하나님의 영광을 보고 듣고 맛볼 수 있게 될 것입니다.

이것이 우리가 창조된 목적입니다. 그러니 자신의 삶을 아무렇게나 함부로 살지 마십시오. 하나님은 우리가 하나님의 영광을 알 수 있도록 창조하셨습니다. 자기의 마음과 모든 것을 다해 영광을 추구하십시오.

하나님의 영광의 풍성함을 알다

세 번째로 "풍성함"(riches)이라는 단어를 잠시 눈여겨보도록 하겠습니다. 23절에서 하나님의 마지막 목적은 "영광받기로 예비하신 바 긍휼의 그릇에 대하여 그 영광의 풍성함을 알게" 하는 것이라고 말합니다.

왜 바울은 이 단어를 사용할까요? 부와 재물을 뜻하는 이 단어를 일부러 사용한 의도는 하나님 안에서 우리가 누릴 유업이 이 땅의 그 어떤 큰 재화보다 무한히 크다는 사실을 일깨우기 위해서입니다. 썩어 버릴 빵을 위해 애쓰는 우리는 얼마나 어리석습니까. 하나님의 영광을 유산으로 받았으면서도 이 땅에 보물을 쌓는 우리는 얼마나 어리석습니까. 이 세상의 모든 돈을 가졌더라도 하나님의 영광만을 지닌 자들에 비하면 헐벗은 사람입니다.

이러한 풍성함은 가히 상상할 수 없다고 바울은 말했습니다. "하나님이 자기를 사랑하는 자들을 위하여 예비하신 모든 것은 눈으로 보지 못하고 귀로 듣지 못하고 사람의 마음으로 생각하지도 못하였다"(고전 2:9). 이러한 풍성함은 가히 측량할 수 없습니다. "그리스도 예수 안에서 우리에게 자비하심으로써 그 은혜의 지극히 풍성함을 오는 여러 세대에 나타내려 하심이라"(엡 2:7). 달리 말해서, 은혜의 풍성함은 무한하기 때문에 이를 온전히 깨달으려면 무한 세월이 지나야 한다는 것입니다. 영원토록 말입니다! 즉, 우리는 그 풍성함을 결코 온전히 알 수는 없고, 다만 영원토록 매일 조금씩 더 알아가게 될 것입니다. 하나님의 영광의 풍성함에 대한 우리의 지식은 영원토록 끝없이 계속 자라갈 것입니다. 따라서 우리의 기쁨도 그렇게 커질 것입니다. 그분의 자비는 아침마다 새롭고, 천국에서는 하루도 지루한 날이 없을 것입니다. 새롭고 놀라운 영적 깨달음 없이 지나가는 날이 없을 것이기 때문입니다. 기억 속에서 옛 영광의 무게는 나날이 늘어갈 것이고, 매일 눈앞에서는 새로운 영광이 드러나 거기에 흥분하지 않고 지내는 날은 단 하루도 없을 것입니다. 이처럼 우리는 하나님의 영광의 풍성함을 알도록 창조되었습니다.

그러므로 이러한 영광의 무한한 풍성함을 아시는 그리스도께서는 우리를 향해 자비롭게 명령하십니다. 땅의 부를 구하지 말고 하나라를 구하라고 말입니다. 그리고 이렇게 약속하셨습니다. "나의 하나님이 그리스도 예수 안에서 영광 가운데 그 풍성한 대로 너희 모든 쓸 것을 채우시리라"(빌 4:19).

유대인과 이방인들이여! 이러한 유산의 상속자는 민족별로 정해지지 않습니다. 하나님의 부르심에 따라 정해집니다. 23절이 어떤 식으로 24절까지 흘러가는지 보이십니까? 하나님의 위대한 목적은 "영광받기로 예비하신 바 긍휼의 그릇에 대하여 그 영광의 풍성함을 알게" 하는 것이지만, 계속 이어지는 말씀은 "이 그릇은 우리니 곧 유대인 중에서뿐 아니라 이방인 중에서도 부르신 자"라고 분명히 말합니다.

오늘 아침 우리에게 주어진 요지는 자신의 배경이나 인종, 혹은 민족적 연관성이나 교파나 부모의 믿음이 아닙니다. 말씀을 통해 하나님의 부르심을 듣느냐가 요지입니다. 만일 그 부르심을 듣는다면 순종하고 하나님의 아들인 예수 그리스도를 믿으십시오. 하나님 영광의 모든 풍성함이 그분 안에 있습니다. 다른 어떤 곳에서도 그 영광을 찾을 수 없을 것입니다.

12장

이방인도 포함되다

로마서 9:24-29

이 그릇은 우리니 곧 유대인 중에서뿐 아니라 이방인 중에서도 부르신 자니라. 호세아의 글에도 이르기를 내가 내 백성 아닌 자를 내 백성이라, 사랑하지 아니한 자를 사랑한 자라 부르리라. 너희는 내 백성이 아니라 한 그곳에서 그들이 살아 계신 하나님의 아들이라 일컬음을 받으리라 함과 같으니라. 또 이사야가 이스라엘에 관하여 외치되 이스라엘 자손들의 수가 비록 바다의 모래 같을지라도 남은 자만 구원을 받으리니 주께서 땅 위에서 그 말씀을 이루고 속히 시행하시리라 하셨느니라. 또한 이사야가 미리 말한 바 만일 만군의 주께서 우리에게 씨를 남겨 두지 아니하셨더라면 우리가 소돔과 같이 되고 고모라와 같았으리로다 함과 같으니라. _롬 9:24-29

이번 본문은 다음과 같은 사안들과 관련이 있습니다.

1. 주권적인 하나님과 우리를 진노에서 구원하시는 하나님의 방법
2. 인종 차별과 민족적 교만
3. 팔레스타인과 이스라엘의 대립

4. 유대인이 타나크(Tanach)라고 부르고 그리스도인이 구약성경이 라고 부르는 유대인 성경을 기독교 교회가 읽고 사용하는 방법
5. 그리스도 안에서 긍휼을 베푸신 하나님에 대한 겸손과 감사
6. 그리스도의 왕국에 대한 우리의 세계 비전

각각의 사안들을 살피고 우리의 상황에 적용하기에 앞서, 논의를 이해하기 위해 본문을 전체 문맥에서 차근히 살피는 것으로 시작하겠습니다.

하나님의 약속들에 대한 믿음의 위기(9:1-5)

로마서 9장에서 문제가 되는 부분이 무엇인가에 관해서는 3절의 내용을 기억하시기 바랍니다. "나의 형제 곧 골육의 친척을 위하여 내 자신이 저주를 받아 그리스도에게서 끊어질지라도 원하는 바로라." 바울의 유대인 동족들 다수는 그리스도를 메시아로 믿지 않아서 결국 저주를 받고 그리스도에게서 끊어졌습니다.

이 일은 하나님의 약속들에 대한 믿음에 위기를 불러 왔습니다. 언약 백성인 유대인들이 저주를 받아 그리스도에게서 끊어진다면 어떻게 하나님의 약속들을 믿을 수 있을까요? 구약에서 하나님은 그분의 백성들에게 신실하실 것과 구원을 약속하지 않으셨습니까? 하나님의 말씀이 유대인들에게서 실패했다면, 우리를 그리스도의 사랑에서 끊을 자가 없으리라는 로마서 8장의 약속을 믿는 그리스도인들의 소망은 어떻게 되는 것일까요?(롬 8:35-37)

바울의 답변(9:6-13)

이에 대한 바울의 대답은 6절에 나와 있습니다. "그러나 하나님의 말씀이 폐하여진 것 같지 않도다. 이스라엘에게서 난 그들이 다 이스라엘이 아니요." 하나님의 약속의 말씀이 폐하여진 것이 아닙니다. 약속을 상속받은 '진정한 이스라엘'은 이스라엘의 육체적 자손으로만 구성된 것이 아니기 때문입니다. 바울은 이 사실을 구약의 내용으로 논증합니다. 8절에서 이렇게 결론짓습니다. "곧 육신의 자녀가 하나님의 자녀가 아니요 오직 약속의 자녀가 씨로 여기심을 받느니라." 달리 말해, 하나님은 육체적 후손이나 육신에 얽매이지 않으십니다. 하나님은 그분이 기뻐하시는 자를 "언약의 자녀"로 간주하십니다. 그리고 11절 중반부에는 하나님의 행동 방식이 언급됩니다. "택하심을 따라 되는 하나님의 뜻이 행위로 말미암지 않고 오직 부르시는 이로 말미암아 서게 하려 하사."

긍휼의 그릇에 속하는 일부 유대인과 많은 이방인들(9:24)

따라서 언약의 수혜자인 진정한 이스라엘은 먼저 육체적 후손이나 민족적 연관성도 아니고, 심지어 믿음도 아닌, 오직 하나님의 부르심으로 그 자리에 이릅니다. 바울은 6-13절에서 다루다가 만 부분을 24절에서 언급합니다. 그 사이에 있는 14-23절은 자유롭게 행하시는 하나님의 택하심이라는 방식이 하나님의 의를 드러낸다고 논증합니다.

24절과 앞서 바울이 말한 내용 사이에 연관성이 있다는 점을 확실히 해둡시다. 6절 하반절입니다. "이스라엘에게서 난 그들이 다 이스라엘이 아니요." 달리 말하면, 이스라엘 사람 중 일부만이 하나님의 백성에 속한다는 것입니다. 24절에 그 점이 어떻게 되풀이되며, 더 중요한 내용은 어떻게 진행되어 가는지 유의하시기 바랍니다. 23-24절입니다. "또한 영광받기로 예비하신 바 긍휼의 그릇에 대하여 … 이 그릇은 우리니 곧 유대인 중에서뿐 아니라 이방인 중에서도 부르신 자니라." 이 "긍휼의 그릇"은 누구입니까? 그들은 하나님이 '부르신' 사람들이며, 11절에 나오는 하나님의 부르심과 연관됩니다. 그러면 누구를 부르셨을까요? '유대인들 중에서' 불렀다는 점은 6절과 동일합니다. "이스라엘의" 후손들 전부가 아닌 일부만이 진정한 이스라엘, 즉 긍휼의 그릇으로 부르신 사람들입니다.

하지만 바울은 24절에서 조금 더 나아가 '유대인 중에서' 일부만 아니라 '이방인 중에서도' 부르셨다고 말합니다. 9장에서 언급하지 않은 새로운 내용입니다. 로마서 초반에 몇 번 이 점을 언급했습니다. "긍휼의 그릇"에는 유대인과 더불어 이방인도 포함되었다고 말입니다. 바울이 범위를 넓혀 이방인까지 포함시키는 이유는 9장의 남은 부분과 10장에서 왜 이스라엘이 그리스도로 인해 실족했고 이방인들은 어떻게 구원에 포함되었는지 설명하기 위해서입니다.

따라서 24절의 핵심은 유대인이 생각하듯 그들 전부는 아니지만 그 일부가 긍휼의 그릇에 속하며 또한 놀랍게도 다수의 이방인 역시 이에 속한다는 점입니다. 남은 구절(25-29절)은 이방인과 더불어 유대인의 남은 자들이 포함되어 있다는 두 가지 사실을 지지하는 구약의 말씀입니다. 이 말씀을 읽으면서 바울이 우리에게 보여 주고자 하는 사실과 연결시켜 보겠습니다.

이방인도 포함한다: 호세아서의 근거(9:25-26)

로마서 9장 25-26절에서 바울은 하나님이 이스라엘 백성을 쫓아내고 거절하여 "주인 없는 백성"이 되게 하신 이후 다시금 그들을 자기 백성으로 부르셔서 그들에게 말씀하시는 호세아서의 내용을 인용하고 있습니다.

"호세아의 글에도 이르기를 내가 내 백성 아닌 자를 내 백성이라, 사랑하지 아니한 자를 사랑한 자라 부르리라. 너희는 내 백성이 아니라 한 그곳에서 그들이 살아 계신 하나님의 아들이라 일컬음을 받으리라 함과 같으니라."

바울은 이스라엘이 거절당한 사실을 아주 심각하게 받아들입니다. "내 백성 아닌 자", "사랑하지 아니한 자", "내 백성이 아니라." 바울은 하나님이 이방인을 긍휼의 그릇에 포함시키신 이유를 논증하면서 이 본문을 사용하는 것이 마땅하다고 생각했습니다. 유대인이 정말로 "그의 백성이 아닌 자"였다가 "내 백성"으로 선포될 수 있었다면, "그의 백성이 아닌 자"였던 이방인도 "내 백성"으로 선포될 수 있을 것입니다. 이방인들은 하나님의 백성이 아니었습니다. 그들에게는 하나님께 요구할 언약이 없었습니다. 하지만 이제 하나님이 유효하게 불러주셨고 이방인 다수가 구원을 얻습니다. 그들도 하나님의 언약 백성이 됩니다.

오직 유대인 일부만 포함한다: 이사야서의 근거(9:27-29)

그런 후 바울은 24절을 지지하기 위해 27-29절에서 이사야서를 인용합니다.

"또 이사야가 이스라엘에 관하여 외치되 이스라엘 자손들의 수가 비록 바다의 모래 같을지라도 남은 자만 구원을 받으리니 주께서 땅 위에서 그 말씀을 이루고 속히 시행하시리라 하셨느니라. 또한 이사야가 미리 말한 바 만일 만군의 주께서 우리에게 씨를 남겨 두지 아니하셨더라면[하나님은 주권적으로 '부르시거나 남겨 두시는' 분임을 유념하십시오] 우리가 소돔과 같이 되고 고모라와 같았으리로다 함과 같으니라."

이 단락의 핵심은 하나님이 "유대인 중에서뿐 아니라 이방인 중에서도" 부르심으로써 하나님의 백성을 창조하신다는 점입니다. 양쪽의 경우 모두 놀랍습니다. 유대인은 자신이 유대인이기 때문에 모두 여기에 포함된다고 생각했고, 이방인은 자신이 이방인이기 때문에 포함되지 않았다고 생각했습니다. 하나님은 마음대로 추측하는 모든 입을 막고 깊은 절망에 빠진 이들에게 소망을 주는 방식으로 구원받은 자들을 모으십니다.

본 구절과 여섯 사안의 연관성

이제는 이 구절이 제가 맨 처음 언급했던 여섯 가지 사안과 어떤 연관성이 있는지 보도록 하겠습니다.

1) 주권적인 하나님과 우리를 진노에서 구원하시는 하나님의 방법과의 연관성

이 부분에 대해서는 많은 시간을 들여 살펴보았으므로 길게 보지는 않겠습니다. 다만 믿음이라는 나무에 든든한 뿌리를 다지기 위해서라도 다시 한 번 훑어보겠습니다. 22절에 언급되었듯이, 하나님은 죄인을 하나님의 진노에서 건져 내는 방법에 있어서 '주권적'이십니다. 그리고 이 사실은 24절에서 "부르신"이라는 단어로 표현됩니다. "이 그릇은 우리니 곧 유대인 중에서뿐 아니라 이방인 중에서도 부르신 자니라." 하나님은 우리를 대신해서 아들이 죽음을 당하도록 보내셨습니다(롬 8:3). 그리고 죽은 자 가운데서 일으키셨습니다(롬 8:34). 성령을 보내시고(롬 5:5, 8:15), 그리고 우리를 하나님께로 효력 있게 '부르셨습니다'(고전 1:24).

로마서 8장 30절을 기억하시기 바랍니다. "또 미리 정하신 그들을 또한 부르시고 부르신 그들을 또한 의롭다 하시고 의롭다 하신 그들을 또한 영화롭게 하셨느니라." 다시 말해, 그리스도를 믿는 사람들은 믿음으로 '의롭다' 하심을 받습니다. 그리고 우리가 그 믿음을 갖게 된 것은 '부르심'을 받았기 때문입니다. 그리고 우리가 부르심을 받은 것은 또한 '예정'되었기 때문입니다. 구원에 관련된 모든 것을 주관하는 이는 우리가 아니라 하나님이십니다. 하나님의 부르심이 우리의 저항을 뚫고 들어와 우리가 하나님을 믿고 사랑하도록 자유롭게 인도하신 것에 대해 떨리는 마음으로 감사하며 겸손한 마음을 가져야 할 것입니다! 하나님은 죄를 지어 죽은 상태에 있는 우리를 돌아보시며 "일어나라!"고 말씀하셨습니다. 그래서 우리는 살아났습니다.

2) 인종 차별과 민족적 교만에 대한 사안과의 연관성

하나님이 죄인을 구원하시고 또한 민족적 특권을 가진 다수를 제하고 민족적으로 소외된 다수를 부르심으로써 교회를 세우신 것은 하나님의 복이 인종이나 민족성에 기반을 두지 않을 것임을 분명하게 보여 주신 것입니다. 하나님은 특권을 받은 자의 교만을 깨고 소외된 자들의 절망을 극복하는 방식으로 사람들을 구원하실 것입니다. 민족적 선망과 자만은 끼어들 여지가 없습니다. 우리는 하나님이 교회 안에서 민족적 다양성을 적극적으로 펼쳐 나가시는 모습을 점점 더 자주 보게 될 것입니다. 우리 역시 그래야 합니다.

3) 팔레스타인과 이스라엘의 대립에 관한 사안과의 연관성

믿지 않는 이스라엘은 하나님 보시기에 어떤 위치에 있을까요? 오늘날에 조금 더 초점을 맞춰서 말하자면, 오늘날 그리스도를 부인하는 이스라엘은 어떤 위치에 있을까요? 예수님은 누가복음 10장 16절에서 이렇게 말씀하십니다. "나를 저버리는 자는 나 보내신 이를 저버리는 것이라." 이 말은 이스라엘을 비롯해서 그리스도를 십자가에서 죽고 다시 살아나신 구원자요 주님으로 받아들이지 않는 모든 종교는 하나님을 받아들이지 않는다는 뜻입니다. 예수 그리스도를 하나님의 아들이자 구원자로 받아들이지 않고서는 구원에 이르는 믿음이나 순종, 사랑, 하나님에 대한 헌신을 말할 수 없습니다. "아들이 있는 자에게는 생명이 있고 하나님의 아들이 없는 자에게는 생명이 없느니라"(요일 5:12).

따라서 그리스도를 거부한, 즉 하나님을 거부한 이스라엘의 위치는 어떻게 되는 것일까요? 호세아서 1장 9절에 나온 답(바울이 로마서 9장 26절에 언급한 내용)은 그들이 "내 백성이 아니라"는 것입니다. "여호와께서 이르시되 그의 이름을 로암미라 하라. 너희는 내 백성이 아니요 나는 너희 하나님이 되지 아니할 것임이니라"(호 1:9). '로암미'는 "내 백성이 아니다"는 뜻입니다. 이것이 언약을 파기한 이스라엘에게 주시는 하나님의 말씀입니다.

그렇다고 하나님이 이들을 영원토록 백성 삼지 않으신다는 의미는 아닙니다(롬 11:25). 하지만 언약을 파기한 백성들은 현재 시점에서 언약의 약속을 자기 것으로 주장할 수 없습니다. 그러므로 미국이나 여타의 그리스도인들이 중동의 정치적, 지리적 상황에서 무조건 이스라엘을 옹호하고 팔레스타인을 반대하는 것은 옳지 않습니다. 어떤 사안에 따라서는 이스라엘이나 팔레스타인에게 우호적인 입장을 취하는 것이 옳을 수 있지만, 이스라엘이 메시아를 거부함으로써 하나님과의 언약을 파기하고 있으므로, 중동의 상황에 대한 옳고 그름의 표준은 다른 나라에 적용하는 공의와 긍휼의 기준과 동일해야 합니다. 유대인과 팔레스타인과 우리의 관계는 사랑이어야 하며, 다른 모든 이들에게 그러하듯 긍휼과 공의로 대해야 합니다. 반유대주의는 죄악입니다. 그리고 팔레스타인의 권리에 대한 무조건적 반대도 죄악입니다.

4) 유대인이 타나크라고 부르고 그리스도인이 구약성경이라고 부르는 유대인 성경을 기독교 교회가 읽고 사용하는 방법과의 연관성

진정한 이스라엘은 누구일까요? "두려워하지 말라. 내가 너와 함께 함이라. 놀라지 말라. 나는 네 하나님이 됨이라. 내가 너를 굳세게 하리라. 참으로 너를 도와주리라. 참으로 나의 의로운 오른손으로 너를 붙들리라." 하나님의 종 이스라엘에게 주신 이사야서 41장 10절 말씀입니다. 누가 구약에 나온 이러한 귀한 약속을 자기 것으로 주장할 수 있을까요? 말씀을 인용할 수 있는 권리는 누구에게 있을까요? 그리스도인인 우리에게는 이 말씀을 하나님이 주신 약속으로 읽고 자신의 것으로 삼을 권리가 있습니까?

그렇습니다. 있습니다. 그 이유를 아는 것이 무척이나 중요합니다. 로마서 9장 24절에 나오는 '우리'가 누구인가를 먼저 알아야 합니다. "이 그릇은 우리니 곧 유대인 중에서뿐 아니라 이방인 중에서도 부르신 자니라." 이것이 중요한 이유는 여기에 나오는 '우리'에 유대인과 이방인이 모두 포함되어 있기 때문입니다. 이러한 사실은 육체적으로 유대인이 아닌 우리 대다수에게 지극히 중요합니다. 우리도 여기에 포함됩니다. 그런데 대체 어디에 포함된다는 말일까요?

바로 앞 구절에서 한 가지 답이 나옵니다. 이사야서 41장 10절과 같은 언약은 하나님이 "그 영광의 풍성함을 알게 하신" 대상인 "긍휼의 그릇"에게 해당하는 것일까요? 하지만 이보다 훨씬 직접적으로 답할 수 있습니다. 24절과 6-8절의 관계를 기억해 보십시오.

"이스라엘에게서 난 그들이 다 이스라엘이 아니요. 또한 아브라함의 씨가 다 그의 자녀가 아니라. 오직 이삭으로부터 난 자라야 네 씨라 불리리라 하셨으니, 곧 육신의 자녀가 하나님의 자녀가 아니요 오직 약속의 자녀가 씨로 여기심을 받느니라"(6-8절).

바울은 24절에서 이렇게 덧붙입니다. "이방인 중에서도 부르신 자니라." 그들이 어디에 포함됩니까? 네, '씨'입니다. "하나님의 자녀"입니다. 그리고 진정한 '이스라엘'입니다.

이것이 바로 바울이 24절에서 말하는 바입니다. 메시아이신 예수 그리스도에 대한 믿음으로 이방인도 진정한 이스라엘에 포함된다는 것입니다. 바로 이러한 이유 덕분에 유대인의 성경에 나오는 귀한 약속들을 우리 것으로 삼아 주장할 수 있습니다. 우리는 진정한 이스라엘에 포함됩니다. 메시아이신 예수 그리스도를 통해 언약 백성이 되었으므로 언약의 약속들은 우리의 것입니다.

그러므로 시편 기자와 함께 이렇게 고백해 보십시오. "내가 주의 법을 어찌 그리 사랑하는지요. 내가 그것을 종일 작은 소리로 읊조리나이다"(시 119:97). 우리가 받은 유산을 방치하지 말기 바랍니다. 여기에는 보물이 가득합니다. 예수님의 피로 값을 치러 주신 구약의 언약 덕분에 제가 죄와 절망에서 구원받은 때가 얼마나 많았던지요!

5) 그리스도 안에서 긍휼을 베푸신 하나님에 대한 겸손과 감사와의 연관성

저는 로마서 9장 29절을 읽고 엄청난 충격을 받았습니다. "또한 이사야가 미리 말한 바 만일 만군의 주께서 우리에게 씨를 남겨 두지 아니하셨더라면 우리가 소돔과 같이 되고 고모라와 같았으리로다 함과 같으니라." 이 말씀은 이스라엘에 관한 내용입니다. 그들이 소돔과 고모라와 같이 악해져서 제거되었을 수도 있다고 말합니다. 하지만 소돔과 고모라는 유대인의 도시가 아니었습니다. 이교도인 이방인들의 도시였습니다. 가장 나쁘고 사악하기로 악명 높았고 결국 멸망한 곳입니다.

이사야는 하나님의 개입이 없었다면 이스라엘이 그와 같이 되었을 거라 말합니다. 한 번 생각해 보십시오. 온 세상에서 가장 사랑받는 백성이 제멋대로 하다가 가장 사악한 이교도가 되고, 붙드시는 하나님의 은혜에서 벗어나 멸망합니다. 우리가 하나님의 은혜에서 벗어나면 어떤 모습이 될지 그들에게서 배울 수 있습니다. 하나님이 친히 개입해서 건져 주지 않으시면 우리는 소돔과 고모라와 같은 길을 가게 됩니다. 겸손하십시오. 감사하십시오. 그리고 모든 것을 그분의 긍휼에 맡기십시오.

6) 그리스도의 왕국에 대한 우리의 세계 비전과의 연관성

또한 이방인이란 '사람들'을 다르게 일컫는 단어입니다. 이들도 언약에 포함됩니다. 24절을 보면, 하나님은 이방인들 중에서도 사람들을 부르고 계십니다. 구원에 대한 하나님의 목표는 광활합니다. 27절에서 "[이스라엘의] 남은 자만 구원을 받[는다]"고 해서 하나님을 마음 좁고 한정적인 분으로 생각하지는 마십시오. 절대 그렇지 않습니다. 로마서의 나머지 부분을 읽어 보십시오. "이 신비는 이방인의 충만한 수가 들어오기까지 이스라엘의 더러는 우둔하게 된 것이라. 그리하여 온 이스라엘이 구원을 받으리라"(롬 11:25-26). 하나님은 온 열방을 위한 마음으로 충만하십니다. 이스라엘에 대한 마음도 충만하십니다. 오늘날 우리가 보는 그 어떤 것보다도 광대합니다.

따라서 우리가 진정한 이스라엘이며, 하나님의 자녀와 긍휼의 그릇에 포함된 것으로 인해 기뻐합시다. 우리 안에 파벌이 나뉘지 않게 해야 합니다. 긍휼을 베풀고 복음을 증거하는 우리의 사명에 대해 마음을 좁게 하거나 한정 짓지 말아야 합니다! 하나님의 광활한 궁휼을 맛보고 드러내는 일에 자신을 드립시다.

〈하나님의 광대한 긍휼〉

하나님의 긍휼은 광대하네
바다의 광대함같이
하나님의 공의는 은혜로워
자유보다 낫도다

죄인을 환영하시니
선한 은혜가 넘치도다
구주가 주시는 긍휼
주의 피가 치료하네

하나님의 사랑은 넓어서
우리가 측량 못하고
영원한 사랑의 마음
가장 놀라운 은혜로다

그러나 그 사랑을
우리 마음대로 제한했네
그가 아닌 우리의 열심으로
엄하신 모습만 드러냈네

이같이 친절한 목자가 또 누구랴
온화하고 다정한 분
우리를 찾아와 불러 주시는
구세주가 또 누구랴

_프레드릭 페이버

13장

이방인은 믿음으로 의를 얻었다

로마서 9:30-33

그런즉 우리가 무슨 말을 하리요 의를 따르지 아니한 이방인들이 의를 얻었으니 곧 믿음에서 난 의요 의의 법을 따라간 이스라엘은 율법에 이르지 못하였으니 어찌 그러하냐? 이는 그들이 믿음을 의지하지 않고 행위를 의지함이라. 부딪칠 돌에 부딪쳤느니라. 기록된 바, 보라 내가 걸림돌과 거치는 바위를 시온에 두노니 그를 믿는 자는 부끄러움을 당하지 아니하리라 함과 같으니라. _롬 9:30-33

오늘 본문은 바울 당시의 상황을 말하고 있지만, 오늘날에도 상황은 비슷합니다. 앞서 9장 24절에서 살펴본 내용은 다음과 같습니다. '유대인의 일부만 구원으로 부르심을 받고 있으며, 이제는 이방인들도 한때 이스라엘에게 약속되었던 구원에 포함되었다'는 것입니다. 3절 이후로 바울이 다뤄 온 주된 사안은 오직 유대인의 일부만이 부르심을 받았다는 것이었습니다. 많은 유대인들이 저주를 받아 그리스도에게서 끊어졌습니다.

왜 그렇습니까? 왜 그리스도를 믿는 유대인이 그토록 적은 것일까요? 6-29절에 나온 바울의 첫 번째 답변은 하나님이 이스라엘 전부가 아닌 일부를 선택하셨다는 것입니다.

하나님께는 모든 이스라엘을 구원할 의무가 없습니다. "곧 육신의 자녀가 하나님의 자녀가 아니요 오직 약속의 자녀가 씨로 여기심을 받느니라"(8절). 11절을 보면 하나님이 이렇게 행하시는 목적을 말합니다. "택하심을 따라 되는 하나님의 뜻이 행위로 말미암지 않고 오직 부르시는 이로 말미암아 서게 하려 하사." 따라서 왜 유대인의 일부만이 구원을 받고 지금은 이방인도 구원을 받는가(24절)에 대한 바울의 첫 번째 대답은 그것이 하나님의 자유로운 선택이기 때문이라는 것입니다.

하지만 로마서 9장 30절에서 바울은 또 다른 답변을 내어 놓습니다. 로마서 1장 8절에서 보았던 오래되고 친숙한 답변입니다. 왜 지금까지 모든 이스라엘이 아닌 일부 유대인과 많은 이방인들만이 구원을 받는 것일까요? 이방인은 의를 찾고 있지만 이스라엘은 그렇지 못하기 때문입니다. 30-31절입니다. "그런즉 우리가 무슨 말을 하리요? 의를 따르지 아니한 이방인들이 의를 얻었으니 곧 믿음에서 난 의요[그들이 구원받은 이유], 의의 법을 따라간 이스라엘은 율법에 이르지 못하였으니[그들이 구원받지 못한 이유]."

서로 모순되지 않는 구원의 두 가지 이유

여기서 잠시 멈춰 짚고 가야 할 매우 분명하고도 중요한 내용이 있습니다. 어떤 사람이 구원을 받는 데에는 최소 두 가지 이유가 있으며, 이 두 가지는 서로 모순되지 않습니다. 첫째는, 하나님이 무조건적으로 그 사람을 택하시고(롬 9:11, 21-23) 그를 효과적으로 불러 주셨기 때문입니다(9:8, 24). 하나님은 구원에 있어서 결정적 역할을 하십니다. 하지만 그 사람이 구원을 얻는 것, 즉 "의를 얻는 데"는 또 다른 두 번째 이유가 있습니다. 30절입니다. "의를 따르지 아니한 이방인들이 의를 얻었으니 곧 믿음에서 난 의요." 이것이 바로 이방인들이 구원받은 이유입니다. 이들은 믿음으로 의를 얻었습니다.

무조건적 선택과 의를 얻는 것, 이 두 가지 사실을 반드시 함께 엮어 주어야 합니다. 하나님이 우리같이 자격 없는 죄인들을 무조건적으로 그분의 자녀로 택하시고 진노에서 건져내어 영원한 기쁨을 주기로 하실 때, 아무런 의가 없이 우리를 그분과의 교제 관계로 데려오실 수는 없습니다. 하나님은 거룩하고 완전하시며 공의로우십니다. 그분은 죄를 미워하십니다. 그분의 의는 하나님을 보잘것없게 여기려는 모든 태도와 행위를 대적해 무섭게 타오릅니다. 그렇기에 완전하지 않은 것이라면 그 어떤 것도, 형벌을 받지 않은 채로 그분의 이글거리는 거룩하심 앞에 나아갈 수 없습니다. 하나님 앞에서 파멸을 면하고 설 수 있는 사람은 완전히 의로운 인간뿐입니다.

문제는 단 한 분을 제외하고는 그렇게 완전히 의로운 이가 없다는 것입니다. 바울은 로마서 3장 9-10절에서 말했습니다. "유대인이나 헬라인이나 다 죄 아래에 있다고 우리가 이미 선언하였느니라. 기록된 바 의인은 없나니 하나도 없으며." 따라서 하나님의 무조건적인 선택은 사실상 누군가를 구원하기에는 충분하지 않습니다. 선택받은 죄인이라 해도 아직은 하나님께 받아들여질 만하지 않습니다.

우리는 반드시 "의를 얻어야" 합니다. 하지만 이를 성취할 사람이 없습니다. 그래서 하나님이 그 아들 예수 그리스도를 세상에 보내셨습니다. 예수님은 많은 이들에게 걸림돌과 거치는 바위가 되었지만(롬 9:33), 어떤 이들에게는 하나님의 의가 되었습니다. 그분의 의는 우리에게 반드시 필요하지만 우리 스스로 행할 수는 없는 의의 선물이었습니다. 이 문제와 관련해 무척이나 중요한 구절이 로마서 10장 4절입니다. "그리스도는 모든 믿는 자에게 '의를 이루기 위하여' 율법의 마침이 되시니라."

율법이 말하는 구원의 길

따라서 의인은 단 한 분 예수님을 제외하고는 아무도 없습니다. 그분만이 완전한 그리스도이십니다. 죄가 없는 분입니다. 그래서 바울은 말합니다. "그리스도는 모든 믿는 자에게 의를 이루기 위하여 율법의 마침이 되시니라." 그렇다면 율법이 구원의 길로 가르치는 것은 무엇입니까? 완전한 조화를 이루는 두 가지를 말합니다.

첫째, 하나님을 완전하게 믿고 순종하면 의롭게 될 것이고 구원을 얻습니다. 완전한 믿음의 순종을 이루면 하나님 앞에서 의롭게 설 수 있게 됩니다. 이것이 율법이 말하는 첫 번째 메시지입니다. 하지만 완전한 믿음과 거기서 비롯된 순종을 이루라는 율법의 요구를 완전하게 이룬 사람은 과거나 미래에나 예수님 외에는 이 세상 누구도 없습니다. 하나님은 율법을 기록할 당시에도 그 사실을 아셨습니다. 그래서 은혜롭게도 하나님은 첫 번째 메시지와 완전한 조화를 이루는 또 다른 메시지를 율법 안에 담아 놓으셨습니다.

율법의 두 번째 메시지는 이것입니다. 흠 없는 희생 제물로 드려지는 양을 통해 율법의 장기적 목표와 결국을 보라는 것입니다. 우리는 완전한 믿음의 순종을 하라는 첫 번째 메시지를 결코 이룰 수 없기 때문입니다. 즉, 우리를 대신해 바쳐진 흠 없는 하나님의 최종적인 양을 보라고 합니다. "의를 위하여 그리스도를" 바라보십시오. 그저 우리가 불완전한 의를 행하기 위해 하나님을 의지하는 것이 아니라, 우리를 위해 다른 이가 이루어 놓은 완전한 의를 주시는 하나님을 의지하십시오. "그리스도는 모든 믿는 자들에게 의를 이루기 위하여." 이것이 구원과 관련해 율법이 가르치는 두 번째 메시지입니다.

바울이 로마서 3장 19-22절에서 율법과 의의 관계를 어떤 식으로 설명하는지 들어보시기 바랍니다. "우리가 알거니와 무릇 율법이 말하는 바는 율법 아래에 있는 자들에게 말하는 것이니 이는 모든 입을 막고 온 세상으로 하나님의 심판 아래에 있게 하려 함이라. 그러므로 율법의 행위로 그의 앞에 의롭다 하심을 얻을 육체가 없나니 율법으로는 죄를 깨달음이니라. 이제는 율법 외에 하나님의 한 의가 나타났으니 율법과 선지자들에게 증거를 받은 것이라. 곧 예수 그리스도를 믿음으로 말미암아 모든 믿는 자에게 미치는 하나님의 의니 차별이 없느니라."

로마서 10장 4절과 마찬가지로 여기에서도 나옵니다. 우리 자신에 대한 믿음에서 출발해 율법을 지킴으로 얻어지는 의는 충분히 선하지 않습니다. 언제나 불완전합니다. 우리는 변명이나 항변하지 못합니다. 의로운 자는 하나도 없습니다. 하지만 율법과 선지자는 또 다른 의를 증거합니다. 하나님 그분의 의입니다(22절). "예수 그리스도를 믿음으로 말미암아 모든 믿는 자에게 미치는 하나님의 의." 로마서 10장 4절에 나오는 단어와 거의 일치합니다. "그리스도는 모든 믿는 자에게 의를 이루기 위하여." "모든 믿는 자에게 미치는 하나님의 의."

무조건적 선택 자체로는 어느 누구도 구원받을 수 없습니다. 우리는 반드시 의를 얻어야 합니다. 어떻게 얻습니까? 우리의 의가 되시는 예수 그리스도에 대한 믿음을 통해서 얻습니다. 그리스도는 "모든 믿는 자들에게 의가" 되십니다.

이방인은 구원을 받고 이스라엘은 구원받지 못하는 이유

이제 로마서 9장 30-33절로 돌아가서 이방인은 구원을 받되 이스라엘은 그렇지 못하는 이유를 보도록 하겠습니다. "그런즉 우리가 무슨 말을 하리요? 의를 따르지 아니한 이방인들이 의를 얻었으니 곧 믿음에서 난 의요." 하나님의 의를 좇지 않았던 이방인들은 모세의 율법이 있는지조차 들어보지 못했을 텐데도, 하나님께 의롭다는 인정을 받습니다. 어떻게 받을까요? 믿음으로 얻는 의를 통해 인정받습니다. 로마서 10장 4절에 그 답이 있습니다. "그리스도는 모든 믿는 자에게 의를 이루기 위하여." 그리스도는 의를 이루기 위해 율법의 마침(goal)이 되시므로, 율법을 모른다고 해도 그 목표에 도달할 수 있습니다. 그것이 바로 그리스도가 이루신 방법입니다.

하지만 이스라엘은 어떻습니까? 왜 이스라엘은(개별적인 이스라엘인이 아니라 이스라엘 민족 전체) 의를 얻지 못했습니까? 31절입니다. "의의 법을 따라간 이스라엘은 율법에 이르지 못하였으니." 왜 그랬을까요?

32절입니다. "이는 그들이 믿음을 의지하지 않고 행위를 의지함이라. 부딪칠 돌에 부딪쳤느니라."

부딪칠 돌이 누구입니까? 예수 그리스도입니다. 33절에서 그 사실을 볼 수 있습니다. "보라, 내가 걸림돌과 거치는 바위를 시온에 두노니 그를 믿는 자는 부끄러움을 당하지 아니하리라." 그리스도를 믿는 것이 열쇠입니다. 32절에서 말하는 믿음, 즉 그들이 지니지 못한 믿음입니다. 하지만 32절은 그들이 그리스도를 믿는 대신 그 돌에 걸려 넘어졌다고(stumbled) 말합니다. 무슨 뜻일까요? 그리스도에 걸려 넘어졌다는 의미는 무엇일까요?

문맥상으로 볼 때 그들이 그리스도를 율법의 목표인 의로 믿지 않았다는 뜻입니다. 그들은 "믿는 모든 자에게 의가 되시는 그리스도"를 율법의 가르침이자 목표인 그분으로 보지 않았습니다. 이들은 율법의 가장 큰 초점을 놓쳤습니다. 율법은 좀 더 거대하고 장기적인 메시지 속에서 이렇게 말하고 있었습니다. "때가 되면 율법을 넘어 하나님께서 주실 완전한 의를 보아야 한다. 율법에 복종하는 것을 넘어서서 하나님이 주실 완전한 의를 보아야 한다. 그것은 바로 '믿는 모든 자에게 의가 되시는 그리스도'시다."

하지만 오히려 이들은 그리스도로 인해 넘어졌습니다. 31절이 말하는 내용입니다. "의의 법을 따라간 이스라엘은 율법에 이르지 못하였으니." 달리 말하면, 이스라엘은 율법이 요구하는 의를 얻지 못했다는 말입니다. 즉, 이들은 개별적으로 완전한 순종을 이루지도 못했고 "의를 위해 그리스도"도 얻지 못했습니다. 그리스도가 목표였지만 거기에 이르지 못했습니다. 걸려 넘어지고 분을 냈습니다.

왜일까요? 32절은 그들이 율법을(율법이 요구하는 의를) 마치 행위로 얻을 수 있는 것처럼 좇았기 때문이라고 말합니다. 그들은 마치 율법이 그것을 지키면 의롭게 될 수 있다고 가르쳤다는 듯이 율법을 추구했습니다. 또한 율법이 죄를 깨닫게 하고 하나님 앞에서 모든 사람을 죄인이 되게 하며 그 입을 막는다는 사실을 무시하며 율법을 좇았고, 심지어 계명을 지키면 율법이 의를 줄 수도 있다는 듯이 좇아갔습니다.

하지만 틀렸습니다. 일단 율법을 지키는 것으로는 의를 인정받을 사람이 아무도 없다는 것을 율법에서 배우면(롬 3:21), 율법이 요구하는 완전한 의는 행위로 좇는 것이 아니라 오직 믿음을 통해 선물로 받는다는 사실을 알게 됩니다.

그렇다면 32절에 나오는 이스라엘의 실수를 통해 배우도록 하겠습니다. 왜 이스라엘은 율법(율법의 마침, 율법이 요구하는 의)에 이르지 못했을까요? "이는 그들이 믿음을 의지하지 않고." 즉, 그들은 10장 4절에서 말하듯 율법의 마침이며 "의가 되시는 그리스도"를 보지도 않았고 맛보지도 않았습니다. 오히려 그들은 율법의 마침을(율법이 요구하는 의를) 행위로 얻듯이 좇아갔고, 자신의 행위로 세울 수 있다는 듯이 달려갔습니다. 그분의 의를 믿는 대신 스스로 의를 만드는 데 열중했습니다(롬 10:3-4).

주님의 만찬 자리로 나아가기

오늘 우리는 성찬식을 거행할 예정입니다. 주님의 만찬으로 나아갈 때는 흠 없고 완전한 의의 대속물이신 예수님의 죽음을 기념하고 이 영광스러운 복음 안에서 함께 기뻐해야 합니다. 이곳에 모인 우리 대부분은 이방인입니다. 그러므로 30절 말씀이야말로 우리가 지금까지 들었던 최고의 소식 중 하나로 간직해야 합니다. "그런즉 우리가 무슨 말을 하리요? 의를 따르지 아니한 이방인들이 의를 얻었으니 곧 믿음에서 난 의요." 누구의 의를 말합니까? 로마서 10장 4절은 말합니다. "그리스도는 모든 믿는 자에게 의를 이루기 위하여 율법의 마침이 되시니라."

여기 있는 모든 이들이 죄인입니다. 어느 누가 주님의 만찬 자리에 갈 수 있겠습니까? 어느 누가 성령으로 아버지와 아들과 더불어 교제를 나눌 수 있겠습니까? 오직 믿음으로 그리스도를 의로 받아들인 죄인들입니다. 먹고 마실 때에 하나님이 우리에게 복 주시기를 기도합니다. 그렇게 먹고 마시는 가운데 그리스도만이 우리의 의와 가장 큰 보상이 된다는 사실을 주께서 확신시켜 주시길 바랍니다.

[추가 주석 1] "부딪칠 돌에 부딪쳤느니라"는 32절 말씀과 관련해, 이 말씀은 유대인들이 (율법 준수가 '믿음의 순종'인 것으로 여기고 율법을 행하는 대신) '의가 되시는 구속자를 신뢰하는 데 실패했다'는 사실을 언급한다는 주장의 증거는 로마서 10장 10-11절과의 연결관계를 보면 알 수 있습니다. "사람이 마음으로 믿어 의에 이르고 입으로 시인하여 구원에 이르느니라. 성경에 이르되 '누구든지 그를 믿는 자는 부끄러움을 당하지 아니하리라' 하니."

"누구든지 그를 믿는 자는 부끄러움을 당하지 아니하리라"는 문구는 로마서 9장 33절에서도 발견되며, 걸림돌을 믿는 것이, 10장 4

절에 나오듯, 의가 되시는 그리스도를 믿는 것과 동일한 것임을 보여 줍니다. 그러므로 로마서 9장 32절이 "부딪칠 돌에 부딪쳤느니라"로 마무리하면서 "그들이 믿음을 의지하지 않고 행위를 의지함이라"고 말할 때 그 '믿음'의 의미는, 율법을 행하는 데 필요한 은혜의 방편으로서 믿음을 언급하는 것이기보다는, 의가 되시는 그리스도에 대한 믿음을 언급하고 있다고 하겠습니다.

[추가 주석 2] 율법이 요구하는 대로 "믿음의 순종"을 한다고 해서 그 개념 자체로 잘못된 것은 아니지만 32절과는 관계가 없습니다. 만일 이스라엘이 믿음으로(by faith) 율법 준수를 추구했다 하더라도, 그것으로는 하나님께 용납받을 만큼 충분한 의가 되지 못합니다. 그것은 분명 불완전한 순종이기 때문입니다. 오히려 그 믿음 안에, 장차 오실 흠없는 대속자가 율법 준수에 대한 실패, 믿음에 대한 실패를 덮어 주실 것이며, 믿는 자들에게 의가 되어 주실 것이라는 신뢰가 포함되어 있어야 합니다. 하지만 이스라엘은 하나님 앞에서 의를 얻는 방편이 믿음이라는 사실을 믿지 않았습니다. 오히려 자신들의 행위로도 충분히 율법이 요구하는 의를 얻을 수 있다고 생각했습니다. 그들의 행위가 비록 "믿음의 행위"였다 하더라도 그것은 결코 완전하지 못하다는 사실로 인해 그들은 잘못을 저질렀습니다. 오직 그리스도의 완전한 의만이 "모든 믿는 자"를 충족시킵니다(롬 10:4).

14장

예수를 죽음에서 일으키신 것을 마음으로 믿으라

로마서 9:30-10:10, 부활주일

그런즉 우리가 무슨 말을 하리요 의를 따르지 아니한 이방인들이 의를 얻었으니 곧 믿음에서 난 의요 의의 법을 따라간 이스라엘은 율법에 이르지 못하였으니 어찌 그러하냐 이는 그들이 믿음을 의지하지 않고 행위를 의지함이라. 부딪칠 돌에 부딪쳤느니라. 기록된 바, 보라 내가 걸림돌과 거치는 바위를 시온에 두노니 그를 믿는 자는 부끄러움을 당하지 아니하리라 함과 같으니라. 형제들아 내 마음에 원하는 바와 하나님께 구하는 바는 이스라엘을 위함이니 곧 그들로 구원을 받게 함이라. 내가 증언하노니 그들이 하나님께 열심이 있으나 올바른 지식을 따른 것이 아니니라. 하나님의 의를 모르고 자기 의를 세우려고 힘써 하나님의 의에 복종하지 아니하였느니라. 그리스도는 모든 믿는 자에게 의를 이루기 위하여 율법의 마침이 되시니라. 모세가 기록하되 율법으로 말미암는 의를 행하는 사람은 그 의로 살리라 하였거니와 믿음으로 말미암는 의는 이같이 말하되 네 마음에 누가 하늘에 올라가겠느냐 하지 말라 하니 올라가겠느냐 함은 그리스도를 모셔 내리려는 것이요 혹은 누가 무저갱에 내려가겠느냐 하지 말라 하니 내려가겠느냐 함은 그리스도를 죽은 자 가운데서 모셔 올리려는 것이라. 그러면 무엇을 말하느냐 말씀이 네게 가까워 네 입에 있으며 네 마음에 있다 하였으니 곧 우리가 전파하는 믿음의 말씀이라.

네가 만일 네 입으로 예수를 주로 시인하며 또 하나님께서 그를 죽은 자 가운데서 살리신 것을 네 마음에 믿으면 구원을 받으리라. 사람이 마음으로 믿어 의에 이르고 입으로 시인하여 구원에 이르느니라. _롬 9:30-10:10

오늘 아침 제가 목표로 하는 것 중 하나는 바울이 로마서 10장 9절에서 "네가 만일 네 입으로 예수를 주로 시인하며 또 하나님께서 그를 죽은 자 가운데서 살리신 것을 네 마음에 믿으면 구원을 받으리라"고 말한 의미가 무엇인지 최대한 명확히 설명하는 것입니다. 이를 분명히 해야 하는 것은 사탄도 하나님이 예수님을 죽음에서 일으키신 것을 믿기 때문입니다. 하지만 사탄은 구원받지 못합니다. 심지어 그도 자기 입술로 예수님을 주(Lord)로 고백합니다. 사탄의 악한 사자들이 예수님을 만날 때면 거듭 이렇게 외쳤습니다. "나는 당신이 누구인 줄 아노니 하나님의 거룩한 자니이다"(눅 4:34). "당신은 하나님의 아들이니이다"(눅 4:41). "지극히 높으신 하나님의 아들 예수여, 당신이 나와 무슨 상관이 있나이까?"(눅 8:28). 사탄과 그의 세력들은 예수 그리스도의 진정한 정체성에 대해 의심하지 않았습니다.

그분은 하나님의 아들이요 만물의 주인입니다. 그래서 예수님은 마태복음 7장 21절에서 이렇게 말씀하셨습니다. "나더러 주여, 주여(Lord, Lord) 하는 자마다 다 천국에 들어갈 것이 아니요." 따라서 오늘 이곳에 계신 모든 분들은 인생에서 가장 중요한 질문과 마주하게 된 것입니다. '내가 예수님을 주로 인정하고 하나님이 그분을 죽음에서 일으키신 사실을 확신하는 것은 사탄이 가진 믿음과 어떻게 다른가? 그 지식은 나를 파멸로 이끄는가, 아니면 바울이 말하듯 구원으로 이끄는가?'

모든 분들이 하나님께서 예수님을 죽음에서 일으키셨음을 확신하고 그 확신으로 구원을 얻는다는 기쁨을 안고 이 자리를 떠나게 되는 것이 저의 목표입니다. 단순히 "주여, 주여, 주의 부활을 믿습니다"라고 고백하면서도 여전히 구원받지 못하는 사람이 있다는 것을 단지 머리로만 알게 되고 끝나는 것을 원하지 않습니다. 저는 여러분이 그런 사람들의 범주에서 빠져나오도록, 그래서 마음으로 믿어 구원에 이르도록 여러분의 생각에 호소하겠습니다.

메시아를 거부한 이스라엘의 문제

로마서 10장 9절을 좀 더 넓은 성경적 맥락에서 이해하기 위해 몇 가지 도움이 될 만한 것을 먼저 언급하겠습니다. 로마서 9-11장의 배경에는 실질적인 신학적 문제가 있는데, 바울은 성령의 인도하심을 따라 이 문제를 해결하려 힘쓰고 있습니다. 그리스도가 오시기 2천 년 전에 하나님은 아브라함을 유대인의 조상으로 선택하셨습니다. 그의 하나님이 되어 주시고, 그의 자손을 크게 하시며, 그에게 땅을 주셔서 땅의 모든 족속이 그를 통해 복을 얻게 되리라고 약속하셨습니다(창 12:1-3, 15:1-6, 17:7). 아브라함과 그의 모든 자손들이 이러한 복을 온전히 누리려면 무엇보다 하나님의 약속을 '신뢰'하고(창 15:6) 그분의 말씀에 '순종'해야만 했습니다(창 18:19, 22:18, 26:5).

아브라함의 자손은 애굽 땅에서 크게 번성했지만 거기서 노예로 살았습니다. 하지만 하나님은 팔을 뻗어 압제자를 치셨고 홍해를 갈라 그분의 백성을 이끌어 내셨습니다. 그리고 시내 산에서 그들과 언약을 다시 세우시면서 그들을 향한 하나님의 위대한 사랑과 그들에게 복을 주시려는 목적을 되새기도록 하셨습니다. 하나님은 다시금 그들이 하나님의 도우심을 '신뢰'하고 그분의 계명에 '순종'하도록 부르신 것입니다(출 19:4-6, 10:1-2, 34:6-10). 그들이 그대로 행하면 그들 앞에 축복과 구원이 임할 것입니다.

이스라엘의 역사가 진행되어 갈수록 하나님이 택하신 백성의 최종적 축복과 위대한 구원은 다윗의 자손으로 오시는 메시아 없이는 성취될 수 없음이 점차 명백해졌습니다. 그분은 하나님의 백성을 모든 죄에서 정결하게 하시고 하나님의 원수들에게 심판을 가져오실 분이셨습니다(말 4:1-2, 사 61:1-2, 53:6). 그분은 하나님이 아브라함 때부터 백성들에게 가르치셨던 모든 것과 모순되지 않고 오히려 완성시키는 분이셨습니다.

하지만 사도 바울이 로마서 9-11장의 배경에서 당면한 문제는 하나님이 택하신 백성 이스라엘은 예수님을 거부하는 반면, 이방인들은 그분을 받아들인다는 사실이었습니다. 바울은 그의 동족이 스스로 초래한 저주로 인해 마음 아파했습니다(롬 9:3, 행 13:46). 그는 동족들의 구원을 위해 마음을 다해 하나님께 기도했습니다(롬 10:1). 그토록 오랜 세월 동안 하나님의 가르침 아래서 율법을 배우며 살아왔던 이들이 왜 율법을 완성하신 이를 거부하는지 이해하고 싶었습니다.

그리스도는 율법에 모순되지 않으신다

로마서 9장 30절에서 10장 10절까지를 보면 바울은 이스라엘이 그들의 메시아인 예수 그리스도를 거절한 이유에 대해 길게 답하고 있습니다. 여기서 바울은 그리스도와 율법이 서로 모순된 관계임을 단호히 거부합니다. 즉, 유대인들이 예수님을 거부한 이유가 그리스도는 율법과 모순된 반면 그들은 율법에 충실했기 때문이라는 생각을 거부하는 것입니다.

바울은 이스라엘이 율법을 잘못 이해하고 오용했기 때문에 율법의 목표이자 완성인 그리스도가 오셨을 때도 예수님을 그렇게 대했다고 설명합니다. 그리스도는 율법과 너무도 달라서가 아니라 율법의 진정한 의미를 대변하셨기 때문에 그렇게 배척당하셨습니다.

로마서 9장 31절을 보시기 바랍니다. "의의 법(law of righteousness)을 따라간 이스라엘은["율법에 기반한 의"(the righteousness based on law)라고 나온 RSV판 성경과는 다릅니다. 그들이 따라간 것은 율법이었습니다. NASB, NIV, KJV판과 비교해 보십시오] 율법에 이르지 못하였으니." 왜 그랬을까요? 그들은 믿음이 아닌, 마치 행위에 기반을 둔 것처럼 율법을 따랐기 때문입니다. 율법은 원래부터 행위로 따르도록 제정된 것이 아니라 오직 '믿음으로' 따르도록 된 것입니다.

하나님이 시내 산에서 백성들과 언약을 맺으실 때 요구하신 것은 행위로 구원에 이르는 길을 얻고자 노력하라는 것이 아니라, 하나님의 긍휼을 신뢰하면서 믿음으로 말미암는 기쁨에서 우러나오는 순종을 하라는 것이었습니다. 그것이 율법이 가르치려는 내용의 핵심입니다. 그리고 그리스도께서 가르치신 바이기도 합니다. 행위에 기대는 대신 온전히 하나님의 긍휼을 의지하고, 믿음으로 말미암는 기쁨에서 우러나오는 순종을 하라고 하셨습니다.

하지만 이스라엘은 율법의 핵심을 놓쳤고 하나님에게서 행위의 보상을 얻어 내려 애쓰며(32절) 행동 강령에만 주의를 기울였습니다.

이들은 또한 그리스도라는 핵심을 벗어나 그들의 의가 믿음 때문에 위협을 받는다고 보았습니다. 이미 율법이 지닌 진정한 의미에 걸려 넘어졌기 때문에 그리스도에 부딪혔던 것입니다.

따라서 이스라엘이 메시아를 거절한 이유가 무엇인가 하는 문제에 대해 바울은 메시아가 이스라엘의 율법과 모순되어서가 아니라 오히려 율법의 목표요, 성취요, 굳게 세움(롬 3:31)이었기 때문이라고 대답합니다. 율법의 핵심이 믿음이라는 사실을 이스라엘이 놓쳤기 때문에 예수님의 요지 역시 믿음이라는 사실을 놓친 것입니다.

율법의 메시지와 그리스도의 메시지는 본질적으로 동일합니다. 하나님이 먼저 우리를 사랑하셔서 자비로 우리를 찾아내셨고 구원하셔서 우리의 하나님이 되셨습니다. 그분을 믿고, 사랑하며, 그분의 길로 행하십시오. 그러므로 바울이 로마서 10장 4절에서 "그리스도는 모든 믿는 자에게 의를 이루기 위하여 율법의 마침이 되시니라"고 말할 때의, '마침'은 어떤 일의 종결이나 폐지가 아니라(롬 3:31), 목표와 절정과 완성이라는 의미에서의 '마침'인 것입니다. 그리스도는 오랜 세월 율법이 말해 왔던 본질입니다.

요한복음 5장 39, 40, 46절에서도 예수님은 이스라엘 선생들에게 말씀하시면서 이에 대한 자신의 생각을 드러내십니다. "너희가 성경에서 영생을 얻는 줄 생각하고 성경을 연구하거니와 이 성경이 곧 내게 대하여 증언하는 것이니라. 그러나 너희가 영생을 얻기 위하여 내게 오기를 원하지 아니하는도다. … 모세를 믿었더라면 또 나를 믿었으리니 이는 그가 내게 대하여 기록하였음이라." 이것이 로마서 10장에서 바울이 말하는 요지입니다.

구약에 이미 약속된 믿음으로 얻는 의

이제 바울은 5-10절에서 구약성경을 통해 그 사실을 확인하고, 하나님이 예수님을 죽은 자 가운데서 일으키심을 우리 마음으로 믿는 것이 율법의 완성임을 보여 주려고 합니다. 이 구절에 나오는 바울의 사고 흐름을 따라가면서, 바울이 모세의 글에 나오는 그리스도를 어떻게 보았는지 그리고 하나님이 예수님을 죽은 자 가운데서 일으키심을 우리 마음으로 믿는 것과는 어떻게 연결이 되는지 보겠습니다(우리의 목표는 9절입니다. 지금은 문맥상으로 살펴봄으로써 그 적절한 해석의 맥을 잡아보려는 것입니다).

5-8절입니다. "모세가 기록하되 율법으로 말미암는 의를 행하는 사람은 그 의로 살리라 하였거니와[레 18:5], [그러나] 믿음으로 말미암는 의는 이같이 말하되 네 마음에 누가 하늘에 올라가겠느냐 하지 말라 하니 올라가겠느냐 함은 그리스도를 모셔 내리려는 것이요, 혹은 누가 무저갱에 내려가겠느냐 하지 말라 하니 내려가겠느냐 함은 그리스도를 죽은 자 가운데서 모셔 올리려는 것이라. 그러면 무엇을 말하느냐? '말씀이 네게 가까워 네 입에 있으며 네 마음에 있다 하였으니 곧 우리가 전파하는 믿음의 말씀이라.'"

본문을 빠르게 읽어 보면 지금까지 살펴본 모든 내용과 모순되는 듯한 느낌을 받습니다. 바울이 5절의 "율법으로 말미암는 의"와 6절의 "믿음으로 말미암는 의"가 서로 대립하는 듯이 인식하고 있는 것처럼 보입니다. 게다가 6절 전반부에 나오는 "그러나"(but, 한글 성경에는 생략됨—편집주)는 그러한 느낌을 확인해 주는 듯합니다. 하지만 그럴 수 없는 세 가지 이유가 있습니다.

1. 우리는 로마서 9장 32절에서 율법 그 자체도 행위가 아닌 믿음으로 말미암는 의를 가르치고 있음을 보았습니다.
2. 6절 전반부에 나오는 "그러나"로 번역된 헬라어(δὲ)는 흔히 "그리고"를 의미하기도 합니다.
3. 바울이 6-8절에서 믿음으로 말미암는 의를 설명하기 위해 사용하는 성경 본문은 모세의 율법인 신명기 30장 11-14절에서 가져온 내용입니다.

그러므로 바울이 5-10절에서 하려는 일은 그리스도가 율법의 마침이고 절정이라는 10장 4절의 주장을 정당화하는 것입니다. 율법이 요구하는 의도 다름 아닌 믿음으로 말미암는 의라는 것입니다. 율법이 요구하는 의와 예수님이 주시는 의는 동일한 의이며, 양쪽 모두 하나님의 약속들을 믿는 동일한 방법으로 얻는다는 것입니다.

이제 바울이 6-8절에서 시도하는 일은 믿음으로 말미암는 의가 이미 구약의 율법에 나와 있다는 사실을 보이는 것입니다. 바울은 신명기 30장 11-14절을 인용합니다. 그가 어떤 식으로 사용하는지 보려면 신명기 말씀으로 돌아가 보아야 합니다. 신명기 30장 11-14절 말씀을 펴시기 바랍니다. 모세는 백성들에게 이렇게 말합니다.

"내가 오늘 네게 명령한 이 명령은 네게 어려운 것도 아니요 먼 것도 아니라. 하늘에 있는 것이 아니니 네가 이르기를 누가 우리를 위하여 하늘에 올라가 그의 명령을 우리에게로 가지고 와서 우리에게 들려 행하게 하랴 할 것이 아니요, 이것이 바다 밖에 있는 것이 아니니 네가 이르기를 누가 우리를 위하여 바다를 건너가서 그의 명령을 우리에게로 가지고 와서 우리에게 들려 행하게 하랴 할 것도 아니라. 오직 그 말씀이 네게 매우 가까워서 네 입에 있으며 네 마음에 있은즉 네가 이를 행할 수 있느니라."

아주 명확해서 오해의 소지가 없습니다. 본문의 요지는 하나님의 계명이 그렇게 힘겹지 않다는 것입니다. '너희는 율법을 행할 수 있고 율법을 통해 생명을 얻을 수도 있다.' 하지만 이 말은 마치 율법적인 바리새인들의 생각을 그대로 들려주는 것 같습니다. 그렇다면 바울은 어떻게 이 본문을 믿음으로 얻는 의에 대한 내용으로 들었을까요? 어떻게 바울은 본문에서 바리새인 식의 추정이 아닌 그리스도를 볼 수 있었을까요?

그 답은 신명기 30장 6절에서 찾을 수 있습니다. 본문에서는 하나님의 명령이 그렇게 어렵지 않은 이유에 대해, 그분을 사랑하고 순종하며 살아갈 힘과 능력을 하나님께서 직접 주실 것이기 때문이라고 말합니다.

"네 하나님 여호와께서 네 마음과 네 자손의 마음에 할례를 베푸사 너로 마음을 다하며 뜻을 다하여 네 하나님 여호와를 사랑하게 하사 너로 생명을 얻게 하실 것이며."

모세는 하나님께서 우리 마음에 초자연적인 일을 행하지 않으신다면 우리는 결코 하나님을 사랑하고 순종하며 살 능력이 없다는 사실을 깊이 인식하고 있습니다(신 5:29, 29:4). 즉, 11절에서 모세가 하나님의 명령(그분을 사랑하고 순종하는 것)이 쉬우며 멀지 않다고 말한 것은 우리가 명령을 이행할 만큼 힘이 있거나 선하다는 의미가 아닙니다. 주의 명령을 가깝게 하시고 우리 마음에 두셔서 그 안에서 순종할 수 있게 하실 만큼 하나님은 강하고 선하시다는 의미입니다. 따라서 우리는 바울이 신명기 30장 11-14절을 믿음으로 얻는 의에 대한 음성으로 들을 수 있었던 이유를 알 수 있습니다. 은혜로운 하나님께서 자신의 마음속에 역사하시리라는 믿음을 가진 사람들만이 하나님의 명령이 어렵지 않다고 진심으로 고백할 수 있습니다(요일 5:3-4, 롬 8:4와 비교). 하나님을 신뢰하는 자들에게 하나님께서 율법이 멀지 않도록 하실 것이기에 그분의 명령은 가깝습니다.

율법은 그리스도에 대한 믿음으로 완성된다

이제 바울은 로마서 10장 6-8절에서 신명기의 본문으로 무엇을 할까요? 그는 자신에게 이렇게 말하는 듯합니다.

"생명으로 이끄는 의는 엄청난 노력으로 얻는 것이 아니라 하나님이 우리를 위해 우리 안에서 행하신 자비로운 역사 안에 안식함으로 얻는 것임을 율법이 분명하게 가르쳐 주었다. 그것이 그리스도, 특히 그분의 성육신과 부활을 예시하는 것임을 모든 사람이 볼 수 있어야 한다. 그렇다면 앞으로는 어떤 사람도 '하나님의 명령은 너무 높다. 구원의 소망과 생명은 우리가 닿지 못하는 하늘 높은 곳에 있다'고 말해서는 안 된다(6절). 그리스도께서 이미 먼 하늘에서 내려오셨기 때문이다. 우리 힘으로는 그분에게 다가갈 수 없기에 그분이 육신을 입고 우리에게 다가오셨다. 그렇다면 이제 어떤 사람도 '하나님의 명령은 너무 깊다. 구원의 소망과 생명은 우리가 닿지 못할 바다 깊은 곳에 있다'고 말해서는 안 된다(7절). 그리스도께서 죽음의 심연으로 들어가셨고, 다시 살아나셔서 우리의 유익을 위해 우리를 따라 오신다. 우리 힘으로는 그분을 따를 수 없기 때문이다. 그러므로 믿음은 결코 '생명으로 이끄는 의에 다다를 수 없다'고 말하지 않는다. 믿음은 자기 힘으로 할 수 없다는 사실을 인정하고 기꺼이 하나님이 주시는 선물로 그 의를 받아들인다. 이것이 율법에서 말하는 믿음의 방식이며, 그리스도의 복음이 말하는 믿음의 방식이다."

무엇을 말하는 것입니까? 8절을 봅시다. "말씀이 네게 가까워 네 입에 있으며 네 마음에 있다 하였으니 곧 우리가 전파하는 믿음의 말씀이라." 신명기 30장에서 믿음으로 사는 의인은 이렇게 말합니다. "나는 하나님이 내 마음에 할례를 주시고, 그분을 향한 뜨거운 사랑을 주시며, 내 입과 내 마음에 이를 행하며 살아갈 의지를 주시리라 믿는다."

바울은 신명기에서 이러한 고백을 들었고, 그리스도 역시 동일한 메시지를 전하신다고 말합니다. 우리가 선포하는 믿음의 말씀은 하나님이 "네 마음"과 "네 입"에 넣어 주시려는 그 말씀입니다. 하나님은 "믿음의 말씀"으로 우리에게 다가오시며, 성령의 은혜로운 역사로 우리 마음에 새기십니다(고후 3:3). 그리고 10절에서 말하듯 마음은 '믿음'의 장소이고, 입술은 '고백'의 기관이므로 율법이 줄곧 인도하는 지점은 9절입니다. "네가 만일 네 입으로 예수를 주로 시인하며 또 하나님께서 그를 죽은 자 가운데서 살리신 것을 네 마음에 믿으면 구원을 받으리라."

이제 우리가 시작했던 곳으로 돌아가겠습니다. 하나님이 예수님을 죽은 자 가운데서 일으키셨음을 마음으로 믿는다는 것은 어떤 의미입니까? 단순히 그 사실에 동의한다는 의미가 아닌 것은 사탄도 거기에 동의하지만 구원받지 못하기 때문입니다. 그 열쇠는 7절입니다. 믿음은 자포자기하면서 "누가 무저갱에 내려가겠느냐?"고 묻지 않습니다. 믿음은 의와 생명이 우리가 닿을 수 없는 곳에 있다고 말하는 사탄적인 조언을 받아들이지 않습니다. 물론 우리는 죄악 속에서 무기력해지기도 하고 스스로의 힘으로는 구원의 소망을 가질 수도 없습니다(10장 3절과는 대조됨). 하지만 바울은 선포합니다. 우리가 그리스도를 우리 힘으로 끌어올릴 때까지 그리스도가 그저 무저갱에서 기다리고 계시는 것이 아니라고 말입니다. 하나님께서 앞서서 일하셨습니다. 죽은 자 가운데서 그리스도를 일으키셨고 모든 자들이 의와 생명과 소망을 얻도록 가져다 주셨습니다.

성경에 언급되는 부활은 하나님이 우리를 위하신다는 뜻입니다. 하나님의 목표는 우리와의 거리를 좁히는 것입니다. 하나님은 '우리가 버려지고 이방인처럼 소외당하고 있다'는 우리의 모든 생각, 즉 하나님이 너무나 높은 데 계시거나 너무 낮은 데 계신다는 느낌을 극복하려고 애쓰십니다. 예수님의 부활은 "인간은 자기 힘으로 영광에 이르지 못하므로 '하나님이' 그 불가능한 일을 인간을 위해 대신 행하겠다"는, 이스라엘과 세상을 향한 하나님의 선포입니다. 부활은, 예수님을 믿는 모든 사람이 죽음의 골짜기를 지나 의의 길로 나아가도록 인도하시는 하나님의 능력의 수혜자가 되게 하겠다는 하나님의 약속입니다.

그러므로 '하나님이 예수님을 죽은 자 가운데서 일으키심을 마음으로 믿는다는 것'은 특정 사실을 인정하는 것 이상입니다. 하나님이 나를 위하시고, 내게로 가까이 오셨으며, 내 삶을 변화시키시고, 영원한 기쁨을 위해 나를 구원하시리라는 확신을 품는 것을 의미합니다.

부활을 믿는다는 것은 부활이 의도한 바, 생명과 소망과 의에 대한 모든 약속들을 믿는다는 의미입니다. 부활을 믿는다는 것은 하나님의 능력과 사랑에 대한 확신이 참으로 커서 세상의 것을 잃을 두려움이나 세상의 것을 얻을 탐욕에 빠져 하나님의 뜻을 불순종하지 않는다는 의미입니다. 이것이 바로 사탄과 성도의 차이입니다. 능력의 주께서 우리 모두의 마음에 할례를 베푸셔서 하나님을 사랑하고 하나님의 아들의 부활 안에서 안식을 누리게 되기를 소망합니다.

15장

하나님의 의에 순복하는 법

로마서 10:1-4, 어머니날

형제들아 내 마음에 원하는 바와 하나님께 구하는 바는 이스라엘을 위함이니 곧 그들로 구원을 받게 함이라. 내가 증언하노니 그들이 하나님께 열심이 있으나 올바른 지식을 따른 것이 아니니라. 하나님의 의를 모르고 자기 의를 세우려고 힘써 하나님의 의에 복종하지 아니하였느니라. 그리스도는 모든 믿는 자에게 의를 이루기 위하여 율법의 마침이 되시니라. _롬 10:1-4

오늘 본문에는 '모성'이라는 이름을 걸도록 하겠습니다. 사실 성경의 모든 부분이 '어머니날'에 관련된 본문입니다. 성경의 모든 말씀은 가르침과 책망과 바르게 함과 의로 교육하기에 유익하다는 사실을 어머니들이 믿을 뿐 아니라, 어머니로서 무거운 부르심을 이루기 위해 이 모든 것이 필요하다는 점을 믿는다면 말입니다. 성경의 모든 본문이 '어머니 됨'과 관련이 있다면, 또한 아버지와 미혼자, 자녀 없는 부부, 홀로 지내는 분들과도 전부 관련이 있습니다. 성경의 모든 말씀은 누가 어떤 역할을 맡고 있든 모든 사람에게 유익합니다. 본문을 올바르게 이해하고 적용한다면 말입니다.

로이스와 유니게

그런데 매우 유용한 방식으로 오늘 본문과 어머니를 연결시켜 주는 말씀이 있습니다. 디모데후서 3장 14절에서 바울은 디모데에게 이렇게 말합니다. "그러나 너는 배우고 확신한 일에 거하라. 너는 네가 누구에게서 배운 것을 알며."

우리는 디모데후서 1장 5절을 통해 여기서 지칭하는 사람이 디모데의 어머니와 외할머니라는 사실을 압니다. "이는 네 속에 거짓이 없는 믿음이 있음을 생각함이라. 이 믿음은 먼저 네 외조모 로이스와 네 어머니 유니게 속에 있더니 네 속에도 있는 줄을 확신하노라."

그의 아버지는 믿지 않는 헬라인이었던 것 같습니다(행 16:3). 그래서 디모데는 신실한 유대인인 어머니와 외할머니에게서 구약 말씀을 배웠습니다.

그리스도 예수 안에 있는 믿음으로

그 사실을 염두에 두고 디모데후서 3장 14-15절을 다시 보겠습니다.

"그러나 너는 배우고 확신한 일에 거하라 너는 네가 누구에게서 배운 것을 알며, 또 어려서부터 성경을 알았나니 성경은 능히 너로 하여금 그리스도 예수 안에 있는 믿음으로 말미암아 구원에 이르는 지혜가 있게 하느니라."

오늘의 본문과 이 구절이 서로 연관성을 갖도록 만드는 것은 그들이 단순히 디모데의 어머니와 외할머니여서가 아니라, 15절 후반부에 나오는 "예수 안에 있는 믿음으로" 인해서입니다.

바울이 디모데가 어머니와 외할머니한테서 배운 구약의 말씀을 예수 그리스도에 대한 믿음과 어떻게 연결시키는지 주의 깊게 보시기 바랍니다. 15절을 다시 보겠습니다. "또 어려서부터 성경을 알았나니 성경은 능히 너로 하여금 그리스도 예수 안에 있는 믿음으로 말미암아 구원에 이르는 지혜가 있게 하느니라."

구약성경은 우리로 하여금 구원에 이르는 지혜가 있게 합니다. 단, 말씀이 그리스도 예수 안에 있는 믿음으로 이끈다면 말입니다. 로이스와 유니게가 신실하고 진실하게 구약의 말씀을 가르쳤기 때문에, 훗날 복음을 들었을 때 디모데는 예수님을 믿었습니다. 그는 걸림돌에 넘어지지 않았습니다. 그는 그리스도를 율법의 마침으로 보았고 그분을 믿어서 구원을 받았습니다. 구약성경이 그를 "그리스도 예수 안에 있는 믿음으로" 구원에 이르는 지혜를 얻게 했습니다.

우리는 성경을 어떻게 가르치고 있는가?

로마서 10장 1-4절에서는 이런 일이 일어나지 않았습니다. 믿음 없는 자녀를 둔 엄마와 아빠를 결코 비난할 수는 없지만(하나님께도 자기 본분을 다하지 않고 불신으로 티격태격하는 자녀들이 있으니 말입니다!) 그래도 이런 질문을 해보아야 합니다. '바울 당시의 유대인 부모들은 로이스와 유니게와 동일한 영적 통찰력과 신실함으로 자녀들을 가르쳤을까?' 즉, 그들은 메시아이신 구원자, 그리스도 예수 안에 있는 믿음으로 구원에 이르게 할 지혜를 가질 만큼 성경 말씀을 가르쳐 주었을까요?

좀 더 명확히 말하자면, 어머니들은 (그리고 가정과 교회에서 젊은이들을 훈육할 책임을 맡은 모든 이들은) 자녀들이 예수 그리스도 안에 있는 믿음으로 구원에 이르는 지혜를 얻도록 구약과 신약의 말씀을 가르치고 있습니까?

여기서 강조되는 부분은 "예수 그리스도 안에 있는 믿음"입니다! 혹시 우리는 성경을 교훈을 모아놓은 책 정도로 여기는 것은 아닙니까? 성경의 많은 이야기는 구원자의 필요성을 가리키고 있습니까, 아니면 좀 더 도덕적으로 살아야 할 필요성을 강조하고 있습니까? 우리의 자녀들은 기독교를 "이것은 하고 저것은 하지 말라"는 도덕률로 여기고 있습니까, 아니면 하나님이 예수 그리스도의 삶과 죽음과 부활을 통해 불경건한 자를 어떻게 의롭다 하시는가에 대한 복된 소식으로 여기고 있습니까? 자녀들은 하나님께 용납받는 근거가 그들의 선한 행동이라고 생각합니까, 아니면 오직 예수님의 완전한 행위와 죽음과 부활에 대한 믿음이라고 생각합니까? 자녀들은 스스로 의를 행해야 하나님의 사랑을 받는다고 배우고 있습니까, 아니면 그리스도께서 그들을 위해 행하신 의를 통해 사랑을 받는다고 배우고 있습니까?

질문을 좀 더 확장시켜, 믿는 자들의 순종(즉 그들의 성화)은 그들이 받는 칭의와 어떤 관련이 있는지 보기 위해 이렇게 질문해 봅시다. 우리의 자녀들은 하나님께서 믿는 자들에게 요구하시는 실천적이고 개인적인 순종에 대해, 그것이 의로운 사람이 되는 방법이라고 배웁니까, 아니면 의롭다 함을 입은 사람이 그렇게 살아가는 방식이라고 배우고 있습니까?

우리는 자녀에게 무언가를 하라고 말하고 이를 순종하라고 요구할 때(당연히 그렇게 해야 합니다) 자녀의 선한 행동이 칭의를 이루는 뿌리라고 생각하도록 이끕니까, 아니면 오직 믿음으로 의로워진 이후 흘러나오는 열매라고 여기도록 이끕니까?

우리는 하나님이 우리를 받아 주시는 기반이 되는 그리스도의 의를 얻는 방편이 '구원하는 믿음'(saving faith)이라는 점을 자녀들에게 알게 할 뿐 아니라, 또한 매일의 삶에서 그분을 닮아 가게 하는 그리스도의 능력을 얻도록 하는 것 역시 곧 '구원하는 믿음'임을 자녀들이 깨닫도록 돕고 있습니까? 두 가지 모두를 함께 가르치되 그 올바른 순서를 잘 지키고 있습니까? 즉, 먼저 그리스도 안에 있는 믿음을 그분의 완전하심 및 죄사함과 연결하고, 이후에는 정결하게 하는 능력과 연결시키고 있습니까? 칭의(그분의 완전하심과 죄사함)와 성화(정결하게 하시는 능력)를 함께 강조합니까? 두 가지 경우 모두에서 우리를 그리스도께로 연결시키는 방편은 언제나 동일한 믿음입니다.

로이스와 유니게가 신실하게 성경을 가르쳤기에 디모데는 예수 그리스도의 복음을 들었을 때 예수님이야말로 성경이 말하는 주제라는 사실을 알았습니다. "그리스도 예수 안에 있는 믿음으로 말미암아 구원에 이르는…"

성경이 제대로 이해되지 못할 때

로마서 10장 1-4절에서 바울은 성경을 제대로 이해하지 못했을 때 일어나는 가슴 아픈 일을 언급합니다. "형제들아 내 마음에 원하는 바와 하나님께 구하는 바는 이스라엘을 위함이니 곧 그들로 구원을 받게 함이라. 내가 증언하노니 그들이 하나님께 열심이 있으나 올바른 지식을 따른 것이 아니니라."

여기에 슬픈 일이 있습니다. 바울의 유대인 동족들은 구원받지 못했습니다. 바울은 그들의 구원을 위해 기도하고 있습니다. 디모데는 어머니와 외할머니에게 배워서, 예수님 안에서 믿음으로 구원에 이르는 지혜를 얻었습니다. 하지만 여기에 나오는 유대인들은 "구원에 이르는 지혜"를 얻지 못했습니다. 왜 그렇습니까? 하나님을 향한 그들의 열심은 올바른 지식에 뿌리를 두고 있지 않았습니다. 그들은 왜 몰랐을까요?

3-4절에서 그 답을 줍니다. "하나님의 의를 모르고 자기 의를 세우려고 힘써 하나님의 의에 복종하지 아니하였느니라. 그리스도는 모든 믿는 자에게 의를 이루기 위하여 율법의 마침이 되시니라."

하나님의 의에 복종하는 데는 실패하고 오히려 자신의 의를 세우려고 했을 때 그들이 간과한 것은 무엇입니까? 하나님의 의에 복종한다는 것은 무엇보다 "믿는 모든 자에게 의가 되시는 그리스도"를 선물로 받되, 그것도 오직 믿음으로 그렇게 되는 것임을 의미한다는 사실을 그들은 몰랐습니다.

열심 넘치는 바울의 동족들이 큰 소리로 이렇게 항변하는 소리가 들리는 것 같습니다.

"잠깐! 당신은 우리를 완전히 잘못 알고 있소. 우리 삶에서 의를 세워가는 것은 다른 사람이 아닌 우리가 해야 할 일이고, 그것이야말로 하나님의 의에 대해 순종하는 것이 아니겠소? 삶 속에서 의를 세움으로써 우리 삶이 하나님의 계명에 일치된 삶을 살아가도록 하려는 열심 외에 어떤 것이 하나님의 의에 복종하는 것이라고 할 수 있단 말이요? 그렇다면 우리가 대체 무엇을 해야 한다는 소리요? 우리가 이 의로움에 대해 무관심하라는 말입니까?" 바울의 동족들과 젊은 시절의 마틴 루터, 그리고 오늘날 교회에 다니는 수많은 사람들이 이런 식으로 말했습니다.

하지만 바울은 우리가 그런 식으로 산다고, 즉 하나님 앞에 의로워지는 방편으로 계명을 지키기 위해 애쓴다고 해서 하나님의 의에 복종하는 것은 아니라고 말합니다. 누군가는 이렇게 반문합니다.

'왜 그렇습니까? 그렇게 해야 아주 순종적으로 느껴지잖아요. 저는 하나님의 법을 지키기 위해 애쓰고 있다고요! 그분의 법에 순종하느라 도와달라고 간구하기도 하고요! 대체 얼마나 더 순종하기 원하는 거죠? 하나님의 의에 그만큼 복종하는 것으로는 충분하지 않은가요?'

그리스도 예수 안에 있는 믿음을 통해 선물로 드러나는 의

그에 대한 답을 먼저 로마서 3장 21-22절에서 살펴보고, 이후에는 빌립보서 3장 8-9절과 로마서 10장 4절에서 확인해 보겠습니다. 이 세 본문 모두가 동일한 것을 답으로 말합니다. 하나님의 의가 이제 그리스도 예수 안에 있는 믿음을 통해 선물로 나타났고, 하나님의 의에 순종하는 유일한 방법은 믿음으로 그것을 받아들이는 것이라는 점을 말입니다.

로마서 3장 21-22절입니다. "이제는 율법 외에 하나님의 한 의가 나타났으니 율법과 선지자들에게 증거를 받은 것이라. 곧 예수 그리스도를 믿음으로 말미암아 모든 믿는 자에게 미치는 하나님의 의니…."

빌립보서 3장 8-9절입니다. "또한 모든 것을 해로 여김은 내 주 그리스도 예수를 아는 지식이 가장 고상하기 때문이라. 내가 그를 위하여 모든 것을 잃어버리고 배설물로 여김은 그리스도를 얻고 그 안에서 발견되려 함이니 내가 가진 의는 율법에서 난 것이 아니요 오직 그리스도를 믿음으로 말미암은 것이니 곧 믿음으로 하나님께로부터 난 의라."

로마서 10장 4절입니다. "그리스도는 모든 믿는 자에게 의를 이루기 위하여 율법의 마침이 되시니라."

심지어 우리가 하나님의 도움을 구하며 그분께 순종하려 애씀으로써 칭의를 받으려고 할 때에도 이것이 하나님의 의에 순종하는 것이 될 수 없는 이유는 그런 마음에서는 그리스도를 '우리의 의'로 인정하지 않기 때문입니다. 그런 사람들은 하나님께 이렇게 말하는 셈입니다. "보잘것없지만 제가 성령으로 능력을 받아 했던 일들이 당신 앞에서 제 의의 기반이 될 것입니다."

그사이 하나님은 내내 이렇게 말씀하십니다. "아니, 그렇지 않을 거다. 그 영광스러운 역할은 내 아들 예수 그리스도에게 위임했다. 내가 너를 받아들이고 회복시키며 내 앞에서 의로운 자라 선포할 때에는, 오직 예수 덕분에 너를 받아들이고 회복하며 내 앞에 의로운 자라 선포하는 것이다. 내 아들이 이루어 놓은 완전하고 신적인 의로움만이 재판장에서 무죄를 선포하는 의가 될 것이다. 너는 믿음으로 나에게 순종하여라! 너의 불완전한 모든 순종은 네 칭의의 열매이지 뿌리는 아니다. 내 아들만이 그 영광을 받을 것이다."

하나님이 우리에게 요구하시는 하나님의 의에 대한 순종은 그저 그리스도의 능력을 성화의 열쇠로 인정하자는 데에 우선순위가 있지 않습니다. 먼저 그리스도의 완전하심과 죄사함을 칭의의 열쇠로 인정하는 것에서부터 시작합니다. 혹시나 그 두 가지를 합치려 든다면 그리스도의 영광은 반으로 줄어들게 될 것입니다.

그렇다면 어머니들이여, 그리고 믿음의 다음 세대를 돌보는 모든 성도 여러분, 우리는 무엇을 해야 합니까?

우리가 살펴본 것의 네 가지 의미

예수 그리스도를 우리의 의로 받아들이는 믿음을 통해 하나님과 화목을 이루십시오.

단번에 완전히 해결하십시오. 우리는 칭의의 근거가 될 만한 자기 의를 스스로 제공할 수 있을 만큼 선하지 못합니다. 그리스도가 우리의 의가 되지 않으시면 우리는 멸망합니다. 하지만 그리스도를 우리의 의로 신뢰하고 하나님과의 관계를 회복하면, 그 동일한 믿음으로 말미암아 그리스도의 강한 능력을 덧입어 우리 삶에서 죄의 뿌리를 걷어 내는 일에 진보를 이루게 됩니다. 달리 말하면, 우리는 칭의를 얻기 위해 믿음의 싸움을 싸우는 게 아니라 칭의를 얻었으므로 싸울 수 있는 것입니다. 우리의 자녀들도 그 차이점을 보게 해주십시오.

죄를 용서받고 하나님 앞에 서기 위해 필요한 의를 얻기 위해서는 오직 그리스도만 바라봐야 한다는 것을 자녀에게 가르치십시오.

자녀들이 그리스도를 유일한 소망으로 바라보도록 도와주십시오. 하나님을 붙들고 그분만 소망하며 목숨보다 귀하게 여긴다는 것이 무엇인지 그들에게 보여 주십시오.

그리스도를 의의 왕으로 신뢰할 때 하나님과 화목하게 될 뿐 아니라 삶에서 죄를 쫓아낼 수 있다는 것을 자녀에게 가르치십시오.

믿음이 나와 예수님을 연결해 줄 때 일어나는 두 가지 일을 자녀들이 이해하도록 도와주십시오. 첫째, 하나님 앞에서 그리스도의 의가 우리의 것으로 인정되기 때문에 그리스도 안에서 온전히 용납받습니다. 둘째, 믿음의 연결을 통해 그 능력이 흘러들어오기 시작하면서 죄를 이길 수 있게 됩니다. 따라서 개인적인 의의 진보는 완전하게 전가된 의에서 시작된 필연적 열매입니다.

물론 일곱 살짜리 어린아이에게 그런 단어를(진보, 개인적, 전가된) 사용하지는 않을 것입니다. 그러면 어떻게 말해 줄 수 있을까요? 이렇게 하면 됩니다.

"얘야. 엄마랑 아빠는 오랜 시간을 살아오면서 성경에서도 배우고 살면서도 배운 게 있는데, 너도 우리도 모두 하나님의 완전한 기준을 채울 만큼 착할 수 없단다. 오랜 세월 살면서도 여전히 실수를 저지르지. 우리는 죄를 짓지. 그래서 성경은 하나님이 우리 죄를 위해서 죽고 우리의 의가 되시도록 그분의 아들을 보내셨다고 말하는 거야. 그 아들을 믿기만 한다면, 그분의 완전한 죽음이 우리의 형벌로 인정되고, 그분의 완전한 순종이 우리의 의로 인정되지.

그러니 항상 예수님을 바라보거라. 늘 예수님을 의지해야 해. 그리고 기억하렴. 하나님은 자기 아들을 아끼지 않고 우리 모두를 위해 내어 주셨기 때문에, 현재의 삶이나 미래의 삶에서 필요한 모든 것을 반드시 우리에게 주실 거란다(롬 8:32, 빌 4:19). 예수님 덕분에 하나님의 모든 약속이 우리에게 있어. 그러니 그분을 믿을 때는 그분이 행하신 모든 것과 그분이 약속하신 모든 것, 그분이 값 주고 사신 모든 것에 대해서도 믿어야 한다는 것을 명심하렴. 그 믿음이 너를 도와 죄를 짓지 않게 할 거야. 왜냐하면 예수님이 너에게 최고의 미래를 주신다고 믿을 때, 그 미래를 위해서 죄를 짓지 않고 싶은 마음이 들 테니까. 그러니 예수님이 행하신 모든 것과 약속하신 모든 것을 신뢰하거라. 예수님은 너의 완전한 의가 되어 주실 거고, 그러면 너는 두려워하지 않아도 된단다. 그리고 바로 그 믿음을 통해 예수님은 네가 옳은 일을 하도록 도와주실 거야."

마지막으로, 자녀들을 위해 기도하십시오.

어린 자녀들을 위해 기도하십시오. 탈선한 자녀들을 위해 쉼 없이 기도하십시오. 로마서 10장 1절이 매일 우리의 고백이 되게 하십시오. "형제들아 내 마음에 원하는 바와 하나님께 구하는 바는 이스라엘을 위함이니 곧 그들로 구원을 받게 함이라." 염려를 키우지 마십시오. 흘러가는 대로 그냥 두지 마십시오. 복음은 구원에 이르게 하는 하나님의 능력입니다. 자주 얘기해 주고, 잘 얘기해 주십시오. 인내하며 기도하십시오. 아멘.

16장

내 마음에 원하는 바: 그들이 구원을 받는 것

로마서 10:1

형제들아 내 마음에 원하는 바와 하나님께 구하는 바는 이스라엘을 위함이니 곧 그들로 구원을 받게 함이라. _롬 10:1

로마서 9-11장의 중대한 질문

바울은 다음의 질문에 대답하기 위해 로마서 9-11장을 썼습니다.

"이스라엘이 하나님의 선택받은 백성이고, 하나님이 그들에게 양자 됨과 영광과 언약들을 주셨는데(9:4), 그들 대부분이 메시아를 거부하고 그리스도에게서 끊어졌다면(9:3), 하나님의 말씀이 실패한 것이 아닌가? 이스라엘에게 주신 하나님의 말씀이 그 보증에 실패했다면, 하나님이 부르신 자를 영화롭게 하시겠다는 약속을 바라는 우리들은 어떻게 되겠는가?"

바울에게 있어서 이것은 진실로 중대한 질문이었습니다. 그리스도인으로서 그가 품은 모든 소망, 사도로서의 모든 목적이 이 질문에 달려 있었습니다. 이스라엘을 향한 하나님의 말씀은 폐하여졌는가? 백성을 위한 모든 영광스런 목적이 그들의 불신앙 때문에 무산되지는 않았는가?

모든 이스라엘이 다 이스라엘은 아니다

바울은 9장 6절에서 그에 대해 답변합니다. "그러나 하나님의 말씀이 폐하여진 것 같지 않도다." 그런 다음 설명을 시작합니다. 대다수 이스라엘 사람들이 믿지 않고 있는데 여전히 이스라엘을 위한 하나님의 말씀은 유효하다는 것이 가능할까요? 그에 대한 답변의 첫 번째 부분은 9장 6절에 나옵니다. "이스라엘에게서 난 그들이 다 이스라엘이 아니요."

달리 말하면, 하나님의 말씀은 여전히 유효하고 그분의 목적도 흔들리지 않는 이유는, 하나님은 모든 이스라엘이 개별적으로 다 구원을 받을 것이라고 선포하신 적이 없기 때문입니다. 처음부터 하나님은 전부가 아닌 한 사람을 택하셨습니다. 이스마엘이 아닌 이삭을 선택하셨고(7-9절), 에서가 아닌 야곱을 택하셨습니다(10-13절). 왜 그렇습니까?

11-13절에서 말합니다. "그 자식들이 아직 나지도 아니하고 무슨 선이나 악을 행하지 아니한 때에 택하심을 따라 되는 하나님의 뜻이 행위로 말미암지 않고 오직 부르시는 이로 말미암아 서게 하려 하사 리브가에게 이르시되, 큰 자가 어린 자를 섬기리라 하셨나니. 기록된 바, 내가 야곱은 사랑하고 에서는 미워하였다 하심과 같으니라."

하나님의 자유로운 주권

모든 이스라엘이 참 이스라엘이 아닌 이유는 하나님이 '선택이라는 목적'을 갖고 계시기 때문입니다. 하나님은 이스라엘 중에서도 이스마엘이 아닌 이삭을, 에서가 아닌 야곱을 선택하셨는데, 이는 사람의 구원이 하나님의 자유롭고 주권적인 부르심 때문인 것을 모든 사람에게 분명하게 보이기 위함입니다. 다시 말해, 본문에서 제기된 것처럼 하나님의 약속이 실패할지도 모른다는 가능성 앞에 마주쳤을 때 바울은 주권자 하나님의 자유로운 택하심에서 그 답을 찾았습니다.

이스라엘과 교회에 주신 하나님의 말씀이 결코 실패할 수 없는 이유는 결국 말씀이 이스라엘과 교회에 의존하고 있지 '않기' 때문입니다. 바울은 9장에서 그 사실에 대해서 열심히 설명합니다. 15절을 보십시오. "모세에게 이르시되 내가 긍휼히 여길 자를 긍휼히 여기고 불쌍히 여길 자를 불쌍히 여기리라 하셨으니." 따라서 사람의 의지나 노력이 아니라 하나님의 긍휼하심에 달려 있는 것입니다.

6절에서 볼 수 있는 바울의 확신은("하나님의 말씀이 폐하여진 것 같지 않도다") 인간의 자기 결정적 의지에 의존하지 않고 원하는 자에게 긍휼을 베푸시는 하나님의 주권에 온전히 근거를 두고 있습니다. 하나님의 목적이 영원히 서는 이유는 그분이 하나님이시기 때문입니다. "그의 손을 금하든지 혹시 이르기를 네가 무엇을 하느냐고 할 자가 아무도 없도다"(단 4:35).

교리에서 제기되는 위험 요소

하지만 여기에는 여러 가지 위험 요소가 존재합니다. 어떤 것이 있는지 잠시 살펴보겠습니다.

신학적 위험

신학적인 위험성이 있습니다. 첫째, 하나님이 그분의 주권을 마음대로 사용하신다면 의롭지 않다고 결론짓는 사람이 있을 수 있습니다. 따라서 바울은 14절에서 이런 질문을 제기합니다. "하나님께 불의가 있느냐?" 그리고 둘째로, 하나님께 주권이 있다면 인간은 더 이상 자기 죄에 대한 잘못이 없다고 결론짓는 이들도 있을 것입니다. 그래서 바울은 19절에서 이렇게 질문합니다. "그러면 하나님이 어찌하여 허물하시느냐?" 바울은 하나님의 주권에 대한 교리 안에 이러한 신학적 위험성이 있다는 사실을 모르지 않았습니다. 하지만 오늘 아침에는 이 부분을 다루지는 않겠습니다.

심리적 위험

이 교리에는 신학적 위험뿐 아니라 심리적 위험도 있는데, 오늘 우리가 관심을 갖고 있는 대목이기도 합니다. 특히 여기에는 이러한 교리에 따라다닐 것으로 예상되는 세 가지 정도의 감정적 실수가 있습니다. 바울은 이것에 대해서도 알고 있고, 우리를 이로부터 보호해 주려 합니다. 오늘 우리가 이야기하고 싶은 내용이기도 합니다.

1. 첫째, 하나님의 주권 교리로 인해 우리는 멸망해 가는 사람들에게 아무런 슬픔을 느끼지 못할 수 있습니다.

2. 둘째, 하나님의 주권 교리로 인해 우리는 사람들의 회심에 대해 간절해지지 않을 수도 있습니다.

3. 셋째, 하나님의 주권 교리로 인해 그들의 구원을 위해 기도하기를 그만둘 수도 있습니다.

달리 말해, 우리의 제한되고 악한 인간적 사고로는 하나님의 주권을 보며 이렇게 반응할 수 있습니다. "누가 구원받고 못 받을지 하나님이 결정하신다면 구원받지 못한 사람들을 보며 아파해야 할 이유가 무엇입니까? 그들이 구원받기를 간절히 소망할 이유가 무엇입니까? 하나님의 영원한 심판 때문에 기도할 이유가 무엇입니까?"

하나님의 주권과 잃어버린 자를 향한 긍휼

바울 역시 이러한 위험성을 알고 있습니다. 제가 볼 때 바울은 이러한 위험에서 우리를 지킬 수 있는 가장 효과적인 방법을 선택한 것입니다. 로마서 9장 처음과 마지막 부분에서 바울은 그 진수를 보여줍니다. 여러분, 천성적으로 긍휼이 많은 사람들이나 하나님의 주권을 믿을 수 있다는 생각에 사로잡히지 않기를 간절히 바랍니다. 오히려 하나님의 주권을 믿는 사람이야말로 잃어버린 자를 향해 진실된 마음을 느낀다는 바울의 설명에 귀를 기울이십시오.

먼저 로마서 9장 1-3절을 보십시오. "내가 그리스도 안에서 참말을 하고 거짓말을 아니하노라. 나에게 큰 근심이 있는 것과 마음에 그치지 않는 고통이 있는 것을 내 양심이 성령 안에서 나와 더불어 증언하노니, 나의 형제 곧 골육의 친척을 위하여 내 자신이 저주를 받아 그리스도에게서 끊어질지라도 원하는 바로라."

그리고 로마서 10장 1절을 보십시오. "형제들아 내 마음에 원하는 바와 하나님께 구하는 바는 이스라엘을 위함이니 곧 그들로 구원을 받게 함이라."

따라서 바울은 이번 장을 멸망해 가는 이스라엘을 위한 눈물로 시작해서 끝을 맺고 있습니다. 또한 그러는 중에 하나님의 주권 교리가 지닌 심리적 위험성에서 우리를 지켜 줍니다.

1. 이스라엘을 위한 바울의 고통

먼저 9장 2절에서 바울은 이스라엘에 대한 자신의 고통을 이렇게 드러내 보입니다. "나에게 큰 근심이 있는 것과 마음에 그치지 않는 고통이 있는 것을 내 양심이 성령 안에서 나와 더불어 증언하노니." 하나님의 주권을 믿는 사람들은 그리스도 없이 멸망해 가는 사람들을 보며 마음 아파할 필요가 없고 그래서도 안 된다고 말하는 것은 명백한 오류입니다. 주권 교리 때문에 그런 생각을 갖게 되었다면 성경적인 믿음이 아닙니다.

로마서 9장 1-3절에서 터져 나온 감정은 단지 바울의 변덕스럽고 일관성 없는 성격 때문이라고 말하는 사람이 있을지도 모릅니다. 하지만 1절은 바울의 고통이 훨씬 의미심장하다는 것을 분명히 증거합니다. "내가 그리스도 안에서 참말을 하고 거짓말을 아니하노라. … 내 양심이 성령 안에서 나와 더불어 증언하노니." 달리 말하자면, "나는 잃어버린 동족들을 향한 나의 고통과 근심이 참으로 의미 있다 생각하므로 그 진정성에 대해 하나님이 증거해 주시기를 간구한다"는 심정을 토로합니다.

이 문제에 대한 그의 양심을 성령께서 함께 증언하시기를 바라는 것으로 보아, 우리는 그의 슬픔을 깊은 애정과 신령한 감정과 경건한 애도로 보아야 합니다. 단순히 예측 불가한 감정적 분출이 아닙니다. 불신앙으로 죽어 가는 자들의 비참함을 볼 때 경건한 마음이 느끼는 방식입니다.

그리고 3절은 죽어 가는 동족들에 대한 바울의 사랑은 참으로 진실 되기에, 혹 경건한 한 사람이 지옥으로 향하는 죄인이 되어서 다른 사람들을 구할 수만 있다면, 그가 이스라엘을 위해 그렇게 했을 것이라는 내용을 담고 있습니다. 그는 정말로 고통스러워하고 있습니다. 성령님이 증인이십니다. 그러므로 우리는 하나님의 주권 교리 때문에 죽어 가는 사람들을 향해 아무 고통을 느끼지 못할 수 있다는 말은 믿을 필요가 없으며 결코 그래서도 안 됩니다.

2. 동족의 회심을 간절히 바라다

둘째로, 로마서 10장 1절에서 바울은 이스라엘이 구원받는 것이 자기 마음의 소원이라고 말합니다. 여기서 잃어버린 자들의 회심을 간절히 소망할 필요는 없다고 생각하게 하는 두 번째 위험성이 차단됩니다. 바울은 죽어 가는 자들의 비참함에 대해 단순히 고통만 느끼지 않습니다. 그들이 구원받는 것을 간절히 바라고 있습니다.

그들을 위해 굳이 기도할 필요가 없다는 세 번째 위험성에 대해서는 다음 주에 보겠습니다.

잃어버린 자들을 위해 바울과 같은 마음을 품어야 하는 이유

이제 우리 앞에 놓인 질문은 이것입니다. "바울이 느꼈던 감정을 우리도 느껴야 하지 않을까? 잃어버린 자들의 비참함, 특히 동족들을 보면서 고통스러워해야 하지 않을까? 그들이 구원받기를 간절히 바랐던 바울의 갈망에 대해 우리는 어떻게 생각해야 하는가? 직장 동료들을 보면서 그들의 상황에 가슴 아파하고 그들의 회심을 간절히 바라야 하지 않을까? 매일 믿지 않는 사람들과 더불어 일하고 먹고 웃으면서도 아무 느낌이 없다면 우리는 스스로를 성경적인 그리스도인이라 주장할 수 있을까?"

분명 우리들 대다수는 바울과 같은 마음을 품기 원할 것입니다. 물론 그러한 마음의 소원을 갖게 되는 것조차 성령님의 역사이긴 하지만, 바로 그 목적을 위해 하나님이 이 말씀을 사용하시는 것 같습니다. 따라서 하나님의 주권을 믿는 우리들이 이러한 아픔과 갈망을 느껴야 하는 네 가지 이유를 말씀드리려고 합니다. 그런 후에는 그러한 마음을 갖기 위해 취할 수 있는 몇 가지 단계적 실천을 언급하며 마무리하겠습니다.

1. 비밀한 일은 하나님께 속해 있기 때문이다

첫째, 우리가 죽어가는 이들의 구원을 간절히 소망해야 하는 이유는 신명기 29장 29절 때문입니다.

"감추어진 일은 우리 하나님 여호와께 속하였거니와 나타난 일은 영원히 우리와 우리 자손에게 속하였나니 이는 우리에게 이 율법의 모든 말씀을 행하게 하심이니라."

우리 가족과 동료들 중에 하나님이 부르시고 의롭다 하시고 영화롭게 하실 사람은 누구일까요? 그것은 하나님께 속한 일입니다. 오직 그분께 속해 있습니다. 선택받기를 간절한 목표로 삼고 애쓰는 것은 하나님의 특권을 간섭하는 일입니다. 비밀한 일은 하나님께 속했고, 드러난 것은 우리에게 속해 있습니다.

드러난 것이란 무엇일까요? 하나님의 명령과 약속들입니다. "나는 너희에게 이르노니 너희 원수를 사랑하며 너희를 박해하는 자를 위하여 기도하라"(마 5:44). "서로 대하든지 모든 사람을 대하든지 항상 선을 따르라"(살전 5:15). "원하는 자는 값없이 생명수를 받으라 하시더라"(계 22:17). "누구든지 주의 이름을 부르는 자는 구원을 받으리라"(롬 10:13). 이를 볼 때 드러난 것은 우리에게 속한 일이며, 이는 율법의 모든 말씀을 행하는 것을 말합니다. 우리는 성경의 명령과 모순되는 교리를 가지고 뭔가를 추론해서는 안 됩니다. 우리는 "네 원수를 사랑하고, 그들을 위해 기도하라"는 명령을 받았습니다.

2. 하나님이 그들의 죽음을 기뻐하지 않으시기 때문이다

둘째, 멸망해 가는 자들의 회심을 간절히 바라야 하는 이유는 하나님도 믿지 않는 자의 죽음과 죽음 그 자체를 기뻐하지 않으시기 때문입니다. 에스겔 18장 23절입니다. "주 여호와의 말씀이니라. 내가 어찌 악인이 죽는 것을 조금인들 기뻐하랴. 그가 돌이켜 그 길에서 떠나 사는 것을 어찌 기뻐하지 아니하겠느냐." 그리고 32절입니다. "죽을 자가 죽는 것도 내가 기뻐하지 아니하노니, 너희는 스스로 돌이키고 살지니라."

삶과 죽음의 문제를 그 손으로 주관하시는 하나님이 멸망하는 자들의 그런 모습을 보시면서 그 죽음을 슬퍼하신다면, 우리 역시 바울처럼 고통과 갈망을 느껴야 할 것입니다.

3. 그들도 하나님의 형상으로 지음받았기 때문이다

셋째, 믿지 않는 자들의 구원을 간절히 바라야 하는 이유는 그들도 하나님의 형상으로 지음받았으며, 그들도 이 땅에서 살아가는 동안 하나님의 영광을 위해 살게 될 가능성이 있기 때문입니다. 그리스도 없이 죽는 애견보다 그리스도 없이 죽어가는 사람이 훨씬 비참합니다. 한 인간이 그리스도 없이 죽을 때, 하나님의 형상으로 된 가능성 하나가 영원히 사라지는 것입니다. 그를 통해 가능할 수 있었던 모든 영광이 영원토록 불가능해집니다. 그들이 믿었더라면 하나님나라에서 하늘의 해처럼 빛났을 것입니다. 살아 있는 동안에 믿었다면 말입니다. 그러니 우리는 얼마나 소망해야 할까요! 하나님의 형상들이 하나님의 영광을 빛내기를 말입니다!

4. 우리의 구원도 자격 없이 받은 선물이기 때문이다

넷째, 마땅히 죽어가는 자들을 향한 긍휼을 느끼고 그들의 회심을 갈망해야 하는 이유는 우리 자신의 구원도 자격 없이 받은 귀한 선물이기 때문입니다. 우리는 다른 사람의 희생 덕에 호수 바닥에서 끌려 나와 다시 살아난 자들과 같습니다. 이제 우리의 손에는 구조 도구도 있는데, 사람들이 물에 빠져 죽어가는 것을 뻔히 보면서도 해변가에 앉아 카드놀이나 하고 있다는 건 가히 상상하지 못할 일입니다. 여러분은 이런 모습을 가히 상상할 수 있습니까?

엄청난 은혜를 입었으면서도 자기 동료에게는 긍휼을 베풀지 않았던 종의 비유(마 18:23-25)를 예수님이 말씀하지 않으셨습니까? 그리스도께서 값없이 주신 구원을 얻었으면서도 다른 사람을 구하는 삶을 살지 않는 기이함을 보며 우리는 어떻게 느껴야 할까요? 이런 모순 속에는 뭔가 험악하고 무시무시한 게 있습니다!

바울의 마음을 품기 위한 일곱 가지 실천 단계

그렇다면 이제 실천적인 질문으로 넘어가겠습니다. 바울과 같은 마음을 품으려면 어떻게 해야 할까요? "그들이 구원받기를 내 마음이 갈망한다"고 말할 정도가 되려면 어떻게 해야 할까요? 여기에는 일곱 단계가 있습니다.

1. 그들이 처한 곤경을 잊지 말라

그리스도께 순종하지 않는 사람은 영생을 잃고 하나님의 진노 아래로 영원히 쫓겨난다는 사실을 절대 잊지 마십시오. 요한복음 3장 36절입니다. "아들을 믿는 자에게는 영생이 있고 아들에게 순종하지 아니하는 자는 영생을 보지 못하고 도리어 하나님의 진노가 그 위에 머물러 있느니라."

스스로 자문해 보십시오. "전염병이 퍼지는데 내 동료가 아직 면역 백신을 맞지 못했음을 안다면, 동료가 왜 거부하는지 물어보지 않겠는가? 생명을 선택해야 한다고 설득하려 애쓰지 않겠는가?" 심판 날에 믿지 않는 우리의 친구가 고개를 돌려 왜 영생에 관해 좀 더

진지하게 말해 주지 않았느냐고 묻는다면 무엇이라 답할지 스스로에게 물어보십시오. 즉, 그리스도 없이 영원을 살아야 하는 끔찍한 현실을 마음에 새겨 두십시오.

2. 그리스도의 능력을 묵상하라

그리스도의 죽음에는 회개하고 예수님을 믿는 사람의 죄를 전적으로 덮어 줄 수 있는 완전한 능력이 있음을 자주 묵상하십시오. 십자가에서 우리에게 베푸신 가장 충만한 은혜로 인해 그리스도를 마음 깊이 늘 높이십시오.

이전에 지은 죄가 얼마나 큰지와는 상관없이 모든 믿는 자를 위해 칭의와 생명을 완성하신 그리스도의 순종을 계속해서 마음에 새기십시오. 우리를 위해 그분이 십자가에서 행하신 일을 자랑스러워한다면, 다른 사람에게도 그 십자가를 자랑하게 될 것입니다.

디모데전서 1장 15-16절에 나오는 바울의 고백을 자주 떠올리십시오. "미쁘다 모든 사람이 받을 만한 이 말이여, 그리스도 예수께서 죄인을 구원하시려고 세상에 임하셨다 하였도다. 죄인 중에 내가 괴수니라. 그러나 내가 긍휼을 입은 까닭은 예수 그리스도께서 내게 먼저 일체 오래 참으심을 보이사 후에 주를 믿어 영생 얻는 자들에게 본이 되게 하려 하심이라."

극히 악한 자라 하더라도, 남은 자들에게도 소망이 있음을 우리에게 보여 주시기 위해 하나님은 가장 극악한 사람, 죄인 중의 괴수를 먼저 구원하셨습니다.

3. 확신하고 돌이키게 하는 성령의 능력을 묵상하라

모든 믿는 자의 죄를 덮으시는 십자가의 충만함과 능력을 묵상하면서, 죄인들에게 확신을 주고 주께 돌아오게 하는 성령님의 능력에 대해서도 묵상하기 바랍니다(요 16:8, 6:44). 이런 식으로 속삭이는 염세적인 생각에 빠져들지 마십시오. "그래, 하나님은 모든 믿는 자를 용서하실 수 있지. 하지만 사람들은 마음이 너무 완고해서 자기들이 믿지 않는 것에는 무관심만 보일 뿐이야."

지금은 새 언약의 시대입니다. 영원한 언약의 피는 이미 뿌려졌습니다. 성령은 모든 육체에게 부어지고 있습니다. 하나님의 새로운 언약의 약속은 이것입니다. "또 새 영을 너희 속에 두고 … 너희 육신에서 굳은 마음을 제거하고 부드러운 마음을 줄 것이며 … 너희가 내 규례를 지켜 행할지라"(겔 36:26-27).

구원받는 것이 운명인 양 말하지 마십시오. "그래, 회심 여부는 하나님께 달린 거야. 하나님이 구원하시려면 하시겠지." 차라리 이렇게 말하십시오. "내가 간절히 원하는 것은 그들이 구원을 받는 것이다! 가장 강퍅하고 냉담한 죄인이라도 소망이 있는 것은 능력의 하나님이 주관하시기 때문이다! 혹시 하나님이 그들에게 회개함을 주사 진리를 알게 하실지도 모른다!"(딤후 2:25-26 참고).

죄인을 변화시키는 하나님의 능력에 대해 비관적으로 보지 마십시오. 1742년 5월, 존 웨슬리는 뉴캐슬어폰타인('뉴캐슬'이라고도 함—옮긴이)에 도착했을 때 아주 인상적인 글을 남겼습니다. "정말 놀랍다. 그 짧은 시간에 얼마나 많은 음주와 저주와 욕설(어린아이의 입에서조차도)을 보고 들었는지 기억도 못할 정도다. 의인을 부르러 온 것이 아니요 죄인을 불러 회개시키러 오신 그분의 때가 이르렀음이 분명하다." 그리고 하나님은 이 담대한 기대감을 영화롭게 하셨습니다. 그러니 죄인을 회개케 하시는 하나님의 능력을 잊지 마십시오.

4. 잃어버린 한 영혼의 회심에 기뻐하는 자신의 모습을 떠올려라

우리의 기도와 증거를 통해 죄인 하나가 회개하고 그리스도께 돌아오는 모습을 보며 기뻐할 우리의 모습을 떠올려 보십시오. 바울은 자신이 회심시킨 자들을 향해 "우리의 소망이나 기쁨이나 자랑의 면류관이 무엇이냐 그가 강림하실 때 우리 주 예수 앞에 너희가 아니냐"(살전 2:19)라고 했습니다. 요한은 이렇게 말했습니다. "내가 내 자녀들이 진리 안에서 행한다 함을 듣는 것보다 더 기쁜 일이 없도다." 우리 자신이 하나님께 쓰임받아 한 사람을 죽음에서 영생으로 이끄는 그때에 주어지는 기쁨을 상상해 보시기 바랍니다.

5. 그리스도 안에서 우리에게 주신 하나님의 놀라운 은혜를 생각하라

우리를 그리스도께로 이끄시는 하나님의 은혜가 얼마나 값없이, 자격 없이 주어졌는지 생각해 보십시오. 그것은 부모님이나 친구, 목회자, 복음전도자 혹은 신앙서적을 통해 왔을지도 모르겠습니다. 하지만 어떻게 왔든 우리는 그 은혜를 받을 자격이 없었습니다. 우리가 영적으로 각성하고, 죄를 확신하며, 복음을 이해하게 될 뿐만 아니라 그리스도께 복종하게 된 것은 순전히 하나님의 은혜로 인한 값없는 선물이었습니다.

우리 삶 속에서 하나님의 역사가 얼마나 값없이, 조건 없이 임했는지 깨달을수록, 다른 사람에게도 그들의 가치 여부와 상관없이 은혜와 긍휼을 값없이 베풀어야 한다는 생각을 하게 될 것입니다. "그리스도께서 너희를 사랑하신 것 같이 너희도 사랑 가운데서 행하라"(엡 5:2). 자신의 바구니에 무료로 받은 음식이 가득하다면 주변 사람들이 굶어 죽어 갈 때, 그 마음은 이렇게 말할 것입니다. "너희가 거저 받았으니 거저 주라"(마 10:8, 왕하 7:9).

6. 사랑의 소망을 따라 행동하라

이미 우리 안에 있는 사랑의 소망을 따라 행동하십시오. 저는 누군가를 진심으로 사랑하는지를 아는 것이 얼마나 힘든지 경험을 통해 알고 있습니다. "잃어버린 자에 대해 나는 정말로 걱정하는가? 내 기도가 혹 거짓은 아닌가? 나는 정말 그들이 구원받기를 원하는가?" 우리 모두 스스로 던져 보아야 하는 진솔하고 유익한 질문입니다. 하지만 우리는 과연 여기에 어떻게 답할 수 있을까요? 우리 마음과 동기는 스스로도 참으로 믿을 수 없는데 말입니다.

요한일서 3장 18-19절이 여기에 답을 줍니다. "자녀들아 우리가 말과 혀로만 사랑하지 말고 행함과 진실함으로 하자. 이로써 우리가 진리에 속한 줄을 알고 또 우리 마음을 주 앞에서 굳세게 하리니."

달리 말하면, 우리가 다른 사람을 걱정한다고 말만 하지 말고 실제로 행함으로써 보여 준다면, 입으로 긍휼을 말하던 우리의 진실성과 진정성에 대해 하나님 안에서 더욱 확신하게 될 것입니다.

7. 잃어버린 자를 향한 사랑을 더해 주시도록 기도하라

마지막으로, 잃어버린 자를 향한 사랑의 마음이 풍성해지도록 하나님께 기도하십시오. 데살로니가전서 3장 12절에서 우리를 위해 기도하는 바울 사도의 목소리를 들어 보십시오. "주께서 … 너희도 피차간과 모든 사람에 대한 사랑이 더욱 많아 넘치게 하사." 모든 사람을 사랑하는 것은 우리 마음에 행하시는 하나님의 역사입니다. 우리에게 있어서 자연스런 일이 아닙니다. 은혜의 은사입니다. 우리가 이것을 구하지 않았기 때문에 얻지 못한 것이 아닐까요?

이제 우리는 특별기도 주간을 앞두고 있습니다. 로마서 10장 1절을 보면서 우리는 하나님의 놀라운 역사가 필요한 사람이라는 사실에 동의하지 않습니까? 이번 주간을 우리의 인생에서 특별한 시간으로 만들 수 있기를 간절히 권면합니다. 24시간 기도 당번에 참여하시기 바랍니다. 매일 아침 7시에는 다락방실에서 기도 모임을 가질 예정입니다. 월요일부터 금요일까지 정오마다 회의실에서 모여 금식하며 기도할 것입니다. 수요일 밤 7시 15분에는 전체 기도모임을 합니다. 금요일에는 10시부터 다음날 새벽까지 철야 기도합니다. 이번 주에는 많은 분들이 집에서도 특별한 기도 시간을 가지면서 한 번도 경험하지 못했던 은혜를 맛보시기 원합니다.

목회자로서 권면합니다. 부족하지만 말씀을 맡은 자로서 간곡히 부탁합니다. 이번 주에는 하나님의 놀라운 역사를 위해 특별한 기도의 시간에 헌신하시기 바랍니다.

17장

그들이 구원받도록 하나님께 기도하노라

로마서 10:1

형제들아 내 마음에 원하는 바와 하나님께 구하는 바는 이스라엘을 위함이니 곧 그들로 구원을 받게 함이라. _롬 10:1

바울이 빌립보서 3장 12절에서 "내가 이미 얻었다 함도 아니요 온전히 이루었다 함도 아니라"고 말하기는 했지만, 빌립보서 4장 9절에서는 이렇게 말했습니다. "너희는 내게 배우고 받고 듣고 본 바를 행하라. 그리하면 평강의 하나님이 너희와 함께 계시리라."

달리 말해, 아직 죄가 없는 완전한 상태는 아니지만 바울은 사람들에게 자신의 마음과 삶을 순종의 지침으로 삼으라고 말합니다. 그가 말씀으로 가르치면서 우리 앞에 자신의 태도와 행위를 드러내 보이는 이유는 우리도 그렇게 닮아 가야 한다는 것입니다. "내게 배우고 받고 듣고 본 바를 행하라"는 것. 우리에게 그것은 바울이 가르치는 교리만큼이나 중요한 하나님의 말씀입니다.

그러므로 바울이 로마서 10장 1절에서 "형제들아 내 마음에 원하는 바와 하나님께 구하는 바는 이스라엘을 위함이니 곧 그들로 구원을 받게 함이라"고 말한 것은 "나와 같은 마음을 품으십시오"라는 의미입니다.

우리는 지난주에 10장 1절에서 "내 마음에 원하는 바 … 그들로 구원을 받게 함이라"는 말씀을 중점적으로 살펴봤습니다. 그리고 이번 주에는 "하나님께 구하는 바는 이스라엘을 위함이니 곧 그들로 구원을 받게 함이라"를 중점적으로 보겠습니다.

이스라엘을 위한 바울의 기도에서 배울 점

"그들"이란 바울의 동족이자 하나님의 택함받은 백성인 이스라엘을 말합니다. 바울이 이스라엘을 위해 기도한다는 사실로부터 우리가 배울 점은 무엇일까요? 세 가지 정도가 될 것 같습니다.

1. 세계를 위한 기도
2. 개인을 위한 기도
3. 하나님의 효력 있는 구원 사역을 위한 기도

1. 세계를 위한 기도

이 부분을 살펴보려면 로마서 11장에 설명되어 있는 구속 역사 속에서 이스라엘이 맡은 역할에 주목해야 합니다. 먼저 11장 25-26절을 보십시오. "형제들아 너희가 스스로 지혜 있다 하면서 이 신비를 너희가 모르기를 내가 원하지 아니하노니 이 신비는 이방인의 충만한 수가 들어오기까지 이스라엘의 더러는 우둔하게 된 것이라. 그리하여 온 이스라엘이 구원을 받으리라."

이스라엘과 이방인을 위한 하나님의 계획

여기서 볼 수 있는 내용은 이것입니다. 창세기 11장에서 하나님은 불순종하는 나라들을 내려다보시며 한 사람 아브라함을 불러내어 그 한 사람을 통해 한 민족을 세우기로 결정하셨습니다. 그리고 약속과 언약을 주시고, 희생 제사를 통한 죄사함의 방법을 계시하셨고, 결국 메시아이신 예수 그리스도를 주셨습니다.

하지만 이스라엘 대부분이 하나님께 등을 돌렸고 남은 몇몇만이 하나님의 약속을 의지하고 믿음으로 순종하며 살았습니다. 그리고 그들이 메시아를 거부했을 때 복음은 이방인들의 세계에 복을 주기 위해 이스라엘이라는 제방을 넘쳐흘러 나갔습니다. 이제 바울은 이방인의 수가 다 차기까지 이스라엘의 다수는 마음이 완악해질 것이라고 말합니다. 즉, 하나님이 어느 시기 동안 이스라엘을 그들의 죄 가운데 내버려 두신다는 말입니다. 그리고 하나님의 목적은 선택된 자들의 온전한 수가 채워질 때까지 모든 언어와 족속과 백성과 나라 중에서 그분의 백성을 불러 모으시는 것입니다.

하지만 위대한 복음의 사명이 완수되면 하나님의 영이 이스라엘의 완악한 마음을 풀어 주셔서 이스라엘에 엄청난 대각성이 일어날 것이고 나라 전체가 그리스도께로 돌이켜 구원을 받을 것입니다.

30-31절에서 이러한 하나님의 계획을 볼 수 있습니다. "너희[이방인]가 전에는 하나님께 순종하지 아니하더니 이스라엘이 순종하지 아니함으로 이제 긍휼을 입었는지라. 이와 같이 이 사람들이 순종

하지 아니하니 이는 너희에게 베푸시는 긍휼로 이제 그들도 긍휼을 얻게 하려 하심이라."

11장 25-26절에도 이와 똑같은 기이한 구원의 방식이 나옵니다. 처음에는 이방인이 불순종합니다. 후에는 이스라엘의 불순종 덕분에 이방인이 긍휼을 얻습니다. 즉, 이방인이 은혜로 다 부름받기까지 이스라엘은 마음이 완악해집니다. 이것이 30절 말씀입니다. 하지만 31절은 하나님의 계획이 완성되는 것에 대해 말합니다. 이스라엘이 불순종했던 궁극적인 이유는 하나님의 긍휼이 그들을 넘어 이방인들에게까지 미치고, 이와 동일한 방식으로 이스라엘도 긍휼을 입어 구원을 얻는 것임이 밝혀집니다.

바울의 기도는 얼마나 세계적인가?

11장 11-12절과 15절에서도 동일한 구원 방식이 나옵니다. 하지만 여기까지 본 것으로 충분하고, 이제는 바울의 기도가 세계를 위한 기도였다는 부분을 다루도록 하겠습니다. 과연 어떤 면에서 그럴까요?

위대한 대사명의 완수로 이방인의 충만한 수가 들어오게 되는 것까지 포함시켰다는 점에서 세계를 위한 기도입니다. 이방인의 충만한 수가 들어오기까지 이스라엘 대다수의 마음이 완악해졌다고 가르칠 당시, 그는 이스라엘의 구원을 위해 어떻게 기도했을까요? 그에 대한 답은 이방인의 충만한 수가 모이는 것을 언급한 그의 기도 안에 담겨 있습니다.

제 아내가 멀리 출타할 때면, 저는 아내가 돌아오는 날 밤에 가족과 특별 만찬을 가질 수 있도록 기도하는데, 또한 아내가 무사히 집에 돌아오도록 기도하기도 합니다. 이것은 아내와 가족들이 함께 식사하게 해달라는 기도 안에 꼭 포함되어 있는 기도입니다. 말하자면 바울이 이스라엘의 회심을 위해 기도할 때는 이방인의 수가 채워지는 것을 위해서도 기도했다는 뜻입니다. 그는 지상대명령의 완수를 위해 그렇게 기도했습니다. 그것이 세계를 위한 기도입니다.

2. 개인을 위한 기도

바울의 기도는 장차 공동체로서 온 이스라엘이 회심하는 것에만 국한되지 않습니다. 그는 사역을 펼치면서 유대인 개개인을 위해서도 기도했습니다. 로마서 11장 13-14절을 보겠습니다. "내가 이방인인 너희에게 말하노라. 내가 이방인의 사도인 만큼 내 직분을 영광스럽게 여기노니 이는 혹 내 골육을 아무쪼록 시기하게 하여 그들 중에서 얼마를 구원하려 함이라."

바울은 이방인의 충만한 수가 들어온 이후에 "모든(온) 이스라엘"이 회심하게 된다는 사실에만 관심을 두지 않았고(11:26), 자신의 사역을 통해 '일부(얼마의)' 이스라엘 사람들도 구원을 받도록 힘썼습니다. 이를 위해 사용한 방법은 유대인들의 특권을 이방인들에게도 아낌없이 나눠 주는 것이었습니다. 즉, 이방인들도 아브라함의 상속자가 될 수 있고(갈 3:14, 29) 아브라함의 씨가 되신 예수님을 믿으면 "진정한 유대인"(롬 2:29)이 될 수 있다고 가르쳤습니다.

바울이 이렇게 행한 목적은 이스라엘 사람들을 시기하게 만들려는 것이었습니다. 바울은 이방인들이 소망과 용서로 즐거워하고,

아브라함과 이삭과 야곱의 하나님과의 교제로 삶이 변화되는 모습을 유대인들이 목격하기를 바랐습니다. 그리고 이러한 도움으로 행위가 아닌 믿음만이 율법을 완성시키는 것임을 그들이 깨닫게 되기를 소망했습니다. 그리하여 결국 회개에 이르고 믿어서 구원을 얻도록 말입니다.

이스라엘 일부를 얻기 위해 이토록 전략적으로 노력한 모습을 보면서 저는 바울이 이들 유대인 개개인의 회심을 위해 기도하기도 했다는 점을 추론할 수 있었습니다. 그는 설교하러 유대 회당에 들어갈 때 의심의 여지없이 이렇게 말했을 것입니다. "만유의 주님, 이 회당에 있는 이스라엘 사람 중 몇몇의 굳은 마음을 기꺼이 풀어 주시옵소서. 그들의 마음을 열어 복음에 귀를 기울여 구원을 받게 하소서." 이 부분이 이스라엘을 위한 바울의 기도에서 얻을 세 번째 교훈으로 이어집니다.

3. 하나님의 효력 있는 구원 사역을 위한 기도

바울은 실제로 이스라엘을 구원해 주시도록 하나님께 기도합니다. 즉, 바울은 그들이 스스로를 구원하게 해달라고 기도하지 않았습니다. 그들이 구원받을 능력을 얻는 것이 아니라, 그들이 구원받도록 기도하고 있습니다.

제가 말씀드리는 의미는 이것입니다. 영적으로 죽은 자를 일으키시고 불순종하는 자에게 회개를 허락하시며 긍휼히 여길 자에게 긍휼을 베푸시는 권리와 능력이 오직 하나님께 있음을 우리가 믿고 있다면, 그렇게 해주시기를 하나님께 기도할 것입니다. 그들을 깊은 물 바닥에서 건져 올려 배 가장자리로 그 식은 몸을 밀어 올리시고, 그들이 영적으로 살아날 수 있게끔 모든 방법을 다 동원하시도록 말입니다.

누군가를 실제로 구원하시도록 간구할 수 없게 될 때

하지만 하나님에게 이러한 능력이 있음을 믿지 않고, 죽어가는 그 사람에게 스스로 결정할 마지막 권리가 있다고 믿는다면(하나님나라에서 살 수 있는 이가 누구인지, 몇 사람이나 들어가는지 결정하는 사람이 되는 셈인데) 하나님께 그 사람을 살려주시도록 간구하지 못합니다.

- "돌 같은 마음을 제거하고 살처럼 부드러운 마음을 주소서"라고 기도하지 못합니다(겔 11:19).
- "주여, 마음에 할례를 베푸사 주를 사랑하게 하소서"라고 기도하지 못합니다(신 30:6).
- "아버지여, 주의 영을 그들 속에 두어 그들로 주의 율례를 행하게 하소서"라고 기도하지 못합니다(겔 36:27).
- "주여, 그들에게 회개함을 주사 진리를 알게 하소서"라고 기도하지 못합니다(딤후 2:25-26).
- "그 마음을 열어 복음을 믿게 하소서"라고 기도하지 못합니다(행 16:14).

하나님의 주권을 믿지 않는 사람이 이렇게 기도할 수 없는 이유는, 인간에게 잘못 내어 주려고 한 권리, 즉 인간의 운명에 대한 궁극적이고 결정적인 선택에 대한 권리를 하나님께 드려야만 나오는 기도이기 때문입니다. 하나님이야말로 실제로 인간을 구원하는 분임을 인정하는 데에서 이런 기도가 가능합니다.

하나님께 결정력이 없다면 우리는 과연 기도할 수 있을까?

이 우주 안에서 구원을 궁극적으로 결정하는 주체가 하나님이 아니라 인간이라고 믿는다면 우리는 어떻게 기도할 수 있을까요? 그 좋은 사례가 딕 이스트만의 책, 『기도 플래너: 세상을 변화시키는 1시간』(*The Hour That Changes the World*)에 나와 있습니다. 그는 우리가 하나님께 기도할 때에도 인간의 궁극적인 자기 결정력을 보존해야 한다고 믿습니다. 그는 책 끝머리의 "잃어버린 자를 위해 기도하는 법"이라는 제목의 글에서 우리는 스스로 여섯 가지 중대한 질문을 할 수 있어야 한다고 말합니다. 그 여섯 가지 질문은 이것입니다. "나는 누구를 믿어야 하는가? 나의 목적은 무엇인가? 나는 언제 진실로 자유하게 되는가? 사람들은 왜 종교를 싫어하는가? 어떻게 대응할 것인가? 죽으면 어디로 가는가?"

예를 들어, 그는 "자기 인생에서 정말 믿을 수 있는 대상을 알게 해달라고 하나님에게 구하라"고 말합니다. 그런데 저는 이것이 궁금합니다. 하나님이 우리로 하여금 어떤 질문에 대해 생각하게 만드는 것은 정당한 반면, 그분이 그 답에 대해 알려 주시는 것은 잘못인 이유는 무엇인가요? 하나님이 어떤 사람을 움직여서 평소 한 번도 해보지 못한 질문을 하게 만드는 것은 합법적이면서, 동일한 영향력으로 한 번도 듣지 못한 답을 주시는 일은 비합법적인 이유가 무엇입니까?

이스트만은 심지어 이런 식의 제안도 합니다. “하나님이 그 사람들의 마음에 내적 불안감과 더불어, ‘진리’를 알고자 하는 갈망도 심어 주기를 기도하라.”

저는 이렇게 질문합니다. 하나님이 인간의 마음에 “갈망을 심어 주는 것”이 합법적이라면, 하나님이 심어 주기로 결정한 갈망은 어느 정도로 강해야 하는 건가요?

하나님이 믿지 않는 자의 마음에 심어 주실 수 있는 두 가지 갈망이 있다고 합시다. 그중 하나는 너무도 강렬해서 그리스도를 따르고 받아들이게 만듭니다. 다른 하나는 그다지 강렬하지 않아서 그리스도를 인정하는 정도로만 이끌어 줍니다. 여러분은 어느 쪽을 위해 기도하시겠습니까? 강렬한 갈망을 위해 기도하는 일은 하나님이 그 사람에게 효과적으로 역사하여 구원에 이르게 하시도록 기도하는 것과 마찬가지입니다. 약한 갈망을 위해 기도한다면, 그 사람이 죄 속에 머무르게 그냥 두어도 별로 상관이 없다는 식으로 기도하는 것과 마찬가지입니다. 물론 그 사람의 자기 결정력은 보호하겠지만 말입니다.

이러한 생각이 어떤 방향으로 이끄는지 아시겠습니까? 인간에게는 반드시 궁극적인 자기 결정력이 있어야 한다고 굳게 믿는 사람들은 죄인들을 회심하게 해달라는 기도를 일관적으로 할 수가 없습니다. 왜 그렇습니까? 죄인의 삶 속에 하나님의 영향력이 임하도록 기도한다면, (죄인의 궁극적 자기 결정을 앗아갈 정도의) 성공적인 영향력이 미치도록 기도하거나, (회심을 위해서는 기도하지 않고 단지) 약한 영향력을 위해 기도하든지 해야 합니다. 따라서 이런 식이라면 회심을 위한 기도를 포기하거나, 아니면 인간의 궁극적 자기 결정권을 포기하든지 해야 합니다.

바울의 입장과 우리의 기도

로마서 9장 16절에서 바울은 이 사안에 대한 자신의 입장에 대해 아주 확고합니다. "그런즉 원하는 자로 말미암음도 아니요 달음박질하는 자로 말미암음도 아니요, 오직 긍휼히 여기시는 하나님으로 말미암음이니라." 그래서 바울은 하나님께 이스라엘이 회심하게 해달라고 기도하고 있습니다! 그는 이스라엘의 구원을 위해 기도합니다! 효력 없는 영향력을 위해 기도하는 것이 아니라 효력 있는 영향력을 위해 기도합니다! 그리고 이것이 우리가 기도해야 할 모습입니다.

우리는 하나님이 주신 새 언약의 약속들을 붙잡고 그 약속들이 이스라엘과 이방인의 충만한 수, 그리고 특히 우리 주변의 지인들 하나하나에게 이루어지도록 하나님께 호소해야 합니다.

- "주여, 그들의 몸에서 돌 같은 마음을 제거하고 살처럼 부드러운 마음을 주소서"(겔 11:19).
- "주여, 그들의 마음에 할례를 베푸셔서 주를 사랑하게 하소서"(신 30:6).
- "아버지여, 그들 속에 주의 영을 두셔서 그들이 주의 율례를 행하게 하소서"(겔 36:27).
- "주여, 그들에게 회개함을 주시고 진리를 알게 하셔서, 마귀의 올무에서 벗어나게 하소서"(딤후 2:25-26).
- "아버지, 그들의 눈을 열어 복음을 믿게 하소서"(행 16:14).

• "하나님, 주의 법에 굴복하지 않으려는 육신의 생각을 십자가에 못 박으시고, 성령의 생각이 삶을 주관하게 하소서"(롬 8:7-8).

달리 말해, 우리는 이렇게 말해야 합니다. "아버지여, 주를 향한 내 마음의 소원과 기도는 주께서 그들을 구원하시는 것입니다."

영적 각성을 가리키는 열 가지 조짐

이러한 내용들을 한데 모아 여러분에게 한 가지 도전을 제기하는 것으로 마무리를 짓겠습니다. 더불어 전 세계적으로 벌어지는 기독교 운동과 이곳 베들레헴교회에서 오늘 하나님이 행하시는 일들로 격려를 얻고자 합니다.

제가 볼 때 우리 세대에는 하나님의 영이 범상치 않은 방식으로 운행하시는 것 같습니다. 데이비드 브라이언트(David Bryant)는 영적 각성과 부흥을 연구하는 사람들을 '영적 지진 연구학자'라고 부릅니다. 그들은 영적 대각성과 선교의 지각변동이 일어나는 여부를 알아보기 위해, 기독교의 영적인 진동을 해석하는 일을 합니다.

그리고 우리 모두에게 하나님이 일하고 계신다는 위로의 소식이 되는 너무나도 명백한 진동들이 있습니다. 그 몇 가지를 말씀드리겠습니다.

1. 1984년 어바나에서는 83%의 학생들이 선교에 헌신했다고 합니다. 3년 전에 비해 두 배나 많아진 숫자입니다. 왜일까요?

2. 1960년에는 미국에서 파송된 개신교 직업 선교사가 16,000명이었습니다. (25년이 지난) 오늘날에는 그 숫자가 3만 명이 넘습니다. 가

장 큰 4개 선교 단체의 경우 같은 기간 동안 2,800명에서 14,000명으로 늘어났습니다. 왜일까요?

3. 선교사가 필요하던 비서구 국가들 다수가 선교사를 파송하는 나라가 되었습니다. 2000년까지 전체 선교사의 반이 이들 나라 출신이 될 것입니다. 왜일까요?

4. 새로 조직된 선교 단체들이 놀라운 속도로 성장하고 있습니다. 프론티어스(Frontiers)라는 단체는 2년 전에 처음으로 20명을 파송했습니다. 오늘날에는(1985년) 103개 지역에서 사역하고 있으며 600명이 파송 혹은 허입을 기다리고 있습니다. 왜일까요?

5. 복음주의 선교 교육 기관에 등록하는 사람들의 수가 지난 10년 동안 극적으로 성장했습니다. 잘 알려진 5개 학교의 경우 1975년에 400명이 안 되었으나 오늘날에는 1,200명이 넘습니다. 왜일까요?

6. 1963년에는 600여 명만이 단기 선교 사역에 참여했습니다. 지난 2년 동안 단기 선교 사역에 참여한 사람들은 한 해 평균 3,000명이나 됩니다. 왜일까요?

7. 남한 인구의 3분의 1이 복음주의 그리스도인입니다. 서울에는 6,000여 개의 교회가 자리하고 있으며, 세계 최대의 감리교회와 장로교회, 오순절 교회가 있습니다. 왜일까요?

8. 공산주의의 압제하에서도 중국 내 기독 공동체가 1949년의 1백만 명에서 오늘날 3천만 명으로 성장했습니다. 왜일까요?

9. 과거 10년 동안 대다수 선교 단체들이 17,000개의 미전도 종족에 대한 개념을 붙잡으면서 "2000년까지 모든 민족에서 교회를"이란 구호 아래 새로운 세대가 일어날 것을 꿈꾸었습니다(학생자원운동

[SVM]의 "우리 세대에 세계 복음화를"이라는 구호가 아닙니다). 왜일까요?

10. 미국 세계 선교 센터(US Center of World Mission)의 설립과 확장으로 미전도 종족 운동이 지속적인 자극을 받고 있습니다. 왜일까요?

세계적으로 감지되는 진동은 이 외에도 더 많습니다. 참으로 놀라운 변화가 지금도 대기 중이라는 사실을 보여 주기에는 충분한 증거들입니다. 어떤 경우든 성령께서 전 세계에서 기막힌 방법으로 역사하고 계십니다. 왜일까요?

베들레헴교회에서 일어나고 있는 열 가지 조짐

그에 대한 답을 제시하기에 앞서 우리 교회에서 일어나고 있는 자그마한 진동도 살펴보겠습니다. 아직 영적 각성의 큰 지진이나 큰 추수는 없었습니다. 하지만 그 진동은 차츰 커져 가고 있습니다. 1985년을 기준으로 몇 가지를 언급하도록 하겠습니다.

1. 기도 사역이 지속적으로 성장했습니다. 기도 팀과 기도실, 예배 중 기도, 매일 아침 7시 기도 모임이 지속되고 있으며, 지난 금요일에는 작년 철야기도 모임 때보다 50% 이상 성장했습니다(150-175명). 교회의 모든 사역에 기도가 영향을 미치고 있습니다. 그리고 그 영향력이 매년 꾸준히 증가하고 있는 것 같습니다.

2. 외국인 학생 사역이 수련회와 인터내셔널 하우스 임대 사업으로 확장하고 있습니다.

3. 1990년까지 90명의 후원하에 15명 파송을 기대하고 있었지만 벌써 21명을 파송했습니다.

4. 월간 〈프론티어 펠로우십〉(Frontier Fellowship)이 지난 달 수요일

에 창간되었습니다.

5. 저희 부부에게 6주간 교회를 잠시 떠나 라이베리아와 카메룬에서 사역할 수 있는 특권이 허락되었습니다.

6. 스티브와 수잔 부부는 휴가를 내고 이번 8월부터 1년간 카메룬에서 교사로 섬기라는 부르심을 받았습니다.

7. '퍼스펙티브즈'(The Perspectives) 강의가 월요일 밤마다 다시 시작되었는데 여러 지역에서 80명이 등록했습니다.

8. 제가 침례교 총회의 해외 선교회 임원으로 선출되었습니다. 그 일은 우리 교회가 선교의 희망적인 징조로 비춰질 신호입니다

9. 우리 예배에 참석하는 사람들이 지난 가을보다 이번 가을에 20% 정도 늘어났습니다.

10. 지난해보다 올해 예산이 35%나 늘어났는데도 하나님이 1985년 예산을 모두 채우려는 마음을 우리 안에 주셨습니다.

기도와 영적 각성

계속에서 이러한 목록을 나열할 수 있습니다. 하지만 전체 요지는 이것입니다. 하나님은 백성들의 기도에 대한 응답 속에서 자신을 더욱 드러내십니다. A. T. 피어슨은 이렇게 말했습니다. "한 나라나 지역 안에서 연합 기도가 시작되지 않으면 영적 각성은 결코 일어나지 않습니다." 그리고 에드윈 오르(Edwin Orr)는 이렇게 말했습니다. "다 함께 연합하여 지속적으로 드리는 기도를 통해 하나님이 일하실 때, 역사는 놀라운 결과로 충만해질 것입니다."

우리는 사도행전의 초대 교회에서 그 모습을 볼 수 있습니다. 그

리고 종교 개혁과 모라비안 선교 운동과 18-19세기 복음주의 대각성에서 확인했습니다.

마지막 도전

따라서 오늘 여러분께 드리는 도전은 기도를 통해 하나님이 행하시는 위대한 역사의 일부분이 되라는 것입니다. 이방인의 충만한 수가 들어오고 온 이스라엘이 회심하는 일이 이 세대에 완성되도록 세계를 위해 기도하십시오. 우리의 기도는 결코 헛되지 않을 것입니다. 우리의 기도는 하늘 창고에 쌓여 있다가 때가 되면 교회와 열방과 이스라엘 위에 부어질 것입니다.

그리고 베들레헴교회를 위해 기도하십시오. 이러한 조그만 진동들이 장차 추수 때가 되어 전에 없던 그리스도의 거대한 영향력으로 온 도시 안에 임하고 대규모의 영적 지진으로 확산될 수 있도록 말입니다.

그리고 여러 개인들의 구원을 위해 걱정 말고 쉼 없이 기도하십시오. 기도 목록을 만들고 수년 동안 성실히 기도하십시오. 이제 영국 브리스톨의 조지 뮬러의 간증으로 마무리하겠습니다.

> 1864년, 지금 나는 하나님의 특별한 축복을 기다리고 있다. 이를 위해 지난 19년 6개월 동안 하나님께 매일 하루도 쉬지 않고 간구해 왔다. 몇몇 사람들의 회심에 대해서는 아직 완전한 기도 응답은 오지 않았다. 그러는 동안 수천 번의 기도 응답을 받았다. 다른 몇몇 사람들을 위해서도 지난 10년간 하루도 쉬지 않고 기도했고, 또 다른 이들을 위해서는 6년

혹은 7년 동안, 어떤 사람들을 위해서는 4년, 3년, 2년을 기도했으며, 또 다른 사람들을 위해서는 18개월을 기도했다. 어떤 사람들[19년 6개월간 기도한 대상]을 위한 기도는 여전히 응답받지 못했다. … 하지만 나는 여전히 기도를 계속하고 있으며 응답받기를 기대하고 있다. … 그리스도인 독자들이여, 여러분이 분명 하나님의 영광을 위해 기도하는 것이 확실하다면, 용기를 가지고 새로운 마음으로 간절히 기도하라.

18장

우리가 선포하는 믿음의 말씀(1부)

로마서 10:5-13

모세가 기록하되 율법으로 말미암는 의를 행하는 사람은 그 의로 살리라 하였거니와 믿음으로 말미암는 의는 이같이 말하되 네 마음에 누가 하늘에 올라가겠느냐 하지 말라 하니 올라가겠느냐 함은 그리스도를 모셔 내리려는 것이요 혹은 누가 무저갱에 내려가겠느냐 하지 말라 하니 내려가겠느냐 함은 그리스도를 죽은 자 가운데서 모셔 올리려는 것이라. 그러면 무엇을 말하느냐 말씀이 네게 가까워 네 입에 있으며 네 마음에 있다 하였으니 곧 우리가 전파하는 믿음의 말씀이라. 네가 만일 네 입으로 예수를 주로 시인하며 또 하나님께서 그를 죽은 자 가운데서 살리신 것을 네 마음에 믿으면 구원을 받으리라. 사람이 마음으로 믿어 의에 이르고 입으로 시인하여 구원에 이르느니라. 성경에 이르되 누구든지 그를 믿는 자는 부끄러움을 당하지 아니하리라 하니 유대인이나 헬라인이나 차별이 없음이라. 한 분이신 주께서 모든 사람의 주가 되사 그를 부르는 모든 사람에게 부요하시도다. 누구든지 주의 이름을 부르는 자는 구원을 받으리라. _롬 10:5-13

누군가 다음과 같이 질문한다면 그럴 듯하게 들리지 않을까요? '21세기 미국에서 살아가면서 왜 이스라엘에 대한 문제를 생각해야 합니까? 특히나 고대 성경 시대의 이스라엘 문제를 말입니다. 리야드와 카사블랑카에서 일어난 테러나 에티오피아의 기아, 대만과 토론토에서 발발한 사스, 예산 부족, 움츠러든 경제, 낮은 이자율, 콩고 공화국의 헤마와 린두 부족 간의 대량 학살 가능성 등의 이슈를 생각해 볼 때, 현재와는 너무나 동떨어지고 머나먼 이야기로 들립니다.'

로마서 9-11절은 주로 이스라엘이 하나님 앞에서 의를 찾지 못하고 결국 구원과 영생까지 얻지 못하고 실패하게 된 문제를 다루고 있습니다. 이방인들은 로마서 9장 24절부터 등장하여 그 이후로도 계속 거론되기는 하지만 사실 이들은 바울의 최우선 관심 대상이 아닙니다. 반복되는 주된 사안은 '이스라엘은 하나님의 선택을 받은 백성인가? 그렇다면 무엇이 어떻게 잘못되었나? 그것이 왜 지금 우리와 상관이 있는가?'입니다.

이스라엘: 우리 양심을 보여 주는 소우주

그 주된 이유에 초점을 맞춰 보겠습니다. 하나님은 이스라엘을 온 세상과 우리의 양심에 대한 소우주로 고안하신 뒤 역사라는 무대에 내놓으셨습니다.

이스라엘은 인류의 모든 군상들이 등장해 세상의 모든 사람들이 지켜볼 수 있도록 하는 역사 무대와도 같습니다. 우리 안에서 일어나는 영적인 일은 역사적으로 이스라엘 안에 이미 일어난 일이며, 그들의 이야기를 듣고서 우리도 자신을 돌아보게 되고 세계가 이것을 어떻게 이해하는지도 볼 수 있습니다. 우리가 인간으로서 하나님 앞에 영적으로 어떤 상태인지 알고 싶다면, 그리고 세상에서 가장 중차대한 이슈가 무엇인지 파악하고 싶다면, 성경에 풀어 설명되어 있는 이스라엘의 역사를 살펴보기 바랍니다.

저는 로마서 3장 19절에서 이 진리를 도출했습니다. 거기서 바울은 이렇게 말합니다. "우리가 알거니와 무릇 율법이 말하는 바[즉, 이스라엘에게 주신 구약의 율법]는 율법 아래에 있는 자들[즉, 이스라엘]에게 말하는 것이니, 이는 모든 입을 막고 '온 세상'으로 하나님의 심판 아래에 있게 하려 함이라."

요점이 무엇인지 아시겠습니까? 하나님은 그분의 율법 안에서 이스라엘을 다루시는데, 이는 이스라엘뿐 아니라 "온 세상"에게도 분명히 드러내기 위함입니다. 하나님은 "모든 입을 막기" 위해 이스라엘에게 말씀하십니다. 여러분과 저의 입도 그러합니다.

이스라엘은 우리 양심의 소우주입니다. 우리는 이스라엘이라는 극장 안에서 자신의 영적 갈등이 역사 속에서 연극처럼 진행되는 장면을 지켜볼 수 있습니다. 그리고 이러한 영적 갈등의 의미가 무엇이며 어떻게 반응해야 하는지 배웁니다. 그래서 초대 교회는 그리스도께서 오셔서 구약의 모든 소망을 채워 주셨음에도 불구하고 구약성경을 포기하지 않은 것입니다.

소우주인 이스라엘을 설명하는 다섯 단계

이 소우주(극장)에 대해 다섯 단계로 나누어 좀 더 자세히 설명해 보겠습니다.

첫째, 모든 인간의 마음에는 하나님의 율법이 새겨져 있습니다. 바울은 로마서 2장 15절에서 이렇게 말합니다. "이런 이들은[이방인] 그 양심이 증거가 되어 그 생각들이 서로 혹은 고발하며 혹은 변명하여 그 마음에 새긴 율법의 행위를 나타내느니라."

따라서 하나님이 구약에서 이스라엘에게 말씀을 주셨던 것처럼 우리 마음에도 하나님의 율법이 새겨져 있습니다. 우리 안에 있는 법은 눈에 보이지 않지만, 이스라엘의 법은 보이며 읽을 수 있다는 점이 다른 부분입니다.

둘째, 우리 모두는 우리 안에 있는 법을 지키지 못합니다. 바울은 로마서 3장 9절에서 이렇게 말합니다. "그러면 어떠하냐? 우리는 나으냐? 결코 아니라. 유대인이나 헬라인이나 다 죄 아래에 있다고 우리가 이미 선언하였느니라."

우리는 이스라엘이 기록으로 가지고 있던 율법을 우리 마음에 새겨진 형태로 지니고 있으며, 또한 그들처럼 그 율법을 지키지 못하고 실패했습니다. 우리 모두 죄를 지었습니다. 하지만 이스라엘의 죄는 좀 더 분명합니다. 그들이 파기한 법을 눈으로 볼 수 있기 때문입니다. 역사에 기록되어 있습니다. 그러나 우리의 마음에 새겨진 법은 눈에 보이지 않으므로, 우리의 불순종과 반항이 심각함에도 그다지 분명하게 보이지 않습니다. 이스라엘은 우리 안에서 실제로 일어나는 일을 역사 속에서 살펴볼 수 있도록 하는 가시적인 극장입니다.

셋째, 우리 모두는 마음에 새겨진 하나님의 법대로 살아가지 못한다는 사실을 알고 있으며, 우리의 양심도 그런 자신을 비난합니다.

우리는 그러한 양심의 비난이 심각하고 공의로운 하나님의 정죄를 반영하고 있음을 직관적으로 알고 있습니다. 비록 불완전하고 약하기는 해도 양심의 소리는 하나님의 심판을 반영합니다. 또한 역사 속에서 이스라엘이 하나님의 손 아래에서 심판을 받았던 모습을 보며, 우리는 하나님 앞에 서 있는 우리의 상황을 드라마처럼 지켜봅니다. 그들의 입이 막힐 때, 우리의 입도 막힙니다.

넷째, 이스라엘의 죄책과 정죄에 대한 하나님의 해결책은 우리에게도 해당되는 진실입니다. 죄인을 구원하는 방법에 있어서 이스라엘과 다른 나라가 모두 동일한 것이 하나님의 목적이기 때문입니다. 우리는 이스라엘의 역사라는 극장을 지켜보면서 이것을 제대로 배울 수 있습니다.

하나님의 해결책은 우리가 좀 더 율법을 잘 지키는 것이 아니라 예수 그리스도의 율법 준수와 죽음과 부활에 대해 믿는 것입니다. 로마서 3장 28-30절의 말씀을 들어 보십시오. "그러므로 사람이 의롭다 하심을 얻는 것은 율법의 행위에 있지 않고 믿음으로 되는 줄 우리가 인정하노라. 하나님은 다만 유대인의 하나님이시냐 또한 이방인의 하나님은 아니시냐 진실로 이방인의 하나님도 되시느니라. 할례자도 믿음으로 말미암아, 또한 무할례자도 믿음으로 말미암아 의롭다 하실 하나님은 한 분이시니라."

달리 말하면, 율법을 어기고 정죄를 받는 것으로부터 구원 얻는 길은 "율법의 행위에 있지 않고 믿음으로 되는" 것이며, 이 방법은 모든 열방, 즉 이스라엘과 모든 이방인들에게 열려 있습니다.

오늘 본문에서 동일한 내용을 볼 수 있습니다. 로마서 10장 11-13절입니다. "성경에 이르되 누구든지 그[걸림돌이신 예수. 9장 33절 참조]를 믿는 자는 부끄러움을 당하지 아니하리라 하니 유대인이나 헬라인이나 차별이 없음이라. 한 분이신 주께서 모든 사람의 주가 되사 그를 부르는 모든 사람에게 부요하시도다. 누구든지 주의 이름을 부르는 자는 구원을 받으리라."

요지는 이것입니다. "그리스도를 믿는 모든 자"는 하나님의 법정에서 의롭다는 인정을 받게 됩니다. 그리고 이것은 오직 믿음만으로 받는 칭의이므로 이스라엘과 다른 모든 민족들은 온 세계에 만연한 죄책과 정죄로부터 구원의 길이 열려 있습니다.

지금까지 우리는 이스라엘이 하나님 앞에 있는 자신의 삶을 드라마처럼 보여 주는 역사의 극장과도 같다는 사실이 의미하는 바를 네 가지 정도로 살펴보았습니다.

1. 우리 마음에는 하나님이 새겨 주신 법이 있으며, 이스라엘에게는 모든 사람들이 읽을 수 있도록 역사 속에 기록된 법이 있습니다.
2. 우리는 눈에 보이지 않는 법을 따라 사는 데에 실패했으며, 이스라엘은 모든 사람이 볼 수 있게 기록된 법에 따라 살지 못하고 실패했습니다.
3. 우리는 하나님의 가차없고 공의로운 선고가 반영된 양심에 의해 정죄를 받고, 이스라엘은 가시적이고 공개적으로 하나님께 정죄를 받습니다.
4. 이스라엘에게 주신 해결책은 메시아이신 예수님에 대한 믿음이고, 예

수님이야말로 그들이 스스로에게 주지 못하는 의를 제공하시는 분이며, 이 사실은 이방인인 우리에게도 그대로 적용됩니다.

따라서 이스라엘의 역사 이야기와 우리의 내면적이고 개인적 이야기는 예수님 안에서 서로 연결됩니다. 그들의 역사가 예수님을 가리켰고, 우리의 영적 갈등도 예수님을 가리킵니다.

이제 이스라엘을 우리 인생의 드라마가 펼쳐지는 역사 극장으로 설명하는 마지막 내용으로 넘어가겠습니다.

다섯째, 바울은 해결책으로 제시된 예수 그리스도에 대한 믿음을 이스라엘이 놓친 이유를 설명합니다. 그리하여 우리가 동일한 실수를 범하지 않게 하고, 이스라엘도 자신의 자리로 돌아오는 길을 찾도록 합니다.

이 내용은 로마서 10장 5-13절에 등장합니다. 제가 이런 식으로 시작한 이유는 본문이 우리에게 왜 중요한지를 알 수 있게 하려는 것입니다. 바울은 여기서 이스라엘이 율법의 핵심을 놓쳤다는 사실을 우리에게 설명합니다. 그러면서 우리로 하여금 율법 혹은 우리 마음에 새겨진 법의 핵심을 놓치지 않게 하려는 데 목적이 있습니다.

이스라엘 사람들은 자신들의 이야기를 읽으면서도 핵심을 보지 않았습니다. 우리는 어떻습니까? 우리의 이야기를 읽으면서도 정작 핵심을 못 보는 것은 아닙니까? 우리의 양심과 우리의 실패와 우리의 죄책감이 도대체 무엇과 관계 있는지 알고 있습니까? 역사라는 극장에서 하나님이 이스라엘을 다루시는 내용의 드라마를 보면서 그분이 우리를 어떻게 다루어 가시는지에 대해서도 배우셨습니까?

그것이 얼마나 놀라운 일인지 잠시 생각해 보시기 바랍니다. 전능자 하나님, 우주의 창조자, 만유의 주재께서 이스라엘이라 불리는 백성을 다루시기 위해 지난 4천 년 동안 역사에 개입해 오셨습니다. 왜 그랬을까요? 온 세상이 자기의 진정한 모습과 허물을 깨닫고, 창조자와 그리스도를 통한 구원의 방법을 알게 하시려는 것입니다.

대우주를 위해 소우주를 다루십니다. 모든 민족을 위해 하나의 민족을 다루십니다. 죄책과 정죄에 짓눌려 있는 보이지 않는 영혼과 생각과 마음을 위해 눈에 보이는 역사를 다루십니다. 성경이 들려주는 이스라엘의 역사가 사실은 우리에 관한 것이라니 참으로 놀랍지 않습니까? 바로 거룩한 하나님 앞에 서 있는 우리의 모습에 관한 것이며 우리의 변화에 대한 것입니다.

이스라엘을 다루시는 하나님의 방법은 오늘날의 테러와 이에 대한 분노와 슬픔과도 관련이 있고, 사스와 그로 인한 고통이나 두려움과도 연관이 있으며, 침체된 경제와 실업난과 좌절과 고난과도 연결되어 있을 뿐 아니라, 용서하지 못하고 복수로 점철된 종족 간의 전쟁과도 관련되어 있음이 분명해졌습니다. 이스라엘과 그들의 실패에 대한 모든 이야기는 우리를 그리스도께로 이끌어, 믿는 모든 자에게 주시는 용서와 의와 도움을 받게 하기 때문입니다.

이스라엘이 역사의 핵심을 놓친 이유

따라서 저는 여러분에게 이렇게 묻고 싶습니다. 여러분은 이스라엘의 실수를 피했습니까, 아니면 동일한 실수를 저지르고 있습니까?

이스라엘이 역사의 핵심을 놓쳐 버린 이유에 대해 바울이 우리에게 어떤 식으로 보여 주는지 5-8절에서 보겠습니다. 이미 로마서 10장 3-4절에서 정리했던 내용입니다.

"하나님의 의를 모르고 자기 의를 세우려고 힘써 하나님의 의에 복종하지 아니하였느니라. 그리스도는 모든 믿는 자에게 의를 이루기 위하여 율법의 마침이 되시니라."

이스라엘은 그리스도의 의 대신에 자신의 의를 세웠습니다. 그들은 율법과 역사가, 행위가 아닌 믿음으로 의를 얻도록 그리스도께로 이끌어 가기 위한 것임을 깨닫지 못했습니다.

5-8절에서 바울은 구약성경에서 실패한 사례를 들고 있습니다. 우리도 동일한 실수를 저지르지 않도록 반드시 주의를 기울이고 확인해야 합니다. 바울은 여기서 구약성경이 두 종류의 의에 대해 가르쳤다고 말합니다. 율법으로 받는 의와 그리스도를 믿음으로 얻는 의입니다.

율법으로 받는 의

바울은 5절에서 레위기 18장 5절을 인용하면서 첫 번째 예를 설명합니다. "너희는 내 규례와 법도를 지키라. 사람이 이를 행하면 그로 말미암아[혹은 그 의로] 살리라. 나는 여호와이니라."

우리가 그분을 믿고 그분의 은혜로 절대 죄를 짓지 않는다면, 구원을 받고 영생을 얻을 것입니다. 즉, 모세는 율법에 대한 완전한 순종으로 하나님께 영원한 생명을 얻는다는 원칙을 정한 것이라고 바울은 말합니다. 물론 바울(롬 3:9-10, 3:23)과 구약성경(왕상 8:46) 모두 어떤 인간도 이 같은 방법으로는 생명을 얻을 수 없다는 사실을 완벽히 인지하고 있습니다. 우리 모두 죄를 짓기 때문입니다.

하지만 하나님의 근원적이고 궁극적인 요구는 '죄가 없이 완전한 믿음'입니다. 그리고 이 원칙 자체는 절대적으로 중요합니다. 구약의 희생 제사나 예수님의 십자가 모두 이 원칙 없이는 도무지 이치에 맞지 않습니다. 죄가 없이 완전한 믿음으로 받은 의가 있으면 완전한 영생을 얻을 수 있습니다. 갈라디아서 5장 3절에서 그 사실을 볼 수 있습니다. "내가 할례를 받는 각 사람에게 다시 증언하노니 그는 율법 전체를 행할 의무를 가진 자라." 달리 말해, 만일 우리가 "율법으로 받는 의"를 원한다면, 완전한 믿음으로 모든 율법을 완벽히 지켜야만 합니다(민 14:11, 20:12 참조). 하지만 어떤 인간도 그러한 수준에 도달한 적이 없습니다. 한 분만 빼고 말입니다.

믿음으로 얻는 의

이제 다른 종류의 의, 즉 그리스도를 믿음으로 얻는 의로 넘어가겠습니다. 바울은 6-8절에서 신명기 30장 11-14절을 인용하여 설명합니다. 이것은 바울이 4절부터 계속 설명하는 내용입니다. "그리스도는 모든 믿는 자에게 의를 이루기 위하여 율법의 마침이 되시니라." 바울은 이 내용을 신명기 30장 말씀으로 어떻게 설명할까요? 제가 신명기 30장 11-14절의 본문을 읽을 때 잘 들어보시기 바랍니다.

"내가 오늘 네게 명령한 이 명령은 네게 어려운 것도 아니요 먼 것도 아니라. 하늘에 있는 것이 아니니 네가 이르기를 누가 우리를 위하여 하늘에 올라가 그의 명령을 우리에게로 가지고 와서 우리에게 들려 행하게 하랴 할 것이 아니요 이것이 바다 밖에 있는 것이 아니니 네가 이르기를 누가 우리를 위하여 바다를 건너가서 그의 명령을 우리에게로 가지고 와서 우리에게 들려 행하게 하랴 할 것도 아니라. 오직 그 말씀이 네게 매우 가까워서 네 입에 있으며 네 마음에 있은즉 네가 이를 행할 수 있느니라."

바울이 볼 때 이 본문은 그리스도께서 우리의 의가 되심을 가리킵니다. 그는 본문이 실제로 가리키는 바는 "우리가 전파하는 믿음의 말씀"(8절), 즉 그리스도 안에 있는 믿음이라고 합니다. 로마서 10장 6-8절에서 바울이 그리스도를 신명기 본문에 어떻게 잘 엮어 넣었는지 귀 기울여 보시기 바랍니다.

"믿음으로 말미암는 의는 이같이 말하되 네 마음에 누가 하늘에 올라가겠느냐 하지 말라 하니 올라가겠느냐 함은 그리스도를 모셔 내리려는 것이요, 혹은 누가 무저갱에 내려가겠느냐 하지 말라 하니 내려가겠느냐 함은 그리스도를 죽은 자 가운데서 모셔 올리려는 것이라. 그러면 무엇을 말하느냐 말씀이 네게 가까워 네 입에 있으며 네 마음에 있다 하였으니 곧 우리가 전파하는 믿음의 말씀이라."

본문에서 바울은 그리스도를 어떻게 보고 있습니까? 매우 중대한 질문입니다. 이스라엘이 이런 식으로 그리스도를 보지 못한 것이 우리에게는 본보기와 같기에, 이와 관련해서 자신의 영혼과 구원에 대해 뭔가를 배워야 한다는 사실을 기억하기 바랍니다.

신명기 30장 11-14절 말씀은 어떻게 그리스도를 가리키는가?(4단계)

바울이 로마서 10장에서 신명기 30장 11-14절 말씀을 인용하면서 어떤 관점에서 그리스도가 우리의 의가 되심을 가리킨다고 보았는지에 대해, 네 단계로 답을 드리려고 합니다.

1. 바울은 구약과 경험과 깨달음을 통해, 모든 사람은 죄를 지으며 어떤 인간도 의롭지 않다는 사실을 알았습니다(롬 3:9-10). 열왕기상 8장 46절입니다. "범죄하지 아니하는 사람이 없사오니." 따라서 바울은 "이 명령은 네게 어려운 것도 아니요"라는 단순명료한 신명기 30장 11절에서 뭔가 이상한 점을 느꼈습니다. 이 명령은 세상 모든 사람에게, 심지어 가장 신실하다는 사람들에게조차 너무나도 힘겨운 것이라는 사실은 이미 증명된 일이었기 때문입니다. 바울의 삶에서조차 그것은 무척 힘겨운 일이었지요.

2. 바울은 6절에서 "네 마음에 … 하지 말라"는 말을 하면서 신명기 말씀을 인용하고 있습니다. 신명기 9장 4절에서 하나님이 이스라엘에게 "네가 심중에 이르기를 내 공의로움으로 말미암아 여호와께서 나를 이 땅으로 인도하여 들여서 그것을 차지하게 하셨다 '하지 말라'"고 경고하신 대목입니다.

달리 말해, 약속의 땅을 선물로 주신 것은 율법을 지키기 쉬워서가 아님을 바울은 알고 있습니다. 인간의 의 때문도 아니었습니다. 인간의 행위와 상관없이 순전히 조건 없이 주신 하나님의 은혜 때문이었습니다. 바울은 그 안에서 칭의가 믿는 자들에게 임하는 방식을 봅니다. 즉, 우리가 어떻게 하나님이 베푸시는 약속의 땅으로 들어가는지 말입니다.

3. 앞서 나온 구절을 보면(신 30:6) 모세는 하나님이 새 언약을 완전히 성취하시고 이스라엘의 마음도 온전히 바꿔 주시는 그날에, 결국

이스라엘의 완전한 순종이 임하게 된다고 말합니다. 모세는 이렇게 쓰고 있습니다. "네 하나님 여호와께서 네 마음과 네 자손의 마음에 할례를 베푸사 너로 마음을 다하며 뜻을 다하여 네 하나님 여호와를 사랑하게 하사 너로 생명을 얻게 하실 것이며." 바울은 이 부분에서 완전히 그리스도를 생각하며 읽었을 것입니다. "그리스도께서 이 일을 가능하게 하신 것이다. 그분의 피가 새 언약의 피가 된 것이다"(눅 22:2 참조)고 말입니다. 언젠가는 완전한 칭의뿐 아니라 완전한 성화도 있을 것입니다. 율법이 참으로 쉬워질 날이 올 것입니다. 그리스도를 통해서 말입니다!

4. 이제 바울은 신명기 30장 11-14절에 암시된 그리스도를 좀 더 넓고도 가까운 맥락으로 볼 준비가 되었습니다. 모세는 계명이 쉽고 가깝다고 말하는데, 바울은 이를 그리스도로 바꿉니다. 6절을 보십시오.

"믿음으로 말미암는 의는 이같이 말하되 네 마음에 누가 하늘에 올라가겠느냐[구약: 누가 우리를 위하여 하늘에 올라가 그의 명령을 우리에게로 가지고 와서 우리에게 들려 행하게 하랴?] 하지 말라 하니 [바울은 이렇게 말합니다] 올라가겠느냐 함은 그리스도를 모셔 내리려는 것이요."

바울은 '명령(계명)'이 들어간 자리에 그리스도를 넣습니다. 7절에서도 계속됩니다. 믿음으로 얻는 의에 대해서는 아직 말이 없습니다.

"혹은 누가 무저갱에 내려가겠느냐[구약: 누가 우리를 위하여 바다를 건너가서 그의 명령을 우리에게로 가지고 와서 우리에게 들려 행하게 하랴?] 하지 말라 하니 [바울은 이렇게 말합니다] 내려가겠느냐 함은 그리스도를 죽은 자 가운데서 모셔 올리려는 것이라."

바울은 다시 한 번 신명기 본문에서 '명령(계명)'이 나온 자리에 그리스도를 넣습니다. 바울이 그리스도의 성육신("모셔 내리는 것", 6절)과 부활("모셔 올리는 것", 7절)을 언급한다는 사실에 유의하시기 바랍니다. 이 일을 가능케 한 것은 이스라엘이 아니라는 것이 핵심입니다. 바울은 계명에 순종해야 하는 우리 대신 그리스도의 삶과 죽음을 넣었습니다. 이것이 칭의의 열쇠입니다. 그것이 로마서 10장 4절의 핵심이며, 앞의 여러 구절들이 지지하는 말씀입니다. "그리스도는 모든 믿는 자에게 의를 이루기 위하여 율법의 마침이 되시니라." 율법이 우리에게 '그리 힘들지 않게' 되는 첫 번째 단계입니다. 그리스도께는 전혀 힘들지 않은 일이었습니다. 그리고 하나님은 그분의 순종을 우리의 것으로 인정하십니다.

달리 말해, 바울은 구약의 신명기 본문에서 그리스도가 우리의 의와 성화가 되어 주실 때를 가리키고 있다는 사실을 보았습니다. 첫째, 모세는 '시도할 수 있으나 어느 누구도 온전히 소유하지 못하는' 완전한 의가 반드시 우리에게 있어야 한다고 가르칩니다. 그러므로 바울은 그리스도께서 오셔서 살고 죽으시고 부활하셔서 우리를 위해 완전한 순종을 행하시고 이를 우리의 것으로 인정해 주신다고 결론을 짓습니다. 그리고 위대한 칭의(새 언약을 성취하는 위대한 발걸음) 덕분에, 우리가 언젠가는 완전히 할례받은 마음을 갖게 될 것이며 쉬우면서도 기쁘게 철저히 하나님께 순종하게 될 것입니다.

이에 대한 우리의 응답은 우리의 의가 되신 그리스도를 기쁘게 믿는 것입니다. 8절입니다. "그러면 [믿음으로 얻는 의가] 무엇을 말하느냐? 말씀이 네게 가까워 네 입에 있으며 네 마음에 있다 하였으니 곧 우리가 전파하는 믿음의 말씀이라." 모세는 의를 얻기 위해 그리스도를 믿는 방법에 대해 가르쳤습니다.

여기서 언급할 것이 많지만, 다음 주에 다루도록 하겠습니다. 하지만 마무리 지으면서 생각할 것이 있습니다. 예수님은 "내 멍에는 쉽고 내 짐은 가벼움이라"(마 11:30)고 말씀하셨습니다. 하지만 또한 "생명으로 인도하는 문은 좁고 길이 협착하여 찾는 자가 적음이라"(마 7:14)고도 하셨습니다. 우리는 (이미 우리에게 임한) 완전한 칭의와 (아직 임하지 않은) 완전한 성화 사이에 살고 있습니다. 우리는 지금 그것을 맛봅니다. 주의 뜻대로 행하면서 그리스도와 누리는 교제는 얼마나 달콤한지요! 예수님 안에서 모든 만족을 누리며 하나님의 자녀로 칭의를 얻는 경이 속에 살 때 그것은 얼마나 쉬운지요!

하지만 믿음과 순종에 실패할 때는 또한 얼마나 고통스럽습니까! 바울 사도와 함께 고백합시다. "오호라, 나는 곤고한 사람이로다! 이 사망의 몸에서 누가 나를 건져내랴? 우리 주 예수 그리스도로 말미암아 하나님께 감사하리로다!"

그분은 우리의 의가 되십니다. 그분은 우리의 승리십니다. 그분이 우리의 마음에 할례를 베푸셨습니다. 그리고 우리 안에 성화의 작업을 하고 계십니다.

만 입이 내게 있으면
그 입 다 가지고
내 구주 주신 은총을

늘 찬송하겠네.

내 은혜로신 하나님
날 도와주시고
그 크신 영광 널리 펴
다 알게 하소서.

내 죄의 권세 깨뜨려
그 결박 푸시고
이 추한 맘을 피로써
곧 정케 하셨네.

19장

우리가 선포하는 믿음의 말씀(2부)

로마서 10:5-13

모세가 기록하되 율법으로 말미암는 의를 행하는 사람은 그 의로 살리라 하였거니와 믿음으로 말미암는 의는 이같이 말하되 네 마음에 누가 하늘에 올라가겠느냐 하지 말라 하니 올라가겠느냐 함은 그리스도를 모셔 내리려는 것이요 혹은 누가 무저갱에 내려가겠느냐 하지 말라 하니 내려가겠느냐 함은 그리스도를 죽은 자 가운데서 모셔 올리려는 것이라. 그러면 무엇을 말하느냐 말씀이 네게 가까워 네 입에 있으며 네 마음에 있다 하였으니 곧 우리가 전파하는 믿음의 말씀이라. 네가 만일 네 입으로 예수를 주로 시인하며 또 하나님께서 그를 죽은 자 가운데서 살리신 것을 네 마음에 믿으면 구원을 받으리라. 사람이 마음으로 믿어 의에 이르고 입으로 시인하여 구원에 이르느니라. 성경에 이르되 누구든지 그를 믿는 자는 부끄러움을 당하지 아니하리라 하니 유대인이나 헬라인이나 차별이 없음이라. 한 분이신 주께서 모든 사람의 주가 되사 그를 부르는 모든 사람에게 부요하시도다. 누구든지 주의 이름을 부르는 자는 구원을 받으리라. _롬 10:5-13

오늘은 9-13절 말씀을 중심으로 설교하고 듣게 될 예정입니다. 그런데 우리가 놀라울 정도로 광범위하면서도 포괄적으로, 또한 관대하고 자유롭고 풍성하고 매력적으로 이 말씀을 설교하거나 듣지 않는다면, 그것은 말씀에 합당한 반응이 아닙니다. 잠시 후 본문에 나오는 세 단어를 중점적으로 살펴볼 텐데, 이는 우리로 하여금 광대하고 자비롭고 너그러우신 하나님의 마음을 기뻐할 수밖에 없도록 해줍니다.

그 세 가지를 '부르는'(call), '모든'(all), '부요한'(riches) 이렇게 세 단어로 표현할 수 있습니다. 혹시 마지막 단어까지 운율을 맞추고 싶다면 '즐겁게 하는'(enthrall)이라는 단어를 써도 괜찮습니다.

구원을 위해 하나님께 나아온다는 것은 "주의 이름을 부르고"(call), 주를 고백함으로써 그리스도를 믿는 것입니다. 하나님은 어떠한 문화나 종교나 인종에 관계없이 '모든'(all) 사람들에게 믿음으로 나아오라고 초대하십니다. 그리고 누구든지 그런 초대를 받고 나아오는 사람은 하나님의 모든 '부요한'(riches) 것을 찾고 누리게 됩니다. 하나님은 그분을 부르는 모든 사람이 그리스도 안에 있는 모든 부요함으로 '즐겁게 하는' 분입니다.

그것이 우리가 가려는 곳입니다. 하지만 먼저 우리는 (성령의 인도하심과 함께) 사도 바울을 따라가고 있음을 기억합시다. 그의 생각의 흐름을 따르다 보면 정말로 강조해야 할 부분이 어디인지 알게 됩니다.

지금까지 살펴본 로마서 9-10장에 대한 복습

로마서 9장 1-23절은 왜 정말 소수의 이스라엘 사람들만이 구원을 받는가에 대해 궁극적인 설명을 합니다. 육체적 이스라엘 중에 진정한 영적 이스라엘에 포함되는 사람은 왜 그리 적을까요? 우리의 민족적 정체성이나 행위가 아니라 택하심에 따른 하나님의 뜻에 의해(9:11-12) 누가 긍휼의 그릇인지 최종적으로 결정되기 때문입니다. "이스라엘에게서 난 그들이 다 이스라엘이 아니요 … 곧 육신의 자녀가 하나님의 자녀가 아니요 오직 약속의 자녀가 씨로 여기심을 받느니라"(롬 9:6, 8).

선택에 있어서 하나님의 자유하심이 이방인에게 문을 열어 주어 진정한 그리스도인에 속하게 해줍니다. 바울은 로마서 9장 24-29절에서 곧장 그 문으로 들어가 이방인들도 하나님의 진정한 이스라엘에 속하게 되었다고 말합니다. 24절입니다. "이 그릇은 우리니 곧 유대인 중에서뿐 아니라 이방인 중에서도 부르신 자니라." 이 놀라운 진리는 앞으로 9-10장의 나머지 부분에서 바울이 설명해야 할 부담입니다. 즉 많은 이방인이 진정한 이스라엘에 속하게 되는 반면, 여기에 속하지 않는 유대인들은 왜 그렇게 많은가에 대한 것입니다.

이에 대해 바울은 이번에는 하나님의 택하심이라고 하지 않고(9장 1-23절에서 보듯이), 오직 믿음으로 받는 칭의 때문이라고 대답합니다. 이방인들은 이 이신칭의를 알고서 기쁨으로 받았지만, 이스라엘은 거기에 걸려 넘어졌습니다. 그들은 메시아에 대한 믿음이 아닌 율법의 순종으로 얻는 칭의를 여전히 인정했기 때문입니다.

여기서 잠시 멈춰, 오직 믿음으로 의롭다 하심을 받아 언약 백성이 되면 하나님의 모든 약속들을 유업으로 받는다는 소식을 듣고 1세기 당시의 이방인들이 얼마나 기뻐했을지 느껴 볼 필요가 있습니다. 그들은 오랜 세월 그 복된 소식에서 배제되었습니다. 그들은 단지 민족적으로 유대인이 아니었을 뿐 아니라, 부정한 무할례자들이었고, "이스라엘 국가에서 소외되어, 이 세상에서 하나님도 없고 소망도 없이 살면서 약속의 언약에 무지한 자들"(엡 2:13)이었습니다. 바울이 사도행전 13장 46-48절에서 비시디아 안디옥에 있는 사람들에게 은혜의 소식을 전했을 때 어떤 일이 일어났는지 귀 기울여 보시기 바랍니다.

"바울과 바나바가 담대히 말하여 이르되 하나님의 말씀을 마땅히 먼저 너희에게 전할 것이로되 너희가 그것을 버리고 영생을 얻기에 합당하지 않은 자로 자처하기로 우리가 이방인에게로 향하노라. 주께서 이같이 우리에게 명하시되 내가 너를 이방의 빛으로 삼아 너로 땅 끝까지 구원하게 하리라 하셨느니라 하니, 이방인들이 듣고 기뻐하여 하나님의 말씀을 찬송하며 영생을 주시기로 작정된 자는 다 믿더라."

진정한 이스라엘로 들어가는 근거

이방인은 진정한 이스라엘로 들어가고 유대인은 돌아서는 이유에 대해 바울은 로마서 9장 30절에서 10장 8절까지 세 번에 걸쳐 설명합니다. 이때 매번 행위로 받는 칭의와 믿음으로 받는 칭의가 대조를 이룹니다. 각각의 내용에 주목해 보면 우리가 하나님의 가족으로 들어가는 근거를 명확히 이해하고 기쁨으로 뛰게 될 것입니다.

첫째, 로마서 9장 30-32절입니다. "그런즉 우리가 무슨 말을 하리요? 의를 따르지 아니한 이방인들이 의를 얻었으니 곧 믿음에서 난 의요, 의의 법을 따라간 이스라엘은 율법에 이르지 못하였으니, 어찌 그러하냐? 이는 그들이 믿음을 의지하지 않고 행위를 의지함이라.

부딪칠 돌에 부딪쳤느니라." 이 둘을 나누는 관건은 '어느 쪽의 의로 의롭다 함을 얻고 하나님의 가족이 되는가?'입니다.

둘째, 바울은 로마서 10장 3-4절에서 다시금 말합니다. "하나님의 의를 모르고 자기[이스라엘 전체] 의를 세우려고 힘써 하나님의 의에 복종하지 아니하였느니라. [그러면 하나님의 의란 무엇입니까?] 그리스도는 모든 믿는 자에게 의를 이루기 위하여 율법의 마침이 되시니라." 이스라엘은 부딪칠 돌에 걸려 넘어졌고, 이방인들은 그분을 믿고 진정한 이스라엘로 들어가게 되었습니다. 우리는 자신의 의를 믿는 것이 아니라 예수 그리스도의 의를 믿습니다.

셋째, 바울은 로마서 10장 5-8절에서 다시금 말합니다. 이 내용은 지난주에 살펴보았으므로 다시 다루지는 않겠습니다. 다만 두 구절을 유의하십시오. 5절입니다. "모세가 기록하되 율법으로 말미암는 의를 행하는 사람은 그 의로 살리라 하였거니와." 그런 후 대조를 이루는 6절이 나옵니다. "믿음으로 말미암는 의는 이같이 말하되." 율법으로 받는 의와 믿음으로 얻는 의가 분명하게 나뉩니다.

정리해 보겠습니다. 이스라엘의 많은 사람들은 진정한 영적 이스라엘의 일부가 되지 못하고 다수의 이방인들은 그 일부가 되는 이유가 무엇입니까? 로마서 9장 1-23절에서 바울은 그 첫 번째 답으로 택하심을 따라 이루어지는 하나님의 뜻(목적)을 언급했습니다. 그리고 두 번째, 이스라엘 대다수는 의를 위하여 그리스도를 받아들이기를 거부한 반면 많은 이방인들은 오직 믿음으로 그리스도의 의를 받아들였다는 점을 듭니다.

이방인이 포함되다

따라서 9-13절을 다루면서, 우리는 이방인이 포함되었다는 사실이 강조되고 있음을 보게 됩니다. 오직 은혜로, 오직 그리스도의 의로 말미암아, 오직 믿음으로, 이방인이 진정한 이스라엘에 속하게 되었습니다! 오늘 본문에서 두드러지는 내용입니다. 이런 사실을 충분히 이해시키고 재확인하기 위해 바울은 구약성경의 본문에서 두 곳을 인용합니다. 11절에 나오는 이사야서 28장 16절, 그리고 13절에 나오는 요엘서 2장 32절입니다.

구약의 두 본문이 이것과 관련이 있는 이유는 제가 앞에서 언급했던 하나님의 광대하고 자비롭고 너그러우신 마음을 보여 주는 세 가지 요점을 포함하는 구절이기 때문입니다. '부르는', '모든', '부요한'(혹은 '즐겁게 하는'). 이 세 단어를 떠올려 보기 바랍니다.

앞에서 드린 말씀을 반복합니다. 구원을 위해 하나님께 나아온다는 것은 "주의 이름을 부르고"(call), 주를 고백함으로써 그리스도를 믿는 것입니다. 하나님은 어떠한 문화나 종교나 인종에 관계없이 '모든'(all) 사람들에게 믿음으로 나아오라고 초대하십니다. 그리고 누구든지 그런 초대를 받고 나아오면 하나님의 모든 "부요한"(riches) 것을 찾고 누릴 수 있습니다. 즉, 하나님은 그분을 부르는 사람에게 그리스도 안에 있는 모든 부요함으로 "즐겁게 하는" 분이십니다.

1. 주를 부르다

첫 번째로 나온 내용을 보겠습니다. 주를 부르거나, 주를 고백하는 것으로 표현된 그리스도에 대한 믿음입니다. 바울이 9-10절에서 시작하는 내용입니다. "네가 만일 네 입으로 예수를 주로 시인하며 또 하나님께서 그를 죽은 자 가운데서 살리신 것을 네 마음에 믿으면 구원을 받으리라. 사람이 마음으로 믿어 의에 이르고 입으로 시인하여 구원에 이르느니라."

바울이 두 구절에서 마음과 입을 언급하는 이유는 그가 신명기 30장 14절에서 그 두 가지를 보았기 때문입니다. 그는 이를 8절에서 인용합니다. "그러면 [믿음으로 얻는 의는] 무엇을 말하느냐 말씀이 네게 가까워 네 입에 있으며 네 마음에 있다 하였으니 곧 우리가 전파하는 믿음의 말씀이라."

바울이 5-8절 말씀을 그리스도를 가리키는 내용으로 보았다는 이전 설교를 생각해 보십시오. 그는 율법 대신 그리스도를 넣었습니다. 율법이야말로 완전하게 율법을 지키는 그리스도를 가리킨다고 믿었기 때문입니다. 이제 그는 8절에서 그리스도의 말씀(그리스도의 실체[Reality])이 우리의 입과 마음에 있다고 말합니다. 무슨 의미일까요? 10절에서 바울이 무슨 생각을 하는지 볼 수 있습니다. 마음이 그리스도께 하는 일이 무엇입니까? 믿는 것입니다. 그러면 입술이 그리스도께 하는 일이 무엇입니까? 고백하는 것입니다. 그것이 마음과 입술이 존재하는 이유입니다. 마음은 믿고 입술은 마음이 믿는 것을 고백합니다. "곧 우리가 전파하는 믿음의 말씀이라"(8절).

따라서 바울은 9절에서 위대한 결론을 도출합니다. 우리가 너무나도 사랑하는 복음의 말씀입니다. "네가 만일 네 입으로 예수를 주로 시인하며 또 하나님께서 그를 죽은 자 가운데서 살리신 것을 네 마음에 믿으면 구원을 받으리라." 그렇다면 이방인에게 문을 열어 주는 구원의 길은 무엇입니까? 마음으로 그리스도에 대한 진리를 믿고, 마음이 믿는 것을 입술로 고백하는 것이지, 민족적 구분이나 문화나 어떤 행위가 아닙니다.

여기서 주의할 부분은 입술과 마음은 서로 싸우는 관계가 아니라는 것입니다. 마음은 입이 말할 때 뒤로 물러나 있지 않습니다. 바울은, 하나님이 예수님을 죽은 자 가운데 일으키심을 마음으로 믿으면 되지 굳이 입으로 예수님을 주로 고백할 필요는 없다고 말하지 않았습니다. 또한 예수님을 주로 고백해야 하지만 마음으로 믿을 필요는 없다는 의미도 아닙니다. 결코 아닙니다.

핵심은 이것입니다. 입술은 마음에 믿는 것을 고백하고, 마음이 믿는 것은, 하나님이 예수님을 죽은 자 가운데서 다시 살리신 것을 마음으로 믿을 때, 예수님이 주이심을 믿는 것입니다. 부활은 예수님이 그분의 삶과 죽음으로 성취하신 모든 것을 하나님이 인정하신다는 증명입니다. 예수님이 성취하신 것은 우리의 모든 죄책과 정죄와 죽음과 사탄과 지옥에 대한 승리였습니다. 그리고 모든 원수를 이기고 살아난 승리자이신 그분께 주어진 이름은 모든 이름 위에 뛰어난 '주님'입니다.

더 깊이 들어가 보겠습니다. 세상에 많은 주(lords)와 많은 신(gods)이 있는데(고전 8:5) 예수님은 그중 하나라는 의미가 아닙니다. '주님'(Lord, 큐리오스)은 하나님의 이름인 야훼(여호와)를 번역하기 위해 구약 헬라어 성경이 사용한 단어입니다. 그리고 여기 13절에서 가장 중요한 것은 바울이 요엘서 2장 32절의 하나님이라는 단어의 위치에 정확히 예수님을 넣었다는 점입니다. "누구든지 여호와의 이름을 부르는 자는 구원을 얻으리니." 충격적인 사실은 이것입니다. 그리스도인이 된다는 의미는 예수님을 하나님으로 고백하는 것입니다. 단지 신이 아닙니다. 예수님은 주님(Lord)이십니다. 단순한 주인(lord)이라는 뜻이 아닙니다. 그것이 바로 그리스도인들이 믿는 바입니다.

바울은 11-13절에 걸쳐 마음과 입술에 대해 이야기합니다. 즉, 11절에서는 마음이 하는 바를 설명하고, 12-13절에서는 입술이 하는 바를 말합니다. 11절에서 마음은 "누구든지 그를 믿는 자는 부끄러움을 당하지 아니하리라"고 믿습니다. 그리고 12-13절에서는 입술이 "유대인이나 헬라인이나 차별이 없음이라. 한 분이신 주께서 모든 사람의 주가 되신다"라고 부르는데, 이는 "누구든지 주의 이름을 부르는 자는 구원을 받기" 때문입니다.

따라서 "부른다는 것"(call)의 의미를 이렇게 정리할 수 있습니다. 구원을 얻기 위해 하나님께 나아간다는 것은 우리를 위해 모든 것을 행하신 그리스도를 마음으로 믿는 것을 의미하며, 예수 그리스도를 주님으로 고백하고 부름으로써 우리 입으로 그것을 표현하는 것입니다.

2. 하나님은 모든 사람을 초청하신다

둘째, "부르는" 다음으로 다룰 단어는 '모든'입니다. 우리 이방인들이 진정한 이스라엘에 포함되는 이유는 우리가 율법의 행위보다는 믿음과 고백으로 주께 나아가기 때문이기도 하지만, 모든 사람에게 아낌없이 주시는 하나님의 초청 덕분이기도 합니다. 11-13절에는 이것이 두드러지게 언급되어 있는데, 바울이 여기서 자신만의 강조 표현을 사용하고 있음을 발견하기 때문입니다. 바울은 이사야서 28장 16절을 인용한 로마서 10장 11절에서는 "누구든지"(everyone)를 삽입한 반면, 로마서 9장 33절에서는 삽입하지 않았습니다. "기록된 바 그를 믿는 자는 부끄러움을 당하지 아니하리라 함과 같으니라."

그 뒤 12절에서도 이를 강조하고 있습니다. "유대인이나 헬라인이나 차별이 없음이라. 한 분이신 주께서 모든 사람의 주가 되사 그를 부르는 모든 사람에게 부요하시도다." 그리고 13절에서도 그 점을 한 번 더 강조했습니다. "누구든지 주의 이름을 부르는 자는 구원을 받으리라."

여기서 바울의 요점은 이것입니다. "어떤 의미로는 이방인들이 진정한 이스라엘이 된다는 것은 놀라운 일이다. 그렇다. 그리스도(유대인의 메시아)를 하나님으로 믿고 언약 가족의 일원이 되라는 하나님의 부르심이 차별 없이 모든 인종과 모든 종교와 모든 문화에 임한다는 사실은 놀랍다."

하지만 일단 구약의 큰 의미를 파악한다면, 그것이 놀랍지 않다는 사실을 보여 주기 위해 바울은 애쓰고 있습니다. 이사야서 28장 16절, 요엘서 2장 32절, 호세아서 1장 10절, 2장 23절 말씀은 광대하고 포용력 있고 관대하고 자유롭고 풍성하고 매력 있는 하나님의 마음을 가리키고 있습니다.

그리스도께서 믿는 모든 사람에게 의가 되시기 위해 율법의 마침(목표)이 되시듯이, 구약성경 전체의 목표는 모든 이에게 이러한 방식의 구원을 제공하는 것입니다. 이것이 우리가 구원을 받은 이유이자, 우리가 온 세상에 빚진 자가 되는 이유입니다.

3. 하나님의 영광의 부요함

마지막으로, 바울은 '모든'(all)과 우리의 믿음과 고백과 주의 이름을 '부르는'(call) 것에 초점을 맞춘 뒤, 이 모든 것의 목표는 하나님의 '부요한'(riches) 것, 즉 예수님 안에서 우리에게 주시는 모든 것으로 우리를 '즐겁게 하시는'(enthralling) 것이라고 말합니다. 우리가 마음으로 그리스도를 믿고 입술로 그리스도를 고백하면 무엇을 받습니까? 9-13절의 다섯 구절 전체가 그 질문에 답하고 있습니다. 저는 12절에서 '부요함'이란 단어를 찾았습니다. "유대인이나 헬라인이나 차별이 없음이라. 한 분이신 주께서 모든 사람의 주가 되사 그를 부르는 모든 사람에게 부요하시도다." 제가 이 구절을 먼저 언급하는 이유는 다른 모든 구절을 하나로 정리하고 더 깊이 들어가게 하기 때문입니다.

하나님의 부요함은 주로 땅의 보물을 말하는 것이 아닙니다. 물론 하나님은 땅의 것에도 매우 관대하시지만 말입니다. 하나님은 우리에게 매번 땅의 필요를 채워 주십니다. 하지만 하나님의 부요함에 대해 말할 때에는 주로 우리에게 가장 필요한 것, 우리를 가장 깊게 그리고 영구적으로 만족시켜 주는 것을 의미합니다. 이것은 어떤 사물이나 물건이나 인형, 차, 주택, 사업, 투자가 아닙니다. 이런 것들은 마음을 만족시키지도 않고 영원히 기쁘게 하지도 않습니다. 하나님의 부요함이란 무엇일까요?

9, 10, 13절을 보면 그 부요함을 구원이라 부릅니다. 9절입니다. "네가 만일 네 입으로 예수를 주로 시인하며 또 하나님께서 그를 죽은 자 가운데서 살리신 것을 네 마음에 믿으면 구원을 받으리라." 10절 하반

절입니다. "입으로 시인하여 구원에 이르느니라." 13절입니다. "누구든지 주의 이름을 부르는 자는 구원을 받으리라." 구원을 받으리라, 구원에 이르느니라, 구원을 받으리라. 무엇에서 구원을 받는다는 말입니까? 죄책에서, 정죄에서, 하나님의 진노에서, 지옥에서, 죄에서 구원을 받습니다. 돈으로 살 수 없는 귀한 부요함입니다. 하지만 모두 부정적 표현입니다. 무언가를 얻는 것이 아니라 무언가에서 벗어나는 것입니다.

11절에 나오는 부요함 역시 부정적입니다. 영광스러우리만큼 부정적입니다. "성경에 이르되 누구든지 그를 믿는 자는 부끄러움을 당하지 아니하리라 하니." 하나님의 부요함에는 수치가 없습니다. 하나님 자녀들의 진정한 모습이 드러나게 될 것입니다(롬 8:19).

이곳에서 우리는 종종 세상의 쓰레기 취급을 받기도 합니다. 수치를 당하기도 하고 사도행전 5장 41절에서 베드로에게 일어난 일을 겪을 수도 있습니다. 예수님의 말씀을 기억하시기 바랍니다. "나로 말미암아 너희를 욕하고 박해하고 거짓으로 너희를 거슬러 모든 악한 말을 할 때에는 너희에게 복이 있나니, 기뻐하고 즐거워하라. 하늘에서 너희의 상이 큼이라. 너희 전에 있던 선지자들도 이같이 박해하였느니라"(마 5:11-12). 우리가 소유한 부요함은 참으로 거대합니다. 모든 수치를 넘어설 정도입니다. 때가 되면 주께서 우리의 의로움을 증명하실 것입니다.

사실 하나님 앞에서 우리의 의는 이미 증명되었습니다. 그것이 10절에서 말하는 부요함입니다. "사람이 마음으로 믿어 의에 이르고." 마음을 깨우쳐 그리스도를 자신의 의로 깨닫고 받아들일 때, 그 즉

시로 우리는 그분 안에 있게 되고 그분의 의를 받게 됩니다. 그것이 진정한 부요함입니다. 그리스도의 의로 하나님 앞에서 의롭다 여겨지는 것이 세상의 모든 부를 가지고 자기 자신의 의를 세우는 것보다 훨씬 낫습니다!

그런데 이러한 그리스도의 의 안에서 하나님 앞에 죄책과 정죄와 수치 없이 서는 것이 하나님의 '궁극적인' 부요함일까요? 아닙니다. 이 모든 것에는 다른 궁극적인 목표가 있습니다. 하나님의 궁극적인 부요함은 로마서 9장 23절에서 말하듯이, "하나님의 영광의 부요함"입니다. 하나님의 부요함은 영원히 그분을 바라보고, 알고, 경배하고, 즐거워하는 부요함입니다. 우리가 그리스도 안에서 소유한 풍성함의 전부가 바로 하나님이십니다. 바울은 하나님의 형상 그 자체인 예수 그리스도를 아는 것의 진가를 알았기에 다른 모든 것을 배설물로 여겼습니다.

하나님이 은혜 베푸시는 근거

오늘 아침 우리에게 주시는 하나님의 말씀은 이것입니다. 죄사함과 칭의, 그리고 죄책과 정죄와 수치로부터의 자유, 그리고 그분과의 만족스러운 교제 등, 이 모든 부요함은 우리 모두에게 값없이 주어집니다.

하나님의 마음이 얼마나 넓으신지 들어보십시오! 우리의 출신 배경이 어떠하든 상관없습니다. 하나님의 부요함은 우리의 행위나 유능함 여부를 근거로 제공되지도 않습니다. 하나님이 예수님을 죽은 자 가운데서 살리셨음을 마음으로 믿고, 예수님이 주님이심을 입술로 고백하십시오. 그러면 입술의 고백을 드린 모든 자에게, 그리스도를 기반으로 하는 하나님의 풍요함이 베풀어질 것입니다. 오늘 예수님을 마음으로 믿으십시오. 입술의 고백을 통해 예수님이 주님이 되신다고 말하십시오. 그리고 주변에 있는 이들에게 예수님이 주님이시라고 전하십시오.

20장

사람은 어떻게 구원을 받는가(1부)

로마서 10:13-21

누구든지 주의 이름을 부르는 자는 구원을 받으리라. 그런즉 그들이 믿지 아니하는 이를 어찌 부르리요 듣지도 못한 이를 어찌 믿으리요 전파하는 자가 없이 어찌 들으리요 보내심을 받지 아니하였으면 어찌 전파하리요. 기록된 바 아름답도다 좋은 소식을 전하는 자들의 발이여 함과 같으니라. 그러나 그들이 다 복음을 순종하지 아니하였도다. 이사야가 이르되 주여 우리가 전한 것을 누가 믿었나이까 하였으니 그러므로 믿음은 들음에서 나며 들음은 그리스도의 말씀으로 말미암았느니라. 그러나 내가 말하노니 그들이 듣지 아니하였느냐 그렇지 아니하니 그 소리가 온 땅에 퍼졌고 그 말씀이 땅 끝까지 이르렀도다 하였느니라. 그러나 내가 말하노니 이스라엘이 알지 못하였느냐 먼저 모세가 이르되 내가 백성 아닌 자로써 너희를 시기하게 하며 미련한 백성으로써 너희를 노엽게 하리라 하였고 이사야는 매우 담대하여 내가 나를 찾지 아니한 자들에게 찾은 바 되고 내게 묻지 아니한 자들에게 나타났노라 말하였고 이스라엘에 대하여 이르되 순종하지 아니하고 거슬러 말하는 백성에게 내가 종일 내 손을 벌렸노라 하였느니라. _롬 10:13-21

본문은 우리가 어떻게 하나님의 진노와 죄책과 죄의 지배에서 구원을 받고 하나님 안에서 영원한 기쁨의 소망을 누릴 수 있는지 이해하는 데 있어서 매우 중요한 구절입니다. 우리의 자녀, 부모, 형제, 자매, 이웃, 동료, 세계의 미전도 종족이 어떻게 구원을 받는지 이해한다는 것은 참으로 어마어마한 일입니다. 믿음과 구원에 이르는 과정이 이 본문만큼 잘 설명된 곳은 찾기 어렵습니다. 오늘 우리는 14-17절을 중점적으로 살펴보겠습니다.

본문을 읽기 전에, 바울이 앞서 언급한 내용을 기억해 봅시다. 바울은 하나님의 영광의 부요함을 누리는 데 있어서 유대인과 이방인 간에 차이점이 없다고 강조했습니다. 양쪽 모두 아무 차별 없이 주의 이름을 부르면 하나님의 온전한 구원을 누릴 수 있습니다. 로마서 10장 12-13절입니다. "유대인이나 헬라인이나 차별이 없음이라. 한 분이신 주께서 모든 사람의 주가 되사 그를 부르는 모든 사람에게 부요하시도다. [요엘서 2장 32절을 인용함] 누구든지 주의 이름을 부르는 자는 구원을 받으리라."

로마서 9장과 10장에서 바울은 이스라엘의 불신앙과 그런 일이 발생한 이유, 그리고 그것이 하나님의 신실함과 신뢰성에 아무런 문제가 될 수 없는 이유를 주로 다룹니다. 따라서 바울은 로마서 10장 마지막 부분에서 대다수의 이스라엘이 구원에 동참하지 못하는 이유가 그들이 메시아이신 예수님을 믿지 않기 때문이라고 보여 주는 것입니다. 그것이 바로 바울이 16-21절에서 이야기할 내용입니다.

두 구절을 읽어 보는 것이 좋겠습니다. 16절 하반절입니다. "이사야가 이르되 주여 우리가 전한 것을 누가 믿었나이까 하였으니." 다시 말해, 바울은 이사야를 증인으로 불러서 53장의 내용으로 증언을 해달라고 요구하고 있습니다. 즉 이사야가 선포한 내용을 믿은 사람은 지극히 소수에 불과했고, 그가 53장에서 선포한 내용은 그리스도께서 오셔서 고난을 당하고 다시 부활하신다는 것과 칭의의 교리였음을 증언해 달라고 합니다. 즉 바울이 16절에서 말하고 싶은 요지는 오직 소수의 유대인들만이 예수님을 믿고 있다는 것입니다. 이와 유사하게, 바울은 21절에서 이사야서 65장 2절을 인용합니다. "내가 종일 손을 펴서 자기 생각을 따라 옳지 않은 길을 걸어가는 패역한 백성들을 불렀나니."

우리는 다음 주에 이 부분을 다시 살펴볼 텐데, 바울이 로마서 9장에서 가르친 바, 하나님의 주권과 선택 교리라는 측면에서 바라보는 이스라엘의 불신앙에 대해 이야기하겠습니다. 하지만 지금은 로마서 10장 14-21절의 요지가 이스라엘이 구원의 복을 누리지 못하는 이유가 불신앙 때문임을 다시금 강조하는 데 있음을 유의하시기 바랍니다.

그들의 불신앙에 대해 이러한 반대 의견이 나올 수 있습니다. 하나님이 구원에 필요한 조건들을 허락하시지 않았다는 주장입니다. 즉, 이스라엘이(여기에는 이방인도 포함되는데) 합당한 믿음으로 간주되기 위해 마땅히 지녀야 했던 것을 지니지 못했기 때문에 믿을 수 없었을지도 모른다는 것입니다. 하지만 바울은 유대인뿐 아니라 다른 모든 사람들에게 적용되는 구원의 단계들을 설명함으로써 그러한 반박을 불식시킵니다. 그리고 그 구원의 단계들이 이스라엘을 위해 마련돼 있었다는 사실을 주장합니다.

그러므로 오늘 우리는 우리 자신과 가족과 친구와 복음이 없는 열방을 위한 하나님의 구원 계획에 참여하려면 무엇을 해야 하는지 알기 위해 그 구원의 단계들을 살펴보고자 합니다.

함께 14-17절을 다시 읽겠습니다. "그런즉 그들이 믿지 아니하는 이를 어찌 부르리요? 듣지도 못한 이를 어찌 믿으리요? 전파하는 자가 없이 어찌 들으리요? 보내심을 받지 아니하였으면 어찌 전파하리요? 기록된 바 아름답도다 좋은 소식을 전하는 자들의 발이여 함과 같으니라. 그러나 그들이 다 복음을 순종하지 아니하였도다. 이사야가 이르되, 주여 우리가 전한 것을 누가 믿었나이까 하였으니. 그러므로 믿음은 들음에서 나며 들음은 그리스도의 말씀으로 말미암았느니라."

바울이 "아름답도다. 좋은 소식을 전하는 자들의 발이여"라고 말한 것은 이사야서 52장 7절을 인용한 것입니다. 그 핵심은 두 가지입니다.

첫째, 복음을 전하는 자들(하나님의 복음을 전하는 자들)은 참으로 귀하다는 점입니다. 그래서 그들의 지저분하고 피 묻은 발조차도 아름다워 보입니다. 아름다운 발이란 보드랍고 예쁘게 칠하고 멋지게 그을린 발이 아닙니다. 아름다운 발은 어떤 방법으로든 복음을 듣지 못한 먼 지역까지 복음을 들고 먼 길을 걸어가는 지저분하고 주름지고 거칠고 상처 난 발입니다. 따라서 여기 인용된 이사야서 52장 7절 말씀의 첫 번째 요지는 이것입니다. 좋은 소식을 전하는 자들은 귀한 사람들이며(하지만 세상은 그들을 귀하게 보지 않습니다) 왕이신 예수님을 섬기느라 온 몸을 희생한 아름다운 이들입니다.

인도에서 의료 선교사로 섬기던 폴 브랜드는 당시 함께 선교사로 활동 중인 자기 어머니에게 70대의 고령이시니 무리하지 말고 조심하시라고 당부한 일이 있었습니다. 그러자 그의 어머니는 오히려 집 안의 모든 거울을 치워 버렸습니다. 이후 20년간 선교 사역을 하면서(90대가 될 때까지!) 인도 산자락에 있는 집 안에 거울을 하나도 두지 않았다고 합니다. 어머니가 돌아가셨을 때 산 주변의 모든 현지인 사람들이 몰려와 이 아름다운 여인을 장사 지냈습니다.

둘째, 바울은 "아름답도다. 좋은 소식을 전하는 자들의 발이여"라고 말함으로써 복음과 함께 사람들을 보내신 이가 하나님이심을 보여 주고 있습니다.

보냄, 전파함, 들음, 믿음, 하나님을 부름

이제 이스라엘을 위해 마련돼 있던 구원의 조건들이 무엇이며, 누구든 구원을 받으려 할 때 반드시 갖춰야 할 조건들은 무엇인지에 초점을 맞추겠습니다. 여기에는 다섯 단계가 있습니다. 바울이 14-15절에서 언급한 순서와 반대되는 방향으로 살펴보도록 하겠습니다.

1. 소식을 전하는 자가 보냄을 받아야 한다.
2. 보냄받은 전도자는 복음을 전해야 한다.
3. 사람들이 그렇게 전해진 복음을 들어야 한다.
4. 사람들은 그렇게 듣게 된 복음을 믿어야 한다.
5. 그 믿음은 구원을 위해 하나님을 부르는 그러한 믿음이어야 한다.

보냄, 전파함, 들음, 믿음, 하나님을 부름. 이 모든 것이 14-15절에 나오는 내용이지만 17절 말씀은 보다 구체적인 내용을 덧붙입니다. 바울은 16절에서 이사야서 53장 1절을 인용한 후에("그들이 믿지 아니하는 이를 어찌 부르리요?"), 구원에 이르는 다섯 단계 중 세 가지를 반복하면서, 그 중 하나를 더욱 명확하게 설명합니다.

바울의 말입니다. "믿음은 들음에서 나며 들음은 그리스도의 말씀으로 말미암았느니라." 여기서 반복되는 세 단계는 믿고, 듣고, 전하는 것입니다. 그런데 여기서 '들음'은 "그리스도의 말씀"으로 정의됩니다만, 저는 그것을 '그리스도에 관한 말씀'을 의미하는 것으로 받아들입니다. 그것은 바울이 로마서 전체를 통해 전파한 내용과 동일한 복음입니다. 로마서 10장 9절에 나오는 내용이기도 합니다. "네가 만일 네 입으로 예수를 주로 시인하며 또 하나님께서 그를 죽은 자 가운데서 살리신 것을 네 마음에 믿으면 구원을 받으리라."

이제 우리는 전할 사람들을 보내고, 예수 그리스도에 대한 복음을 전하고, 그리스도의 복음을 듣고, 그리스도를 믿고, 구원을 위해 주 그리스도를 부릅니다. 각 내용을 하나씩 살펴보고 가능한 한 우리 상황에 적용해 보겠습니다. 바울이 언급한 순서에 따라 앞에서 뒤로 가도록 하겠습니다. 그리고 오늘은 전체 다섯 가지 중에서 두 가지만 다루겠습니다.

주를 부름

"누구든지 주의 이름을 부르는 자는 구원을 받으리라"(롬 10:13). 바울이 주를 믿는 믿음 이후에 주의 이름을 부르는 것이 온다고 보는 이유는 무엇일까요? 오직 믿음으로 의롭다 함을 얻기 때문이 아닌가요?

저는 바울이 "주의 이름을 부르는" 것을 "주를 믿는" 것에 덧붙여 언급한 이유는 구원이 단순히 칭의를 받는 것보다 훨씬 거대한 일이라고 생각하기 때문이라고 봅니다. 바울은 구원의 전반적인 경험이 단순히 죄와 죄책에서 벗어나는 것뿐만 아니라 또한 죄의 힘과 여러 유혹과 시험, 그리고 마지막 때에 지옥과 하나님의 진노에서 벗어나는 것까지도 포함하고 있음을 알고 있습니다. 그렇기에 하나님은 우리가 믿음으로 의롭다 함을 받았더라도 인생의 여정을 가는 동안 몇 번이고 우리의 믿음을 표현하고, 수많은 방법으로 건져 주시고 도와 주시는 주님을 부르도록 정하셨습니다.

시편 말씀과 복음서에서도 이러한 부분들을 찾아볼 수 있습니다. 시편 18편 3절입니다. "내가 찬송받으실 여호와께 아뢰리니 내 원수들에게서 구원을 얻으리로다." 시편 50편 15절입니다. "환난 날에 나를 부르라. 내가 너를 건지리니 네가 나를 영화롭게 하리로다." 시편 91편 15절입니다. "그가 내게 간구하리니 내가 그에게 응답하리라. 그들이 환난 당할 때에 내가 그와 함께하여 그를 건지고 영화롭게 하리라." 시편 145편 18절입니다. "여호와께서는 자기에게 간구하는 모든 자 곧 진실하게 간구하는 모든 자에게 가까이 하시는도다."

예수님의 생애에서도 그런 사례가 있습니다. 눈먼 바디매오는 예수님이 오신다는 말을 듣고 크게 부르기 시작합니다. "다윗의 자손 예수여, 나를 불쌍히 여기소서!" 예수님이 그에게 말씀하십니다. "네게 무엇을 하여 주기를 원하느냐?" 바디매오가 말했습니다. "선생님이여 보기를 원하나이다." 그러자 예수님이 말씀하십니다. "가라. 네 믿음이 너를 구원하였느니라"(막 10:46-52). 예수님은 바디매오의 외침을 그의 믿음의 증거로 여기시고, 심지어 결정적인 역할을 하는 믿음의 핵심으로까지 보십니다.

그러므로 바울은 여기서 우리의 생애뿐 아니라 영원에 이르기까지 예수님을 주로 받아들이는 데서 오는 총체적인 복을 구원으로 보고 있습니다. 이것은 영원토록 모든 것이 합력하여 선을 이룬다는 로마서 8장 28절의 약속으로 표현된 구원입니다. 그리고 바울은 우리가 주님을 '부르는 것'을 통해 이러한 복이 온다고 말합니다. 이것은 우리가 살아가는 방식이 되어야 합니다. 날마다 끊임없이 주를 불러야 합니다.

사실상 고린도전서 1장 2절에서 바울은 그리스도인을 이런 식으로 정의합니다. "고린도에 있는 하나님의 교회 곧 그리스도 예수 안에서 거룩하여지고 성도라 부르심을 받은 자들과 또 각처에서 우리의 주 곧 그들과 우리의 주 되신 예수 그리스도의 이름을 부르는 모든 자들에게." 이것이 바로 그리스도인의 모습입니다. "우리 주 되신 예수 그리스도의 이름을 부르는 자."

여러분은 주를 부르십니까? 바울은 그리스도인을 지속적으로 우리 주 예수님께 기도하는 사람으로 정의합니다. "주 예수여, 제가 넘어집니다. 도우소서." "주 예수여, 제가 연약합니다. 힘을 주소서." "주 예수여, 제가 길을 잃고 혼란스럽습니다. 인도하소서." "주 예수여, 제가 유혹과 죄의 그물에 걸려들었습니다. 건져 주소서." 이것이 곧 그리스도인이 된다는 의미입니다.

이제 구원으로 향하는 바울의 다섯 단계 중, 역순으로, 두 번째 단계로 넘어갑니다.

주를 믿음

14절입니다. "그런즉 그들이 믿지 아니하는 이를 어찌 부르리요?" 여러분은 이렇게 대답할지 모르겠습니다. '안 믿는 이들이라도 급한 상황에서는 주를 부르는 사람들이 많던데요.' 믿지 않는 사람들이 하나님이나 예수 그리스도의 이름을 부르는 두 가지 흔한 상황이 있는데, 손가락을 망치로 때렸다거나 심각한 자동차 사고를 당했을 때일 것입니다. 하지만 이러한 '부름'은 믿음에서 나온 것이 아닙니다. 화가 나고 위급할 때 나오는 외침이거나 비명입니다. 그리스도를 향한 진정한 사랑에서 나오는 게 아닙니다. 이들에게 그리스도는 마치 반창고를 붙여 주고 막 어둠 속으로 사라져 버린 노련한 위생병하고 다를 바가 없습니다.

하지만 바울은 이러한 애매함을 재빨리 종식시킵니다. 이미 앞에서도 했던 일입니다. 그가 생각하는 '부름'은 '예수 그리스도를 주님으로 부르는 것'입니다. 우리의 주님을 부르는 것이지, 곤란에 빠진 나를 구해 주러 왔다가 어느 순간 어둠 속으로 사라져 버리는 낯선 사람을 부르는 것이 아닙니다.

로마서 10장 9절을 보면 명확해집니다. "네가 만일 네 입으로 예수를 주로 시인하며 또 하나님께서 그를 죽은 자 가운데서 살리신 것을 네 마음에 믿으면 구원을 받으리라." 따라서 우리를 구원하는 부름은 예수님을 주님으로 부르는 부름입니다. 그래서 바울은 이렇게 말합니다. "그들이 믿지 아니하는 이를 어찌 부르리요?" 우리는 예수님을 주님으로 믿기 전까지는 그분을 주님으로 부를 수도 없습니다.

지금이 믿음(그리고 믿는다는 것)과 관련한 네 가지 사안을 고찰할 수 있는 좋은 시점인 것 같습니다. 본문의 나머지 부분은 다음 주에 다루겠습니다.

우리가 방금 살펴본 내용은 많은 이들이 회심과 영적 성장을 설명할 때 잘못 가르치는 내용과 여러 모로 연관이 많습니다.

1) 구원하는 믿음은 예수님을 주로 믿고 처음부터 그분을 주로 부르게 합니다.

로마서 10장 9절에서 주로 볼 수 있는 내용입니다. "네가 만일 네 입으로 예수를 주로 시인하며 또 하나님께서 그를 죽은 자 가운데서 살리신 것을 네 마음에 믿으면 구원을 받으리라." 예수님을 주로 고백하지 않는다면 구원받지 못한 것입니다. 로마서 10장 9절은 12-13절에서 우리가 구원해 달라고 부르는 "주님"이 예수님이라고 분명하게 설명합니다. 그것이 구원하는 믿음이 하는 일입니다. 구원하는 믿음은 예수님을 주로 부르게 합니다.

그런데 그러한 경험을 이런 식으로 해석해야 한다는 가르침을 들으신 분들이 있습니다. "예수님을 나의 구세주로 영접했을 때 많은 변화가 일어나지는 않았습니다. 그런데 나중에 그분을 주님으로 인정하고 순복했을 때 많은 변화가 일어났습니다." 이것은 믿음으로 구원받을 때 실제로 일어나는 일에 대한 성경적인 설명이 아닙니다. 오히려 이렇게 말해야 성경적입니다.

"나는 그리스도를 믿었지만 내 삶에 임한 위대한 구원과 그분의 주권적 통치를 잘 이해하지 못했습니다. 그리스도에 대한 믿음과 사랑에 미성숙했습니다. 이후에 여러 경험을 하면서 내 마음이 강한 주님과 아름다운 구세주이신 그리스도의 부요함에 더욱 열리게 되고 내 삶도 그분을 더욱 닮아 가게 되었습니다."

어떤 이들에게는 이런 일이 일련의 위기 상황을 겪으며 일어나고, 또 어떤 이들에게는 위기 없이 점차적으로 경험됩니다. 하지만 예수님을 주님으로 인정하고 복종하지 않는 곳에서도 구원하는 믿음이 있다고 말하는 것은 오류입니다. 구원하는 믿음이란 처음에는 그 의미를 잘 이해하지 못한다 하더라도 "주 예수 그리스도"를 믿는 것입니다.

2) 구원하는 믿음이란 사실을 있는 그대로 믿는 것이다.

구원하는 믿음은 어떤 사실들에 대한 믿음(believe in facts)을 견지하는 것 이상입니다. 있는 그대로의 사실들을 믿는 것(believe facts)입니다. 로마서 10장 9절에 명확히 나와 있습니다. "네가 만일 네 입으로 예수를 주로 시인하며 또 하나님께서 그를 죽은 자 가운데서 살리신 것을 네 마음에 믿으면 구원을 받으리라." 죽은 자 가운데서 살아나신 예수님의 부활은 역사적 사실입니다. 이 일은 역사라는 시공간 안에서 실제로 일어났습니다. 구원하는 믿음은 그 사실을 믿습니다. 믿음은 사실들에 뿌리를 내리는데, 이러한 사실을 모르는 사람들이 많습니다. 복음은 개인적이고 강력한 의미가 담긴 귀한 사실들을 우리에게 전해 주기 위해 존재합니다. 그리고 사실들은 기초이자 본질입니다. 구원하는 믿음은 이 사실들을 믿고, 이것이 하나님의 영광을 드러내는 사실들임을 잘 압니다.

3) 구원하는 믿음은 사실들에 대한 믿음을 견지하는 것 그 이상으로, 그 사실들은 '그리스도가 나를 구원하셨음'을 의미할 뿐 아니라 '하나님의 모든 구원 약속(하나님과 영원히 즐거워하게 되리라는 약속을 포함해)이 내게 이루어질 것'을 의미한다는 개인적인 확신이기도 하다.

야고보서 2장 19절은 이렇게 말합니다. "잘하는도다! 귀신들도 믿고 떠느니라." 마귀도 하나님의 아들이 성육신하신 것을 믿고, 그분이 하나님의 흠 없는 양으로 완전한 삶을 사셨다는 것과 그분이 죽음에서 다시 살아나셔서 다스리시고 장차 그들을 불못에 던져 넣으시리라는 사실도 믿습니다. 하지만 그런 믿음은 그들에게 전혀 도움이 되지 못합니다. 그들은 예수님의 대적이기 때문입니다. 그런 그들도 믿고 떱니다.

구원하는 믿음은 그러한 사실들 안에서 평안합니다. 집에 있는 듯 평안과 안식을 누립니다! 구원하는 믿음은 나의 죄 값이 치러졌고 내게 의가 허락되고 천국이 열렸다는 사실 때문에 심령으로 확신을 경험합니다. 따라서 구원하는 믿음은 하나님이 나를 구원하신다는 사실로 인해 확신을 가지고 안식하는 것입니다.

그런데 확신은 말씀으로 생겨난다는 사실이 여기서 분명하게 언급됩니다. 17절입니다. "그러므로 믿음은 들음에서 나며 들음은 그리스도의 말씀으로 말미암았느니라." 따라서 마음에 갈등이 일어날 때는 말씀으로 들어가 십자가의 메시지를 들으십시오. 그리스도가 십자가에 죽으시고 살아나신 복음을 들려 주시면서, 하나님은 구원에 필요한 확신을 우리에게 주십니다. 그러한 확신이 어떻게 생겨나는가에 대해서는 다음 주에 자세히 이야기하겠습니다.

4) 마지막으로, 구원하는 믿음에는 하나님이 예수님 안에서 우리에게 행하신 모든 일에 대한 신령한 감사가 포함되어 있다.

이것을 감정적 요소 혹은 정서적 요소, 혹은 마음으로 그리스도를 기뻐하는 영적 미각이라 부를 수도 있겠습니다. 혹은 이런 믿음의 모습을 그리스도를 소중하고 귀하게 여기는 마음이라 부를 수도 있습니다.

이를 명확히 살펴볼 수 있는 본문을 몇 군데 소개하겠습니다. 한 예로 빌립보서 3장 7-9절로 가면, 바울이 주님인 예수님을 아는 것의 뛰어난 가치와 비교할 때 다른 모든 것은 배설물로 여긴다고 말하는 내용이 나옵니다. 그리스도를 귀하게 여기는 모습입니다. 주님의 아름다움과 가치를 소중히 여기는 것이지요. 이것이 우리를 구원하는 믿음의 한 부분입니다. 확신하건대, 우리도 이런 모습에서 성장을 이룹니다. 그리고 그 씨앗은 구원하는 믿음 안에 늘 자리하고 있습니다.

요한복음 6장 35절에서 예수님은 이렇게 말씀하십니다. "나는 생명의 떡이니 내게 오는 자는 결코 주리지 아니할 터이요, 나를 믿는 자는 영원히 목마르지 아니하리라." 그 말은 예수님을 생명의 떡과 영혼의 깊은 갈증을 해소하는 생명의 물로 찾는 것이 예수님을 믿는 것이라는 의미입니다.

따라서 구원하는 믿음은 단순히 사실을 믿는 것과 모든 것이 나의 영원한 유익이 되리라는 확신뿐 아니라 그리스도 한 분을 얻는 것이 생명보다 낫다는 영적인 미각도 아울러 갖고 있습니다.

성찬식을 준비하며

이제 본문의 남은 부분은 다음 주로 남겨 두고 성찬식을 진행하도록 하겠습니다. 여기서 우리는 예수님의 살과 피의 상징인 떡과 포도주를 우리 입에 담습니다. 주님은 우리가 육체적으로 먹고 마실 때 영적으로도 먹고 마시게 된다고 정하셨습니다. 그분이 우리에게 원하시는 바는 이를 통해 그분의 선하심과 모든 구원 역사의 영광, 그리고 예수님만이 모든 것을 만족시키는 보화라는 사실을 맛보고 아는 것입니다. 그러니 이제 함께 성만찬 자리로 나아가 그리스도를 누리십시다.

21장

사람은 어떻게 구원을 받는가(2부)

로마서 10:13-21

누구든지 주의 이름을 부르는 자는 구원을 받으리라. 그런즉 그들이 믿지 아니하는 이를 어찌 부르리요 듣지도 못한 이를 어찌 믿으리요 전파하는 자가 없이 어찌 들으리요 보내심을 받지 아니하였으면 어찌 전파하리요. 기록된 바 아름답도다 좋은 소식을 전하는 자들의 발이여 함과 같으니라. 그러나 그들이 다 복음을 순종하지 아니하였도다. 이사야가 이르되 주여 우리가 전한 것을 누가 믿었나이까 하였으니 그러므로 믿음은 들음에서 나며 들음은 그리스도의 말씀으로 말미암았느니라. 그러나 내가 말하노니 그들이 듣지 아니하였느냐 그렇지 아니하니 그 소리가 온 땅에 퍼졌고 그 말씀이 땅 끝까지 이르렀도다 하였느니라. 그러나 내가 말하노니 이스라엘이 알지 못하였느냐 먼저 모세가 이르되 내가 백성 아닌 자로써 너희를 시기하게 하며 미련한 백성으로써 너희를 노엽게 하리라 하였고 이사야는 매우 담대하여 내가 나를 찾지 아니한 자들에게 찾은 바 되고 내게 묻지 아니한 자들에게 나타났노라 말하였고 이스라엘에 대하여 이르되 순종하지 아니하고 거슬러 말하는 백성에게 내가 종일 내 손을 벌렸노라 하였느니라. _롬 10:13-21

오늘은 로마서 10장 13-21절로 시작한 메시지를 마무리하고자 합니다. 지난주 설교에서는 예수님이 우리 죄를 위해 죽으시고 살아나신 후에, 사람들이 구원받도록 하기 위해 하나님이 마련해 두신 다섯 가지를 다루었습니다. 바울은 13-15절에서 이에 대해 언급하고 있습니다. "누구든지 주의 이름을 '부르는' 자는 구원을 받으리라. 그런즉 그들이 '믿지' 아니하는 이를 어찌 부르리요? '듣지'도 못한 이를 어찌 믿으리요? '전파'하는 자가 없이 어찌 들으리요? '보내심'을 받지 아니하였으면 어찌 전파하리요?"

따라서 구원은 이러한 순서로 옵니다. 1) 그리스도를 부르기, 2) 그리스도를 믿기, 3) 그리스도의 복음을 듣기, 4) 누군가 그리스도에 대해 전하기, 5) 하나님이 복음 전하는 자를 보내시기.

지난주 설교에서는 믿는 것과 주를 부르는 것의 의미를 설명했습니다. 다섯 단계 중 마지막 세 부분에 대해서는 잠시 후에 다루도록 하겠습니다.

먼저 본문에서 우리가 살펴보아야 할 두 가지 문제가 있습니다. 하나는 이스라엘 백성들의 불신앙이고, 다른 하나는 인간의 책임과 비교되는 하나님의 주권입니다. 따라서 이 두 가지를 먼저 다룬 후에 듣는 것과 전파하는 것과 보내는 것으로 돌아가 자세히 보도록 하겠습니다.

이스라엘의 불신앙

우리가 로마서 9장 3절부터 살펴본 이후로 가슴 아프고 고통스러웠던 9-10장의 주제입니다. 바울은 이렇게 말했습니다. "나의 형제 곧 골육의 친척을 위하여 내 자신이 저주를 받아 그리스도에게서 끊어질지라도 원하는 바로라." 이것은 바울이 로마서 9-10장에서 씨름해야 하는 끔찍한 현실입니다. 하나님이 택하신 백성인 이스라엘의 불신앙과 그 잃어버린 바 됨을 어떻게 이해하고 어떻게 설명하며 어떻게 느끼고 반응해야 하는 걸까요? 그들은 예수님을 자신들의 구원자요 메시아요 주님이요 보화로 인정하기를 거부했기에, 저주를 받아 영생에서 끊어졌습니다.

바울은 계속 이 주제로 돌아옵니다. 로마서 9장 27절입니다. "이스라엘 자손들의 수가 비록 바다의 모래 같을지라도 남은 자만 구원을 받으리니." 로마서 10장 1-2절입니다. "형제들아 내 마음에 원하는 바와 하나님께 구하는 바는 이스라엘을 위함이니 곧 그들로 구원을 받게 함이라. 내가 증언하노니 그들이 하나님께 열심이 있으나 올바른 지식을 따른 것이 아니니라." 그리고 오늘 본문인 로마서 10장 16절입니다. "그러나 그들이 다 복음을 순종하지 아니하였도다. 이사야가 이르되 주여 우리가 전한 것을 누가 믿었나이까 하였으니." 그리고 21절입니다. "이스라엘에 대하여 이르되 순종하지 아니하고 거슬러 말하는 백성에게 내가 종일 내 손을 벌렸노라 하였느니라."

이 주제는 11장이 마무리될 때까지 바울에게 가장 큰 부담입니다. 11장이 어떻게 시작되는지 유의하십시오. "그러므로 내가 말하노니 하나님이 자기 백성을 버리셨느냐 그럴 수 없느니라! 나도 이스라엘인이요 아브라함의 씨에서 난 자요 베냐민 지파라." 달리 말하면 이스라엘이 지금 보이는 불신앙과 반항하는 모습이 이야기의 전부도 아니고 결말도 아니라는 것입니다. 로마서 11장 25절에서 이방인 그리스도인인 우리에게 주는 경고를 보십시오. "형제들아 너희가 스스로 지혜 있다 하면서 이 신비를 너희가 모르기를 내가 원하지 아니하노니 이 신비는 이방인의 충만한 수가 들어오기까지 이스라엘의 더러는 우둔하게 된 것이라. 그리하여 온 이스라엘이 구원을 받으리라. 기록된 바, 구원자가 시온에서 오사 야곱에게서 경건하지 않은 것을 돌이키시겠고." 따라서 로마서 9-11장의 처음부터 마지막까지 바울의 부담은 이것입니다. '이스라엘이 메시아를 믿지 않고 반항해서 저주를 받고 그리스도에게서 끊어진 것은 어떤 의미인가?'

바울이 여기서 말하고자 하는 한 가지 요지는 이스라엘의 불신앙과 잃어버린 바 된 것이 하나님 말씀의 실패를 의미하지 않는다는 것입니다! 로마서 9장 6절은 핵심을 울립니다. "그러나 하나님의 말씀이 폐하여진 것 같지 않도다."

이 핵심 진리에 대한 바울의 첫 번째 논점은 로마서 9장에서 하나님의 주권적이고 자유롭고 무조건적인 선택 교리를 기반으로 합니다. 달리 말하면, 이스라엘의 불신앙과 잃어버린 바 됨은 하나님의 계획을 무력화하지 않는다는 것입니다. 하나님은 그들의 불신앙마저도 주관하시고 처음부터 하나님의 계획 안에 놓으셨기 때문입니다. "내가 긍휼히 여길 자를 긍휼히 여기고 불쌍히 여길 자를 불쌍히 여기리라 하셨으니 그런즉 원하는 자로 말미암음도 아니요 달음박질하는 자로 말미암음도 아니요 오직 긍휼히 여기시는 하나님으로 말미암음이니라"(롬 9:15-16).

우리 중에는 오랜 세월을 살아오는 동안 인간의 신앙과 불신앙조차 주관하시는 하나님의 주권이라는 진리에 놀라 떨었던 분들도 있습니다. 그 진리에서 벗어나려 했고, 그런 것이 존재하지 않는 척했으며, 논쟁도 벌이다가, 결국 그 앞에 머리와 마음을 조아린 후에야 그것이 얼마나 심오하고 견고하고 귀한 기초석으로 우리의 연약한 믿음의 집을 세워 주는지 깨달았습니다. 이제는 떨리는 기쁨으로 그 사실을 바라보고, 그 진리 없이는 우리가 믿을 수도 없고 끝까지 견뎌 구원받지도 못한다는 사실을 압니다. 특히 로마서 9장에서 그것을 보았습니다.

하나님의 주권과 인간의 책임

오늘 본문에서 바울은 그 사실을 놓치지 않고, 이스라엘의 불신앙을 주관하시는 하나님의 주권에 대한 우리 사고의 균형을 맞추기 위해 매우 중요한 내용을 말합니다. 저는 여기서 오늘 설교의 두 번째 항목으로 옮겨 가고자 합니다. 첫 번째는 이스라엘의 불신앙이었습니다. 이제 두 번째는 인간의 책임과 비교되는 하나님의 주권입니다. 바울의 말은 이런 의미입니다. "이스라엘의 불신앙은 그들이 당연히 믿어야 하는데 정작 믿기 위해 필요한 조건이 충족되지 않아서 발생하는 종류의 문제가 아니다."

14-15절에 나온 다섯 단계가 그것입니다. 구원을 받으려면 그리스도를 불러야 합니다. 부르려면 그리스도를 믿어야 합니다. 믿으려면 그리스도의 말씀을 들어야 합니다. 들으려면 그리스도의 메시지를 선포하는 자가 있어야 합니다. 영적 권위로 선포하려면 하나님의 보내심을 받아야 합니다. 본문에서 이것을 언급하는 이유는 그 일이 이스라엘에게도 있었다는 것입니다! 그러므로 이스라엘의 불신앙은 그들이 믿어야 할 책임이 있음에도 필요한 조건이 충족되지 않아서 생긴 문제가 아닙니다.

18절을 보십시오. "그러나 내가 말하노니 그들이 듣지 아니하였느냐?" 이 말은 달리 말하면, "사람을 보내고 전파하고 듣게 되는 이 조건이 충족되지 못했는가?"라는 것입니다. 그리고 바울은 대답합니다. "그렇지 아니하니." 바울은 이것을 강조하기 위해 시편 19편 4절을 인용합니다. "그의 소리가 온 땅에 통하고 그의 말씀이 세상 끝까지 이르도다." 바울이 우리에게 의미하는 바가 시편 본문의 맥락에서 이 말씀을 이해하라는 것인지(자연 속의 일반 계시), 아니면 온 이스라엘이 듣도록 세상에 복음이 널리 퍼져야 함을 강조하려고 한 것인지(이를 굳이 문맥에서 인용하려는 의도 없이) 저는 잘 모르겠습니다. 하지만 핵심은 분명합니다. '그리스도의 말씀이 이스라엘에게 전파되었고 이스라엘은 그것을 들었으므로 자신들의 불신앙에 대해 분명한 책임이 있다'는 것입니다.

그런 후에 바울은 19-20절에서 이 사실을 강조합니다. "그러나 내가 말하노니 이스라엘이 알지 못하였느냐? 먼저 모세가 이르되 내가 백성 아닌 자로써 너희를 시기하게 하며 미련한 백성으로써 너희를 노엽게 하리라 하였고." 달리 말하면, 이교도와 무할례자이며 정결하지 못하고 무지한 이방인들이 메시아를 믿고 이스라엘에게 주어진 언약을 상속받는 것은 모세도 예견했던 바이고, 지금도 이스라엘 주변에서 일어나는 일이며, 그 일로 이스라엘은 자신들이 거부했던 복음 진리에 눈떠야 한다는 것입니다. 이방인들의 반응 때문에 그들의 책임은 더욱 무겁습니다.

그리고 바울은 20절에서 다시 말합니다. "이사야는 매우 담대하여 내가 나를 찾지 아니한 자들에게 찾은 바 되고 내게 묻지 아니한 자들에게 나타났노라 말하였고." 달리 말하자면, 이사야 선지자가 예언한 대로 이방인들은 유대인의 메시아인 예수 그리스도 안에서 구원을 발견합니다. 그들은 율법의 행위가 아니라 오직 믿음으로 구원을 받았습니다. 이 모든 것은 메시아 예수님을 통해 값없이 임하는 은혜의 메시지를 이스라엘에게 전하는 확성기입니다.

하지만 바울은 21절에서 안타까운 결과를 말합니다. "이스라엘에 대하여 이르되 순종하지 아니하고 거슬러 말하는 백성에게 내가 종일 내 손을 벌렸노라 하였느니라." 달리 말해, 이스라엘의 대다수는 그들이 들었던 모든 예언과 그것의 성취 그리고 모든 복음을 믿지 않은 것입니다.

바울이 그들의 불신앙을 어떤 식으로 설명하는지 유의하십시오. 로마서 9장과는 확연히 다릅니다. 거기서는 이렇게 말했습니다. "내가 긍휼히 여길 자를 긍휼히 여기고 … 그런즉 원하는 자로 말미암음도 아니요 달음박질하는 자로 말미암음도 아니요 오직 긍휼히 여기시는 하나님으로 말미암음이니라"(15, 16절). 하나님은 인간의 의지와 불신앙을 넘어서는 절대적 주권을 지닌 분으로 묘사됩니다. 하지만 로마서 10장 21절에서 하나님과 이스라엘의 불신앙(그리고 우리의 불신앙)을 설명하는 모습은 사뭇 다릅니다. "순종하지 아니하고 거슬러 말하는 백성에게 내가 종일 내 손을 벌렸노라 하였느니라." 여기에 묘사된 하나님은 예언자와 전도자를 통해 손을 들어 부르고 초대하고 구애하는 모습입니다. 하지만 듣는 자들은 믿지 않습니다. 그들은 "불순종하고 거스르는 자들"입니다.

오늘 아침 저의 목표는 어떻게 이런 일이 가능한지 분석하는 것이 아니라, 하나님의 주권과 인간의 책임이라는 역설을 받아들일 수 있도록 권면하는 것입니다. 인간의 책임을 뛰어넘는 하나님의 주권을 받아들인 후에 안타깝게도 이런 식으로 말하는 사람이 있습니다. "하나님을 자신의 팔을 뻗어서 사람들을 초청하고 부르시는 모습으로 묘사하는 것은 옳지 않습니다."

반면 인간의 책임을 무겁게 받아들이고 이렇게 말하는 사람들도 있습니다. "하나님이 사람들을 초청하고 부르고 손짓하신다면, 그분은 인간의 의지를 넘어서는 주권자일 리가 없고, 그렇다면 인간이 궁극적인 자기 결정권을 지니고 있으므로 하나님이 실제로 만물을 다스리시는 것이 아닙니다."

양쪽 견해 모두 안타깝게도 잘못되었습니다. 한쪽은 하나님이 우리에게 힘과 소망과 기쁨과 사랑을 주시려고 자신에 관한 비밀들을 몸소 계시하신다는 사실, 즉 그분의 절대 주권이라는 매우 심오하고 소중한 진리를 거부하고 있습니다. 우리의 모든 것이 스러질 때, 지극히 혼란스럽고 무의미하고 잔인한 세상에서 기댈 수 있는 든든한 바위가 우리 곁에 있다는 것이 얼마나 아름다운지요. 하나님이 선하지 않고 무기력하다고 생각하다가, 어느 순간 그분이 선하시며 만물을 주관하고 계심을 깨달을 때, 그것은 얼마나 아름다운지요. 하나님의 주권을 받아들인다는 어떤 사람들은 사람들을 대하시는 하나님의 공의를 이해하는 데 필요한 매우 중요한 사실을 거부합니다. 우리가 그리스도를 대신하여 사람들을 그리스도께 이끌기 위해 얼마나 눈물로 호소하고 설득하고 초청하고 간청해야 하는지를 알지 못하는 것이지요.

저는 하나님의 주권과 인간의 책임, 이 둘 사이의 역설을 자세히 설명하지 않겠습니다. 세 가지 정도의 사례(이보다 할 말은 훨씬 많습니다)를 들어 그 점을 단순히 강조하고자 합니다. 그리하여 우리가 이해하든 못하든 그것과 상관 없이, 하나님이 우리의 마음을 일깨우셔서 말씀에 순종할 수 있기를 소망합니다.

마태복음 11장 25절에서 예수님은 이렇게 말씀하십니다. "천지의 주재이신 아버지여, 이것을 지혜롭고 슬기 있는 자들에게는 숨기시고 어린 아이들에게는 나타내심을 감사하나이다." 그리고 28절에서는 이렇게 말씀하십니다. "수고하고 무거운 짐 진 자들아 다 내게로 오라. 내가 너희를 쉬게 하리라." 하나님은 어떤 이들에게는 진리를 숨기셨지만, 기본적으로는 모든 사람을 초청하십니다.

요한복음 6장 35절에서는 이렇게 말씀하십니다. "나는 생명의 떡이니, 내게 오는 자는 결코 주리지 아니할 터이요 나를 믿는 자는 영원히 목마르지 아니하리라." 그리고 다음 절에서는 이렇게 말씀하십니다. "아버지께서 내게 주시는 자는 다 내게로 올 것이요, 내게 오는 자는 내가 결코 내쫓지 아니하리라." 모든 사람이 그리스도께 초청을 받습니다. 그리고 아버지는 그 일부를 그리스도께 주십니다.

사도행전 13장 38-39절에서 바울은 안디옥의 유대 회당에서 이렇게 말합니다. "그러므로 형제들아 너희가 알 것은 이 사람[예수님]을 힘입어 죄 사함을 너희에게 전하는 이것이며 … 이 사람을 힘입어 믿는 자마다 의롭다 하심을 얻는 이것이라." 그리고 48절에서 누가는 이렇게 말합니다. "이방인들이 듣고 기뻐하여 하나님의 말씀을 찬송하며 영생을 주시기로 작정된 자는 다 믿더라." 모든 사람이, 믿고 용서받으라는 초대를 받습니다. 그리고 영생을 주시기로 작정된 많은 이들이 믿었습니다.

오늘 아침에 저는 여러분께 어떤 설명을 드리는 것이 아닙니다. 단순히 선포하고 있습니다. 이것이 하나님이 하나님 되신다는 의미입니다. 인간은 자신의 생명에 있어 궁극적이고 최종적인 주권자가 아닙니다. 하나님이 그러하십니다. 하나님은 토기장이요, 우리는 진흙입니다. 하지만 하나님은 "모든 사람이 구원을 받으며 진리를 아는 데에 이르기를 원하"십니다(딤전 2:4). 하나님은 우리가 사는 이곳의 유대인들과 이방인들에게도 늘 손을 내밀고 계십니다.

보내기, 전하기, 듣기

이제 마지막 항목입니다. 지난 시간에 다 언급하지 못한 14-15절의 다섯 단계 중 세 가지로 다시 돌아가겠다고 말씀드렸습니다. "그런즉 그들이 믿지 아니하는 이를 어찌 부르리요? 듣지도 못한 이를 어찌 믿으리요? 전파하는 자가 없이 어찌 들으리요? 보내심을 받지 아니하였으면 어찌 전파하리요?"

오늘 설교의 처음 두 항목이 함께 어울려 세 번째 항목을 만들어 냅니다. 첫째, 이스라엘은 길을 잃었고 신앙도 없습니다. 그리스도가 없는 세상도 그러합니다. 둘째, 하나님은 인간이 자신을 믿든 믿지 않든 그들의 영혼을 주관하시며, 이 도시에 사는 유대인들과 이방인, 학생, 남녀노소, 미혼자와 기혼자, 그리고 원근 각지에서 온 모든 민족들을 향해서도 언제나 손을 내미십니다.

이 두 가지가 함께 어우러지면 이런 질문이 나오기 마련입니다.

이러한 하나님의 목소리를 그들이 어떻게 들을 수 있습니까? 하나님의 뻗은 손을 그들이 어떻게 볼 수 있습니까? 하나님의 인내를 그들이 어떻게 알 수 있습니까? 그에 대한 대답이 세 번째 항목입니다. 하나님은 전하는 자를 보내시고 그들에게 화목의 메시지를 맡기십니다(고후 5:19). 그들은 입을 열어 말합니다. "우리가 그리스도를 대신하여 간청하노니 너희는 하나님과 화목하라"(고후 5:20). 그리고 사람들은 복음을 듣습니다. 복음에서 우리는 그리스도의 부르심과 초청과 이끄심을 듣습니다.

여기서 우리에게 필요한 다른 메시지가 있습니다. 하지만 성령께서 여러분의 마음에 직접 말씀해 주시도록 저는 여기서 멈추겠습니다. 그리스도를 위해 사람들에게 가서 말하는 것은 단순한 인간적 호소가 아닙니다. 하나님께서는 그분이 보내신 복음의 사자들을 복주시기 때문입니다. 효과적인 복음 전달자는 하나님이 보내십니다.

하지만 여기서 이렇게 말하지 않도록 주의하십시오. "나는 하나님이 보낸 사람이 아니니, 말하지 않겠다." 도리어 이렇게 말씀하시기 바랍니다. "제가 여기 있습니다. 주님. 나를 보내소서. 나를 미전도 종족에게 보내소서. 나를 우리가 사는 도시의 이웃들에게 보내소서. 길 너머의 죽어가는 이웃들에게 나를 보내소서. 사무실 너머로 나를 보내소서. 오늘 사람들에게 전화하도록 나를 보내소서. 예배가 끝나면 예배당 너머로 나를 보내소서."

공적이고 직업적인 하나님의 부르심과 보내심도 있습니다. 저의 경우 우리 교회의 전임 목회자로서 섬기고 있습니다. 여러분 중에도 그럴 분들이 있을 것입니다. 하지만 더욱 자발적이고 수시로 일어나는 부르심과 보내심도 있습니다. 우리 안에 그리스도가 계신다면 이를 경험하게 될 것입니다. 그러므로 이런 일이 우리에게 더욱더 활발하게 일어나도록 진심으로 기도합시다.

주여, 내가 여기 있사오니 나를 보내소서. 내 입을 복음으로 열어 주소서. 많은 이들이 주의 이름을 듣고 믿고 부르게 되며 구원받게 하소서. 복음을 들고 산을 넘는 자들의 발이 얼마나 아름다운고!

22장

하나님이 자기 백성을 버리셨는가(1부)

로마서 11:1-6

그러므로 내가 말하노니 하나님이 자기 백성을 버리셨느냐 그럴 수 없느니라. 나도 이스라엘인이요 아브라함의 씨에서 난 자요 베냐민 지파라. 하나님이 그 미리 아신 자기 백성을 버리지 아니하셨나니 너희가 성경이 엘리야를 가리켜 말한 것을 알지 못하느냐 그가 이스라엘을 하나님께 고발하되 주여 그들이 주의 선지자들을 죽였으며 주의 제단들을 헐어 버렸고 나만 남았는데 내 목숨도 찾나이다 하니 그에게 하신 대답이 무엇이냐 내가 나를 위하여 바알에게 무릎을 꿇지 아니한 사람 칠천 명을 남겨 두었다 하셨으니 그런즉 이와 같이 지금도 은혜로 택하심을 따라 남은 자가 있느니라. 만일 은혜로 된 것이면 행위로 말미암지 않음이니 그렇지 않으면 은혜가 은혜 되지 못하느니라. _롬 11:1-6

로마서 11장을 시작하는 이 시점에서, 이 위대한 편지에서 어디쯤 와 있는지 확인해 보겠습니다. 역사상 어떤 편지도 로마에 보낸 바울의 편지만큼 위대한 파장을 일으킨 적은 없었습니다. 여기에는 몇 가지 이유가 있습니다.

무엇보다 로마서는 예수 그리스도를 위해 감동하심을 입은 대변

자인 사도 바울을 통해 주신 하나님의 말씀이며, 그는 태어나기 전부터 부름을 받고 따로 구별된 사람이었습니다(갈 1:15). 두 번째 이유는 모든 믿는 자에게 구원을 주시는 하나님의 능력인 그리스도의 복음이 성경 전체에서 가장 완전하게 기록되어 있기 때문입니다(롬 1:16).

로마서의 탁월한 가치를 말한 루터

1500년대에 마르틴 루터는 로마서를 통해 깨달음을 얻고 교회가 복음으로 다시 돌아오도록 거대한 영향을 미쳤습니다. 여기 그가 한 말이 있습니다.

> 로마서에서 우리는 … 그리스도인이라면 반드시 알아야 할 것, 즉 율법, 복음, 죄, 형벌, 은혜, 믿음, 의, 그리스도, 하나님, 선한 행위, 사랑, 소망, 십자가가 무엇인지에 대해 가장 풍성한 것들을 찾아볼 수 있다. 또한 우리가 모든 이들을 향해, 즉 의인이든 죄인이든, 강한 자든 약한 자든, 친구이든 대적이든 구분 없이, 심지어 자기 자신을 향해 어떻게 행동해야 하는지 찾아볼 수 있다. 이것들은 더욱이 성경 말씀으로 훌륭하게 뒷받침을 받고, 사도 바울의 실례와 여러 선지자들의 삶으로 증명이 되었으니, 이것 외에 더 이상 바랄 것이 없을 정도다. 바울은 이 한 권의 편지에 기독교의 교리와 복음의 진리 전부를 간략히 정리하면서, 구약성경으로 들어가기 위한 도입부로 준비시키려 한 것 같다. 누구든 의심 없이 로마서를 마음에 잘 간직한 사람은 구약성경의 능력과 지혜를 얻게 된다. 그러므로 모든 그리스도인들이 로마서를 가까이 하고 지속적

> 으로 연구할 수 있도록 해야 한다. 이를 위해 하나님이 은혜를 내려주시길 기도한다. 아멘.*

그리고 루터는 여기서 더 나아가 우리가 무엇을 따라야 하는지 말합니다.

> 로마서야말로 신약성경 최고의 부분이며 진실로 가장 순수한 복음이다. 모든 그리스도인은 로마서의 단어 하나하나를 마음에 담아야 할 뿐 아니라, 날마다 영혼의 양식으로 삼아 가득 채워야 할 것이다.**

로마서 9-11장 복습

하나님께서 교회와 우리의 영혼에 주신 이 서신서의 탁월한 가치를 다시 기억하면서, 11장에 들어가기에 앞서 지금 우리의 위치는 어디쯤인지 보도록 하겠습니다. 로마서 9장은 이스라엘 백성들 대다수가 그들의 메시아를 거부하고 저주를 받아 그리스도에게서 끊어져 버린 가슴 아픈 문제로 시작했습니다. 그래서 바울은 이렇게 말합니다. "나의 형제 곧 골육의 친척을 위하여 내 자신이 저주를 받아 그리스도에게서 끊어질지라도 원하는 바로라."

이 가슴 아픈 문제는 우리에게 더 깊은 문제를 제기합니다. '하나님이 자기 백성들에게 신실하시겠다는 약속은 어떻게 되는가? 그분

*Luther's Works, Vol. 35, 1960, p. 380.
** Luther's Works, Vol. 35, 1960, p. 365.

의 말씀은 대체 어떻게 되는 것인가?' 이에 대해 바울은 로마서 9장 6절에서 이렇게 답합니다. "그러나 하나님의 말씀이 폐하여진 것 같지 않도다." 로마서 9-11장 나머지 전체는 바울이 이 주장을 뒷받침하기 위해 펼치는 논증이라 말해도 틀리지 않습니다. 비록 이스라엘의 다수가 메시아를 거부하고 저주를 받아 그리스도에게서 끊어졌다 해도 하나님의 말씀은 그때나 지금에도 결코 실패하지 않았습니다. 그의 논증은 세 단계로 진행됩니다.

1단계: 하나님의 약속은 선택받은 진정한 이스라엘에만 해당된다.

첫째, 바울은 구원에 대한 하나님의 약속의 말씀이 실패하지 않은 것은 육체적 태생이 아닌 약속과 선택으로 진정한 이스라엘이 된 사람만을 대상으로 하기 때문이라고 주장합니다. 로마서 9장 8절입니다. "곧 육신의 자녀가 하나님의 자녀가 아니요 오직 약속의 자녀가 씨로 여기심을 받느니라." 달리 말해, 하나님께는 누군가의 조상이나 부모가 유대인이거나 혹은 이방인이기 때문에 구원해 주셔야 한다는 의무가 없습니다. 하나님은 자유로우시며, 자신이 선택하신 이들을 구원함으로써 이스라엘에 대한 약속을 성취하십니다. 그리하여 로마서 9장 11절에서 말한 대로, "택하심을 따라 되는 하나님의 뜻이 행위로 말미암지 않고 오직 부르시는 이로 말미암아 서게" 하십니다. 따라서 하나님의 말씀이 폐하지 않았다는 바울의 논증에서 첫 번째 단계는 유대인의 혈통으로 태어난 모든 육체적 이스라엘이 전부 영적인 이스라엘은 아니며 구원의 약속은 하나님의 약속과 선택으로 영적인 이스라엘이 된 사람에게만 적용된다는 것입니다.

2단계: 이방인도 구원의 약속에 포함된다

하나님의 말씀이 실패하지 않았다는 논점의 두 번째 단계는 이방인들도 구원의 약속에 포함되며 사실상 그들도 은혜로 구원을 받는다는 것입니다. 로마서 9장 24절입니다. "이 그릇은 우리니 곧 유대인 중에서뿐 아니라 이방인 중에서도 부르신 자니라." 구원은 율법의 행위가 아니라 오직 믿음을 통해 은혜로 받기 때문에 바울은 그렇게 설명할 수 있습니다. 로마서 9장 30절입니다. "의를 따르지 아니한 이방인들이 의를 얻었으니 곧 믿음에서 난 의요." 예수 그리스도는 "모든 믿는 자에게 의를 이루기 위하여 율법의 마침"이 되십니다(롬 10:4). 하나님의 말씀이 설 수 있는 것은 그 말씀이 이방인을 비롯하여 믿음을 가진 자들에게서 성취되기 때문입니다.

3단계: 언젠가 온 이스라엘이 구원을 얻을 것이다

하나님의 말씀이 실패하지 않았다는 사실에 대한 바울의 변론에서 세 번째 단계는 언젠가 "온 이스라엘이 구원을 받는다"는 것입니다. 로마서 11장 25-26절에서 바울은 우리 이방인들이 유대인들에게 자랑하거나 스스로 교만하지 말라고 경고합니다. "너희가 스스로 지혜 있다 하면서 이 신비를 너희가 모르기를 내가 원하지 아니하노니, 이 신비는 이방인의 충만한 수가 들어오기까지 이스라엘의 더러는 우둔하게 된 것이라. 그리하여 온 이스라엘이 구원을 받으리라."

이 논증의 세 번째 단계는 오늘 우리가 시작한 로마서 11장에 나옵니다. 11장 초반부터 전면적으로 다루지는 않습니다. 바울은 육체를 따른 이스라엘에 남은 자가 있으며 그 남은 자들이 약속의 상속자로서 그리스도인(메시아를 믿는 신자들)이 된다는 주장으로 시작합니다. 그런 다음 이 주장을 기초로 해서 그 남은 자들이 언제가 충만한 수까지 차게 된다고 말합니다. 로마서 11장 15절입니다. "그들[이스라엘]을 버리는 것이 세상의 화목이 되거든 그 받아들이는 것이 죽은 자 가운데서 살아나는 것이 아니면 무엇이리요?"

버리는 것이 있었고 받아들이는 것이 있을 것입니다. 더러는 우둔해지지만(11:25), 언젠가는 가려진 휘장이 벗겨져 "온 이스라엘이 구원을 받게" 될 것입니다(11:26). 11장은 33-36절에 나오는 찬양의 절정을 향해 이런 식으로 펼쳐집니다.

우리는 장차 몇 달에 걸쳐 이번 장이 얼마나 놀랍도록 중요한지 확인하게 될 것입니다. 우리는 이스라엘을 어떻게 이해하고 그들과 어떻게 관계를 맺어야 하는지가 주된 정치 문제가 된 세상에서 살아가고 있습니다. 로마서 11장은 이스라엘을 위해서나 팔레스타인을 위해, 그리고 이스라엘에 대해 평소보다 좀 더 조심스런 판단을 내려야 할 이방인 그리스도인을 위해 절대적으로 필요한 말씀이라고 생각합니다.

로마서 11장 개요

이제 오늘 본문으로 돌아가 앞으로 몇 주간 말씀이 어떻게 진행되어 갈지 감을 잡은 후에, 뒤로 잠깐 물러나 왜 우리가 로마서 9-11장의 말씀에 좀 더 마음을 쏟아야 하는지 보겠습니다. 로마서 11장 1절입니다. "그러므로 내가 말하노니 하나님이 자기 백성을 버리셨느냐?"

앞에 나온 장들과 구절(롬 10:21) 때문에 이 질문은 참으로 시급합니다. "이스라엘에 대하여 이르되 … 내가 종일 내 손을 벌렸노라 하였느니라." 달리 말해 이스라엘은 하나님께 저항하다가 결국엔 하나님의 초대를 거절했습니다.

따라서 바울은 1절에서 이렇게 질문합니다. "하나님이 자기 백성을 버리셨느냐?" 그리고 답합니다. "그럴 수 없느니라!" 그런 후에 논증을 펼치는데, 그가 얘기하는 이유는 이렇습니다. "나도 이스라엘인이요 아브라함의 씨에서 난 자요 베냐민 지파라." 지금까지 로마서 9-11장에서 말했던 내용과 어떻게 다른지 아시겠습니까? 여기서 백성에 대한 하나님의 신실하심을 확신할 수 있는 것은 바로 바울이 유대인이라는 사실에 있다고 주장합니다. '하나님은 그의 백성을 버리지 않으셨다! 보라! 나는 유대인이다. 나는 이스라엘 사람이고, 또한 베냐민 지파 출신이다.' 여기서 어느 지파 출신인지 언급한 것은 바울이 자신을 단지 영적인 아브라함의 후손으로 보지 않고 또한 육체적 후손으로도 생각했음을 보여 줍니다. '하나님은 그분의 백성을 버리지 않으셨다. 왜냐하면 나도 버림받지 않았는데 나 또한 육체적으로 이스라엘 사람이기 때문이다.' 이것이 여기서 제시된 바울의 논증이며 8-10장에서는 없었던 내용입니다. 논증에 있어서 새로운 단계로 접어든 것입니다.

여기서부터 바울은 자신(예수님을 위하는 유대인)을 비롯하여 남은 자들이 있으며, 첫 열매가 추수의 시작을 가리키듯, 그 남은 자들은 충만한 수에 이를 것이라고 논증해 나갈 것입니다. 이 주장을 주의 깊게 따라가야 하지만 그 일은 다음 주로 남겨 두고 오늘은 로마서 11

장을 다루면서 "그래서?"(so what?)라는 질문을 하려고 합니다. 왜 우리가 이런 고대의 서신에 신경을 써야 하는 것일까요? 오늘 이곳에 처음으로 오신 분들까지 여기에 관심을 가져야 할까요?

실제로 이것은 이스라엘에게 주신 하나님의 말씀이 실패하지 않았는지 어떻게 확신할 수 있는가에 관한 질문입니다. 바울은 이 사안을 너무도 중요하게 생각하고 있으므로 하나님이 이스라엘에게 주신 약속에 신실하시다는 점을 변론하기 위해 세 장이나 할애하고 있습니다. 왜일까요? 왜 우리가 여기에 이렇게까지 신경 써야 하는 것일까요? 두 가지 이유를 말씀드리겠습니다. 진지하게 생각해 보시기 바랍니다.

1. 이스라엘에게 주신 하나님의 말씀이 실패했다면, 그분은 영광스럽지도 않고 하나님도 아니시다.

하나님의 말씀이 이스라엘에게 가서 실패했다면 그분은 영광스러운 분일 수 없습니다. 그리고 하나님이 영광스러운 분이 아니라면 그분은 결코 하나님이 되실 수 없습니다. 그분이 하나님이 아니라면, 우리의 가장 큰 보화를 빼앗기는 셈이고, 우리는 원숭이나 돌고래 같은 동물들과 다를 바가 없으며, 우리의 모든 사랑과 애정은 결국 두뇌의 화학 작용에 불과하고, 평생토록 추구해야 할 의미란 단지 의미 있는 것이라고 믿는 척하는 것이 전부일 뿐입니다.

하지만 바울에게는 하나님의 영광을 위한 열정이 있었고, 하나님의 하나님 되심과 말로 표현 못할 인생의 의미를 향한 열정도 있습니다. 그래서 그는 로마서를 쓰면서 11장 마지막을 이렇게 마무리

합니다.

"깊도다. 하나님의 지혜와 지식의 풍성함이여, 그의 판단은 헤아리지 못할 것이며 그의 길은 찾지 못할 것이로다. 누가 주의 마음을 알았느냐? 누가 그의 모사가 되었느냐? 누가 주께 먼저 드려서 갚으심을 받겠느냐? 이는 만물이 주에게서 나오고 주로 말미암고 주에게로 돌아감이라. 그에게 영광이 세세에 있을지어다. 아멘"(롬 11:33-36).

이 모든 것은 이스라엘에게 주신 말씀에 대해 하나님이 얼마나 신실하신지가 달린 문제입니다. 그분의 영광, 그분의 하나님 되심, 우리의 생명이 걸린 일입니다.

2. 만일 이스라엘에 대한 하나님의 말씀이 폐하여진다면 우리는 로마서 8장의 약속이 이루어지리라고 믿을 수 없다.

하나님이 이스라엘에게 주신 약속을 지키지 못하신다면 우리에게 주신 로마서 8장과 같은 다른 약속들을 지키시리라는 기대는 하기 힘들어집니다.

로마서 8장 38절의 말씀은 어떻습니까? "내가 확신하노니 사망이나 생명이나 … 우리를 우리 주 그리스도 예수 안에 있는 하나님의 사랑에서 끊을 수 없으리라." 혹시 죽음이 하나님의 사랑에서 우리를 갈라놓습니까? 우리가 예수 그리스도를 유일한 구원자요 주님으로 믿지 않거나, 하나님이 자신의 말씀에 온전히 신실하지 않으시다면 그럴 수도 있습니다. 하나님이 이스라엘에게 주신 약속을 지키지 못하신다면, 로마서 8장 38절의 말씀도 미덥지 못하고, 프랜시스 리들리 해버걸(Frances Ridley Havergal)의 경험은 사기이므로 굳이 알 필요도 없을 것입니다. 프랜시스는 『영광스러운 강물같이』라는 책을 썼습니다. 그 여인은 42세에 사망했습니다. 그리고 이렇게 고백했습니다.

> 나는 죽음이 두렵지 않다. 가끔은 밤에 잠에서 깨어 죽음을 생각하다가 즐거운 기대와 희망으로 부풀어 죽음을 고대하곤 하는데, 예수님이 나의 구세주이자 주님이 아니셨다면 그 마음이 조바심으로 바뀌었을 것이다. 내게는 하나님을 위해 해야 할 일이 있으므로 결코 물러서지 않을 것이다. 나를 본향으로 부르시는 그분의 시간은 최고의 시간이자 적절한 때라 믿는다. 그러므로 기쁘게 기다릴 것이다.*

죽음을 앞둔 상황에서 이러한 소망과 확신, 심지어 기쁨마저 가능한 것은 오직 하나님이 이스라엘에 대한 약속을 지키시고 그 아들 예수님을 믿는 사람들에게 로마서 8장의 약속을 지키실 때라야 가능합니다. 우리가 그리스도인이라면 우리가 붙들고 살아가는 다른 모든 약속들 역시 그렇습니다.

"누가 우리를 그리스도의 사랑에서 끊으리요? 환난이나 곤고나 박해나 기근이나 적신이나 위험이나 칼이랴?"(롬 8:35). 우리 집에 불이 나 전소했다고 해서 그리스도의 사랑에서 끊어질까요? 주차장 진입로가 무너져 깔리는 사고가 일어난다고 해서 그리스도의 사랑에

* *Like A River Glorious: Prose, Poetry, and Music* by Fances Ridley Havergal, Rio, Wisconsin: The Havergal Trust, 2003, p.710.

서 우리를 끊을 수 있을까요? 아들이나 남편이 전장에서 사망한다고 해서 그리스도의 사랑에서 끊어질 수 있을까요? 지난주에 갑자기 췌장암 말기 판정을 받았다고 해서 그리스도의 사랑에서 끊어질 수 있을까요? 우리가 그리스도를 믿으며, 하나님이 이스라엘에게 그 약속을 지키시는 이상 그럴 수는 없습니다.

이스라엘에게 주신 하나님의 약속이 실패한다면, 그분은 믿을 수 없는 분이기에 우리는 이렇게 말하지 못할 것입니다. "그러나 이 모든 일에 우리를 사랑하시는 이로 말미암아 우리가 넉넉히 이기느니라"(롬 8:37).

하지만 저는 사도 바울과 더불어 이렇게 말씀드립니다. "하나님이 그 미리 아신 자기 백성을 버리지 아니하셨나니"(롬 11:2). 하나님의 말씀은 폐하지 않았습니다. 우리가 그분을 믿고 그 아들 예수님을 의지한다면, 삶과 죽음에 대한 하나님의 모든 약속은 우리의 것이 되며 확고할 것입니다. 그리고 우리는 영광스러운 강물처럼 하나님의 평안을 누릴 것입니다.

23장

하나님이 자기 백성을 버리셨는가(2부)

로마서 11:1-6

그러므로 내가 말하노니 하나님이 자기 백성을 버리셨느냐 그럴 수 없느니라. 나도 이스라엘인이요 아브라함의 씨에서 난 자요 베냐민 지파라. 하나님이 그 미리 아신 자기 백성을 버리지 아니하셨나니 너희가 성경이 엘리야를 가리켜 말한 것을 알지 못하느냐 그가 이스라엘을 하나님께 고발하되 주여 그들이 주의 선지자들을 죽였으며 주의 제단들을 헐어 버렸고 나만 남았는데 내 목숨도 찾나이다 하니 그에게 하신 대답이 무엇이냐 내가 나를 위하여 바알에게 무릎을 꿇지 아니한 사람 칠천 명을 남겨 두었다 하셨으니 그런즉 이와 같이 지금도 은혜로 택하심을 따라 남은 자가 있느니라. 만일 은혜로 된 것이면 행위로 말미암지 않음이니 그렇지 않으면 은혜가 은혜 되지 못하느니라. _롬 11:1-6

하나님을 깊이 개인적으로 알고 싶다면 그분의 방식대로 알아가야 합니다. 하나님이 자신을 계시하시는 방법을 놓고 우리가 왈가왈부할 수는 없습니다. 우리는 "제게 꿈으로 알려 주십시오!"라든가 "목록을 주십시오!"라고 말할 수 없습니다. 하나님은 이렇게 답하실 것입니다. "내가 너에게 성경을 주었단다. 성경을 읽으면서 나를 알아가

거라. 내가 나를 알리는 방법에 대해 내게 요구하지 마라. 네게 있는 성경으로 나를 알아가라."

우리가 하나님을 알기 위해 성경으로 돌아갈 때에도 하나님의 방법에 따라 하나님의 자기 계시를 받아들여야 합니다. 성경을 전체로 보면 그 안에는 역사가 있습니다. 역사는 예정에서 시작해서 천지 창조, 아브라함과 이삭과 야곱의 부르심, 애굽에 속박된 이스라엘과 출애굽, 율법을 주심, 광야에서의 방황, 약속의 땅으로의 입성, 사사들과 사울과 다윗과 솔로몬 시대, 유다와 이스라엘 왕국의 분열, 바벨론 포로와 귀환, 구약과 신약 사이의 침묵기, 메시아이신 예수 그리스도의 초림과 백성들의 그리스도 거부, 십자가 죽음과 부활과 승천, 오순절 성령 강림, 기원 후 70년 예루살렘의 무너짐, 우리를 비롯한 온 세계의 수많은 사람들에게 그리스도의 주님 되심이 놀랍도록 전파되기까지 계속 움직입니다.

이것이 하나님께서 자신을 계시하시는 방법입니다. 그러므로 우리는 "꿈을 주세요"라고 말해서는 안 됩니다. 오히려 "성경을 주세요"라고 말해야 합니다. 또한 우리에게 있는 성경을 보면서 "하나님의 속성들을 체계적으로 다룰 수 있게 해 주세요"라고 말해선 안 됩니다. 차라리 이렇게 말해야 합니다. "하나님, 당신의 모습을 우리에게 알려 주십시오. 역사 속에서 행하셨던 그 모습을 통해, 그리고 주께서 성경 속에서 하신 말씀을 통해 우리에게 알려 주십시오." 이것이 우리가 하나님을 알아가는 방법입니다. 즉, 우리는 그분이 알려 주시는 대로 그분을 알아가야 합니다. 역사 속에서 그분이 어떻게 행하셨는지, 그리고 그 모든 이야기들을 성경 속에서 어떻게 말씀해 주셨으며 또 어떻게 설명하셨는지를 보며 그분께로 나아가야 합니다.

하나님의 계시와 역사 속에서 행하시는 하나님

성경에서도 로마서 11장만큼이나 하나님이 역사 속에서 행하신 방법과 장차 이스라엘과 열방을 향해 행하실 일에 대해 선명하게 계시하는 곳은 흔치 않습니다. 그러므로 로마서 11장은 하나님이 누구신지, 하나님이 어떤 분인지에 대한 책입니다. 그래서 역사가 중요합니다. 역사가 존재하는 이유이기도 합니다. 역사는 하나님을 계시하기 위해 존재합니다. 하나님이 역사를 펼치기 위해 존재하시는 것이 아닙니다. 하나님은 역사의 사건 속에서 처음이요 마지막이자 중간이십니다. 처음부터 끝까지 모든 것이 다 하나님에 대한 것입니다. 우주는 하나님의 완전하고 충만한 영광을 드러내기 위해 존재합니다. "하늘이 하나님의 영광을 선포하고"(시 19:1).

성경은 이스라엘 백성이 하나님의 영광을 위해 존재한다고 말합니다. "내가 이스라엘 온 집과 유다 온 집으로 내게 속하게 하여 그들로 내 백성이 되게 하며 내 이름과 명예와 영광이 되게 하려 하였으나 그들이 듣지 아니하였느니라"(렘 13:11).

그리스도가 죽기 위해 이 세상에 오신 것은 하나님의 영광을 알리기 위해서라고 성경은 말합니다. 죽으시기 전날 밤 예수님은 이렇게 말씀하셨습니다. "지금 내 마음이 괴로우니 무슨 말을 하리요. 아버지여 나를 구원하여 이때를 면하게 하여 주옵소서. 그러나 내가 이를 위하여 이때에 왔나이다. 아버지여, 아버지의 이름을 영광스럽게 하옵소서 하시니, 이에 하늘에서 소리가 나서 이르되 내가 이미 영광스럽게 하였고 또다시 영광스럽게 하리라 하시니"(요 12:27-28).

모든 세속적 통치자와 제도는 하나님의 법을 위해 존재하며, 그분의 능력과 완전하심과 더불어 그 공의와 진노를 드러내기 위해 거기 있습니다. "성경이 바로에게 이르시되 내가 이 일을 위하여 너를 세웠으니 곧 너로 말미암아 내 능력을 보이고 내 이름이 온 땅에 전파되게 하려 함이라 하셨으니"(롬 9:17). 느부갓네살 왕이 이 진리를 깨달았을 때 그의 희미한 정신이 회복되면서 이렇게 말했습니다. "땅의 모든 사람들을 없는 것 같이 여기시며 하늘의 군대에게든지 땅의 사람에게든지 그는 자기 뜻대로 행하시나니 그의 손을 금하든지 혹시 이르기를 네가 무엇을 하느냐고 할 자가 아무도 없도다"(단 4:35).

모든 역사(우리 주변에서 일어나는 모든 일)는 무한히 영화롭고 가장 신비로운 예술가의 손으로 그림이 그려진 캔버스입니다. 그림의 핵심은 하나님 영광의 계시입니다. 모든 고통과 공포와 불의 역시 하나님의 거룩한 분노와 의심할 바 없는 공의와 주권적 은혜를 전하는 배경으로 존재합니다.

하나님은 어떤 분이십니까? 이것이 역사의 핵심입니다. 우리가 주로 보는 것은 그 과정에서 일어나는 일입니다. 바울이 말한 것처럼 말입니다. "우리가 지금은 거울로 보는 것 같이 희미하나 그때에는 얼굴과 얼굴을 대하여 볼 것이요. 지금은 내가 부분적으로 아나 그때에는 주께서 나를 아신 것 같이 내가 온전히 알리라"(고전 13:12).

하지만 역사 속에서 하나님을 이해할 수 있는 결정적인 사건이 이미 일어났습니다. 예수 그리스도가 그 이야기의 중심이십니다. 그분은 가장 중요한 인물이며 가장 분명한 하나님의 계시입니다. 성경은 예수 그리스도를 중심에 둔 역사 속 결정적 사건의 기록이자 해석입니다. 그리고 성경 기록은 우리가 매일 바라보는 캔버스 속에 그려진 붓놀림을 해석하는 방법을 지도해 줍니다.

로마서 11장은 역사 속에서 행하시는 하나님을 보여 주는 엄청난 대작입니다. 그래서 11장이 결국 다음과 같은 고백으로 마무리되는 것은 결코 우연이 아닙니다. "아, 하나님의 풍요함과 지혜와 지식이 얼마나 깊은가! 그의 판단은 알아낼 수가 없고 그의 길은 심오하구나!"(롬 11:33 참조). 오늘 여기서 살펴보는 말씀을 통해 주께서 우리에게 경이와 존경의 겸손한 마음을 주시기를 기도합니다. 어떤 말씀은 하나님을 드높이는 낮은 마음이 없이는, 세속적이고 자기중심적인 인간의 타락한 귀에 참으로 이상하게 들리기 때문에 당황스럽거나 화가 나기도 하기 때문입니다.

11장 30-32절: 세 구절로 요약되는 11장

그렇다면 30-32절을 보면서 바울이 어디로 가고 있는지, 그리고 하나님이 역사를 주관하시는 일이 얼마나 기이한지 같이 맛보도록 합시다. 하나님께 찬양을 드리기에 앞서 바울이 말한 마지막 내용입니다. 바울은 역사 속에서 하나님이 이방인과 유대인을 어떻게 대하시는지를 요약해 줍니다.

"너희[이방인]가 전에는 하나님께 순종하지 아니하더니 이스라엘이 순종하지 아니함으로 이제 긍휼을 입었는지라. 이와 같이 이 사람들이 순종하지 아니하니 이는 너희에게 베푸시는 긍휼로 이제 그들도 긍휼을 얻게 하려 하심이라. 하나님이 모든 사람을 순종하지 아니하는 가운데 가두어 두심은 모든 사람에게 긍휼을 베풀려 하심이로다."

역사의 네 단계가 나옵니다. 1) 이방인은 하나님께 불순종했습니다. 온 세상이 자기 좋을 대로 가도록 내버려졌고 그동안 하나님은 긴 시간 동안 이스라엘에 대한 구속 역사에 초점을 두셨습니다. 2) 그 후 이스라엘이 메시아를 거절하고 거치는 돌 위에 넘어지는 결정적인 불순종이 있었습니다(롬 9:32-33). 3) 이 불순종이 이방인을 향한 긍휼로 이끌어 온 열방에 복음이 전파되었습니다. 이것을 단순히 앞선 사건의 결과로 보아서는 안 됩니다. 이것은 하나님의 계획입니다. 이스라엘이 불순종한 것에는 하나님이 이방인도 긍휼을 받을 수 있음을 그들에게 보여 주시려는 목적이 있습니다. 4) 네 번째 단계입니다. 이방인에게 긍휼이 베풀어졌으므로 이스라엘도 긍휼을 받게 됩니다. 하나님의 의도는 양쪽 모두에게 긍휼을 베푸시는 것이었습니다. 그러므로 하나님은 그들 모두에게 긍휼을 베풀 수 있도록 양쪽 모두를 불순종에 내어 주셨습니다.

지금까지 말한 내용이 로마서 11장을 30-32절의 세 구절로 요약한 것이며 참으로 놀랍기 이를 데 없습니다. 그리고 이것은 곧바로 33절로 연결되는 이유이기도 합니다. "깊도다. 하나님의 지혜와 지식의 풍성함이여, 그의 판단은 헤아리지 못할 것이며 그의 길은 찾지 못할 것이로다!" 하나님이 우리를 겸손하게 하시고, 감히 헤아리거나 찾기 어려운 하나님의 길로 기꺼이 그분을 따를 마음을 주셔서 거기서 하나님을 알게 되기를 소망합니다. 그것이 저의 목표입니다.

11장에서 계시되는 하나님을 알아 가는 것은 우리 자신에게도 유익하고, 가정과 이 도시와 온 세계 모든 나라에게도 유익합니다. 혹 우리에게 유익하지 않았다면 그 길을 보여 주시기 위해 그토록 뼈아픈 고통을 당하지 않으셨을 것입니다. 저는 하나님을 신뢰합니다.

찾지 못할 하나님의 길

그러므로 11장 1-6절에 나오는 하나님의 길을 함께 보겠습니다.

첫째, 하나님이 하지 않으신 일을 말합니다. 하나님은 자기 백성을 버리지 않으십니다. 1절입니다. "그러므로 내가 말하노니 하나님이 자기 백성을 버리셨느냐? 그럴 수 없느니라!"

그런 후에는 하나님이 하신 일을 말합니다. 하나님은 그들을 미리 아셨습니다. 2절입니다. "하나님이 그 미리 아신 자기 백성을 버리지 아니하셨나니."

그리고 하나님이 행하신 일과 지금 하시는 일을 말합니다. 그는 엘리야 시대와 바울의 시대에 신실한 사람들을 하나님 자신을 위해 남겨 두셨습니다. 4절입니다. "내가 나를 위하여 바알에게 무릎을 꿇지 아니한 사람 칠천 명을 남겨 두었다." 그리고 5절입니다. "지금도 은혜로 택하심을 따라 남은 자가 있느니라."

마지막으로 5절 끝에서 하나님이 은혜로 그들을 택하셨고 어떻게 그렇게 하셨는지 말해 줍니다.

다음 주에는 은혜의 의미가 무엇인지, 그리고 택하심을 따라 자신을 위하여 사람들을 남겨 두신다는 말씀에 대해 길게 살펴볼 예정입니다. 여기에는 매우 중요한 질문들이 함의돼 있습니다. 가령, 택하심과 은혜는 어떤 관계가 있는가? 하나님이 신실한 사람들을 남겨 두신 것은 택하심 및 은혜와는 어떤 관계가 있는가? 그러므로 이 부분은 다음 주를 위해 남겨 두겠습니다.

오늘은 하나님이 자기 백성들을 버리지 않으셨다는 부분을 살펴보고 미리 아는 것이 무슨 의미인지 함께 보겠습니다.

하나님은 자기 백성을 버리지 않으셨다

1절에서 하나님이 자기 백성을 버리지 않으셨다고 말하면서 바울이 말하는 논점은 자신이 유대인이라는 것입니다. "그러므로 내가 말하노니 하나님이 자기 백성을 버리셨느냐? 그럴 수 없느니라!" 바울이 1절에서 염려하는 백성은 육체에 따른 이스라엘 민족이지, 유대인과 이방인으로 구성된 교회가 아닙니다. 그리고 하나님은 이스라엘 민족도 버리지 않으셨습니다. 바울이 "이스라엘인이요 아브라함의 씨에서 난 자요 베냐민 지파"이기 때문입니다.

그런데 지난주에 어떤 분이 저한테 이렇게 질문하셨습니다. "지금까지 지구상에 살았던 모든 유대인들이 구원을 받을 거라는 의미인가요?" 그렇지 않습니다. 예수님과 바울은 이 질문에 대해 동일한 목소리를 냅니다(유대인 선지자들도 그러합니다. 가령, 겔 18:20, 단 12:1-2을 보십시오). 예수님은 말씀하십니다. "또 너희에게 이르노니 동서로부터 많은 사람이 이르러 아브라함과 이삭과 야곱과 함께 천국에 앉으려니와, 그 나라의 본 자손들은 바깥 어두운 데 쫓겨나 거기서 울며 이를 갈게 되리라"(마 8:11-12). 예수님은 바리새인들을 향해 이렇게 말씀하셨습니다. "뱀들아, 독사의 새끼들아, 너희가 어떻게 지옥의 판결을 피하겠느냐?"(마 23:33).

그리고 바울은 로마서 2장 8-9절에서 말했습니다. "오직 당을 지어 진리를 따르지 아니하고 불의를 따르는 자에게는 진노와 분노로 하시리라. 악을 행하는 각 사람의 영에는 환난과 곤고가 있으리니 먼저는 유대인에게요 그리고 헬라인에게며." 따라서 유대인 각 개인들이 단지 유대인이란 이유로 자동적으로 구원받는 일은 생각할 수도 없습니다. "곧 육신의 자녀가 하나님의 자녀가 아니요 오직 약속의 자녀가 씨로 여기심을 받느니라"(롬 9:8). 그 원칙에는 변함이 없습니다. 유대인이든 이방인이든 어떤 사람도 자신의 민족과 배경 덕분에 구원받지는 않습니다.

모든 유대인이 구원받지 않는다면, 바울이 2절에서 "하나님이 그 미리 아신 '자기 백성'을 버리지 아니하셨나니"라고 말할 때 누구를 언급하는 것일까요? 단순히 5절에서 언급한 "남은 자"를 의미한다고 할 수 있습니다. "그런즉 이와 같이 지금도 은혜로 택하심을 따라 '남은 자'가 있느니라." 달리 말해, 당시 바울과 다른 유대인들은 메시아를 믿는 자들이었으므로, 이스라엘에게 주신 약속을 상속받을 신실한 남은 자들이 있었습니다. 그러므로 하나님은 그 백성들, 즉 그분이 미리 아신 남은 자들을 버리지 않으신 것이지요.

거의 맞는 대답입니다. 하지만 여기에는 문제가 있습니다. 이것은 1절에서 "하나님이 자기 백성을 버리셨느냐?"는 질문이 진실로 의도하는 바가 아닙니다. 1절이 제기하는 문제는 남은 자가 없다는 것이 아니기 때문입니다. 9-10장은 구원받은 유대인의 남은 자들이 있다고 분명하게 말했습니다(9:24, 27, "남은 자만 구원을 받으리니"). 남은 자가 없는 것이 문제가 아닙니다.

여기서의 문제는 당시 이스라엘 전체가 통째로 멸망하고 그리스도에게서 끊어진 듯이 보였던 일이었습니다. 이것이 1절이 제기하는 사안입니다. 바울이 하나님께서 그 백성을 버리지 않았다고 말하면서 언급한 것은 한 세대 안에 있는 이스라엘 전체입니다. 하나님은 그들을 버리지 않으셨습니다. 앞으로 몇 주 동안은 최소 6가지 논점을 살펴보면서 이 부분을 이해해 보도록 하겠습니다(롬 11:15, 16, 24, 25, 28, 31).

하나님은 자기 백성을 미리 아셨다

하지만 지금은 미리 아는 것의 의미와 연관지어 보겠습니다. 바울은 2절에서 말합니다. "하나님이 '그 미리 아신' 자기 백성을 버리지 아니하셨나니." 하나님이 그들을 미리 아셨다면 그들을 버릴 수 없다는 의미입니다. 미리 안다는 것은 그들을 향한 하나님의 헌신을 뜻하기에, 깨질 수 없습니다. 그래서 바울은 하나님이 이스라엘 전부를 버리지 않았다고 확신하는 것입니다. 하나님은 그들을 미리 아셨습니다.

그렇다면 이 '미리 안다'는 의미는 무엇일까요? 이스라엘 백성 전체와 연관해서 볼 때 가장 명확한 설명은 아모스서 3장 2절에 나옵니다. 하나님은 이스라엘에게 말씀하십니다. "내가 땅의 모든 족속 가운데 너희만을 알았나니." 거의 모든 분들이 이 말의 의미를 "내가 너만 선택했다. 내가 너만을 찾아내어 내 것으로 삼고 남편이 아내를 알듯이 너를 알았다"고 이해합니다. 로마서 11장 2절에 나오는 '미리 안다'는 의미가 바로 이것입니다. 이런 의미에서 이스라엘은 하나님이 미리 아신, 즉 선택받은 백성입니다.

이것은 또한 로마서 11장 28-29절에서 확인할 수 있습니다. "복음으로 하면 그들[이스라엘]이 너희[이방인들]로 말미암아 원수 된 자요, 택하심으로 하면 조상들로 말미암아 사랑을 입은 자라. 하나님의 은사와 부르심에는 후회하심이 없느니라."

이 말씀은 남은 자들에 대한 언급이 아닙니다. 남은 자들은 이방인 때문에 "하나님과 원수"가 되지 않습니다. 그들은 하나님의 긍휼을 이방인에게로 돌리게 한, 불순종하는 자들이 아닙니다(11:31-32). 로마서 11장 28절에서는 이스라엘을 어느 한 세대를 살아가는 전체 집단으로 언급합니다. 이는 유대인이라 불리는 가시적인 민족 집단입니다. 이들이 그리스도를 거부했기 때문에 현재 하나님과 원수인 상태이며(저는 떨리는 마음으로 그들의 믿음을 간절히 원합니다), 그리스도에게서 끊어졌습니다(롬 9:3).

하지만 이것이 이야기의 전부는 아닙니다. 이스라엘 전체를 위한 미래가 준비되어 있습니다. 그들은 민족 전체로서(이 땅에 살던 개개인의 합인 전체가 아니라) '선택받았기' 때문입니다. 즉, 그들은 "미리 아신 바 된 자들"입니다. 하나님은 그들의 조상들과 더불어 언약을 맺으셨습니다. "온 땅의 백성들 중에 내가 너희만 알았노라."

그리고 하나님이 자신을 위해 남겨 놓은, 메시아를 믿는 유대인이 있다는 사실은(4-5절) 하나님이 아직 이스라엘 전체와의 관계를 끝내지 않으셨다는 신호로 바울에게 다가왔습니다. 그 부분은 다음 주에 보겠습니다. 하나님은 은혜의 택하심을 따라 자신을 위해 남은 자를 두셨습니다.

적용 질문: 하나님은 이방인을 버리셨는가?

오늘 설교를 마무리하면서 이 적용 질문을 스스로에게 던져 보기 바랍니다. 누군가 오늘 여기서 이런 질문을 던졌다고 합시다. "하나님은 이방인을 버리셨습니까?" 이스라엘의 경우와 정확히 같다고 말할 수는 없습니다. 누군가 "하나님이 모든 이방인을 버리셨습니까?"라고 묻는다면 어떻게 할까요? 바울이 9장 1절에서 대답했듯, 우리도 그렇게 말할 수 있습니까?

"아니, 하나님은 이방인을 버리지 않으셨습니다. 나 자신도 이방인이지만 버림받지 않았기 때문입니다. 나는 유대인 조상들 때문이 아니라 나를 사랑하셔서 자신을 내게 주신 그리스도 덕분에 용납받았습니다. 내 죄는 용서받았으며, 그분은 나를 위해 그분의 의를 주셨습니다. 나에 대한 정죄는 사라졌고, 나의 죄도 사함받았습니다. 내 마음을 변화시키고 믿음을 일깨워 주신 성령으로 인해 나는 하나님의 가족으로 다시 태어났습니다. 이제 나는 하나님의 원수가 아니라 친구입니다. 나는 더 이상 완악하거나 저항하지 않고 깨어진 마음으로 주님만 의지합니다. 하나님은 이방인을 버리지 않으셨습니다. 그리스도 안에서 나를 거절하지 않으셨기 때문입니다."

우리 모두가 그렇게 고백할 수 있기를 간절히 기도합니다. 그리스도께서 죽으시고 다시 사셨기에 유대인과 이방인의 주가 되실 수 있습니다. 오늘날에도 구세주께서 그 고난에 합당한 바를 받으시길 소망합니다.

24장

하나님을 위해, 은혜가 은혜 되게 하라

로마서 11:1-10

그러므로 내가 말하노니 하나님이 자기 백성을 버리셨느냐 그럴 수 없느니라. 나도 이스라엘인이요 아브라함의 씨에서 난 자요 베냐민 지파라. 하나님이 그 미리 아신 자기 백성을 버리지 아니하셨나니 너희가 성경이 엘리야를 가리켜 말한 것을 알지 못하느냐 그가 이스라엘을 하나님께 고발하되 주여 그들이 주의 선지자들을 죽였으며 주의 제단들을 헐어 버렸고 나만 남았는데 내 목숨도 찾나이다 하니 그에게 하신 대답이 무엇이냐 내가 나를 위하여 바알에게 무릎을 꿇지 아니한 사람 칠천 명을 남겨 두었다 하셨으니 그런즉 이와 같이 지금도 은혜로 택하심을 따라 남은 자가 있느니라. 만일 은혜로 된 것이면 행위로 말미암지 않음이니 그렇지 않으면 은혜가 은혜 되지 못하느니라. 그런즉 어떠하냐 이스라엘이 구하는 그것을 얻지 못하고 오직 택하심을 입은 자가 얻었고 그 남은 자들은 우둔하여졌느니라. 기록된 바 하나님이 오늘까지 그들에게 혼미한 심령과 보지 못할 눈과 듣지 못할 귀를 주셨다 함과 같으니라. 또 다윗이 이르되 그들의 밥상이 올무와 덫과 거치는 것과 보응이 되게 하시옵고 그들의 눈은 흐려 보지 못하고 그들의 등은 항상 굽게 하옵소서 하였느니라. _롬 11:1-10

오늘 설교의 제목은 "하나님을 위해, 은혜가 은혜 되게 하라!"입니다.

"은혜가 은혜 되게 하라!"는 표현은 6절에 나옵니다. "만일 은혜로 된 것이면[즉, 이스라엘의 남은 자를 보존하는 것이 은혜로 된 것이면] 행위로 말미암지 않음이니 그렇지 않으면 은혜가 은혜 되지 못하느니라." 따라서 은혜가 은혜 되게 하십시오! 은혜의 자리에 다른 것을 놓지 마십시오.

"하나님을 위해!"는 4절에 나옵니다. "그[엘리야]에게 하신 대답이 무엇이냐? 내가 나를 위하여 바알에게 무릎을 꿇지 아니한 사람 칠천 명을 남겨 두었다 하셨으니." 이 말씀을 통해 하나님은 마치 이렇게 말씀하시는 듯합니다.

'내가 그들을 남겨 두었다. 내가 이 믿음의 사람들을 남겨 두었는데 나 자신을 위해 그렇게 한 것이다. 나를 위하여, 나의 영광과 나의 이름을 위하여 한 것이다. 내가 택한 백성 중에 남은 자들이 없다면 나는 수치를 당할 것이다. 그러므로 내가 그 일을 시작했다. 이를 위해 나의 능력을 사용했다. 이들 7,000명의 믿는 자들은 내가 내 이름을 위하여 역사했기 때문에 믿는 자로 남은 것이다.'

이것이 오늘 설교의 주제이자 핵심입니다. "하나님을 위하여 은혜가 은혜 되게 하라!"

주님, 우리에게 주님의 주권적 은혜의 자유를 알고 깨닫고 맛볼 수 있도록 은혜를 베푸소서. 우리를 도우셔서 은혜 없이는 우리가 아무것도 할 수 없음을 알게 하소서. 우리의 죄를 보고, 죄에 묶인 자신을 보고, 죄악 된 속성을 보게 도우소서. 우리 영혼 깊은 곳에서 우리가 교만의 노예가 되어 있음을 알고 은혜 없이는 소망도 없고 멸망하게 된다는 것을 깨닫게 도우소서. 그리고 그리스도께서 우리를 위해 값 주고 사신 것을 온전히 신뢰하게 하시고, 주의 은혜의 풍요함을 누리고 주의 고난에 동참하며 주 임재 앞에 영원한 기쁨을 누리게 하소서. 예수님 이름으로 기도합니다. 아멘.

핵심: 하나님은 자기 백성을 버리지 않으셨다

본문에서 은혜를 이해하기 위해 바울의 사고 흐름을 함께 따라가겠습니다. 바울이 말하는 핵심은 하나님이 자기 백성을 버리지 않으셨다는 것입니다. 1절입니다. "하나님이 자기 백성을 버리셨느냐? 그럴 수 없느니라!" 하나님은 신실하십니다. 그분은 자신의 약속을 지키십니다. 오늘날 우리도 그분을 온전히 신뢰할 수 있습니다.

첫 번째 논증: 바울 자신도 이스라엘 사람이다

이를 지지하기 위한 바울의 첫 번째 논점은 자신이 이스라엘 사람이라는 것입니다. 1절입니다. "나도 이스라엘인이요 아브라함의 씨에서 난 자요 베냐민 지파라." 따라서 그가 버림받지도 않고 또한 이스라엘 사람이라면, 하나님은 그 백성의 구원을 위해 지금도 쉬지 않고 일하신다는 말입니다.

두 번째 논증: 하나님은 이스라엘을 미리 아셨다

이스라엘을 향한 하나님의 헌신을 지지하는 두 번째 논점은 하나님이 그들을 미리 아셨다는 것입니다. 2절입니다. "하나님이 '그 미리 아신' 자기 백성을 버리지 아니하셨나니." "내가 땅의 모든 족속 가운데 너희만을 알았나니 그러므로 내가 너희 모든 죄악을 너희에게 보응하리라 하셨나니"(암 3:2). 하나님은 자신을 위하여 자유롭게 그들을 선택하셨고, 남편이 아내를 알듯이 그들을 아셨으며, 그들과 언약을 맺으셨습니다.

세 번째 논증: 엘리야의 날에도 바울의 날에도, 주권적 은혜로 신실한 남은 자들을 두셨다

그런 다음 바울은 하나님이 당시에도 이스라엘을 버리지 않으셨다는 세 번째 논점을 전개합니다. 바울은 자신이 살던 당시를 엘리야 때의 끔찍한 날들과 비교하고 있습니다. 그리고 엘리야의 때에도 이스라엘에 남은 자가 있었으니 바울 시대에도 남은 자가 있다고 주장합니다. 하지만 이 말은 우상 숭배로 끔찍했던 엘리야 때에도 남은 자가 있었으니 그보다 덜한 것 같은 바울 시대에도 남은 자가 있지 않겠느냐는 역사적 가능성에 근거한 것이 아닙니다. 힘겨운 시대에도 신실한 사람들이 있었다면 그보다 수월한 시대에는 반드시 남아 있으리라는 그런 뜻이 아닙니다. 결코 그런 논점이 아닙니다.

엘리야의 시대와 바울의 시대를 이어 주면서, 바울로 하여금 과거의 신실한 남은 자들처럼 현재에도 남은 자들이 있다고 확신하게 만든 연결점은 과연 무엇일까요? 2절 중반부터 읽어 나가겠습니다.

"너희가 성경이 엘리야를 가리켜 말한 것을 알지 못하느냐? 그가 이스라엘을 하나님께 고발하되, 주여 그들이 주의 선지자들을 죽였으며 주의 제단들을 헐어 버렸고 나만 남았는데 내 목숨도 찾나이다 하니, 그에게 하신 대답이 무엇이냐? 내가 나를 위하여 바알에게 무릎을 꿇지 아니한 사람 칠천 명을 남겨 두었다 하셨으니 그런즉 이와 같이 지금도 은혜로 택하심을 따라 남은 자가 있느니라."

엘리야의 시대와 바울의 시대를 잇는 연결고리는 하나님 자신을 위해 남은 자들을 선택하고 지키시는 하나님의 주권적 은혜입니다. 바울은 이것을 보았고, 우리도 4절 말씀에서 그 사실을 알 수 있습니다. "내가 나를 위하여 … 칠천 명을 남겨 두었다." 히브리어로 된 구약성경의 열왕기상 19장 18절을 보면 문자적으로, "내가 남아 있게 하리니"(I caused to remain)라는 의미입니다. 바울은 이 말씀을 읽고서 그 안에 있는 하나님의 주권적 역사를 보았습니다.

여기서 주의하십시오. 실수하지 마십시오. 하나님이 7천 명을 위해 역사하신 일에서 핵심은 그들이 '살아 있도록' 하는 것이 아니었습니다. 하나님이 "내가 나를 위하여 칠천 명을 남겨 두었다"고 하신 것은 하나님이 이세벨의 칼에서 그들을 지켰다는 의미가 아닙니다. 그 말은 지금 바울이 논증하려는 바에 전혀 도움이 되지 못합니다. 바울은 하나님을 믿었던 이스라엘 백성들이 죽었는지 살았는지에 대한 질문에 답하려는 것이 아닙니다. 그는 이스라엘 백성들이 믿고 구원을 받아 하나님이 약속하신 복을 받았는지에 관한 질문에 답하려 애쓰고 있습니다.

그래서 바울이 (4절에서) "내가 나를 위하여 칠천 명을 남겨 두었다"고 말한 것은 "내가 그들을 살아 남게 했다"는 의미가 아닙니다. 그가 의미한 것은 "내가 그들을 신실한 자로 남아 있게 했다. 그들이 믿도록 했다"입니다.

그래야 바울의 논증이 제대로 기능하고, 엘리야 시대 하나님의 역사를 바울의 시대로 끌어 올 수 있는 정확한 요점을 만들 수 있습니다. 바울은 자기 시대에도 남은 자들이 있을 거라고 말합니다. 하나님이 엘리야 시대에 주권적으로 신실한 자들을 남기셨다면 지금 우리 시대에도 신실한 자들을 남기고 계실 것이기 때문입니다. 사람들이 어떻게 행동했는지가 아니라 하나님이 얼마나 확실하게 행하셨는지가 그 당시와 지금을 연결하는 역사적 고리입니다. 하나님께서 그때도 그렇게 행하셨다면 지금도 마찬가지로 그렇게 행하고 계십니다.

은혜로 택하심

바울은 그러한 연결 고리를 도출하면서 5절에 나오는 "은혜로 택하심"이라는 용어를 사용합니다. "그런즉 이와 같이 지금도 은혜로 택하심을 따라 남은 자가 있느니라." 문자 그대로 하면 "은혜의 선택을 따라"(according to the election of grace)입니다. 이 구절은 엘리야 시대에 있었던 하나님의 일하심에 대한 실마리를 줍니다. 하나님은 당시에 자신을 위하여 7천 명을 남겨 두셨고, 이와 동일한 방식으로 "은혜로 택하심"을 따라 남겨진 사람이 지금도 있다고 바울은 말합니다.

따라서 "은혜로 택하심"은 바울이 엘리야 시대 하나님의 주권적 역사를 바라보며 깨달았던 바를 말합니다. 만일 남겨진 자들이 신실하고 그들을 남겨둔 이가 하나님이시라면, 그들을 신실하게 만들기 위해 하나님이 그들을 선택하신 것입니다. 그리고 이러한 하나님의 선택은 은혜로 이루어졌습니다. 그러므로 하나님은 바울의 세대에도 동일한 방식으로 권세와 자유와 능력을 가지고 역사하실 것입니다. 이런 식으로 믿음을 가진 이스라엘의 선택된 남은 자들이 있는 것입니다. 하나님은 자기 백성을 버리지 않으셨습니다. 그것이 세 번째 논점입니다.

하지만 바울은 이 구절에서 우리가 "은혜로 택하심"이라는 구절을 충분히 이해하지 못할 것을 염려하는 듯합니다. 그 말이 역사와 믿음과 기도, 신실한 순종과 전도와 사랑에 끼치는 함축적 의미는 실로 거대합니다. 그래서 바울은 여기에 잠시 머물며 이 부분을 명확히 설명합니다. 5절과 6절을 함께 읽겠습니다. "그런즉 이와 같이 지금도 은혜로 택하심을 따라 남은 자가 있느니라. 만일 은혜로 된 것이면 행위로 말미암지 않음이니, 그렇지 않으면 은혜가 은혜 되지 못하느니라." 바울은 택하심이 행위가 아니라 절대적으로 은혜에 달려 있다는 사실을 우리에게 알려 주기 위해 애쓰고 있습니다.

행위 대 믿음이 아니라, 행위 대 은혜

오해의 소지는 곧바로 제거하도록 합시다. 이번 본문에서 바울은 이전에 다른 곳에서 그랬듯(롬 3:28, 9:32) 행위와 믿음을 대비하는 것이 아닙니다. 여기서는 믿음에 대한 언급이 전혀 없습니다. 따라서 행위란 하나님의 은총을 '얻어 내기'(earn) 위해 하는 일이고, 믿음은 하나님의 은총을 그저 '받는' 일이라는 것이 핵심은 아닙니다. 다른 많은 곳에서는 그렇지만, 여기서는 그것이 요점이 아닙니다.

바울이 여기서 대비시키고 있는 것은 행위와 '은혜'지, 행위와 '믿음'이 아닙니다. 6절입니다. "만일 은혜로 된 것이면 행위로 말미암지 않음이니 그렇지 않으면 은혜가 은혜 되지 못하느니라." 따라서 여기서 대비된 것은 인간의 두 가지 활동인 믿음과 행위가 아닙니다. 여기서는 하나님의 활동(은혜)과 인간의 활동(행위)이 대비되어 있습니다. 선택이 우리의 행위에 기반한 것이라면 더 이상 은혜가 아니라는 것이 핵심입니다. 우리가 그 선택과 관련해 결정적인 행위를 할 수 있다면 그것은 더 이상 "은혜로 택하심"이 될 수 없습니다.

잠시 생각해 보십시오. 만일 은혜가 우리의 결정적 시도에 기인한다면 택하심(구원의 결과적 행위가 아니라 영원 전에 처음 시작된 일)에는 과연 어떤 의미가 있을까요? 하나님이 (영원 전부터 미리 아시면서도) 우리가 행동하는지 지켜보고 기다리시다가, 우리 스스로 이뤄 낸 행위에 대한 반응으로 우리를 선택하신다면, 우리는 "은혜로 택하심"을 받은 것이 아닙니다. 인간의 결정적인 행위로 선택받은 것입니다. 그리고 하나님은 단순한 반응자에 불과합니다. 우리가 하나님의 행동을 결정짓는 셈이 됩니다. 그러면 은혜는 더 이상 은혜가 아닙니다.

로마서 9장 11-12절과 11장 5-6절의 유사점

여기서 우리가 하나님의 의도를 제대로 따라가고 있는지 확인하기 위해 이와 유사한 본문인 로마서 9장 11-12절을 보겠습니다. 이 본문은 하나님이 야곱과 에서가 태어나기도 전에 선택하실 때 그분의 자유로 선택하셨음을 설명하고 있습니다. "그 자식들이 아직 나지도 아니하고 무슨 선이나 악을 행하지 아니한 때에 '택하심'을 따라 되는 하나님의 뜻이 '행위'로 말미암지 않고 오직 부르시는 이로 말미암아 서게 하려 하사. 리브가에게 이르시되 큰 자가 어린 자를 섬기리라 하셨나니."

로마서 11장 5-6절과 유사한 점을 볼 수 있습니다. 바울은 다시금 인간의 '행위'를 언급하고 있지만 믿음과 대비시키지 않고, 에서 대신 야곱을 택한 하나님의 부르심과 대비하고 있습니다. 그들이 태어나서 선악을 행하기도 전에 야곱을 부르신 이유는 택하심에 따라 하나님의 뜻이 서게 하려는 것입니다. 택하심이 야곱의 행위에 기반한다면 자유로운 선택이 될 수 없습니다. 그리고 은혜는 더 이상 은혜가 되지 않습니다.

자유로운 은혜가 아니면 은혜가 아니라는 의미입니다. 하나님의 택하심이 주도적으로 은혜를 태동시키는 것이지 하나님이 인간의 행위에 반응하시는 것이 아닙니다.

정리하겠습니다. 바울은 하나님이 모든 세대마다 신실한 자들을 남겨 두실 것이라는 점을 어떻게 확신했을까요? 하나님이 결국 온 이스라엘을 돌아오게 할 것이라는 사실을 어떻게 확신할 수 있었을까요? 5절은 하나님이 "은혜로 택하심을 따라" 행하신다고 말합니다. 하나님은 은혜로, 원하시는 대로 자유롭게 자기 백성을 선택해서 구원하시고 신실한 자들을 남겨 두십니다. 7천 명이 바알 앞에 무릎 꿇지 않게 하실 수도 있고 7백만 명이 예수 그리스도를 믿게 하실 수도 있습니다. 그리고 이러한 하나님의 선택은 우리의 인간적 특질이나 어떠한 잘못으로도 훼손되지 않습니다.

핵심은 이것입니다. 하나님은 자기 백성을 버리지 않으셨고, 설령 백성들이 거부한다고 해도 하나님이 그들의 완악함을 제하기로 작정하시면, 그분이 신실한 자를 남기시거나 한 민족을 구원하신다 해도 막아설 것은 아무것도 없습니다.

여섯 가지 적용

오늘 본문으로부터 우리 삶에 적용할 여섯 가지가 있습니다.

1. 겸손하십시오

우리는 은혜로 구원받았음을 알고 겸손하십시오. 우리는 죄로 죽었고 눈이 멀어 반항하는 자였습니다. 하지만 오직 은혜로 죄인을 위해 십자가에 못 박힌 그리스도의 아름다움을 보고 눈을 뜨게 되었습니다. 그리고 오직 은혜만으로 믿을 수 있었습니다.

우리가 마지막 날 하나님 앞에 서서 왜 우리는 거기에 있지만 다른 사람들은 거기에 없는지(왜 나는 믿었고 다른 이들은 믿지 않았는지) 설명한다면, 결코 이런 식으로는 말하지 않을 것입니다. "제가 좀 지혜롭고 영성에도 관심이 많았습니다." 다만 얼굴 가득 흘러내리는 눈물과 떨리는 목소리로 이렇게 말할 것입니다. "감사합니다"(롬 6:17).

모든 자들의 교만이 깨어지고 모든 이들이 자기가 좋은 것을 받을 가치가 없음을 깨달아서, 모든 어려움을 불평 없이 받아들이고 은혜에 대한 감사와 기쁨으로 반응한다면 참으로 아름다운 교회가 아닐까요? 혹 우리가 이러한 은혜의 신학을 받아들인다 하면서도 다른 식으로 반응한다면, 아직 하나님을 제대로 모르는 것이 분명합니다.

2. 마음이 완악해진 불신자들을 위해 기도하십시오

하나님이 자기를 위하여 택하신 자들을 은혜로 이끌어 내실 수 있다면, 우리가 사랑하는 가장 완악한 불신자를 구원하실 수 있는

(그들이 이방인이든 유대인이든) 하나님께 담대함과 확신을 가지고 기도하십시오.

하나님의 주권적 은혜는 우리가 완악한 사람들을 위해 소망을 품고 기도할 수 있는 큰 자극제입니다. 만일 하나님이 잃어버린 자들을 주도적으로 구원하지 못하고 기다리셔야 한다면, 눈먼 자가 눈을 뜨고 귀 먹은 자가 귀로 듣고 영적 송장들이 죽음에서 스스로 일어나기까지 기다려야 한다면, 우리 역시 하늘로 거는 전화기를 내려놓아야 할지 모릅니다.

하지만 하나님이 죽은 자를 일으키실 수 있고 눈먼 자를 보게 하실 수 있고 귀먹은 자를 듣게 하실 수 있고 마귀에게 잡힌 자가 회개하게 하실 수 있다면(딤후 2:24-26), 우리는 하나님이 구원의 기사를 행하심을 믿고 간구할 수 있습니다.

3. 모든 이들에게 복음을 나누십시오

하나님께서 자기를 위하여 택하신 자들을 은혜로 이끌어 내실 수 있다면, 우리는 모든 이에게 복음을 나누고 모든 장애물을 이기시는 하나님의 능력을 신뢰하며 나아가야 합니다. 가장 가능성이 없어 보이는 죄인들을 만나 복음의 기쁜 소식을 나누십시오. 하나님은 주권적 은혜로 구원하시고, 사람을 차별하지 않으시기 때문입니다. 모두가 바알을 숭배하던 시대에도 무릎 꿇지 않은 자 7천 명을 남겨 두셨다면 맘몬을 숭배하는 우리 시대에도 하나님은 자신이 원하시는 자들을 남기실 수 있습니다.

4. 우리의 재물과 목숨을 걸고 모험하십시오

하나님의 은혜가 우리를 지켜 넘어지지 않게 하시고, "그를 위하여" 우리를 보존하시기 때문에 그 어떤 것도 그분의 사랑에서 우리를 끊을 수 없습니다. 그러므로 그리스도인들이며, 가난한 자와 죽어가는 사람들을 위해 우리의 재물과 목숨을 걸고 모험을 감행하시기 바랍니다. 우리는 결코 잃어버린 바 되지 않습니다. "누가 우리를 그리스도의 사랑에서 끊으리요? 환난이나 곤고나 박해나 기근이나 적신이나 위험이나 칼이랴?"(롬 8:35). 아니오. 아무것도 끊을 수 없습니다. 하나님의 주권적 은혜가 우리를 선택하셨습니다. 하나님의 주권적 은혜가 우리를 부르셨습니다. 하나님의 주권적 은혜가 우리를 지키십니다. 그러므로 가난한 자와 죽어가는 사람들을 위해 목숨을 거십시오. 하나님께서 우리를 안전히 지켜 주실 것입니다. 그리고 우리는 우리의 보물과 안전이 어디에 있는지 당당히 보여 줄 수 있습니다.

5. 은혜의 주님 안에서 기뻐하십시오

은혜의 주님 안에서 기뻐하십시오! 은혜의 주님을 경배하십시오. 은혜의 주님을 사랑하십시오. 은혜의 주님 안에서 행복하십시오. 은혜가 은혜 되게 하십시오. 이것이 우리의 기쁨이요 그분의 영광입니다. 아침에 잠에서 깨어날 때 은혜로 구원받았음을 기억하고 하나님께 감사하십시오! 집으로 돌아올 때 은혜로 구원받았음을 기억하고 아버지께 감사하십시오! 누군가를 위해 좋은 일을 할 때면 은혜로 구원받았음을 기억하고 예수님께 감사하십시오! 은혜의 하나님 안에서 기뻐하십시오. 우리의 마음이 찬양과 감사로 넘쳐흐르게 하십시오. 자랑하는 자는 주 안에서 자랑하게 하십시오(고전 1:31, 고후 10:17).

6. "나는 선택받지 못했을 거야"라고 말하지 마십시오

마지막으로 믿지 않는(아직 구원받지 못한) 분들에게 말씀드립니다. "나는 선택받지 못했을 거야"라고 말하지 마십시오. 오히려 이렇게 말하십시오. "하나님의 모든 선택은 은혜로 되는 일이기에, 나는 제외되었다고 생각할 이유가 없다."

우리를 초청하시는 주 예수님의 부르심을 듣게 되기를 바랍니다. 하나님이 여러분의 영혼에 이 말씀을 들려주시기를 기도합니다. "수고하고 무거운 짐 진 자들아 다 내게로 오라. 내가 너희를 쉬게 하리라. 나는 마음이 온유하고 겸손하니 나의 멍에를 메고 내게 배우라. 그리하면 너희 마음이 쉼을 얻으리니, 이는 내 멍에는 쉽고 내 짐은 가벼움이라 하시니라"(마 11:28-30).

25장

선택 교리에 대한 목회적 생각

로마서 11:5-7

그런즉 이와 같이 지금도 은혜로 택하심을 따라 남은 자가 있느니라. 만일 은혜로 된 것이면 행위로 말미암지 않음이니 그렇지 않으면 은혜가 은혜 되지 못하느니라. 그런즉 어떠하냐 이스라엘이 구하는 그것을 얻지 못하고 오직 택하심을 입은 자가 얻었고 그 남은 자들은 우둔하여졌느니라. _롬 11:5-7

로마서 11장처럼 매우 교리적인 본문을 설교하면서 이 교리에 대한 목회적 의미를 곰곰이 생각해 보았습니다. 그러자 강해를 진행하면서 몇 주마다 한 번 정도는 멈추어 뒤를 돌아보면서, 말씀에서 보는 것들이 우리 삶에서 실제로 어떤 의미가 있는지를 언급하고 넘어가는 것이 좋겠다는 생각이 들었습니다.

저는 최근 몇 주 동안 로마서 11장 1-10절을 강해하면서, 여러분과 함께 무조건적 선택이라는 성경 교리를 살펴보고 있습니다. 이 교리는 이미 로마서 8장 29-33절과 로마서 9장 10-24절에서도 살펴본 적이 있습니다.

무조건적 선택이란, 하나님께서 창세 전에(엡 1:4), 누가 믿어서 구원을 받게 될 것이고(비록 자격이 없는 죄인이지만), 누가 믿지 않고 반역 중에 고집하다가 그들의 죄 가운데 멸망할 것인지를 선택하셨다는 가르침입니다. 다시 말하면, 이 세상에서 일어나는 일들에 대한 궁극적인 설명은 인간의 의지(will)가 아니라 하나님의 의지입니다. 하나님은 자신의 의지에 따른 지혜와 공의, 그리고 은혜에 의하여 모든 것을 작정하시는 것입니다.

인간은 하나님이 아닙니다. 인간은 무(無)에서 어떤 원인을 나오게 할 수 없습니다. 우리 베들레헴교회의 중직자들은 성경의 역설(paradox)을 굳게 붙듭니다(역설은 모순[contradiction]이 아닙니다). 즉, 하나님은 주권적인 분이시지만, 다른 한편으로 우리는 죄에 대하여 전적으로 책임을 져야 하며, 하나님 앞에서 유죄이고, 죄에 대한 하나님의 진노를 받아 마땅합니다. 그러므로 우리가 믿음으로 하나님께 나아와 이 죄악된 상태에서 구원받도록 그분이 선택하셨다면, 우리 안에 있는 그 무엇으로 인해 그렇게 된 것이 아닙니다. 우리는 로마서 8장과 9장에서 이러한 진리를 보았습니다. 그리고 다시 로마서 11장 1-10절에서도 봅니다. 이것이 제가 말하는 바 무조건적인 선택이 뜻하는 바입니다.

따라서 오늘은 이 선택 교리에 관한 목회적 의미에 대하여 설교하도록 하겠습니다.

1. 모든 것을 다 안다고 해서 그것이 언제나 우리에게 유익하지는 않습니다. 그래서 하나님은 모든 것을 우리에게 다 계시하지는 않으십니다. 반면, 어떤 것들은 우리가 완벽하게 이해할 수 없다 하더라도, 아는 것이 유익한 경우도 있습니다.

이러한 사실은 신명기 29장 29절에서 볼 수 있습니다. 모세는 "감추어진 일은 우리 하나님 여호와께 속하였거니와 나타난 일은 영원히 우리와 우리 자손에게 속하였[다]"고 말했습니다. 감추어진 일이 있습니다. 하나님은 그런 것들까지 우리가 아는 것을 원치 않으십니다. 우리가 알게 되면 오히려 유익하지 않은 것들입니다.

예를 들면, 사도행전 1장 7절에서 예수님은 말씀하십니다. "이르시되 때와 시기는 아버지께서 자기의 권한에 두셨으니 너희가 알 바 아니요." 미래에 대해 너무 많은 것을 안다면 우리에게 유익하지 않습니다. 사실 우리는 내일 무슨 일이 일어날지도 거의 모릅니다. 야고보서 4장 14절은 "내일 일을 너희가 알지 못하는도다. 너희 생명이 무엇이냐? 너희는 잠깐 보이다가 없어지는 안개"라고 표현합니다. 시편 131편에 다른 예가 나옵니다. 그곳에서 다윗은 "여호와여 내 마음이 교만하지 아니하고 내 눈이 오만하지 아니하오며 내가 큰 일과 감당하지 못할 놀라운 일을 하려고 힘쓰지 아니하나이다"라고 말합니다. 우리가 감당하지 못할 것들이 있습니다.

어떤 일들은 우리가 알고 있습니다. 하나님께서 이를 우리에게 계시하셨기 때문입니다. 하지만 단지 부분적으로 알 뿐입니다. 우리가 이를 아는 것은 유익하나 그렇게 부분적으로 아는 것으로 만족해야 합니다. "우리가 지금은 거울로 보는 것 같이 희미하나 그때에는 얼굴과 얼굴을 대하여 볼 것이요 지금은 내가 부분적으로 아나 그때에는 주께서 나를 아신 것 같이 내가 온전히 알리라"(고전 13:12). 선택 교리와 관련해서는 특히 그렇습니다. 우리는 하나님께서 알려 주시는 것보다 더 많은 것을 묻기 쉽습니다. 지나친 질문은 감히 하나님을 고발하고 공격하는 영역으로 넘어갈 위험이 큽니다.

성경의 특정 교리가 우리에게 어떤 유익을 가져다주는지 우리가 언제나 이해할 수 있는 것은 아닙니다. 우리는 특히 실용적 사고에 길들여져 있고 그런 차원에서 요구하는 것이 많습니다. 어떤 교리가 우리에게 어떤 유익이 있는지 즉각적으로 이해가 안 되면, 그 교리를 바로 무시하는 경향이 있습니다.

하지만 아이들은 그들이 지금 배우는 것이 장차 어떻게 유용하게 쓰일지 모르더라도 여러 가지를 배워야 합니다. 예를 들면, 어릴 때에는 여러 구체적인 식탁 예절을 가르칩니다. 그렇게 배워 놓으면 나중에 커서 각종 모임에서 품위 있게 행동할 수 있게 됩니다. 아이들은 왜 숟가락을 특정 방법으로 잡아야 하는지, 그들의 팔꿈치를 식탁에서 떼어야 하는지 등등에 대해 부모의 가르침을 그대로 듣습니다. 마치 태양은 제자리에 그냥 있고, 지구는 구형이고, 푸른 야채는 몸에 좋고, 쥐약은 먹으면 죽을 수 있다는 말들을 그대로 받아야 하는 것처럼 말입니다. 아이들도 불완전한 부모들에게서 이런 사실들을 배워야 한다면, 우리와 하나님 사이의 무한한 간격을 생각해 볼 때, 어떤 교리가 우리에게 구체적으로 무슨 도움을 주는지 잘 모른다고 해서 하나님이 계시하신 교리들을 거부하고 무시하면 되겠습니까?

우리가 아는 것은 우리의 삶에 지대한 영향을 미칩니다. 그 파급력은 우리가 생각하는 그 이상입니다. 하나님께서 이것이 진실이라고 말씀하신다는 이유만으로 무언가를 배워야 할 때도 있습니다. 그렇게 배워 놓으면, 나중에 언젠가는 그 지식이 우리를 보호해 주었고, 우리를 강하게 했으며, 우리를 겸손하게 했고, 우리를 정결하게 했고, 우리 길을 지도했으며, 혹은 그로 인해 우리가 다른 것들의 참됨을 볼 수 있었음을 깨달을 날이 올 것입니다.

여기서 신뢰의 문제가 대두됩니다. 하나님께서 우리에게 유익한 것들만 계시하셨음을 어떻게 신뢰합니까? 우리가 선택 교리를 아는 것이 어떤 점에서 유익한지 다 알지는 못하지만, 그중 일부는 말할 수 있습니다. 이는 선택의 교리에 관한 두 번째 목회적 생각으로 우리를 인도합니다.

2. 선택 교리는 교회가 진리와 성경에 대하여 보다 엄격해지도록 만듭니다. 이를 통해 교회가 교리에 대한 무관심으로 흘러가 버리거나 문화에 동화 흡수되어 버리는 것을 방지합니다.

선택 교리는 축 늘어진 무기력한 마음에 단단함과 근성을 줍니다. 강인하고 사려 깊은 그리스도인을 만드는 경향이 있습니다. 그래서 유행하는 생각들, 인간 중심적인 생각들에 휩쓸리지 않게 합니다. 다른 교리들이 희석되거나 그 의미를 상실하지 않도록 하는 놀라운 방부력(防腐力)이 있습니다. 객관적인 진리로 구성된 하나님 중심적인 세계관을 우리 마음에 새겨 넣습니다.

이것이 왜 중요한지 여기 하나의 사례가 있습니다. 〈크리스채너티 투데이〉 최신 호에서 척 스윈돌은 '포스트모더니즘'(초월적인 진리란 존재하지 않는다고 주장하는 철학)에 대해 말합니다. 그는 포스트모더니즘이 힘을 잃어버리고 곧 구식이 되리라 보는 네다섯 가지 징조를 제시합니다. 그가 이런 말을 하면서 교회에 요청하는 것이 무엇인지 들어 보십시오.

> 나는 지금이야말로 목회자와 학자들, 그리고 평신도들이 성경적 세계관에 뿌리내리고, 진리에 목마른 자들에게 이를 명확하게 변증할 수 있는 가장 중요한 타이밍이라고 생각한다.
>
> 하지만 우리는 그러한 도전에 대하여 과연 준비가 되어 있는가? 조지 바나는 최근에 미국 교회들을 돌아본 후에 우울한 보고서를 펴냈다. 이에 따르면, 대부분의 교회와 평신도 지도자들(조사에 따르면 거의 90퍼센트)이 세계관에 대한 이해가 전혀 없다고 한다. 우리가 자신이 놓인 진리 체계에 뿌리박고 있지 못한 상태라면, 어떻게 경쟁하는 세상의 철학들에 대처할 수 있겠는가? 지금의 문화 속에 여러 고무적인 징조들이 나타나고 있지만, 반대로 교회는 비지성적으로 흘러가고 있으며, 또한 말씀이 이끄는 메시지에서 떠나 이미지나 감정이 이끄는 메시지로 흘러가고 있다는 징조들이 여럿 있다(많은 기독교 라디오 방송국들은 최근에 토크와 설교 프로그램을 폐지하고 음악을 중심으로 하는 쪽으로 전환했다). 우리 주변의 더 광대한 문화에서는 이제 포스트모더니즘이 막다른 길임을 점점 깨닫고 있는데, 그 시점에 오히려 우리들은 포스트모더니즘으로 미끄러져 들어가고 있다는 것은 참으로 엄청난 아이러니요, 끔찍한 비극이다.*

* "The Postmodern Crackup," in *Christianity Today*, December, 2003, Vol. 47, No. 12, p. 72.

선택 교리는 마음의 사고 기능을 제대로 사용하지 않고 그냥 여기저기서 전해들은 비성경적 관념들과 생각들 속에서 표류하고 있는 사람들을 일깨우는 데 있어 놀라운 효과를 발휘합니다. 성경의 철저한 하나님 중심성과 자기 자신의 무서운 인간 중심성을 함께 직면하게 되면 그때부터 그들에게는 내적인 동요가 생깁니다. 그들은 하나님과 세상을 성경적으로 생각하는 법을 떠올리는 일에 힘쓰게 됩니다.

3. 선택 교리는 우리가 하나님의 역할을 차지하려고 넘보고 있는지 아닌지를 테스트하는 가장 좋은 시금석입니다.

하나님의 역할과 인간의 역할을 뒤집어 놓으려는 시도는 어느 한 시대에만 국한된 문제는 아니었지만, 인간의 자치(autonomy)를 노골적으로 주장하면서 모든 권위를 의문시하며 심지어 인간들이 심판 보좌를 차지하고서 하나님의 존재 유무마저 심판하려고 드는 현대 세상에서는 인간이 하나님의 역할을 차지하려는 이런 시도는 더욱 큰 문제를 일으킵니다.

바울은 이 주제에 대해 로마서 9장 6-23절에서 매우 강력하게 말했습니다. "그러면 하나님이 어찌하여 허물하시느냐 누가 그 뜻을 대적하느냐." 고대부터 있었고 현대에도 여전히 존재하는 반대자들의 이러한 주장을 접하며 바울은 이렇게 대답합니다. "이 사람아 네가 누구이기에 감히 하나님께 반문하느냐 지음을 받은 물건이 지은 자에게 어찌 나를 이같이 만들었느냐 말하겠느냐"(롬 9:19-20). 다시 말하면, 사람들이 인간의 역할과 하나님의 역할을 바꾸려고 시도하는 것은 적절하지 않다는 것입니다. 하나님은 토기장이십니다. 하나님이 우리를 판단하시는지 혹은 우리가 하나님을 감히 판단하고 있는지 그 경계선을 분명히 드러내는 교리가 바로 선택 교리입니다.

욥기의 마지막 부분에 이르러, 욥이 자기 변론을 마치고, 엘리바스, 빌닷, 소발의 빗나간 조언들이 다 그치고 난 후에야 문제는 이렇게 정리됩니다. "욥이 여호와께 대답하여 이르되 주께서는 못 하실 일이 없사오며 무슨 계획이든지 못 이루실 것이 없는 줄 아오니 무지한 말로 이치를 가리는 자가 누구니이까. 나는 깨닫지도 못한 일을 말하였고 스스로 알 수도 없고 헤아리기도 어려운 일을 말하였나이다"(욥 42:1-3).

다시 말하면, 하나님께서 '욥아, 너에게 마땅한 자리에 앉아서 나의 말을 듣거라. 나에게서 배우고 나를 가르치려 들지 말거라. 나를 신뢰하고 나를 비난하지 말라'고 하신 것입니다. 이에 대하여 욥은 마침내 이렇게 말합니다. "내가 주께 대하여 귀로 듣기만 하였사오나 이제는 눈으로 주를 뵈옵나이다. 그러므로 내가 스스로 거두어들이고 티끌과 재 가운데에서 회개하나이다"(욥 42:5-6). 선택의 교리는 우리가 비난하는 욥의 위치에 있는지, 아니면 신뢰하는, 그리고 상하고 통회하는 욥의 위치에 있는지 우리를 점검하게 해 줍니다.

물고기 스스로는 젖어 있다는 것이 무엇인지 잘 모릅니다. 물고기가 사는 곳 어디에나 물이 있기 때문입니다. 물고기는 젖은 것이 무엇인지 생각하지도 못합니다. 마찬가지로 최근 200년 역사 속에서 살아가는 현대인들은 자신이 하나님을 향하여 오만하다는 사실을 잘 깨닫지 못합니다. 이는 현재의 세상이 하나님을 향한 오만으로 어디에나 가득 차 있기 때문입니다. 우리는 그 속에서 헤엄치고, 그 공기를 마시고 살아갑니다. 그래서 우리 마음의 옷감에 오만이라는 실이 엮여 있습니다. 그것이 거기 있다는 것조차 알아차리지 못할 정도입니다. 우리는 그것을 볼 수도 없습니다. 그것을 통하여 다른 모든 것을 보고 있기 때문입니다.

C. S. 루이스는 이러한 현대 세상에 대해 다음과 같이 표현했습니다.

> 고대인은 하나님께 나아가되 … 마치 피고인이 재판장에게 나아가듯 그렇게 갔습니다. 하지만 현대인에게는 그 역할이 바뀌었습니다. 오히려 그가 심판자이며, 하나님은 피고석에 앉아 계십니다. 그는 꽤나 친절한 심판자입니다. 하나님이 전쟁, 기근, 그리고 질병을 허락하시는 이유에 대하여 꽤 합리적인 방어를 제시하면, 적당히 들어줄 준비가 되어 있습니다. 재판은 심지어 하나님의 무죄방면으로 끝나기도 합니다. 하지만 중요한 점은 사람이 재판석에 있고, 하나님은 피고석에 앉아 계시다는 점입니다.*

이런 것이 현대의 특징입니다. 이러한 오만한 기류는 사실 감지하기도 쉽지 않고 우리가 그런 오만함을 품고 있다는 것조차 잘 인식하지 못합니다. 우리가 하나님을 의문시하고 심지어 하나님을 판단

* "God in the Dock," in Lesley Walmsley, ed., *C. S. Lewis: Essay Collection and Other Short Pieces* [London: HarperCollins Publishers, 2000], p. 36.

하는 것이 합당하다는 가정이 얼마나 오만한지에 대해서도 잘 느끼지 못합니다.

그러므로 선택 교리는 우리가 현대 세상 속의 오만에서 벗어나고 있는지, 아니면 여전히 뼛속까지 그런 오만에 젖어 사는지를 효과적으로 가늠하는 시금석 중 하나입니다. 우리가 하나님의 주권이라는 도가니 안의 시험을 거침으로써 욥처럼 이렇게 말할 수 있게 된다면 얼마나 좋을까요? "내가 주께 대하여 귀로 듣기만 하였사오나 이제는 눈으로 주를 뵈옵나이다. 그러므로 내가 스스로 거두어들이고 티끌과 재 가운데에서 회개하나이다"(욥 42:5-6).

4. 택하심과 주권적 은혜에 대한 소중한 진리를 (토론을 거친 결론이나 지적인 신념으로 받아들이는 대신) 겸손하게 끌어안는다면 급진적이고, 사랑으로 가득하며, 기꺼이 위험을 감수하는 사역과 선교가 가능해집니다.

한 가지 예를 들겠습니다(물론 윌리엄 캐리, 아도니람 저드슨, 데이비드 리빙스턴, 존 패터슨, 조지 뮬러, 찰스 스펄전, 조나단 에드워즈 등 수많은 사례가 더 있습니다). 크리스틴 칼슨은 〈액션 인터내셔널〉(Action International)이라는 단체와 함께 잠비아에 있는 거리의 아이들을 위하여 거의 1년간 일하고 있었습니다. 그 단체의 이사 더그 니콜스는 결장암에 걸린 상태였음에도 불구하고 르완다에 선교하러 갔습니다. 그런 위험을 감수할 수 있었던 것은 그가 하나님의 선택 교리를 품에 끌어안았기 때문입니다. 여기 크리스틴이 추수감사절 아침에 우리에게 보낸 이메일이 있습니다.

무엇보다도, 저를 택하신 하나님의 헤아릴 수 없는 은혜에 감사합니다. 저는 이러한 은혜를 받을 만한 어떤 일도 하지 않았지만, 이러한 저를 향한 아버지의 선하심에 끊임없이 놀랍니다. 선택받은 것에 대하여 감사하는 이유는 제가 무엇을 위해 선택받았는지 알기 때문입니다. 하나님의 탁월하심을 선포하기 위하여 택함받았고, 그리스도로 말미암아 영원히 하나님 안에서 만족하도록 택함받았으며, 어둠이 아닌 빛 가운데 살도록 택함받았으며, 하나님의 선하심을 맛보아 알도록 택함받았습니다.

이것을 놓치지 마십시오. 우리 중에는 선택의 교리가 사실이 아니라고 혹은 도움이 되지 않는다고 가르침받았기 때문에 크리스천이 말하는 것을 전혀 이해하지 못하는 사람도 있을 것입니다. 그런 사람들은 항상 바깥에 서서 쭈뼛쭈뼛 안을 들여다보면서 의심하고 비판하길 잘합니다. 하지만 이제는 위와 같은 글들을 통해 안으로부터의 이야기를 듣기 바랍니다. 즉, 무조건적인 선택의 교리를 끌어안고 그러한 교리의 품에 안기는 것이 무엇인지 참으로 아는 사람에게서 말입니다. 그 결과는 이제까지 들어왔던 것과는 사뭇 다를 것입니다. 그녀는 이메일에서 계속 이렇게 말합니다.

저는 하나님께서 바스코를 선택하셨음을 인하여 감사합니다. 그는 완고하고 무지하고 반항심 많은 거리의 아이였으나 어둠에서 하나님의 기이한 빛으로 들어갔습니다. 그리고 저는 바스코의 삶 속에서 그가 참 포도나무이신 예수님 안에 거한다는 사실을 말해 주는 여러 증거들을 보고 있습니다.

지난해에 보여 주신 하나님의 넘치는 선하심으로 인해 감사합니다. 거리의 아이들과 친구가 되고, 유일하고 영원한 소망에 대해 그들과 나누는 이 사역에서 일부분을 감당하는 것은 얼마나 놀라운 일인지요. 하나님께서 이 아이들을 위해 제게 그런 마음을 주셨기에 감사합니다. 객관적으로 말해서, 저는 쓰레기 더미를 밟고 걸어다니는 것이나, 더럽고 냄새나는 아이들과 같이 부서진 의자에 걸터 앉아 노는 것을 좋아하는 게 결코 '정상적인' 일은 아님을 압니다. 하지만 실제로 그렇습니다. 저는 그런 것을 좋아합니다.

무조건적인 선택으로 시작되는, 하나님의 주권적인 은혜 교리를 보듬어안고 더불어 이 교리의 품에 깊숙히 안길 때 가장 먼저 급진적이고 위험을 감수하는 희생적 사랑이 나타납니다. 그러고 나면, 이 아름다움을 우리가 스스로 만들어 낸 것이 아니고 하나님이 그렇게 하셨다는 진리를 깨닫고 기뻐할 줄 아는 겸손을 배우게 됩니다. 이를 통해 우리는 하나님께 영광을 돌립니다.

이것이 성경적인 사고법이냐고 묻는다면, 그리고 택하심이라는 진리가 그러한 결과를 낳도록 하나님이 작정하신 것이냐고 묻는다면, 저의 대답은 '그렇다'입니다.

먼저 골로새서 3장 12-13절을 생각해 봅시다. "그러므로 너희는 하나님이 택하사 거룩하고 사랑 받는 자처럼 긍휼과 자비와 겸손과 온유와 오래 참음을 옷 입고 누가 누구에게 불만이 있거든 서로 용납하여 피차 용서하되 주께서 너희를 용서하신 것 같이 너희도 그리하고." 여기에 그러한 연결점이 있습니다. 이는 바울에게 있어 명백한 사실이었습니다. 은혜로 선택되었고, 하나님을 위해 구별되었으며, 사랑받고 있음을 알게 되면, 세상에서 가장 온유한 사람이 될 수 있습니다. 그래서 부당하고 잘못된 대우를 받더라도 이를 기꺼이 참을 수 있고, 자신에게 잘못한 사람들을 용서할 수 있게 됩니다. 나아가 잠비아라든가 기타 여러 곳, 여러 환경 속에서 사랑스럽지 않은 자를 사랑하게 해줄 것입니다.

선택의 교리가 이를 알고 믿는 자에게 어떤 작용을 하는지 보여주는 단서가 여기 또 있습니다. 로마서 8장 33절에서 바울은 이렇게 말합니다. "누가 능히 하나님께서 택하신 자들을 고발하리요 의롭다 하신 이는 하나님이시니."

택하신 자들을 누가 고발하겠습니까? 하나님이 선택하셨다면 아무도 고발할 수 없습니다. 하나님이 택하신 자들을 영원히 위하시기 때문입니다. 바울은 왜 이런 말을 했을까요? 이러한 진리를 아는 지식이 우리에게 가져올 효과를 알고 있었기 때문입니다. 그는 우리가 확신과 기쁨을 경험하고 용감해지며 두려움이 없어질 것을 예상했습니다.

오늘 우리가 그것 자체로는 올바른 결정이요, 하나님과 이웃을 사랑하는 결정이지만 자신의 인생에서 여러 위험을 감수해야 하는 어떤 결정을 내려야 한다고 해봅시다. 위험한 곳에 선교하러 가는 일처럼 말입니다. 이러한 때, "누가 능히 하나님께서 택하신 자들을 고발하리요?"라는 선언에 담긴 힘을 확실히 느낄 수 있습니까? '택하신 자'라는 단어 안에서 확신을 주시는 복음의 힘을 느끼십니까?

그렇습니다. 이것은 논쟁할 교리라기보다는, 즐거워해야 할 교리입니다. 논쟁이 아닌, 선교를 위하여 창안되었습니다. 사람들을 분리시키려는 것이 아닌(실제로 그런 결과를 낳기는 하지만), 동정심 있고, 친절하고, 겸손하고, 온유하고, 용서하는 사람들이 되게 하려는 것입니다.

5. 선택 교리의 중심에 예수 그리스도를 놓으십시오.

에베소서 1장 3절은 말하기를, "곧 창세 전에 그리스도 안에서 우리를 택하사"라고 하십니다. 다시 말하면, 하나님께서 영원 전에 우리를 죄의 속박에서 건져내시기로 계획하셨을 때, 하나님은 이를 행하시는 방법으로 그리스도를 마음에 두셨습니다. 하나님은 창세 전에 그리스도의 죽음과 부활을 통하여 우리를 구원하시기로 작정하신 것입니다.

그러므로 하나님께서 우리를 구원하사 자신에게로 부르심에 있어 그분은 그저 우리가 택함을 받은 자라고 미리 말씀하시는 것 정도로 끝내지 않으십니다. 하나님은 예수 그리스도와의 관계를 통하지 않고는 결코 이를 계시하지 않으십니다. 그럼으로써 우리를 택하심에 있어 그리스도가 중심이 되게 하십니다.

하나님은 우리를 향해 '너희는 택함받은 백성'이라고 말씀해 주시는 대신에, 그분의 아들을 보내시고 "아들을 믿는 자에게는 영생이" 있다고 말씀하셨습니다(요 3:36). "하나님의 아들을 믿는 자는 자기 안에 증거가" 있습니다(요일 5:10). 즉, 그는 자신이 택함 받은 자라는 것을 압니다.

따라서 그리스도의 이름으로 여러분에게 요청합니다. 와서, 그분을 여러분의 구주이자 주님이며 삶의 보화로 받아들이십시오. 그분은 믿음으로 오는 자는 그 누구도 내어 쫓지 않으십니다. 그분은 죄를 용서해 주십니다. 의로 옷 입혀 주십니다. 성령을 주십니다. 우리를 지키실 것입니다. "내 양은 내 음성을 들으며 나는 그들을 알며 그들은 나를 따르느니라"(요 10:27). 선한 목자의 음성을 듣고 그리스도께로 나오십시오

26장

선택받은 자는 얻었고, 나머지는 우둔해졌다

로마서 11:7-10

그런즉 어떠하냐 이스라엘이 구하는 그것을 얻지 못하고 오직 택하심을 입은 자가 얻었고 그 남은 자들은 우둔하여졌느니라. 기록된 바 하나님이 오늘까지 그들에게 혼미한 심령과 보지 못할 눈과 듣지 못할 귀를 주셨다 함과 같으니라. 또 다윗이 이르되 그들의 밥상이 올무와 덫과 거치는 것과 보응이 되게 하시옵고 그들의 눈은 흐려 보지 못하고 그들의 등은 항상 굽게 하옵소서 하였느니라. _롬 11:7-10

본문에서 우리에게 제시된 하나님과 그분의 길에 관한 진리는 매우 중대합니다. 아침 라디오 방송에서 들리는 시시콜콜한 잡담과는 수십 광년 떨어진 이야기입니다. 텔레비전에서 결코 언급되지도 않고 거론조차 하지 않는 이야기입니다. 오락물과는 전혀 다른 세계입니다. 교회 성장 매뉴얼이나 현대 문화의 인기 목록에서는 들을 수도 볼 수도 없습니다. 하지만 본문의 내용이 사실이라면 이 모든 것들이 영향을 받습니다. 하나님이 본문에서 계시하고자 선택하신 이야기의 진중함과 중대함에 자세히 귀를 기울이고 생각하시기 바랍니다.

7절입니다. "그런즉 어떠하냐? 이스라엘이 구하는 그것을 얻지 못하고." 앞의 두 구절과 연결시켜 살펴봅시다. 5절입니다. "그런즉 이와 같이 지금도 은혜로 택하심을 따라 남은 자가 있느니라." 달리 말해, 하나님이 전체 이스라엘 백성들 가운데 일부를 이끌어내셨고 그들은 예수님을 메시아로 믿어 의롭다 함을 받았다는 말입니다. 이제 그들은 죄와 지옥에서 건짐을 받은 상태입니다.

그리고 바울은 하나님이 믿음을 지닌 남은 자들을 "은혜로 택하심을 따라" 불러내셨다고 강조합니다. 남은 자들은 그렇게 남은 자들이 되도록 '선택'받았습니다. 이 선택은 오직 은혜로만 되는 것이지 그들이 무언가를 했기 때문이 아닙니다. 그것이 6절이 설명하고 강조하는 바입니다. "만일 [선택이] 은혜로 된 것이면 행위로 말미암지 않음이니 그렇지 않으면 은혜가 은혜 되지 못하느니라."

그러면 서신을 읽는 사람들의 머릿속에는 이런 생각이 떠오릅니다. '아브라함 시대로 돌아가 보면 하나님이 이스라엘 백성들을 그분의 특별한 소유로 선택하셨다. 오랜 시간에 걸쳐 그들과 언약을 맺으셨고 위대한 미래에 대한 약속들을 주셨다. 하지만 지금 바울은 그의 세대에(엘리야 때와 마찬가지로) 하나님이 고작 '남은 자'만 구원하셨다고 말하고 있다. 바울의 이야기를 듣는 많은 사람들에게는 숨이 멎을 것 같은 소식이다. 바울은 지금 무슨 얘기를 하고 있는가? 이스라엘 전체에 대해 지금 무슨 이야기를 하는가?'

지금 우리가 보고 있는 7절에 '지금 무슨 말을 하는가'에 대한 바울의 대답이 나옵니다. "그런즉 어떠하냐? 이스라엘이 구하는 그것을 얻지 못하고." 다시 말해 이스라엘 전체로서는 그들이 추구하던 율법대로 사는 것에 실패했습니다(롬 9:31). 그들은 하나님 보시기에 의롭게 되지 못했습니다. 예수님을 믿는 모든 자들을 의롭다 하기 위해 율법의 마침이 되신(롬 10:4) 예수 그리스도가 그들에게는 거치는 돌이 되어 그들은 넘어지고 말았습니다(롬 9:32). 그들은 결국 망하고 그리스도에게서 끊어졌습니다(롬 9:3).

그리고 바울은 로마서 11장 7절 후반부에서 말합니다. "오직 택하심을 입은 자가 얻었고 그 남은 자들은 우둔하여졌느니라." 어떻게 구원받을 수 있는지 이해할 수 있는 엄청나게 중요한 언급입니다. "택하심을 입은 자가 얻었고." 무엇을 얻었습니까? 하나님과의 화목을 얻었습니다. 믿음과 칭의와 구원을 얻었습니다. 바울이 5절에서 말한 것이 바로 이것입니다. "그런즉 이와 같이 지금도 은혜로 '택하심'을 따라 [구원받은] 남은 자가 있느니라." 그래서 바울은 7절에서 '택하심을 입은' 자들이 그것을 얻는다고 말합니다. 죄 사함을 받고 칭의를 얻고 구원받은, 남은 자의 위치를 얻습니다.

"바울 선생, 그렇다면 나머지는 사람들은 무엇입니까? 하나님의 선택과 주권적 은혜 때문에 '남은 자'들이 존재한다면, 그 외 나머지 사람들에 대해서는 뭐라고 하실 겁니까?" 이 질문에 바울은 대답합니다. "그 나머지는 우둔해졌습니다."

이것을 오늘날 주류 기독교의 시각에서 생각해 봅시다. 주류 기독교에 속해 있는 우리는 바울처럼 이런 식으로 말하는 경우가 있습니까? 우리라면 어떤 식으로 기록했을까요? 이런 식일 겁니다. "그런즉 어떠하냐? 이스라엘이 구하는 그것을 얻지 못하고, 신자들은 그것을 얻었느니라. 그리고 그 남은 자들은 믿기를 거부했느니라." 맞는 말입니다. 절대적으로 맞습니다. 그런데 바울은 얼마나 거침없이 적었는지요! 요즘은 하나님의 택하심과 우둔함이라는 이런 무거운 사안에 대해서는 되도록 언급을 피해 가는데 말입니다.

바울은 왜 이런 식으로 말할까요? 저는 그 이유를 압니다. 하나님이 우리를 사랑하십니다. 그것이 이유입니다. 우리가 그 사실을 알고 깨닫고 기초로 삼아, 현실의 집을 떠받치는 마음의 기둥으로 삼으면 우리에게 참으로 유익합니다. 물론 곧바로 그렇게 되는 것은 아닙니다. 하나님께 구하십시오. 우리가 이 진리를 알 때 따라오는 유익을 깨닫게 해달라고 하나님께 도움을 청해야 합니다. 이 진리를 처음부터 분명하게 알 수도 있고 흐릿하게 알 수도 있습니다. 하지만 우리는 반드시 믿어야 합니다. 이 진리를 하나님이 성경 말씀을 통해 우리에게 계시하셨을 뿐 아니라 그분이 우리를 사랑하시기 때문입니다.

"그런즉 어떠하냐? 이스라엘이 구하는 그것을 얻지 못하고 오직 택하심을 입은 자가 얻었고 그 남은 자들은 우둔하여졌느니라." 여기서 세 가지 질문이 나옵니다.

1) 우둔해지는 것이란 무엇인가?

2) 언제 그런 일이 일어났는가?

3) 그 근거는 무엇인가?

우둔해지는 것이란 무엇인가?

8-10절에서 바울은 구약성경의 본문 세 곳을 사용해 그가 의미하는 바를 설명하고 뒷받침합니다(사 29:10, 신 29:4, 시 69:22-23).

"기록된 바 하나님이 오늘까지 그들에게 혼미한 심령과 보지 못할 눈과 듣지 못할 귀를 주셨다 함과 같으니라. 또 다윗이 이르되 그들의 밥상이 올무와 덫과 거치는 것과 보응이 되게 하시옵고, 그들의 눈은 흐려 보지 못하고 그들의 등은 항상 굽게 하옵소서 하였느니라."

여기서 우리는 우둔해지는 것(hardening)의 의미가 무엇인지 볼 수 있습니다. 8절에서 하나님은 그들에게 혼미한 심령, 즉 무감각하고 마비된 영을 주셨습니다. 그 결과 그들은 영적으로 보지 못하고 듣지도 못하게 되었습니다. "보지 못할 눈과 듣지 못할 귀를 주셨다." 육체적으로는 보기도 하고 듣기도 했겠지만, 영적 진리에 대해서는 무지하고 무관심했습니다.

이제 9절에서 바울은 시편 69편 22-23절을 인용합니다. 바울은 시편 69편이 예수님의 생애와 상황 속에서 성취되었다고 봅니다. 다윗이 기록하고 다윗의 마지막 자손이 성취합니다. 그래서 시편 69편 9절에서 다윗은 "주의 집을 위하는 열성이 나를 삼키고"라고 말하고, 요한복음 2장 12절에서는 그 말씀을 성전을 정결케 하시던 예수님에게 적용합니다. 시편에서는 "주를 비방하는 비방이 내게 미쳤나이다"(69:9)라고 말하고 또한 바울은 로마서 15장 3절에서 이 구절을 인용하면서 그리스도를 언급합니다. 시편은 "그들이 쓸개를 나의 음식물로 주며 목마를 때에는 초를 마시게 하였사오니"(69:21)라고 말하고 누가복음 23장 36절에서는 십자가에 달린 예수님께 신 포도주를 마시게 하는 장면에 적용합니다.

따라서 바울은 다윗의 입을 통해 하나님이 말씀하신 이 시편의 저주가 이스라엘 민족에 대한 하나님의 심판인 것으로 보았습니다. 특히 다윗의 마지막 자손으로 오신 예수님을 이스라엘이 거부한 사실을 가리킵니다.

9절입니다. "또 다윗이 이르되 그들의 밥상이 올무와 덫과 거치는 것과 보응이 되게 하시옵고." 여기 나오는 밥상은 그들이 먹는 밥상입니다. 풍성한 음식과 먹는 즐거움을 상징하는 것으로 보입니다. 달리 말해, 단순하고 평범하고 모든 게 좋아 보이는 그들의 삶을 나타낸다고 할 수 있습니다. 그래서 저는 이 말씀을 음식뿐 아니라 하나님이 주신 다른 선물들을 오용하는 것을 포함해 그들의 마음이 우둔해졌다는 의미로 받아들입니다. 하나님이 주신 선한 것들이 그들에게는 오히려 거치는 것과 덫이 된 것입니다. 이것을 사랑하는 마음에 푹 빠져, 이것을 통해 얻는 기쁨이 하나님 안에서 누려야 할 기쁨을 대체해 버린 것입니다. 그래서 육체적 욕구(음식과 성과 심미적 즐거움)가 영적인 욕구를 약화시켜 하나님에 대한 모든 갈망을 잃게 했습니다.

10절입니다. "그들의 눈은 흐려 보지 못하고 그들의 등은 항상 굽게 하옵소서." 8절에서처럼 여기서도 우둔하게 되는 것을 눈이 보지 못하는 것으로 설명하고 있습니다. 그리고 하나님이 우둔하게 하시는 것을 "등이 항상 굽게 하라"는 식으로 말합니다. 등이 굽었다는 것은 무거운 짐을 지고 중노동을 하는 모습을 연상케 합니다. 욕망을 채우는 밥상이 올무가 되는 것과는 거의 반대 모습입니다. 하지만 이것도 우리가 하나님을 대적하고 우둔해지면서 갈팡질팡하는 모습을 정확히 묘사하는 말입니다. 우리는 음식이나 성이나 심미적 욕구를 하나님보다 더 기뻐하는 것이나, 하나님의 은혜가 아닌 자신의 행위에 기반한 도덕을 종교와 생활의 근간으로 삼는 것 모두 우상숭배라고 표현합니다. 따라서 "그들의 등은 항상 굽었다"는 말은 그들 스스로 만들어 낸 자화자찬의 행위 종교에 자신들을 내어 주었음을 의미합니다.

이것이 우둔해진다는 의미입니다. 영적 무감각, 영적으로 눈 멀고 귀가 먼 것, 하나님이 주신 선한 선물을 하나님 대신 취하는 기쁨으로 바꿔치기 한 것, 하나님의 율법을 자기 의에 기반한 노력으로 바꿔치기하는 것을 말합니다.

언제 우둔해졌는가?

그에 대한 답은 8절에 "오늘날까지"로 나와 있습니다. "하나님이 오늘까지 그들에게 혼미한 심령과 보지 못할 눈과 듣지 못할 귀를 주셨다 함과 같으니라." 다시 말해, 당시 바울 시대에도 '남은 자'가 아닌 이들에게 일어났던 이 우둔함은 아주 오래 전부터 있어 왔던 일입니다. 바울은 신명기 29장 4절에서 그 사실을 짚어 내고 있습니다. "그러나 깨닫는 마음과 보는 눈과 듣는 귀는 오늘 여호와께서 너희에게 주지 아니하셨느니라." 모세는 바울보다 1400년 전에 앞서 그 말을 했습니다. 그리고 바울은 그 말이 여전히 유효하다고 말합니다.

모세의 때에도, 바울의 때에도 우둔하게 되는 일이 남아 있습니다. 그리고 로마서 11장 25절에서는 그 일이 얼마나 오래 지속될지 알 수 있습니다. "형제들아 너희가 스스로 지혜 있다 하면서 이 신비를 너희가 모르기를 내가 원하지 아니하노니 이 신비는 이방인의 충만한 수가 들어오기까지 이스라엘의 더러는 우둔하게 된 것이라."

우둔하게 되는 일이 단순히 사람의 손으로 되는 일이 아닌 분명한 이유는 이를 위해 정해진 때가 있기 때문입니다. 우둔하게 되는 일은 "이방인의 충만한 수가 찰 때까지" 계속될 것입니다. 따라서 하나님이 이 일을 정하셨고 그분이 정하신 때에 이를 제거하실 것입니다. 그리고 우리는 로마서 10장 1절의 바울처럼 되어야 할 것입니다. "형제들아 내 마음에 원하는 바와 하나님께 구하는 바는 이스라엘을 위함이니 곧 그들로 구원을 받게 함이라." 다시 말해, 마음이 우둔해진 것이 사라지고 휘장이 벗겨져서(고후 3:14) 남은 자가 구원을 받고, 또 언젠가 온 이스라엘이 남은 자에 들어오도록 기도해야 합니다.

우둔해지는 근거는 무엇인가?

7절입니다. "그런즉 어떠하냐? 이스라엘이 구하는 그것을 얻지 못하고 오직 택하심을 입은 자가 얻었고 그 남은 자들은 우둔하여졌느니라." 지난주에는 5-6절에서 오로지 은혜로 택함을 받는다는 것을 보여 드렸습니다. 남은 자들에게 있는 어떤 공로 덕분에 구원의 선택을 받는 것이 아닙니다.

선택받지 못한(우둔해진) 사람들은 더 나쁘기 때문에 누락된 것이 아닙니다. 또한 선택된 자들은 더 낫기 때문에 선택받은 것도 아닙니다. 그렇게 되면 은혜가 은혜 될 수 없습니다. 제가 불신앙에서 구원받은 것은 유대인이나 이방인보다 낫기 때문이 아닙니다. 만약 스스로 그렇다고 생각한다면 하나님의 은혜를 무효화시키는 셈입니다. 우리는 오직 주권적 은혜로 불신앙에서 구원을 받았습니다.

이런 관점으로 볼 때, 우둔해진다는 근거를 어떻게 설명할 수 있을까요? 두 가지 방법으로 설명해야 하는데, 한 가지는 하나님의 자유를 강조하는 것이고, 다른 한 가지는 인간의 죄와 책임을 강조하는 것입니다.

첫째, 우둔하게 하는 일은 하나님이 자유롭게 행하시는 일이며, 궁극적으로는 하나님을 벗어난 인간의 어떠한 행위나 조건으로 강요되는 일도 아닙니다. 로마서 9장에서 바로 이 사안에 대해 살펴보았지만 하나님의 영광은 그분의 자유에 달려 있을 뿐, 궁극적으로는 선택을 하는 데 있어서 인간의 의지에 의존하지 않습니다. 따라서 바울은 로마서 9장 15절에서 하나님의 말씀을 인용합니다. "내가 긍휼히 여길 자를 긍휼히 여기고 불쌍히 여길 자를 불쌍히 여기리라." 그리고 바울은 이렇게 결론을 맺습니다. "그런즉 원하는 자로 말미암음도 아니요 달음박질하는 자로 말미암음도 아니요 오직 긍휼히 여기시는 하나님으로 말미암음이니라. … 그런즉 하나님께서 하고자 하시는 자를 긍휼히 여기시고 하고자 하시는 자를 완악하게 하시느니라." 하나님의 자유하심을 강조하는 것이 바울의 목표였습니다.

이것이 우둔하게 하는 일의 근거를 말할 때 가장 먼저 언급해야 하는 부분입니다. 하나님은 결국 인간의 의지에 제한받지 않으십니다. 우리는 하나님의 행동에 관해 아무런 궁극적, 결정적 원인을 제공하지 않습니다. 하나님이 하십니다.

하지만 우둔하게 되는 두 번째 근거 역시 매우 중요합니다. 9절에서 그냥 넘어갔던 중요한 단어 하나를 보시기 바랍니다. "또 다윗이 이르되 그들의 밥상이 올무와 덫과 거치는 것과 '보응'이 되게 하시옵고." 이는 잘못한 일에 대한 징계가 어떤 면에서는 우둔해지는 것과도 연관이 있다는 뜻입니다. 요지는 그들이 경험한 올무와 덫과 거치는 것은 마땅히 받아야 하는 일이라는 것입니다. 즉, 우리가 지은 진짜 죄악과 죄에 대한 책임을 인정해야 한다는 의미입니다. 로마서 11장 20절에서 이를 찾아볼 수 있습니다. 바울은 남은 자가 아닌 자들이 이와 같다고 설명합니다. "그들은 믿지 아니하므로 꺾이고 너는 믿으므로 섰느니라." 여기서 바울은 인간의 책임을 강조합니다.

따라서 이것이 우리가 믿고 성경에서 보는 바입니다. 하나님은 주권자이십니다. 그리고 인간은 책임 있는 도덕적 행위자입니다. 하나님은 자유하시고 궁극적으로는 그분을 넘어선 어떤 힘이나 행위나 의지력은 없기에 아무런 제한을 받지 않으십니다. 하지만 다른 한편으로 우리에게는 도덕적 책임이 따릅니다. 우리는 자신의 죄악에 책임을 져야 하며, 이에 합당한 징계와 징벌을 받습니다. 그러므로 우리는 하나님이 우둔하게 하시는 역사를 이런 식으로 정리할 수 있습니다.

'하나님이 모든 실체를 그의 불가사의한 지혜로 조정하셔서, 많은 이들이 하나님을 지속적으로 대적하고 우둔하게 된다. 하지만 하나님은 발생하는 일에 있어서 결코 불의하거나 비난받을 수 없는 방식으로 이 모든 일을 신비롭게 행하시며, 그러므로 우리는 결코 도덕적 책임에서 벗어날 수 없다.'

하나님이 우리를 그분에게로 이끌어 주시고 눈을 열어 주셔서 하나님을 믿고 의지하고 사랑하고 귀하게 여기게 하실 때, 이것은 우리 안에 있는 것들 때문이 아니므로 겸손해야 하며, 지구상에서 가장 인내심 많고 친절하고 사랑 많고 온화하고 용서할 줄 알며 용감한 사람이 되어야 합니다. 하나님은 우리를 그분의 소유로 삼으셨으며, 그렇게 된 것은 오직 은혜, 은혜 때문이었습니다. 그리고 하나님이 다른 이들은 택하지 않고 그냥 우둔하고 대적하고 믿지 않는 상태로 놓아두실 때, 그것은 부당한 행위가 아닙니다. 우리도 그들과 같이 심판을 받아 마땅합니다. 우리가 믿음으로 의롭다 여겨진 것은 순전히, 감당 못할 은혜 덕분입니다.

그러므로 우리는 모든 사람을 사랑함으로써, 하나님이 우리를 부르시고 선택하신 것을 더욱 굳건히 세워갈 수 있기를 바랍니다(벧후 1:10). 기억하십시오. 어떤 사람도 자신이 하나님의 선택에서 제외되어야 할 그럴 듯한 이유를 하나님께 제시할 수 없습니다. 그렇다면 우리도 바울처럼 하나님의 은혜로 기도하고 복음을 증거하고 사랑하고, 할 수 있는 한 많은 사람들을 얻기 위해 열정적으로 구하는 일에 동참해야 합니다.

27장

이스라엘은 넘어지기까지 실족하였는가

로마서 11:11-16

그러므로 내가 말하노니 그들이 넘어지기까지 실족하였느냐 그럴 수 없느니라. 그들이 넘어짐으로 구원이 이방인에게 이르러 이스라엘로 시기나게 함이니라. 그들의 넘어짐이 세상의 풍성함이 되며 그들의 실패가 이방인의 풍성함이 되거든 하물며 그들의 충만함이리요. 내가 이방인인 너희에게 말하노라. 내가 이방인의 사도인 만큼 내 직분을 영광스럽게 여기노니 이는 혹 내 골육을 아무쪼록 시기하게 하여 그들 중에서 얼마를 구원하려 함이라. 그들을 버리는 것이 세상의 화목이 되거든 그 받아들이는 것이 죽은 자 가운데서 살아나는 것이 아니면 무엇이리요 제사하는 처음 익은 곡식 가루가 거룩한즉 떡덩이도 그러하고 뿌리가 거룩한즉 가지도 그러하니라. _롬 11:11-16

오늘 설교에서 제가 말씀 드리고 싶은 것은 두 가지입니다. 1) 하나님의 백성들이 아브라함의 약속을 기업으로 받는다는 사실은 이스라엘을 어떤 식으로 시기하게 만드는가, 그리고 2) 로마서 11장에서 보여 주는 하나님의 주권은, 때로는 매우 모호해 보이는 하나님의 목적을 어떻게 신뢰하게 하는가입니다.

"그들은 넘어지기까지 실족했는가"라는 질문에서 '그들'은 누구인가?

먼저 몇몇 구절을 자세히 보겠습니다. 11절에서 "그들"은 누구일까요? "그러므로 내가 말하노니, '그들이' 넘어지기까지 실족하였느냐?" 이를 위해 11장 7-10절을 읽어 보겠습니다.

"그런즉 어떠하냐? 이스라엘[전체 이스라엘 공동체, 하나님과 화목을 이루는 데 실패한 이스라엘 민족을 언급한 말]이 구하는 그것을 얻지 못하고 오직 택하심을 입은 자가 얻었고 그 남은 자들은 우둔하여졌느니라. [바울은 '그 남은 자들'(the rest)이 이스라엘 공동체라고 보고 있습니다. 그들은 하나님과 화목을 이루지 못하고 우둔해졌습니다. 바울이 11절에서 "그들이 넘어지기까지 실족하였느냐?"라고 질문할 때 사용한 '실족'(stumble)이라는 단어가 곧 이 말입니다. 택하심을 입은 자를 제외한 당시 이스라엘 세대 전체가 실족했습니다. 백성 전체가 잃어버린 바 되었습니다.]

[8절입니다.] 기록된 바 하나님이 오늘까지 그들에게 혼미한 심령과 보지 못할 눈과 듣지 못할 귀를 주셨다 함과 같으니라. 또 다윗이 이르되 그들의 밥상이 올무와 덫과 거치는[stumbling] 것과 보응이 되게 하시옵고 그들의 눈은 흐려 보지 못하고 그들의 등은 항상 굽게 하옵소서 [달리 말하면, 이들이 풍성한 밥상에 걸려 실족하게 하시고, 우둔함이 제거되는 날까지 율법의 멍에에 짓눌려 등이 굽게 하옵소서(11:25 참조)] 하였느니라."

달리 표현하면, 11절에 나오는 '그들'은 여러 세대에 걸쳐 계속된 우둔함으로 잃어버린 바 된 이스라엘 민족 공동체를 가리키는 말입니다. 로마서 9장 3절에서 말하듯, 그들은 "저주를 받아 그리스도에게서 끊어졌"습니다.

이스라엘은 넘어지기까지 실족했는가?

"그러므로 내가 말하노니 그들이 넘어지기까지 실족하였느냐?"* 11절에 나오는 바울의 이 질문에 대한 답은 무엇입니까? "그럴 수 없느니라." 이스라엘이 우둔해져서 실족하기까지 하나님이 품으신 목적은 이스라엘 전부를 최종적으로 멸망하도록 버리시겠다는 것이 아닙니다. 이것이 11절의 주된 개념이라고 생각합니다. "그들이 넘어지기까지[fall beyond recovery, 즉 그들이 멸망하도록 하시려는 목적이 있어서] 실족하였느냐?" 실족(stumble)하는 것으로 이스라엘의 일부 세대는 잃어버린 바 되고 심판을 받지만, 민족 전체가 최종적으로 실패하고 심판받는 일은 하나님의 목적이 아닙니다. 마음이 우둔해진 목적은 그것이 아니었습니다(7절).

그들이 실족한 것에는 그런 목적이 있지 않습니다. 그럼 무엇이었을까요? 바울은 11절 후반부에서 이에 답합니다. "그들이 넘어짐으

*"[11]그러므로 내가 말하노니 그들이 **넘어지기까지** 실족하였느냐? 그럴 수 없느니라. 그들이 **넘어짐**으로 구원이 이방인에게 이르러 이스라엘로 시기나게 함이니라. [12]그들의 **넘어짐**이 세상의 풍성함이 되며…"(롬 11:11-12).
한글 개역개정판 성경은 로마서 11장 11-12절에서 '넘어짐'이라는 단어를 다소 혼란스러운 방식으로 사용하고 있다. 11절 앞부분에 나오는 첫 번째 '넘어지기까지'는 11절 뒷부분의 '넘어짐'과 12절의 '넘어짐'과는 의미가 사뭇 다르다.
첫 번째의 '넘어지기까지'는 영문으로 fall beyond recovery, 즉 회복이 불가능한 멸망의 의미로 해석되며, 이후 11절 뒷부분과 12절에 나오는 '넘어짐'은 trespass, 즉 범죄의 의미로 해석된다. 범죄의 의미로 해석되는 이 넘어짐은 오히려 11절 앞부분에 나오는 실족(stumble)과 같은 의미라고 보아야 한다. 이런 차이는 NIV 등 영어 성경본문에서 보다 분명하게 드러나므로, 참조하기 바란다.
존 파이퍼의 이번 설교 본문은 한글 성경에서의 이러한 혼란을 잘 반영하지 못하므로, 필요한 경우 각각의 단어에 해당 의미의 영문을 달아 놓았다[편집주].

로[their trespass(=their stumbling)] 구원이 이방인에게 이르러…." 이스라엘이 신앙을 버리고 우둔해지고 메시아를 거부한 데 대한 하나님의 목적은 구원이 이방인에게 이르는 것입니다.

죄와 불신앙과 우둔해짐에 대한 하나님의 목적

많은 사람들은 죄와 불신앙 그리고 우둔함에 하나님의 어떤 목적이 담겨 있다고 말하기를 어려워합니다. 하지만 성경에 나오는 두 가지 장면을 기억하면 도움이 될 것입니다.

1) 요셉이 그 형제들에게 학대를 당하고 애굽으로 팔려가는 이야기입니다. 창세기 50장 20절에서는 이렇게 된 이야기의 핵심은 "당신들은 나를 해하려 하였으나 하나님은 그것을 선으로" 바꾼 일이었다고 말합니다.

2) 예수님이 십자가에 못 박히는 장면입니다. 분명 인간이 죄를 저지르는 현장이지만 우리의 구원을 위해 하나님이 계획하신 장면이기도 합니다(행 4:27). 하나님은 언제나 한 가지 이상의 일을 행하고 계십니다. 우둔하게 하시면서도, 그보다 더 큰 일을 행하십니다! 우둔함과 실족과 범죄를 통해서도 이방인들이 구원받을 수 있도록 역사를 이끌어 가십니다.

이스라엘의 거부와 이방인의 구원에 대한 예수님의 가르침

예수님은 이에 관해 여러 번 가르치셨습니다. 예를 들어, 포도밭 주인이 열매를 거두러 아들을 보냈지만 그 아들을 살해한 악한 농부들에 대한 비유를 말씀하신 후, 예수님은 하나님께서 농부들을 진멸

하시고, “포도원은 제 때에 열매를 바칠 만한 다른 농부들에게 세로 줄 것”(마 21:41)이라고 결말을 지으셨습니다. 그리고 이에 대해 설명하십니다. “그러므로 내가 너희에게 이르노니 하나님의 나라를 너희는 빼앗기고 그 나라의 열매 맺는 백성이 받으리라”(마 21:43). 달리 말하면, 메시아를 거부하며 이스라엘이 죄를 범한 것은 이스라엘이 기업으로 받을 왕국을 하나님을 따르는 자들에게 주기 위함이었습니다.

예수님은 마태복음 8장 11-12절에서 이방인 백부장의 믿음을 보시고 자기를 따르던 자들에게 말씀하십니다. “또 너희에게 이르노니 동서로부터 많은 사람[이방인]이 이르러 아브라함과 이삭과 야곱과 함께 천국에 앉으려니와, 그 나라의 본 자손들은 바깥 어두운 데 쫓겨나 거기서 울며 이를 갈게 되리라.” 따라서 이스라엘은 우둔하게 되고, 이방인들은 왕국으로 들어옵니다. 구원이 열방에 이를 것입니다.

이 일은 사도행전 전체에 걸쳐서도 일어났습니다. 예를 들면, 비시디아의 안디옥에서 바울과 바나바가 전한 복음은 거부를 당하지만 그로 인해 이방인들 가운데서 엄청난 선교 결과가 있었습니다. “바울과 바나바가 담대히 말하여 이르되, 하나님의 말씀을 마땅히 먼저 너희에게 전할 것이로되, 너희가 그것을 버리고 영생을 얻기에 합당하지 않은 자로 자처하기로 우리가 이방인에게로 향하노라. 이방인들이 듣고 기뻐하여 하나님의 말씀을 찬송하며 영생을 주시기로 작정된 자는 다 믿더라”(행 13:46, 48. 18:6, 28:19-10 참조).

바울은 로마서 11장에서, 복음이 이방인에게로 흘러 넘친 것이 단지 이스라엘이 실패한(trespass) 결과로 어쩔 수 없이 일어난 일은 아니라고 분명하게 말합니다. 마치 하나님은 애초에 그럴 계획이 없으셨는데 불의의 일격을 당한, 그런 것이 아닙니다. 오히려 그 이면에는 하나님의 계획이 있었습니다. 7절을 보면 그들을 우둔하게 한 이는 하나님이셨습니다. 그리고 이방인에게 구원을 가져온 것은 이스라엘의 우둔함과 실족이었습니다(11절 하). "그들의 실패(trespass)가 이방인의 풍성함이" 되었습니다. 이것이 로마서 11장이 보여 주는, 역사 속에 운행하시는 측량 못할 하나님의 지혜입니다.

우둔함의 목적 1: 이방인의 구원

우둔하게 된 목적이 무엇인지 가장 명확하게 볼 수 있는 곳이 로마서 11장 30-32절입니다.

"너희[이방인]가 전에는 하나님께 순종하지 아니하더니 이스라엘이 순종하지 아니함으로 이제 긍휼을 입었는지라[이것이 11절의 요지입니다. "그들이 넘어짐(trespass)으로 구원이 이방인에게 이르러"]. 이와 같이 이 사람들[이스라엘]이 순종하지 아니하니 이는 너희[이방인]에게 베푸시는 긍휼로 이제 '그들[이스라엘]도 긍휼을 얻게 하려' 하심이라[이것이 목적입니다]. 하나님이 모든 사람을 순종하지 아니하는 가운데 가두어 두심은 모든 사람에게 긍휼을 베풀려 하심이로다[11장 전체를 정리해 놓은, 너무나도 분명한 목적입니다]."

따라서 11절에서 우리는 다시금 질문합니다. "그들이 넘어지기까지 실족하였느냐? [그것이 목적이었습니까?] 그럴 수 없느니라. [그렇다면 무엇이 목적이었습니까?] 그들이 넘어짐으로 구원이 이방인에게 이르러…" 이스라엘의 우둔함과 넘어짐(trespass)과 거부에 대한 하나님의 목적은 이방인의 충만한 수를 구원하는 것이었습니다. 우둔함에는 긍휼의 목적이 있습니다. 하나님이 그들을 우둔하게 하신 불순종에 넘겨주신 것은 긍휼을 베푸시려는 은혜의 목적이 있었기 때문입니다(32절).

우둔함의 목적 2: 이스라엘의 시기와 구원

11장 마지막에 나온 하나님의 방법은 더더욱 측량하기 어렵습니다. 이스라엘이 실족하는 것의 최종 목적은 결국 그들을 거부하기 위함이었을까요? 아닙니다. 하나님의 목적은 "그들의 넘어짐을 통해 구원이 이방인에게 이르는 것"이었습니다. 그런 후 바울은 놀라운 한 마디를 덧붙입니다. "이스라엘로 시기나게 함이니라." 목적에 목적이 더해집니다. 이스라엘의 우둔함과 넘어짐(trespass)은 이방인에게 구원을 주기 위해 계획된 것입니다. 그리고 이방인의 구원은 이스라엘로 시기가 나도록 계획되었습니다. 왜일까요? 그리하여 이스라엘이 돌아와 메시아를 인정하고 예수 그리스도의 교회를 이루게 하기 위함입니다.

우둔함의 목적 3: 그리스도의 재림과 죽은 자의 부활

이방인과 이스라엘을 구원하는 것이 하나님이 행하시는 구속 역사의 종착점이자 절정이라 생각한다면, 12절은 더욱 심오한 목적으로 다시금 우리를 놀라게 합니다.

"그들[이스라엘]의 넘어짐[trespass]이 세상의 풍성함이 되며[하나님의 뜻에 따라 이뤄진 것을 우리가 살펴보았습니다] 그들의 실패가 이방인의 풍성함이 되거든[즉, 구원] 하물며 그들의 충만함이리요!"

이스라엘의 넘어짐(trespass)에 대한 하나님의 목적은 이방인이 구원을 받는 것입니다. 그리고 이방인의 구원에 담긴 하나님의 목적은 이스라엘을 시기하게 만들어, 그리스도의 위대하심을 깨닫고 그분을 메시아로 받아들이게 하는 데 있습니다. 그런 후에 바울은 온 이스라엘의 "충만함"(their full inclusion)은 심지어 더 위대한 목적을 낳을 것이라고 덧붙입니다.

이방인의 충만한 수와 이스라엘의 충만한 수가 차고 나면 뒤이어 영광스러운 무언가가 따라옵니다. 15절은 이렇게 말합니다.

"그들[이스라엘]을 버리는 것이 세상의 화목이 되거든 그 받아들이는 것이 죽은 자 가운데서 살아나는 것이 아니면 무엇이리요?"

이 말씀은 이방인을 향한 하나님의 선교가 완료되고 이스라엘의 우둔함이 제거되면, 주께서 다시 오시고 죽은 자는 살아나며, 우리는 영원한 기쁨으로 하나님나라에 들어갈 것이라는 의미라고 생각합니다. 이것은 너무나 엄청난 말씀이라 너무 먼나라 이야기처럼 들리는 분도 있을 것입니다. 그래서 우리 삶에 어떻게 적용할 수 있을지 두 가지 정도를 말씀드리고 마무리 짓겠습니다.

이방인의 구원 때문에 이스라엘로 시기하게 한다는 의미

첫째, 우리 같은 이방인이 구원을 받음으로 인해 이스라엘로 시기하게 만드시려는 하나님의 의도에는 어떤 의미가 담겨 있는지 살펴보겠습니다. 11절입니다. "그들[이스라엘]이 넘어짐으로 구원이 이방인에게 이르러 이스라엘로 시기나게 함이니라."

우리는 이러한 하나님의 목적을 어떻게 앞당겨 달성할 수 있을까요? 이에 대한 열쇠 중 하나는 다음과 같은 사실을 이해하고 마음으로 받아들이는 데에 있습니다. 즉, 예수 그리스도를 따르는 교회가 진정한 이스라엘이며, 우리 이방인 그리스도인들은 메시아이신 예수 그리스도를 믿음으로 이스라엘에게 주신 모든 약속을 기업으로 받게 됩니다. 우리의 유대인 친구들이 우리가 기업으로 받은 약속을 보며 (은혜로) 시기심을 느끼게 된다면, 우리는 이를 이해하고 귀하게 여겨야 합니다. 우리가 그들을 대하는 태도는 형을 대하는 아버지와 같아야 합니다. "잔치에 참여하여라. 여기 네 자리가 있단다!"

바울은 이와 같이 이스라엘의 약속들을 기업으로 받은 이방인들에 대해 에베소서 2장 12-13, 19절에서 이렇게 설명하고 있습니다.

"그때에 너희[이방인]는 그리스도 밖에 있었고 이스라엘 나라 밖의 사람이라. 약속의 언약들에 대하여는 외인이요 … 이제는 전에 멀리 있던 너희가 그리스도 예수 안에서 그리스도의 피로 가까워졌느니라. … 그러므로 이제부터 너희는 외인도 아니요 나그네도 아니요 오직 성도들과 동일한 시민이요 하나님의 권속이라."

메시아이신 예수 그리스도를 믿음으로 우리는 진정한 유대인이 되었습니다(롬 2:28-29). 갈라디아서 3장 7절입니다. "그런즉 믿음으로 말미암은 자들은 아브라함의 자손인 줄 알지어다"(갈 3:16절 참조).

그 사실로 인해 우리는 크게 기뻐해야 합니다! "하나님의 이스라엘"(갈 6:16)인 베들레헴교회 성도 여러분! 모든 언약과 모든 약속은 우리의 것이고 언젠가 메시아를 믿게 될 모든 사람들의 것입니다. 하나님의 모든 약속은 예수 그리스도 안에서 '예'가 됩니다. 그리고 우리는 오직 믿음으로 예수 그리스도 안에 있습니다. 우리가 받은 유대인의 기업과 그 안에 있는 영광을 깊이 알아 가길 바랍니다. 바울이 13-14절에서 말한 내용이 그것입니다. "… 내가 이방인의 사도인 만큼 내 직분을 영광스럽게 여기노니 이는 혹 내 골육을 아무쪼록 시기하게 하여 그들 중에서 얼마를 구원하려 함이라." 유대인에게 허락된 약속을 기뻐하는 바울의 기쁨에 참여합시다. 이번 크리스마스 때에는 유대인들과 함께하며 이렇게 말해 주십시오. "나는 구약에서 그리스도에 대해 설명한 구절이 참 좋습니다. 이는 한 아기가 우리에게 났고 한 아들을 우리에게 주신 바 되었는데 그의 어깨에는 정사를 메었고 그의 이름은 기묘자라, 모사라, 전능하신 하나님이라, 영존하시는 아버지라, 평강의 왕이라 …"(사 9:6 참고).

긍휼을 베푸시는 하나님의 우회적인 방법

그리고 마지막으로 적용할 부분은 하나님은 백성 전체가 우둔하고 실족하고 실패할 때조차도 모든 것을 주관하시며, 그분의 측량 못할 지혜로 마침내 긍휼의 목적을 이루신다는 것입니다. 우리 중 어느 누구도 구원받을 자격을 갖추지 못했습니다. 하지만 하나님은 그리스도를 믿는 믿음을 통해 세상의 모든 백성 중에서 한 백성을 모으고 계십니다. 그리고 언젠가 그 긍휼은 이스라엘의 우둔함을 넘어 승리할 것이고, 이스라엘은 그리스도를 믿음으로 본래의 기업을 되찾게 될 것입니다.

이것이 우리에게는 이스라엘과 열방에 긍휼을 가져오는 일에서 빙 둘러 가는 방법처럼 보입니다. 하지만 우리는 하나님이 아닙니다.

하나님은 그분의 공의와 분노와는 반대되는 그분의 지혜와 긍휼의 충만함을 계시하기 위해 그러한 역사가 반드시 일어나야 한다는 사실을 아십니다. 불신앙이 우세한 듯 보일 때라도 그분에 대한 믿음이 있다면 그 영향력이 우리를 신실하게 인내하도록 지켜 줄 것입니다. 하나님은 측량할 수 없고 불가사의한 방법으로 모든 것을 다스리십니다. 그리고 모든 것은 그리스도를 의지하는 사람들에게 긍휼을 베풀기 위해 움직여 갈 것입니다.

28장

뿌리가 거룩하면 가지도 거룩하다

로마서 11:13-24

내가 이방인인 너희에게 말하노라. 내가 이방인의 사도인 만큼 내 직분을 영광스럽게 여기노니 이는 혹 내 골육을 아무쪼록 시기하게 하여 그들 중에서 얼마를 구원하려 함이라. 그들을 버리는 것이 세상의 화목이 되거든 그 받아들이는 것이 죽은 자 가운데서 살아나는 것이 아니면 무엇이리요. 제사하는 처음 익은 곡식 가루가 거룩한즉 떡덩이도 그러하고 뿌리가 거룩한즉 가지도 그러하니라. 또한 가지 얼마가 꺾이었는데 돌감람나무인 네가 그들 중에 접붙임이 되어 참감람나무 뿌리의 진액을 함께 받는 자가 되었은즉 그 가지들을 향하여 자랑하지 말라. 자랑할지라도 네가 뿌리를 보전하는 것이 아니요 뿌리가 너를 보전하는 것이니라. 그러면 네 말이 가지들이 꺾인 것은 나로 접붙임을 받게 하려 함이라 하리니 옳도다. 그들은 믿지 아니하므로 꺾이고 너는 믿으므로 섰느니라. 높은 마음을 품지 말고 도리어 두려워하라. 하나님이 원 가지들도 아끼지 아니하셨은즉 너도 아끼지 아니하시리라. 그러므로 하나님의 인자하심과 준엄하심을 보라. 넘어지는 자들에게는 준엄하심이 있으니 너희가 만일 하나님의 인자하심에 머물러 있으면 그 인자가 너희에게 있으리라. 그렇지 않으면 너도 찍히는 바 되리라. 그들도 믿지 아니하는 데 머무르지 아니하면 접붙임을 받으리니 이는 그들을 접붙이실 능력이 하나님께 있음이라. 네가 원 돌감람나무에서 찍힘을 받고 본성을 거슬러 좋은 감람나무에 접붙임을 받았으니 원 가지인 이 사람들이야 얼마나 더 자기 감람나무에 접붙이심을 받으랴. _롬 11:13-24

느끼는 필요 VS 실제적 필요

복음만이 진정으로 채워 줄 수 있는 세 가지 필요가 있습니다. 그런데 문제는 이것을 정말 필요로 하는 사람들이 21세기의 세상에 과연 얼마나 있을까 하는 점입니다. 복음을 그저 마음에 만족을 주는 정도의 도구로 전락시키려는 것은 정말 어리석은 일입니다.

복음에서 터질 듯 기뻐해야 할 단어는 바로 '구원'입니다. 우리는 바로 오늘 본문이 시작하는 부분에서 그 단어와 마주칩니다. 13-14절입니다. "내가 이방인인 너희에게 말하노라. 내가 이방인의 사도인 만큼 내 직분을 영광스럽게 여기노니. 이는 혹 내 골육을 아무쪼록 시기하게 하여 그들 중에서 얼마를 '구원'하려 함이라." 바울의 목표는 자신의 사역을 통해 사람들이 '구원받는' 것입니다.

이것이 크리스마스의 핵심입니다. "천사가 이르되, 무서워하지 말라. 보라 내가 온 백성에게 미칠 큰 기쁨의 좋은 소식을 너희에게 전하노라. 오늘 다윗의 동네에 너희를 위하여 '구주'(Savior)가 나셨으니 곧 그리스도 주시니라"(눅 2:10). 크리스마스는 사람들을 구원하기 위한 방법으로 하나님이 행하신 일입니다. "아들을 낳으리니 이름을 예수라 하라. 이는 그가 자기 백성을 그들의 죄에서 '구원'할 자이심이라 하니라"(마 1:21). '구원'이라는 말은 복음에서 가장 크게 기뻐해야 하는 단어입니다.

21세기를 살아가는 우리가 느끼는 마음의 필요가 정말 '구원받는' 것입니까? 상황에 따라 다르겠지요? 즉, 무엇에서 혹은 무엇을 위해 구원받느냐에 달렸겠지요. 하지만 제가 보기에, 복음이 채워 주는 세 가지 주된 필요에 대해서는 너무나 많은 사람들이 그것을 느끼지 못하게 된 것 같습니다.

로마서 5장 9-11절을 보면 복음이 채워 주는 두 가지가 먼저 나옵니다.

"그러면 이제 우리가 그의 피로 말미암아 의롭다 하심을 받았으니 더욱 그로 말미암아 '진노하심'에서 구원을 받을 것이니[첫 번째 필요입니다. 우리는 하나님의 진노하심에서 구원받습니다] 곧 우리가 원수 되었을 때에 그의 아들의 죽으심으로 말미암아 하나님과 화목하게 되었은즉 화목하게 된 자로서는 더욱 그의 살아나심으로 말미암아 구원을 받을 것이니라. 그뿐 아니라 이제 우리로 화목하게 하신 우리 주 예수 그리스도로 말미암아 하나님 안에서 '또한 즐거워하느니라' [두 번째 필요입니다. 우리는 하나님이 모든 것을 만족시키는 기쁨이 되시는 방식으로 그분과 화목을 이룹니다]."

복음이 채워 주는 세 번째 필요는 '죄에서 자유케 되는 것'입니다. 단지 하나님의 진노의 형벌뿐 아니라 죄의 권세에서 자유로워지는 것을 말합니다. 다시 마태복음 1장 21절입니다. "이름을 예수라 하라. 이는 그가 자기 백성을 '그들의 죄에서 구원할' 자이심이라."

따라서 세 가지 필요는 이것입니다. 복음이란 예수님의 죽음과 부활을 통해 우리가 1) 죄라는 끔찍한 세력에서 구원을 받을 수 있고, 2) 하나님의 진노에서 구원을 받으며, 3) 하나님이라는 최고의 기쁨을 위해 구원받게 하는 좋은 소식입니다. 여기서 그 어떤 단어도 가난에서, 질병에서, 인간의 거절에서, 테러에서, 자녀들이 유괴나 위해(危害)에서 구원을 받는다는 말은 없습니다. 그러므로 바울이 14절에서 목표하는 바는 "… 혹 내 골육을 아무쪼록 시기하게 하여 그들 중에서 얼마를 '구원하려' 함이라"입니다. 하나님의 진노에서 구해 내고 죄의 자리에서 건져 내어 하나님을 기뻐하는 사람이 되게 하는 일입니다.

로마서 11장의 관심사: 이스라엘의 구원

로마서 11장에서 바울은 이스라엘의 구원에 대해 어떤 부담을 안고 있습니다. 14절에서 말하듯 "그들 중에서 얼마"뿐 아니라 결국 민족 전체가 구원받기를 원하고 있습니다. "… 이방인의 충만한 수가 들어오기까지 이스라엘의 더러는 우둔하게 된 것이라. 그리하여 '온 이스라엘이 구원을 받으리라'"(롬 11:25-26). "구원을 받으리라." 온 이스라엘이 구원받을 것이라는 점. 그것이 로마서 11장이 지닌 부담입니다.

1절은 질문으로 시작됩니다. "하나님이 자기 백성을 버리셨느냐?" 그에 대한 답은 '아니다'입니다. 그리고 11장의 남은 부분은 이에 대한 설명과 변론입니다. 이것이 중요한 이유는 이스라엘에 대한 하나님의 신실하심이 곧 우리에 대한 하나님의 신실하심이 되기 때문입니다. 하나님이 이스라엘에 대한 약속을 지키지 않으신다면, 우리에 대한 약속을 지키신다는 것도 확신하기 어려울 것입니다. 사실상 그 연관성은 훨씬 긴밀합니다. 11장에서 드러난 사실은 우리가 이스라엘의 일부라는 사실입니다.

따라서 본 장의 요지는 이스라엘의 구원입니다(그리고 이로 말미암은 우리의 구원입니다). 오늘 본문에서 제가 보고 싶은 구절은 15, 16절, 특히 18절입니다. 바울의 부담은 과거에 이스라엘이 선택을 받았다면 미래에도 구원을 받는다는 점을 논증하는 일입니다. 여기에서는 바울의 생각의 흐름을 따라가기로 하겠습니다. 앞으로 우리는 이와 관련된 두 가지 관점을 검토하면서 이 둘 사이의 균형점을 모색해 볼 텐데, 첫째, 하나님이 교회하고만 구원 사역을 벌이시는 반면 이스라엘과는 완전히 끊어졌다는 생각과, 둘째는 하나님은 이스라엘과 교회를 향해 완전히 분리된 다른 계획을 갖고 계시다는 생각 사이에서 놀라운 균형점을 찾아가게 될 것입니다(제 생각엔 두 가지 관점 모두 잘못되었습니다).

15절입니다. "그들[이스라엘]을 버리는 것이 세상의 화목이 되거든 그 받아들이는 것이 죽은 자 가운데서 살아나는 것이 아니면 무엇이리요?" 여기서 바울이 말하는 바는 지금은 이스라엘을 "버리는 일", 즉 이스라엘의 우둔함(7절)과 실족(stumbling, 11절)과 넘어짐(trespass, 11절)이 있겠지만, 언젠가는 그들을 "받아들이는 것"이 있으리라는 점입니다.

처음 익은 곡식과 뿌리가 거룩하다면 덩어리 전체와 가지도 거룩하다

이러한 확신의 근거는 무엇입니까? 제가 볼 때 바울은 16절에서 이에 대한 근거를 제시합니다. "제사하는 처음 익은 곡식 가루가 거룩한즉 떡덩이도 그러하고 뿌리가 거룩한즉 가지도 그러하니라." 이것은 단지 그림이고 비유라는 사실에 유의하시기 바랍니다. 비유를 너무 세부적으로 파고 들면 그것이 전하고자 하는 핵심을 놓칩니다. 예를 들어, 이 두 개의 비유에서 너무 과하게 나가면, 이스라엘의 일부가 주님께 거룩하므로 지금까지 살았던 모든 이스라엘 사람 개개인도 구원을 받는다고 말할 수도 있게 됩니다. 이는 바울이 말한 수

많은 내용과 모순됩니다. 또한 바울이 "가지도 거룩하다"고 말한 것은 가지 중에는 꺾어 버려야 할 시든 가지(믿지 않는 이스라엘)가 없다는 의미도 된다고 우길 수도 있습니다.

하지만 좀 더 일반적으로 이 비유를 살펴본다면, 바울이 문맥상 이 두 개의 비유로 어떤 요지를 말하려는지 알 수 있습니다. 바울의 말은 이런 뜻입니다. "이스라엘의 역사가 시작될 때 하나님께서 하나님 자신을 위해 아브라함과 이삭과 야곱을 선택해서 구별하셨다. 그들은 '처음 익은 곡식 가루'이자 '뿌리'이다."

"처음 익은 곡식 가루가 거룩한즉…." "뿌리가 거룩한즉…." 여기서 거룩이란 하나님께 헌신되고 세상에서 구별되었으며 하나님의 특별한 소유로 바쳐졌다는 의미입니다. 따라서 하나님은 이들 족장들을 택해서 그분의 특별한 소유로 삼으셨고, 신실하게 언약을 지키고 순종하는 그들을 하나님께 헌신하는 자들로 삼으셨습니다. 그분은 그들의 하나님이셨고, 그들은 하나님의 백성이었습니다.

이후에 바울은 처음 익은 곡식 가루가 거룩하며 뿌리도 거룩하니 떡덩이 전체가 거룩하고 가지도 거룩하다고 말합니다. 문맥에서 볼 때 이 말의 가장 자연스런 의미는 이것입니다. 바울은 온 이스라엘이 언젠가 구원을 받으리라는 확신이 있었는데, 그 확신은 이스라엘 역사 초기에 하나님이 이스라엘을 선택하고 헌신적 언약을 맺으셨다는 사실에서 알 수 있다는 것입니다. 달리 말하면, 이스라엘의 거룩함(이스라엘이 처음에 택함을 받아 구별된 것)은 결국 백성 전체가 거룩하게 될 것, 즉 그리스도를 믿고 하나님의 진정한 백성으로 구원받은 자로서 하나님께 속하게 될 것임을 의미합니다.

로마서 11장 28절은 이 해석이 맞다는 강력한 확증을 줍니다. "복음으로 하면 그들이 너희로 말미암아 원수 된 자요…" 11절에서 본 다음 구절과 똑같은 의미입니다. "그들이 넘어짐으로 구원이 이방인에게 이르러." 그들이 복음을 거부하면 복음이 온 세계 열방으로 힘있게 전파될 것입니다. 하지만 28절은 이렇게 말합니다. "택하심으로 하면 조상들로 말미암아 사랑을 입은 자라."

이제 이것은 제가 16절에서 말하는 바와 동일한 의미입니다. "뿌리가 거룩한즉 가지도 그러하니라." 하나님이 아브라함과 이삭과 야곱이라는 조상을 선택하셨고 하나님을 위해 이들을 영원한 언약의 약속으로 구별하셨다면, 현재의 증오와 우둔함과 실족이 본래의 의도를 무효화하지 않습니다. 하나님께는 온 이스라엘을 위한 미래가 있습니다. 언젠가 덩어리 전체가 거룩해지고, 언젠가 유대인의 가지인 세대 전체가 거룩한 나무에 속하게 될 것입니다.

바울은 그 사실을 어떻게 알았을까?

이런 질문을 하는 분도 있을 것입니다. "바울은 그 사실을 어떻게 알고 있었나요? 아브라함과 이삭과 야곱과 맺은 본래의 언약은 그리스도가 이스라엘과 열방으로부터 남은 자를 모으시는 것으로 완전히 성취되는 것이 아닌가요? 왜 바울은 하나님과 조상들이 맺은 원래의 언약을 언젠가 온 이스라엘이 그리스도의 지체가 될 것이라는 의미로 생각합니까?"

여기 한 가지 가능성 있는 답이 있습니다. 아브라함과의 언약이 재차 확인되고 장래에 백성 전체에게 적용될 것이라는 말씀이 구약

선지서 곳곳에 있습니다. 몇 가지 예를 보겠습니다.

예레미야 선지자는 바벨론에 포로로 끌려간 이스라엘 백성에게 장차 일어날 일에 대해 약속합니다. 그리고 그가 약속한 미래는 그들이 불완전하고 죄악으로 비틀거리는 모습으로 예루살렘으로 다시 돌아가는 여정에서 경험하게 될 것과는 차원이 다릅니다. 예를 들면, 예레미야 24장 5-7절입니다.

"이스라엘의 하나님 여호와께서 이와 같이 말씀하시니라. 내가 이곳에서 옮겨 갈대아인의 땅에 이르게 한 유다 포로를 이 좋은 무화과 같이 잘 돌볼 것이라. 내가 그들을 돌아보아 좋게 하여 다시 이 땅으로 인도하여 세우고 헐지 아니하며 심고 뽑지 아니하겠고, 내가 여호와인 줄 아는 마음을 그들에게 주어서 그들이 전심으로 내게 돌아오게 하리니 그들은 내 백성이 되겠고 나는 그들의 하나님이 되리라."

아직은 일어나지 않은 일이고, 제 생각엔 하나님이 단계적으로 일어날 일을 보여 주신 것 같습니다. 이는 예언적 관점으로 본 모습입니다. 산들이 줄지어 늘어선 산맥을 산 하나로 볼 때가 있듯이 미래를 종종 하나의 장면으로 보기도 합니다. 예레미야서 31장은 어느 누구도 경험해 보지 못한, 장차 이스라엘이 누릴 소망으로 충만합니다.

2-3절입니다. "여호와께서 이같이 말씀하시니라. 칼에서 벗어난 백성이 광야에서 은혜를 입었나니, 곧 내가 이스라엘로 안식을 얻게 하러 갈 때에라. 옛적에 여호와께서 나에게 나타나사 내가 영원한 사랑으로 너를 사랑하기에 인자함으로 너를 이끌었다 하였노라."

10-11절, 20절입니다. "이방들이여 너희는 여호와의 말씀을 듣고 먼 섬에 전파하여 이르기를 이스라엘을 흩으신 자가 그를 모으시고 목자가 그 양 떼에게 행함 같이 그를 지키시리로다. 여호와께서 야곱을 구원하시되 그들보다 강한 자의 손에서 속량하셨으니 … 에브라임은 나의 사랑하는 아들 기뻐하는 자식이 아니냐? 내가 그를 책망하여 말할 때마다 깊이 생각하노라."

이제 이스라엘 이외에 예수님이 피로 값 주고(눅 22:20) 산 모든 백성(유대인과 이방인도)까지 아우르는 신약의 친숙한 말씀으로 넘어갑니다. 그런데 이 말씀은 모든 이스라엘보다 적은 수를 가리키는 것일까요? 여기, 이스라엘을 전체로 언급하는 친숙한 말씀이 있습니다.

31-34절입니다. "여호와의 말씀이니라. 보라 날이 이르리니 내가 이스라엘 집과 유다 집에 새 언약을 맺으리라. … 내가 나의 법을 그들의 속에 두며 그들의 마음에 기록하여, 나는 그들의 하나님이 되고 그들은 내 백성이 될 것이라. … 내가 그들의 악행을 사하고 다시는 그 죄를 기억하지 아니하리라."

그리고 동일한 백성을 언급하는 다음의 말씀을 들어보시기 바랍니다. 35-37절입니다. "여호와께서 이와 같이 말씀하셨느니라. 그는 해를 낮의 빛으로 주셨고 달과 별들을 밤의 빛으로 정하였고 바다를 뒤흔들어 그 파도로 소리치게 하나니 그의 이름은 만군의 여호와니라. 이 법도가 내 앞에서 폐할진대 이스라엘 자손도 내 앞에서 끊어져 영원히 나라가 되지 못하리라. 여호와의 말씀이니라. 여호와께서 이와 같이 말씀하시니라. 위에 있는 하늘을 측량할 수 있으며 밑에 있는 땅의 기초를 탐지할 수 있다면 내가 이스라엘 자손이 행한 모든 일로 말미암아 그들을 다 버리리라. 여호와의 말씀이니라."

달리 말하면, 이스라엘이 행한 일 때문에 관계를 끊는 일은 하지 않으시겠다는 말입니다. 에스겔 선지자는 하나님이 아브라함과 맺으신 본래의 언약과 포로 생활 이후에 백성들과 맺으신 영원한 헌신을 연결시킵니다. 예를 들면 에스겔서 16장 60절에서 하나님은 이렇게 말씀하십니다. "그러나 내가 너의 어렸을 때에 너와 세운 언약[뿌리는 거룩했습니다!]을 기억하고 너와 영원한 언약을 세우리라[모든 가지가 언젠가는 거룩하게 될 것입니다]." 에스겔서 37장 26절입니다. "내가 그들과 화평의 언약을 세워서 영원한 언약이 되게 하고 또 그들을 견고하고 번성하게 하며 내 성소를 그 가운데에 세워서 영원히 이르게 하리니."

제 생각에는 바울이 이 약속의 말씀과 그 외의 많은 약속을 읽고 성령의 감동을 받아서 이스라엘 민족 전체를 위한 하나님의 목적이 아직은 성취되지 않았음을 깨달은 것 같습니다. 하나님의 백성으로 택함받은 것에는 단지 유대인의 몇몇 남은 자들만 구원받는 것이 아니라 장차 미래에는 민족 전체가 구원을 받게 되리라는 암시가 있었습니다. 첫 열매가 거룩하다면 덩어리 전체가 거룩하게 될 것이고, 뿌리가 거룩하다면 가지 전체가 거룩하게 될 것입니다.

이 말이 의미하는 것과 의미하지 않는 것

이 말이 의미하는 것과 그렇지 않은 것을 분명하게 정리하면서 설교를 마무리하겠습니다.

이는 이스라엘이 이방인과는 다른 방법으로 구원받을 것을 의미하지 않습니다. 그들도 예수 그리스도에 대한 믿음만으로 구원을 받을 것입니다. 또한 어느 유대인이든 자신이 유대 민족이라는 점을 자랑하거나, 혈통 덕분에 구원받는 데 있어 다른 사람보다 유리하다고 주장할 수도 없습니다. 20절을 보면 충분히 이해할 수 있습니다. "그들은 믿지 아니하므로 꺾이고 너는 믿으므로 섰느니라."

이렇게 묻는 사람도 있습니다. "하나님은 왜 이스라엘을 우둔하게 하는 방법으로 이방인을 구원하기로 결정하셨습니까? 왜 11절은 '그들이 넘어짐으로 구원이 이방인에게 이르러'라고 말하는 겁니까?"

여기에 한 가지 답이 있습니다. 하나님은 모든 열방과 이스라엘에게, 유대인 혈통을 따른다고 해서 그 사실이 하나님 앞에서 자랑이 될 수 없다는 사실을 가르치고 싶으셨습니다. 하나님은 이스라엘을 우둔하게 하고 넘어지게 함으로써 그 사실을 명백히 보여 주셨습니다.

이방인은 이를 통해 구원은 오직 믿음을 통해 은혜로 얻는 것이며, 민족이나 문화적, 종교적 배경에 좌우되지 않음을 배워야 합니다. 하나님은 우쭐대는 유대인의 가지를 꺾어 버리실 수 있고, 또한 우쭐대는 이방인의 가지도 그렇게 하실 수 있습니다. 우리는 행위나 유대인 혹은 이방인이라는 민족적 연결점이 아니라, 오직 믿음으로 말미암아 은혜로 든든히 섭니다.

이 모든 것은 첫째, 하나님이 온 이스라엘을 구원하실 수 있다는 것과 장차 구원하실 것을 보여 주기 위해 하나님이 계획하신 일입니다. 자신이 이스라엘 사람이니 당연히 구원받아야 한다고 주장하는 유대인을 하나님이 구원하셔야 할 의무는 없습니다. 둘째로는, 이스라엘이 아닌 이방인이라도 그리스도를 믿고 부러진 이스라엘의 가지들을 보며 교만하지 않는다면 하나님이 능히 구원하시고 장차 구원하실 것을 보여 주십니다.

달리 말해, 처음부터 끝까지 모든 구속 역사는 유대인임을 자랑하거나, 유대인보다 우월하다고 자랑하거나, 이방 민족임을 자랑하거나, 이방 민족보다 우월하다고 자랑하는 인간적 교만을 멈추게 하시려는 하나님의 계획입니다. 자유롭고 주권적인 은혜가 자랑을 멈추게 하고 마음을 겸손케 하고 감사와 경배로 이끕니다. "이는 만물이 주에게서 나오고 주로 말미암고 주에게로 돌아감이라. 그에게 영광이 세세에 있을지어다. 아멘"(롬 11:36).

29장

오직 믿음을 통해 뿌리가 너희를 보전한다

로마서 11:11-24

그러므로 내가 말하노니 그들이 넘어지기까지 실족하였느냐 그럴 수 없느니라. 그들이 넘어짐으로 구원이 이방인에게 이르러 이스라엘로 시기나게 함이니라. 그들의 넘어짐이 세상의 풍성함이 되며 그들의 실패가 이방인의 풍성함이 되거든 하물며 그들의 충만함이리요. 내가 이방인인 너희에게 말하노라. 내가 이방인의 사도인 만큼 내 직분을 영광스럽게 여기노니 이는 혹 내 골육을 아무쪼록 시기하게 하여 그들 중에서 얼마를 구원하려 함이라. 그들을 버리는 것이 세상의 화목이 되거든 그 받아들이는 것이 죽은 자 가운데서 살아나는 것이 아니면 무엇이리요. 제사하는 처음 익은 곡식 가루가 거룩한즉 떡덩이도 그러하고 뿌리가 거룩한즉 가지도 그러하니라. 또한 가지 얼마가 꺾이었는데 돌감람나무인 네가 그들 중에 접붙임이 되어 참감람나무 뿌리의 진액을 함께 받는 자가 되었은즉 그 가지들을 향하여 자랑하지 말라. 자랑할지라도 네가 뿌리를 보전하는 것이 아니요 뿌리가 너를 보전하는 것이니라. 그러면 네 말이 가지들이 꺾인 것은 나로 접붙임을 받게 하려 함이라 하리니 옳도다. 그들은 믿지 아니하므로 꺾이고 너는 믿으므로 섰느니라. 높은 마음을 품지 말고 도리어 두려워하라. 하나님이 원 가지들도 아끼지 아니하셨은즉 너도 아끼지 아니하시리라. 그러므로 하나님의 인자하심과 준엄하심을 보라. 넘어지는 자들에게는 준엄하심이 있으니 너희가 만일 하나님의 인자하심에 머물러 있으면 그 인자가 너희에게 있으리라. 그렇지 않으면 너도 찍히는 바 되리라. 그들도 믿지 아니하는 데 머무르지 아니하면 접붙임을 받으리니 이는 그들을 접붙이실 능력이 하나님께 있음이라. 네가 원 돌감람나무에서 찍힘을 받고 본성을 거슬러 좋은 감람나무에 접붙임을 받았으니 원 가지인 이 사람들이야 얼마나 더 자기 감람나무에 접붙이심을 받으랴. _롬 11:11-24

어떤 사람은 단순한 우연의 일치라는 말을 합니다. 하지만 하나님을 믿는 저로서는 우연의 일치라는 걸 믿지 않습니다. 그래서 저는 유대인과 그리스도인의 관계를 명확히 다루는 오늘 본문이야말로 하나님이 놀라운 섭리로 오늘 우리에게 주고자 하시는 말씀이라고 주장하고 싶습니다.

오늘 말씀에서는 로마서 11장과 함께 논란의 소용돌이에 휩싸인 멜 깁슨의 영화 〈패션 오브 크라이스트〉, 그리고 땅 덩어리의 크기에 비해 전 세계에 미치는 파급력이 엄청난 이스라엘과 팔레스타인 간의 비극적 분쟁에 대해서도 생각해 보겠습니다. 하나님은 오늘 이 특별한 시간에 로마서 11장과 더불어 유대인과 그리스도인의 관계를 생각해 보도록 섭리하셨습니다. 바라기는 왜 이런 문제를 우리에게 던져 주시는지 각자의 상황에서 헤아리면서 하나님을 구하시기 바랍니다. 하나님이 우리에게 보고 생각하고 느끼고 말하고 행동하기 바라시는 것은 무엇일까요?

로마서 11장 16절

지난 시간에는 16절에 중점을 두었습니다. "제사하는 처음 익은 곡식 가루가 거룩한즉 떡덩이도 그러하고 뿌리가 거룩한즉 가지도 그러하니라." 우리는 이 구절에 대해, 장래에 이스라엘은 어떻게 구원받을 것인지에 관해 바울이 서술하는 방식이라고 주장했습니다. "뿌리가 거룩한즉 가지가 그러하니라"고 말할 때의 의미는 아브라함과 이삭과 야곱(뿌리)이 특별한 언약 관계 속에서 택하심을 받아 하나님께 구별되었다면, 그 가지들, 즉 온 이스라엘이 장차 그렇게 되리라는 것입니다.

16절을 그런 식으로 해석한 이유는 28절에 16절과 유사한 구절이 있기 때문입니다. "복음으로 하면 그들이 너희로 말미암아 원수된 자요, 택하심으로 하면 조상들로 말미암아 사랑을 입은 자라." 다시 말해, 조상들(뿌리)이 선택되었으니 민족 전체인 가지들도 25절에 언급된 한시적 우둔함이 벗겨지는 날에 그리스도께로 돌아오게 될 것입니다.

로마서 11장 17-20절

오늘은 로마서 11장 17-20절에 중점을 두겠습니다. 바울은 여기서 현실과 아주 동떨어진 듯한 이야기를 합니다. 그래도 바울에게는 그 문제를 언급할 필요가 있는 것 같습니다. 그는 16절에서 '가지들'이 거룩하다고 말했습니다. 즉, 하나님이 자신을 위해 모든 이스라엘을 취하실 것입니다. 모든 이스라엘이 하나님께 속해 있습니다. 그들은 언약 백성으로서 하나님께 거룩하고 구별되어 있습니다. 하지만 현실적으로 그들 다수는 믿지 않아 그리스도에게서 끊어졌습니다. 그들은 멸망해 가고 있습니다. 바울은 로마서 9장 3절과 27절에서 그 점을 명확히 말했습니다. 그래서 바울은 그 부분을 다루고 의미를 설명해야 합니다.

바울은 가지들이 거룩하다고 말한 이후에 즉시 17절에서 일부 가지는 꺾였다고 이야기합니다. "또한 가지 얼마가 꺾이었는데 …." 이것이 현실입니다. 바울 시대와 우리 시대의 비극입니다. 26절에서 바울은 온 이스라엘(모든 개인이 아니고, 민족으로서의 이스라엘)이 장차 구원을 받을 것이라고 말하지만, 지금 그들은 꺾인 가지와도 같습니다. 즉, 유대인 개개인은 그리스도를 믿지 않으며 구원을 받을 수 있도록 언약에 결합되어 있지도 않습니다. 로마서 9장 6절에서 말했듯, "이스라엘에게서 난 그들이 다 이스라엘이" 아닙니다. 또한 로마서 9장 8절에서 말하듯, "곧 육신의 자녀가 하나님의 자녀"인 것은 아닙니다. 자연적으로, 혹은 접붙임된 감람나무 가지가 된다고 해서 그 사실이 우리가 나무의 건강한 뿌리의 일부가 될 것임을 보증하지는 않습니다.

따라서 지금 상황은 이러합니다. 메시아이신 예수님이 오셨습니다. 이스라엘에게 하나님의 나라를 가르치셨습니다. 그리고 조상들과 맺은 약속을 확정하고 완성하셨습니다(롬 15:8). 이제부터 나무의 일부(진정한 이스라엘)가 되는 것과 믿음으로 그리스도께 연합하는 것은 동일한 일입니다. "아들이 있는 자에게는 생명이 있고 하나님의 아들이 없는 자에게는 생명이 없느니라"(요일 5:12). 이것이 예수님이 유대인들에게 하신 말씀입니다. '나를 가진 자는 생명이 있다.' 그리고 말씀하셨습니다. "누구든지 사람 앞에서 나를 시인하면 나도 하늘에 계신 내 아버지 앞에서 그를 시인할 것이요. 누구든지 사람 앞에서 나를 부인하면 나도 하늘에 계신 내 아버지 앞에서 그를 부인하리라"(마 10:32-33). 예수님은 당시 유대인들을 위해 자신을 드려 구원의 길을 만드셨습니다. 그분은 이스라엘에게 구원과 생명을 주는 뿌리와 연결되는 길이었습니다. 그분은 아브라함의 '씨'였고(갈 3:16) 아브라함과 맺은 언약과 그들을 연결하시는 구원의 방편이었습니다. 하지만 현실은 이렇습니다. "자기 땅에 오매 자기 백성이 영접하지 아니하였으나"(요 1:11).

그리하여 그들은 꺾였습니다. 구원받지 못했습니다. 표면적으로는 언약과 연결되어 있으나 이면적으로는 그렇지 않았습니다. 그들은 민족상 유대인이지만, 영적으로는 진정한 유대인이 아닙니다. 바울이 로마서 2장 28-29절에서 한 말을 보십시오. "무릇 표면적 유대인이 유대인이 아니요 표면적 육신의 할례가 할례가 아니니라. 오직 이면적 유대인이 유대인이며 할례는 마음에 할지니 영에 있고 율법 조문에 있지 아니한 것이라. 그 칭찬이 사람에게서가 아니요 다만 하나님에게서니라." 그래서 바울은 로마서 11장 17절에서 "가지 얼마가 꺾이었는데"라고 말합니다. 그때나 지금이나 가슴 아픈 현실입니다.

하지만 그것이 전부는 아닙니다. 전체적인 그림을 이해하려면 유대인의 가지가 꺾임으로 인해 결과적으로 이방인의 가지가 접붙여졌다는 사실을 기억해야 합니다. 이것은 로마서 11장에 계시된 위대한 신비입니다. 이방인이 진정한 이스라엘의 일부가 됩니다. 돌감람나무 가지가 자연산 참감람나무에 접붙여집니다. 그 예가 11절에 나옵니다. "그들[유대인]이 넘어짐으로 구원이 이방인에게 이르러." 즉, 유대인이 꺾여 나가고 이방인이 접붙여진 것입니다. 12절입니다. "그들의 넘어짐이 세상의 풍성함이 되며 그들의 실패가 이방인의 풍성함이 되거든." 즉, 유대인이 꺾였기 때문에 이방인이 접붙여질 수 있었습니다. 15절입니다. "그들[유대인]을 버리는 것이 세상의 화목이 되거든." 즉, 유대인이 꺾였고 그 결과로 이방인이 접붙여집니다.

이것이 바울의 세대와 우리 세대를 보는 큰 그림입니다. 그저 이스라엘 일부가 꺾였다는 말이 아닙니다. 더 큰 그림은 이것이 이방인을 접붙이게 하시려는 하나님의 계획이라는 것입니다. 따라서 이방인 신자들이 이 사실을 기뻐하면서 19절의 말씀처럼 말하더라도, 바울은 그 말을 정정하지 않을 것입니다. "그러면 네 말이 가지들이 꺾인 것은 나로 접붙임을 받게 하려 함이라 하리니." 바울이 그렇게 가르쳐 주었기 때문에 이방인들이 그 말을 하는 것입니다(11, 12, 15절). 따라서 바울은 20절에서 이렇게 대답합니다. "옳도다." 그렇습니다. 그들이 꺾였기 때문에 우리가 접붙여지는 것입니다.

우리 앞에 있는 큰 그림을 살펴보았습니다. 여기에는 이방인이 얻는 영광도 있지만 위험도 있습니다.

이방인에게 영광이 되다

분명 영광이 있습니다. 17절 마지막 부분에 나옵니다. "또한 가지 얼마가 꺾이었는데 돌감람나무인 네가 그들 중에 접붙임이 되어 참감람나무 뿌리의 진액을 함께 받는 자가 되었은즉." 사실상 이방인은 "참감람나무 뿌리의 진액"을 함께 나누고 있습니다. 이 말은 이제 이방인도 이스라엘에게 주신 약속을 기업으로 받는다는 말입니다. 참감람나무의 풍성한 진액은 아브라함과 맺은 언약에서 흘러나오는 축복입니다. 이방인은 이제 아브라함의 자손입니다. 우리도 그리스도인이라면 아브라함의 상속자입니다.

어떻게 이런 일이 일어나는 것일까요? 20절에서 설명합니다. "옳도다. 그들은 믿지 아니하므로 꺾이고 너는 믿으므로 섰느니라." 우리는 믿음으로 나무와 연합합니다. 갈라디아서 3장 7절은 아주 단순하게 설명합니다. "그런즉 믿음으로 말미암은 자들은 아브라함의 자손인 줄 알지어다."

그리스도에 대한 믿음은 아브라함과 맺은 약속과의 연결점이 됩니다. 믿음은 우리를 참감람나무 뿌리의 진액, 즉 하나님의 약속과 연합시킵니다. 로마서 11장에서 바울은 그가 로마서 4장 16-17절에서 우리에게 가르친 내용을 다시 가져옵니다. 이렇게 말합니다. "약속을 그 모든 후손에게 굳게 하려 하심이라. 율법에 속한 자에게뿐만 아니라 아브라함의 믿음에 속한 자에게도 그러하니 … 기록된 바, 내가 너를 많은 민족의 조상으로 세웠다 하심과 같으니." 따라서 아브라함은 그리스도를 믿는 모든 사람의 조상입니다. 이제 진정한 하나님의 이스라엘이 된 유대인과 이방인 모두는 "아브라함이나 그 후손에게 세상의 상속자가 되는"(롬 4:13) 기업을 누립니다.

그리스도 예수 안에서 모든 약속은 이제 우리의 것입니다. 그것이 이방인에게 주는 영광입니다. 그들은 한때 하나님의 백성이 아니었습니다(롬 9:26, 엡 2:12-13 참조). 이제는 하나님의 백성입니다. 그리스도를 믿는 모든 유대인과 더불어 그들은 참된 이스라엘이며, 구원의 모든 약속을 유업으로 받는 상속자입니다.

이방인에게 위험할 수도 있는 진리

이 상황이 이방인에게 위험이 된다고도 말씀드렸습니다. 어떤 위험일까요? 바울의 마음속에는 이 부분이 크게 자리하고 있습니다. 이 구절에서 바울은 이방인의 가지가 접붙여지기 위해 유대인의 가지가 꺾이었다는 사실에서 나올 수 있는 반유대주의나 교만, 자만, 조소의 싹을 잘라 내려고 합니다. 바울은 이방인의 마음(우리의 마음)에 있는 교만이 터지기 일보 직전임을 느끼고 있습니다.

바울은 이방인 그리스도인의 교만, 즉 우리의 교만에 대해 오늘 본문에서 두 번, 그리고 25절에서 한 번 더 경고하고 있습니다. 17-18절입니다. "또한 가지 얼마가 꺾이었는데 돌감람나무인 네가 그들 중에 접붙임이 되어 참감람나무 뿌리의 진액을 함께 받는 자가 되었은즉, '그 가지들을 향하여 자랑하지 말라.' 자랑할지라도 네가 뿌리를 보전하는 것이 아니요 뿌리가 너를 보전하는 것이니라." 그런 뒤에 20절 후반부에서 다시 말합니다. "높은 마음을 품지 말고 도리어 두려워하라." 그리고 25절에서 다시 말합니다. "형제들아 너희가 스스로 지혜 있다 하면서…."

바울에게는 지극히 중대한 일입니다. 가장 위대한 진리는 가장 위험한 것일 수도 있습니다. "가지들이 꺾인 것은 나로 접붙임을 받게 하려 함이라"(19절)는 위대한 진리였습니다. 하지만 신령하지 않고 교만한 마음은 하나님을 높이는 진리를 자기를 높이는 것으로 변질시킬 수 있습니다. 바울은 이러한 싹을 제거하려고 합니다.

그리스도인 이방인들이 자랑하지 말아야 할 세 가지 이유

바울은 그리스도인 이방인들이 감히 이스라엘을 향해 자랑하지 말아야 하는 이유를 제시합니다. 교만과 자랑과 조소와 반유대주의가 얼마나 진리에 반하는지에 대한 세 가지 이유입니다.

1. 우리의 영생은 다른 것이 아닌 유대인의 뿌리에 달려 있다.

2. 믿음은 우리를 생명의 나무에 연결시키며, 그 특징과 기원상 스스로 자랑할 수 없다.

3. 교만과 자랑과 반유대주의로 빠져들면 하나님이 우리를 영원히 끊어 내실 것이다.

오늘은 이중 한 가지만 다루고, 나머지 두 가지는 다음 주에 보겠습니다. 마지막 이유는 영생의 안정성에 관한 매우 심각한 질문을 야기합니다. 우리가 구원의 나무에 접붙여지고 참감람나무 뿌리의 진액에 연결되었다면 어떻게 잘려나갈 수 있을까요? 하나님이 우리를 넘어지지 않게 지킨다고(keep us from falling) 약속하지 않으셨습니까? 그 부분은 다음 주에 말씀드리겠습니다.

오늘은 시간상 바울이 제시한 이유 중 한 가지만 볼 수 있습니다. 18절입니다. "그 가지들을 향하여 자랑하지 말라. 자랑할지라도 네가 뿌리를 보전하는 것이 아니요 뿌리가 너를 보전하는 것이니라." 오늘날 실제로 반유대주의가 있습니다. 세계 곳곳에 있는 유대인들이 상처를 받고 있습니다. 그들은 무엇을 해도 욕을 먹고, 하지 않아도 욕을 먹는 듯 느낍니다. 그들의 힘이 약하면 미움을 받고, 강해도 미움을 받습니다. 이것이 역사가 그들을 대해 온 모습입니다.

저는 성경 말씀과 그리스도의 영을 힘입어 권위를 갖고 이렇게 강조하겠습니다. 그 일에 동참하지 마십시오. 바울은 그러한 조짐(혹은 로마에 만연한 반유대주의를 들었거나)을 느꼈고 이를 경고했습니다.

우리도 그렇게 해야 합니다. 특히나 자기 안에서 그런 모습을 발견했다면 말입니다.

왜 그럴까요? 유대인의 뿌리, 즉 유대인 조상, 유대인의 성경, 유대인의 약속, 유대인의 역사, 유대인의 메시아가 우리를 보전하기 때문입니다. 그리스도인이 된다는 것은 아브라함과 그 후손 안에서 자신의 혈통을 찾는다는 의미입니다. 그리스도인이 된다는 것은 유대인의 토라와 글과 예언서를 믿고 사랑한다는 의미입니다. 그리스도인이 된다는 것은 유대인의 언약에 접붙여진다는 의미입니다. 반유대주의는 우리가 자신의 정체성을 모르거나 혹은 우리가 말하는 그런 사람이 아니라는 사실을 증거할 뿐입니다.

마무리 적용

1. 모든 언어적 경멸이나 비꼬는 말, 부정적 암시는 그만 두십시오.

유대인에 대한 농담을 삼가고 "그냥 재미로 그런 거야"라는 말로 얼버무리지 마십시오. '유대인'이란 단어를 "구두쇠 짓 한다"는 의미의 동사로 사용하지 마십시오. 개별성을 무시한 채 고정관념을 가지고 그들에 대해 말하지 마십시오. 입에 재갈을 먹이십시오(약 1:26). 이것이 외부적으로 인종 간 화합을 이루는 첫 시작이며, 반유대주의 종식의 시작입니다.

2. 집단적 고정 관념에 근거해 유대인을 대하지 마십시오.

이것은 얼마 전에 다루었던 편파주의에 대한 것입니다. 각 사람을 개인마다 특별함을 지닌 인격체로 대우하십시오. 그러면 그 사람의 마음으로 들어가는 문을 찾을 것입니다.

3. 우리에게 주신 유대인의 기업을 기뻐하고, 이것이 예수 그리스도 안에서 어떻게 완성되었는지 보여 주십시오.

멜 깁슨의 영화가 2월 25일(2004년)에 개봉되는데 그 첫 번째 장면이 이사야서 53장 5절에 나오는 예언입니다. "그가 찔림은 우리의 허물 때문이요 그가 상함은 우리의 죄악 때문이라." 이 위대한 진리를 기뻐하면서, 예수 그리스도의 상처와 죽음 안에서 이 진리가 완성되었음을 유대인에게 기쁨으로 전하십시오. 우리를 보전해 주는 뿌리 안에서 기뻐하십시오.

4. 마지막으로, "우리를 보전한다"는 말 앞에 겸손하십시오.

우리가 뿌리를 보전하는 것이 아니고, 뿌리가 우리를 보전합니다. 보전이 필요한 사람이라면 자랑하지 않는 편이 낫습니다. 그리고 그리스도인은 자신이 연약하고 길을 잃었고 죄악이 가득하고 무기력하며 참으로 자신의 허물과 죄 속에서 죽은 자라는 깊은 깨달음이 있습니다. 그리스도인은 은혜를 통해 자기 만족이라는 꿈에서 깨어나 주님을 의지한다는 것이 무엇인지 깨달은 사람입니다. 하나님의 은혜에 처절히 의지합니다.

그리스도인들이여, 가지가 된 것을 자랑한다면, 반유대주의에 동조하고 교만하기까지 하다면, 우리는 자신이 누구인지 모르는 것입니다. 혹은 자신이 말하는 그런 사람이 아닌 것입니다.

그러므로 하나님 앞에 겸손히 엎드려 그리스도를 받아들입시다. 그분만이 우리를 하나님의 은혜로 구원의 뿌리에 연결시켜 주십니다. 모든 연약함 가운데 있는 우리를 든든히 보전해 주시는 것을 깨닫고 기뻐합시다.

30장

믿음으로 든든히 서되 교만하지 말고 두려워하라

로마서 11:17-24

또한 가지 얼마가 꺾이었는데 돌감람나무인 네가 그들 중에 접붙임이 되어 참감람나무 뿌리의 진액을 함께 받는 자가 되었은즉 그 가지들을 향하여 자랑하지 말라. 자랑할지라도 네가 뿌리를 보전하는 것이 아니요 뿌리가 너를 보전하는 것이니라. 그러면 네 말이 가지들이 꺾인 것은 나로 접붙임을 받게 하려 함이라 하리니 옳도다. 그들은 믿지 아니하므로 꺾이고 너는 믿으므로 섰느니라. 높은 마음을 품지 말고 도리어 두려워하라. 하나님이 원 가지들도 아끼지 아니하셨은즉 너도 아끼지 아니하시리라. 그러므로 하나님의 인자하심과 준엄하심을 보라. 넘어지는 자들에게는 준엄하심이 있으니 너희가 만일 하나님의 인자하심에 머물러 있으면 그 인자가 너희에게 있으리라. 그렇지 않으면 너도 찍히는 바 되리라. 그들도 믿지 아니하는 데 머무르지 아니하면 접붙임을 받으리니 이는 그들을 접붙이실 능력이 하나님께 있음이라. 네가 원 돌감람나무에서 찍힘을 받고 본성을 거슬러 좋은 감람나무에 접붙임을 받았으니 원 가지인 이 사람들이야 얼마나 더 자기 감람나무에 접붙이심을 받으랴. _롬 11:17-24

지난 시간에는 이방인이 믿지 않는 이스라엘을 보며 교만하지도 자랑하지도 말아야 하는 세 가지 이유를 말씀드렸습니다. 다시 말해 바울은 반유대주의로 인해 이방인들을 자만하게 하는 어떠한 감정이나 태도나 말이나 행동이 일어나는 것을 매우 경계하고 있습니다. 지난주에 그 중 하나를 다루었고 오늘은 한 가지를 더 다루도록 하겠습니다.

이러한 교만을 경계하는 데는 분명한 이유가 있습니다. 자칫하면 교만한 심령들이 바울이 가르친 진리를 취해서 교만의 근거로 삼을 수 있기 때문입니다. 가령 19절에 나오는 말씀이 그렇습니다. "그러면 네 말이 가지들이 꺾인 것은 나로 접붙임을 받게 하려 함이라 하리니 옳도다." 하나님의 신비한 구속 역사의 방식 안에서 이스라엘의 불신앙은 이방인을 구원하는 하나의 방법이 된 것은 맞습니다. 그리고 반대로 이방인의 구원은 장차 유대인들이 구원받는 방법이 될 것입니다.

11장 전체 내용이 정리되어 있는 30-32절을 보겠습니다. "너희[이방인]가 전에는 하나님께 순종하지 아니하더니[하나님이 주로 이스라엘을 다루시는 동안, 이방인들은 자기가 원하는 길로 마음껏 다녔다는 언급입니다] 이스라엘이 순종하지 아니함으로 이제 긍휼을 입었는지라."

이것이 우리가 로마서 11장 19-20절에서 볼 수 있는 내용입니다. 메시아를 거부하고 불순종한 유대인 때문에 이제 이방인들이 긍휼을 얻고 있습니다. 19절에서도 이렇게 말합니다. "그러면 네 말이 가지들이 꺾인 것은[유대인이 그리스도를 거부하고 언약의 축복에서 끊어진 것은] 나[이방인]로 접붙임을 받게 하려 함이라 하리니."

이처럼 30절과 19절은 동일한 내용을 말하고 있습니다.

이스라엘의 불순종이 어떻게 이방인에게 긍휼을 가져오는가?

간단히 복습해 봅시다. 이스라엘의 불신앙와 불순종과 꺾임이 어떻게 이방인에게 긍휼이라는 결과를 가져올까요? 위의 두 본문에 두 가지 답이 있습니다.

첫째, 세례 요한이 예루살렘 외곽에서 유대인 지도자 무리에게 했던 말을 기억해 보십시오. "요한이 많은 바리새인들과 사두개인들이 세례 베푸는 데로 오는 것을 보고 이르되 독사의 자식들아 누가 너희를 가르쳐 임박한 진노를 피하라 하더냐? 그러므로 회개에 합당한 열매를 맺고 속으로 아브라함이 우리 조상이라고 생각하지 말라. 내가 너희에게 이르노니 하나님이 능히 이 돌들로도 아브라함의 자손이 되게 하시리라. 이미 도끼가 나무뿌리에 놓였으니 좋은 열매를 맺지 아니하는 나무마다 찍혀 불에 던져지리라"(마 3:7-10).

달리 말해, 바울은 유대인이 되는 것(아브라함이 조상인 것)이 구원을 보장해 주지 않는다고 말합니다. 반드시 회개하고 회개에 합당한 열매를 맺어야 합니다. 그렇지 않으면 도끼가 뿌리에 놓여 언약의 약속에서 끊어지게 될 것입니다(로마서 11장 17절에 유사한 비유가 있습니다).

요한은 사람들의 마음속에 반감이 일어나는 것을 보고 이렇게 말합니다. "속으로 아브라함이 우리 조상이라고 생각하지 말라." 구원을 받으려면 자신이 육체적으로 아브라함의 자손인 것에 의지하는 것부터 끊으라는 말입니다. 그리고 하나님이 아브라함의 육체적 자손만 백성으로 삼을 거라는 생각도 말라는 말입니다. 다시 말해, 하나님이 그들을 꼭 구원해 주셔야 한다고 생각하지 말라는 경고입니다. 마치 그들을 구원하지 않으면 더 이상 언약 백성도 없으니 하나님이 약속을 성취하실 수 없게 되지 않느냐는 이유로 말입니다. 왜 그렇습니까? 하나님은 "능히 이 돌들로도 아브라함의 자손이 되게" 하실 것이기 때문입니다. 육체적 이스라엘이 도끼에 의해 잘려 나가거나 불신앙 때문에 꺾여 나간다면 하나님을 찬양할 백성이 남아 있지 않을 거라고도 생각하지 마십시오. 하나님은 그 흔한 돌들로도 백성들을 일으키실 것입니다.

하나님이 이방인을 구원하기 위해 하신 일이 바로 이것입니다. 이스라엘이 회개하고 메시아를 믿기 거부하면 돌들이 좋아할 것입니다. 하나님은 이방인을 향해 고개를 돌리셨습니다. 하나님은 열방에게 새로운 언약의 약속을 적용하셨고 그들에게서 돌 같은 마음을 제거하고 살 같이 부드러운 마음을 주셨습니다. 그리고 위대하고 주권적인 은혜의 역사로 열방을 자신에게로 이끌어 오십니다. 이스라엘이 순종하지 않는다면 하나님은 이방인이라는 돌들로도 백성을 창조하실 것입니다.

로마서 3장 19-20절에서 두 번째 답이 나옵니다. "우리가 알거니와 무릇 율법이 말하는 바는 율법 아래에 있는 자들에게 말하는 것이니 이는 모든 입을 막고 온 세상으로 하나님의 심판 아래에 있게 하려 함이라. 그러므로 율법의 행위로 그의 앞에 의롭다 하심을 얻을 육체가 없나니 율법으로는 죄를 깨달음이니라."

여기서의 요지는 이스라엘의 율법이 세상(유대인과 이방인)의 입을 막는다는 것입니다. 우리를 징벌하시는 하나님이 불의하시다는 모든 반박을 종식시킵니다. 우리는 자신이 유죄이며 하나님의 재판정에서 아무런 변명도 할 수 없음을 압니다.

이렇듯 온 세상이 정죄를 당하는 일에 있어서 이스라엘의 역할은 율법으로는 구원할 수 없다는 사실을 보여주는 분명한 증거가 되는 것입니다. 그들에게 율법이 있었습니다. 그들은 율법을 들었습니다. 율법과 함께, 모든 종류의 복을 누렸습니다. 하지만 그들은 율법이 요구하는 가장 높은 수준에 다다르지 못했습니다. 그러므로 율법으로는 칭의를 받을 수 없었습니다(20절). 이스라엘은 열방을 위한 교과서였습니다. 우리 이방인들은 율법 준수를 칭의의 수단으로 삼았던 이스라엘의 무능함 속에서 소망 없음을 보았으며, 유일한 소망은 오직 그리스도를 기반으로 한 믿음을 통해 오직 은혜로 의롭다 여겨지는 것에 있음을 발견했습니다. 그리고 이런 식으로 이스라엘이 그리스도의 은혜와 믿음이라는 거치는 돌 위에서 실족했다는 사실이 우리에게는 열린 문이 되었습니다. 인간적인 독특성과 특권, 심지어 유대인으로서의 특혜를 주장하는 것은 헛된 일이라는 사실도 보았습니다. 따라서 우리는 이스라엘의 넘어짐을 거울 삼아 모든 것이 은혜로만 가능하다는 사실을 깨닫습니다. 우리는 그리스도께로 피해서 구원을 받았습니다.

따라서 로마서 11장 19절과 30절에 나온(이스라엘의 불순종이 어떻게 이방인에게 긍휼을 가져오는가에 대한) 두 가지 방식은 현실이 되었습니다. 우리 이방인 가지들이 접붙여질 수 있도록 유대인의 가지는 언약의 나무에서 꺾였습니다. 30절에서도 말합니다. "이스라엘이 순종하지 아니함으로 이제 긍휼을 입었는지라."

1. 이스라엘의 불순종으로 하나님은 이방인 '돌들'에게로 돌이켜 자신을 위해 백성으로 삼으셨습니다.

2. 율법에 기초하여 의를 얻으려던 이스라엘이 실패한 사건은 오직 그리스도를 기반으로 믿음을 통해 은혜로만 구원을 받는다는 사실을 우리에게 보여 주었으며, 그러므로 이방인들도 언약 안에 포함될 수 있습니다.

30-31절에 정리된 큰 그림을 확인하자면, 이방인에게 보여 주신 긍휼이 훗날 미래에는 이스라엘의 구원이 될 것도 알아야 합니다. 31절입니다. "이와 같이 이 사람들이 순종하지 아니하니. 이는 너희에게 베푸시는 긍휼로 이제 그들도 긍휼을 얻게 하려 하심이라." 따라서 마치 하나님이 이스라엘과의 관계를 정리하시기라도 한 것처럼, 이방인의 구원으로 모든 이야기가 끝난 것이 아닙니다. 온 이스라엘, 즉 장래 세대의 이스라엘은 하나님이 이방인에게 보여 주신 긍휼 덕분에 그리스도께 돌아와 구원을 받을 것입니다. 그들의 불순종이 우리를 구원으로 이끌고, 우리의 구원이 그들을 구원으로 이끌 것입니다.

가장 겸손해야 할 교리를 자랑의 근거로 삼지 말라

이 모든 것은 자랑을 배제하고 유대인과 이방인으로 하여금 겸손하고 깨어진 마음으로 하나님의 긍휼을 의지하게 합니다. 하지만 우리의 교만은 가장 겸손해야 할 교리에서조차 자랑거리를 찾아 냅니다. 바울은 지금 여기서 그 문제를 다루고 있습니다.

바울은 본문에서 이제 막 일어날 일(혹은 이미 일어난 일)을 보고 있습니다. 19-21절입니다. "그러면 네 말이 가지들이 꺾인 것은 나로 접붙임을 받게 하려 함이라 하리니 옳도다. 그들은 믿지 아니하므로 꺾이고 너는 믿으므로 섰느니라. 높은 마음을 품지 말고 도리어 두려워하라. 하나님이 원 가지들도 아끼지 아니하셨은즉 너도 아끼지 아니하시리라."

여기서 핵심적인 관심사는 "자랑하지 말라"입니다. 가장 겸손해야 할 교리를 가지고 자랑의 근거로 삼지 않도록 주의해야 합니다. 꺾인 가지를 보며 자랑하지 마십시오. 믿지 않는 이스라엘에 대해 이러쿵저러쿵 말하면서 자기를 높이지 마십시오. 우리를 구원하시는 하나님의 자유로운 은혜를 보며 두려움과 놀라움으로 떨며 그들에 대해 말하십시오. 교만하지 말고 두려워하십시오. 오직 긍휼로 구원받았다는 놀라움을 간직한 채 그분 앞에 서십시오.

계속 자랑하는 자 역시 꺾이게 된다

불신앙으로 망하게 된 이스라엘을 보면 두려운 마음이 생기는 것이 당연합니다. 하지만 그러다가 교만과 자랑을 만들어 내는 일이 있었습니다. 그래서 바울은 그것이 왜 그토록 잘못인지 세 가지 이유를 듭니다. 그 첫 번째는 우리가 지난 시간에 살펴본 내용입니다. 18절 하반절입니다. "네가 뿌리를 보전하는 것이 아니요 뿌리가 너를 보전하는 것이니라."

오늘 다루려고 하는 내용은 21절에 나옵니다. "하나님이 원 가지들도 아끼지 아니하셨은즉, 너도 아끼지 아니하시리라." 무슨 의미입니까? 22절에서 설명합니다. "그러므로 하나님의 인자하심과 준엄하심을 보라. 넘어지는 자들에게는(those who have fallen) 준엄하심이 있으니 너희가 만일 하나님의 인자하심에 머물러 있으면 그 인자가 너희에게 있으리라. 그렇지 않으면 너도 찍히는 바 되리라."

꺾인 가지를 보며 왜 자랑하지 않는 편이 나은지, 왜 반유대주의를 피하는 것이 나은지에 관해 제가 다루고 싶은 두 번째 이유는 우리가 그런 식으로 자랑하면 우리 역시 꺾일 것이기 때문입니다. 22절 하반절입니다. "너도 찍히는 바 되리라."

성도의 견인 교리와 어떻게 조화를 이루는가?

여기서 다루고 싶은 주요 질문은 이러한 위협이 성경이 가르치는 영원한 보장 및 성도의 견인과 어떻게 조화를 이루는가입니다. 과연 우리는 그리스도를 진실로 믿는 사람(성령으로 다시 태어나고 믿음으로 의롭다 여겨진 사람)이 이런 식으로 위협을 받아도 된다고 가르칠 수 있을까요? 이러한 위협은 바울이 진실한 그리스도인들도 멸망할 수 있다고 믿었다는 의미일까요?

진실한 그리스도인과 거짓 그리스도인들이 함께 모인 교회를 향해 말할 때 그러한 위협을 사용해야 한다는 점에서 일단은 '예'라고 대답할 수 있습니다. 또한 어떤 측면에서는 '아니다'라고 말할 수 있습니다. 그 위협은 진실한 그리스도인도 구원을 잃어버릴 수 있다고 바울이 믿었다는 의미가 아니니까요. 그러면 우리는 어떤 근거로 이 두 가지를 확인할 수 있을까요?

두 가지 모두 성경에 있습니다. 성경은 하나님께서 그분이 택한 백성이 믿음으로 마지막까지 인내할 수 있도록 해주신다고 가르칩니다(완전한 믿음은 아니지만, 노력 없이 가능하지도 않습니다). 그리고 성경은 일반적으로 그리스도인에게 그의 믿음이 파선하면 망하게 된다는 위협도 줍니다. 이 두 가지가 모순되지 않는 이유는 이러한 위협이 그분의 백성을 끝까지 신실하게 지키기 위해 하나님이 사용하시는 방법 중 하나이기 때문입니다.

바울이 "교만하지 말고 믿지 않는 유대인을 보며 자랑하지 말라(20, 18절). 그렇지 않으면 너희도 꺾이게 될 것이다(22절)"는 식의 위협을 줄 때, 진정한 그리스도인들은 이를 마음에 담고 놀라워하며 자기 자리를 지킵니다. 그들은 두려워합니다. 자신이 얼마나 깨어지기 쉬운지, 얼마나 은혜에 의지할 수밖에 없는지, 진정성이 얼마나 중요하며, 자신의 행동에 있어서 진실 됨을 증명하는 일이 얼마나 시급한지를 보면서 두려워 떱니다. 이러한 방식의 '위협'은 우리가 넘어지지(falling) 않도록 지켜 주는 일을 합니다.

다른 한편으로, 교회 안에 있는 위선자들(정말 영적이지 않으면서도 종교적인 행동을 하는, 그런 척하는 사람)은 성경의 경고를 보면서도 겸손해지거나 두려워 떨지 않습니다. 그들은 심지어 안전 보장과 견인 교리를 가지고서 말씀에 대한 자신들의 무관심을 정당화합니다. 이는 그들이 큰 위험에 처해 있으며 진정한 그리스도인이 아닐 수 있다는 반증거이 될 수 있습니다.

비록 인간이 살면서 걸려 넘어지는(stumble) 일이 있지만 성경은 하나님이 그분의 소유 된 백성들을 지키시고, 그들이 믿음을 버리거나 완전히 넘어지지(fall) 않게 하신다고 가르칩니다. 이는 구약성경에서 새로운 언약의 일부로 약속되어 있습니다. "내가 그들에게 복을 주기 위하여 그들을 떠나지 아니하리라 하는 영원한 언약을 그들에게 세우고, 나를 경외함을 그들의 마음에 두어 나를 떠나지 않게 하고."

하나님은 백성의 마음속 깊이 변화가 있도록 역사하실 것이고, 그리하여 그들은 세상의 모든 우상보다 귀한 하나님께 돌아올 것입니다.

신약성경으로 가면 동일한 가르침이 여러 곳에서 나옵니다. 빌립보서 1장 6절, "너희 안에서 착한 일을 시작하신 이가 그리스도 예수의 날까지 이루실 줄을 우리는 확신하노라."

고린도전서 1장 8-9절, "주께서 너희를 우리 주 예수 그리스도의 날에 책망할 것이 없는 자로 끝까지 견고하게 하시리라. 너희를 불러 그의 아들 예수 그리스도 우리 주와 더불어 교제하게 하시는 하나님은 미쁘시도다."

달리 말해, 만약 하나님이 우리를 부르셨다면 그분의 신실하심이 우리를 붙들고 지켜 주십니다. 이에 관해서는 유다서 1장 24-25절과 데살로니가전서 5장 23-24절을 보십시오.

로마서 8장 30절, "또 미리 정하신 그들을 또한 부르시고 부르신 그들을 또한 의롭다 하시고 의롭다 하신 그들을 또한 영화롭게 하셨느니라."

"그분이 의롭다 하신 사람들 일부가 영화롭게 될 것"이라는 말이 아닙니다. "의롭다 하신 그들을 또한 영화롭게 하셨다"는 말입니다. 우리가 그리스도에 대한 믿음을 통해 은혜로 의롭다 함을 얻는다는 바위 같이 강한 확신이 있다면, 우리는 영화롭게 될 것입니다. 하나님은 신실하시며 우리의 믿음을 지켜 주실 것입니다.

그리스도인처럼 보였지만 믿음을 떠난 사람들

그리스도인처럼 보였는데 멀리 믿음을 떠나 버린 사람들은 어떻습니까? 절대 돌아올 수 없습니까? 사도 요한은 요한일서 2장 19절에서 이렇게 씁니다.

"그들이 우리에게서 나갔으나 우리에게 속하지 아니하였나니, 만일 우리에게 속하였더라면 우리와 함께 거하였으려니와 그들이 나간 것은 다 우리에게 속하지 아니함을 나타내려 함이니라."

여기서 명백히 보여 주는 것은 이것입니다. 누구든 교회에 속해서 세례도 받고 성찬식도 하고 예배에도 참석하고 도덕적으로 올바르게 살 수 있지만, 그는 "우리에게 속하지 않은 사람", 즉 다시 태어나지 않고 그리스도를 진실로 믿지 않으며 의롭다 함을 받지 못한 사람일 수 있습니다. "만일 우리에게 속하였더라면 우리와 함께 거하였으려니와."

그들이 정말로 구원을 받았다가 다시 잃어버린 바 되었다는 가르침이 아닙니다. 인내하지 못하고 실패한 그들의 모습을 통해 그들이 진정한 구원을 받지 못했음이 증명된다는 가르침입니다. "그들이 나간 것은 다 우리에게 속하지 아니함이라." 또 히브리서 3장 14절은 이렇게 설명합니다. "우리가 시작할 때에 확신한 것을 끝까지 견고히 잡고 있으면 그리스도와 함께 참여한 자가 되리라." 즉, 끝까지 인내하면 우리가 그리스도와 함께한 자라는 지속적인 증거가 된다는 것입니다. 우리가 인내하지 않으면 절대로 그리스도와 함께한 자가 되지 못합니다.

어떤 이들은 끊어지고 아끼지 아니한다는 말의 의미

따라서 결론적으로, 바울이 21절 마지막 부분에서 로마 교회를 향해 "너도 아끼지 아니하시리라"고 말할 때 그가 의미한 것은 무엇일까요? 그리고 22절 마지막 부분은 어떻습니까? "너희도 찍히는 바 되리라." 실재이고 진실하며 신령하고 (은혜와 구원의 언약이라는) 나무에 내부 깊숙이 붙어 있는 경우도 있는 반면, 겉으로는 언약이라는 나무에 붙어 있으나 실재가 아니고 거짓되며 신령하지도 않은 경우도 있다는 의미입니다. 어떤 사람이 계속 교만과 반유대주의에 휩쓸린다면, 그는 단지 겉으로만 나무에 붙어 있을 뿐 신령하지도 않고 삶의 변화도 일어나지 않아서 결국 끊어지게 됩니다.

언제 끊어지는 일이 생기는가?

하지만 구체적으로 볼 때, 끊어지는 일은 언제, 어떤 경험을 통해 일어나는 것일까요? 양쪽의 경고 모두 미래 시제를 사용하고 있음을 유의하십시오. 21절 하반절입니다 "너도 아끼지 아니하시리라." 22절 하반절입니다. "너도 찍히는 바 되리라." 이 일은 언제 일어납니까? 어떤 모습으로 일어납니까? 이 일은 마지막 심판 때에 일어나며, 이로써 많은 이들이 놀라게 되리라는 것이 저의 답변입니다.

끊어진다는 것은 하나님의 백성에서 단절되고, 단번에 완전히 하나님에게서 멀어진다는 말입니다. 이것이 마태복음 7장 22-23절에서 예수님이 하신 말씀입니다.

"그 날에 많은 사람이 나더러 이르되 주여 주여 우리가 주의 이름으로 선지자 노릇 하며 주의 이름으로 귀신을 쫓아내며 주의 이름으로 많은 권능을 행하지 아니하였나이까 하리니 그때에 내가 그들에게 밝히 말하되 내가 너희를 도무지 알지 못하니 불법을 행하는 자들어 내게서 떠나가라 하리라."

우리는 "내게서 떠나가라"는 말씀에서, 열매 없고 신령하지 않으며 위선적이고 교회 마당만 밟고 다니는 그리스도인들을 하나님의 권속과의 모든 연결로부터 잘라내는, 전능자의 무시무시한 가위 소리를 듣습니다.

우리 모두에게 주시는 경고

이것은 우리 모두에게 얼마나 경고가 되는지요! 귀를 열어 듣고 마음속에 새기십시오. 구약 시대에도 할례를 받고 희생 제물을 드리고 외면상 율법을 철저히 준수하면서도 아브라함의 영적인 자녀가 아닌 육적인 자녀로 끝날 수 있었듯이(요 8:39-44, 롬 9:8), 신약에서는 교회 안에서 세례를 받고, 성찬을 하고, 예배에 참석하고, 십일조를 드리고, 교리를 지지하는 교인이지만 정작 하나님의 자녀는 아닐 수 있습니다.

고린도후서 13장 5절에 나온 바울의 말로 마무리하겠습니다. "너희는 믿음 안에 있는가 너희 자신을 시험하고 너희 자신을 확증하라. 예수 그리스도께서 너희 안에 계신 줄을 너희가 스스로 알지 못하느냐? 그렇지 않으면 너희는 버림받은 자니라."

교만하지 말고, 가지들을 보며 자랑하지 않는 것이 바울이 말하는 이 시험 가운데 하나입니다. 우리는 오직 그리스도에 대한 믿음을 통해 은혜로 구원을 얻은 사람이기에 겸손한 감사와 더불어 두려워해야 합니다.

31장

하나님의 인자하심 안에 머물라

로마서 11:17-22

또한 가지 얼마가 꺾이었는데 돌감람나무인 네가 그들 중에 접붙임이 되어 참감람나무 뿌리의 진액을 함께 받는 자가 되었은즉 그 가지들을 향하여 자랑하지 말라. 자랑할지라도 네가 뿌리를 보전하는 것이 아니요 뿌리가 너를 보전하는 것이니라. 그러면 네 말이 가지들이 꺾인 것은 나로 접붙임을 받게 하려 함이라 하리니 옳도다. 그들은 믿지 아니하므로 꺾이고 너는 믿으므로 섰느니라. 높은 마음을 품지 말고 도리어 두려워하라. 하나님이 원 가지들도 아끼지 아니하셨은즉 너도 아끼지 아니하시리라. 그러므로 하나님의 인자하심과 준엄하심을 보라. 넘어지는 자들에게는 준엄하심이 있으니 너희가 만일 하나님의 인자하심에 머물러 있으면 그 인자가 너희에게 있으리라. 그렇지 않으면 너도 찍히는 바 되리라. _롬 11:17-22

로마서 11장에 관한 지난 두 주간의 설교에서 우리는 마음속에 일어나는 교만과 반유대주의를 거부해야 하는 이유를 다루었습니다. 바울은 주로 유대인이 아닌 사람들로 구성된 로마 교회를 향해 이 글을 쓰고 있습니다. 우리는 그들을 이방인이라 부릅니다. 바울은 십자가에 달려 죽으시고 다시 살아나신 유대인의 메시아, 예수 그리스도를 믿음으로써 그들이 하나님의 백성이 되었다고 가르쳤습니다. 그들은 진정한 이스라엘의 일부입니다.

바울은 로마서 11장 17-22절에서 감람나무 비유로 설명하고 있습니다. 모든 것을 공급하는 나무의 뿌리는 하나님이 아브라함과 맺으신 언약을 상징합니다. 그리고 자연적으로 자라난 가지(유대 민족을 상징)와 접붙여진 부자연스럽고 거친 가지(예수님을 믿는 이방인을 상징)가 있습니다. 17절에서 찾아볼 수 있습니다. "돌감람나무인 네가 그들 중에 접붙임이 되어 참감람나무 뿌리의 진액을 함께 받는 자가 되었은즉"

여기까지는 아무런 문제가 없습니다. 그런데 이방인 가지가 접붙여지려면 유대인 가지가 꺾여 나가야 한다는 바울의 가르침은 충격적입니다. 19절에서는 이에 대해 명백히 나와 있습니다. "그러면 네 말이 가지들이 꺾인 것은 나로 접붙임을 받게 하려 함이라 하리니 옳도다." 저는 지난 시간에 왜 그런 일이 생기는지 설명했습니다. 이 말이 맞기 때문에 바울은 이제 이방인의 교만과 반유대주의 문제에 초점을 맞추는 것입니다.

그래서 바울은 18절에서 이렇게 말합니다. "그 가지들을 향하여 자랑하지 말라." 20절에서도 말합니다. "높은 마음을 품지 말고 도리어 두려워하라." 이방인 스스로 겸손하고 감사해야 할 이 진리가 도리어 이들을 교만하게 만들 수 있습니다. 그래서 바울은 여기서 오래 머물면서(우리도 그렇게 해야겠지요) 진실로 예수 그리스도를 자신의 구원자요 주요 보화로 믿는 사람들이 교만과 반유대주의를 배격해야 하는 이유를 설명합니다.

바울은 이에 관해 최소한 세 가지 이유를 제시합니다. 우리가 살펴본 첫 번째 이유는 18절에 나옵니다. "네가 뿌리를 보전하는 것이 아니요 뿌리가 너를 보전하는 것이니라." 두 번째 이유는 21절입니다. "하나님이 원 가지들도 아끼지 아니하셨은즉 너도 아끼지 아니하시리라." 그러니 교만하지 마십시오.

구원의 나무에 연결되는 길은 오직 믿음이므로 자랑할 수 없다

이제 오늘 우리가 다루게 될 교만과 반유대주의가 배제되어야 하는 세 번째 이유는 우리가 구원의 나무에 연결될 수 있는 유일한 길은 믿음이고, 믿음은 그 특성과 기원 때문에 결코 자랑할 수 없다는 것입니다.

이에 대한 논증은 20절에서 볼 수 있습니다. 19절부터 읽기로 하겠습니다. "그러면 네 말이 가지들이 꺾인 것은 나로 접붙임을 받게 하려 함이라 하리니. 옳도다. [여기서 바울의 답변이 나옵니다] 그들은 믿지 아니하므로 꺾이고 너는 믿으므로 섰느니라. 높은 마음을 품지 말고 도리어 두려워하라."

풀어 얘기하면 이렇습니다. "여러분과 나무와의 연결점은 단 하나, 믿음입니다. 여러분은 믿음으로 연결되었습니다. 그러니 믿음 안에 머물러야 합니다. 또한 교만하지 말고 도리어 두려워하십시오!" 구원하는 믿음은 교만을 일축한다는 것이 바울의 생각입니다.

오늘 처음 살펴보는 내용은 아닙니다. 로마서 3장 27-28절에도 나왔던 내용입니다. "하나님이 예수 믿는 자를 의롭다 하신다"고 말한 뒤에 바울이 한 말입니다. "그런즉 자랑할 데가 어디냐? 있을 수가 없느니라. 무슨 법으로냐? 행위로냐? 아니라, 오직 믿음의 법으로니라. 그러므로 사람이 의롭다 하심을 얻는 것은 율법의 행위에 있지 않고 믿음으로 되는 줄 우리가 인정하노라." 믿음 때문에 다른 사람들에 대해 우쭐거리며 자랑하고 교만한 인생을 사는 일은 불가하다는 바울의 생각이 분명하게 나와 있습니다. 믿음이 쇠퇴하거나 사라진 곳에서 교만과 자랑, 반유대주의, 혹은 인종 편견이나 자민족중심주의가 나타납니다.

따라서 저는 이를 뒷받침하기 위해 세 가지 질문을 드리려고 합니다. 1) 구원하는 믿음(우리를 구원과 약속의 나무에 이어 주는 그 믿음)은 어디에서 오는가? 2) 구원얻는 믿음이란 무엇인가? 3) 그 믿음을 어떻게 지켜 나갈 것인가? 시간상 두 가지 질문만 다룰 수 있는데, 두 번째 질문에 더 많은 시간을 할애하겠습니다. 첫 번째는 논란이 되는 질문이긴 하지만 이번에는 빠르게 넘기고, 다음 시간에 다시 다룰 수 있기를 바랍니다.

1. 구원하는 믿음은 어디에서 오는가?

믿음은 영혼(soul)의 행위 혹은 경험이며, 우리의 영혼에 존재하기 전까지는 존재하지 않습니다. 따라서 믿음이 우리 영혼으로부터 온다는 말은 옳습니다. 믿음은 '나'의 행위입니다. 어느 누구도 나를 위해 대신 믿어 줄 수 없습니다. 하지만 이 믿음은 어디서 오는 것일까요?

저는 이 문제를 좀 더 깊이 파고 들면서 묻고 싶습니다. 영적으로 눈이 멀고 죽어 있던 어느 영혼은 그리스도를 진실하고 아름다운 존재로 보게 되어 믿음으로 그분에게 나아오는 데 반해, 또 다른 영적 장님과 죽은 영혼들은 같은 말씀을 듣고 같은 성경을 읽는데도 그 진실을 깨닫지 못하고 그리스도에게로 나아오지 않는 이유는 무엇일까요?

궁극적으로 성경이 주는 답은 이것입니다. 하나님은 죄인들에게 어떠한 의무도 없으시지만, 자유롭게 은혜로써 그리고 전지전능하심으로 일부 사람들의 반항하는 눈먼 것을 제거하셔서 그리스도의 영광을 보게 하시고 믿음으로 나아오도록 선택하게 하십니다. 따라서 성경은 믿음을 하나님의 선물이라고 말합니다. 한 예로 에베소서 2장 8절을 보겠습니다. "너희는 그 은혜에 의하여 믿음으로 말미암아 구원을 받았으니 이것은 너희에게서 난 것이 아니요 하나님의 선물이라."

믿음이 있다는 이유로 자랑하지 못하게 하는 한 가지 이유가 이것입니다. 우리는 선물을 놓고 자랑할 수 없습니다. '내가 이 선물을 힘들게 벌었다'고 말할 수 없습니다. 그러면 더 이상 선물이 아니고 삯입니다(로마서 6장 23절 참조). 우리는 이렇게 말할 수 없습니다. "순전히 내 힘으로 믿을 수 있었다" 혹은 "이 믿음에서 결정적 역할을 한 사람은 나다." 만일 이렇게 말하는 사람이 있다면, 그 자랑은 성경적이지 않습니다.

고린도전서 4장 7절에서 그 원리를 찾아볼 수 있습니다. "누가 너를 남달리 구별하였느냐? 네게 있는 것 중에 받지 아니한 것이 무엇이냐? 네가 받았은즉 어찌하여 받지 아니한 것 같이 자랑하느냐." 내가 믿은 것에 있어 궁극적이고 결정적 역할을 한 것이 나 자신이라고 자랑하고 싶어질 때마다 손으로 입을 가려야 합니다. 믿음은 선물이므로, 부러진 가지를 보며 자랑하는 것을 일축합니다.

2. 구원하는 믿음이란 무엇인가?

우리를 하나님의 약속이라는 나무에 접붙여 주고 그곳에 머무르게 해주는 믿음이란 과연 무엇일까요? 믿음이 어디에서 오는지를 알면 교만을 막을 수 있게 된다는 것을 앞에서 보았습니다. 그렇다면 본질상 믿음은 교만을 어떻게 막을까요?

2.1. 구원하는 믿음에는 대상이 있다

우리를 구원하는 믿음은 (긍정적인 사고 같은) 일반적인 신념하고는 다릅니다. 믿음은 반드시 어떤 사실들을 알아야 합니다. 예를 들어, 로마서 10장 9절을 보면, "네가 만일 네 입으로 예수를 주로 시인하며 또 하나님께서 그를 죽은 자 가운데서 살리신 것을 네 마음에 믿으면 [여기에 믿음이 있습니다] 구원을 받으리라." 여기에 사실이 있습니다. 하나님이 예수님을 죽은 자 가운데서 살리셨습니다. 믿음은 그 사실들(facts)이 진실이라(true) 믿습니다. 그것을 진실이라 믿지 않는다면 구원받지 않은 것입니다.

데살로니가후서 1장 10절도 보겠습니다. 바울은 그리스도께서 다시 오셔서 "그의 성도들에게서 영광을 받으시고, 모든 믿는 자들에게서 놀랍게 여김을 얻으시리니, 이는 [우리의 증거가 너희에게 믿어졌음이라]"(행 22:15 참조). 믿음은 사도들이 그리스도에 대해 말하는 증거를 듣고 이를 사실로 받아들입니다.

여러분에게 그레셤 메이첸(Gresham Machen)의 책, 『믿음이란 무엇인가』(*What is Faith?*)를 추천합니다. "믿음에는 대상이 되는 인격자가 있음을 성경은 우리에게 분명히 말한다. … 그분에 대한 지식 없이 그분을 믿는다는 것은 불가능하다."*

그렇지만 그것만으로는 구원에 이르는 믿음이 무엇인지 말하기에 부족합니다. 마귀도 그리스도에 대한 역사적 사실뿐 아니라 그 이상의 것을 믿기 때문입니다. 야고보서 2장 19절은 말합니다. "네가 하나님은 한 분이신 줄을 믿느냐? 잘하는도다. 귀신들도 믿고 떠느니라." 마귀는 분명 예수님이 죽은 자 가운데서 일어나신 것을 믿습니다.

따라서 사실도 필요하지만 그것만으로는 부족합니다. 구원을 받으려면 예수님에 관한 올바른 사실을 반드시 믿어야 하지만, 올바른 사실을 믿는 것만으로 우리가 구원받는 것은 아닙니다. 그것으로 교만함이 제하여지지는 않습니다. 사실을 아는 것만으로는 자랑하게 될 가능성이 있습니다. 사실에 대한 믿음만으로는 교만과 자랑을 제거하지 못합니다.

2.2. 따라서 구원하는 믿음은 단순한 사실을 아는 것이 아니라 예수님을 믿는 것이어야 한다

우리가 누군가를 믿는다고 말할 때, 우리가 믿는 대상이 나에게

*Gresham Machen, *What is Faith?*, 1925; reprint, Edinburgh: Banner of Truth Trust, 1991), p. 46.

어떤 일을 하는지, 혹은 나에게 어떤 존재인지 설명할 수 있을 때까지는 그 말하는 것이 분명하지 않습니다.

예를 들어, 여러분이 제게 "아내를 믿으시나요?"라고 묻는다면, 저는 '예'라고 대답하겠지요. 하지만 그보다는 이렇게 말하는 것이 더 정확할 것입니다. "제 아내의 무엇을 믿는다는 말인가요? 건물을 훌쩍 뛰어넘는다는 것 말입니까? 남성 베이스 파트를 노래한다는 것입니까? 저한테 독을 먹이지 않는다는 것을요? 다른 남자와 잠자리를 하지 않고 충실하다는 것 말입니까?" 그에 대한 저의 답은 "아니오, 아니오, 예, 예"입니다.

제 말은, 우리가 누군가를 믿는다고 주장할 때 그 사람이 무슨 일을 하는지 혹은 어떤 사람인지 알고 있어야 한다는 뜻입니다. 목회자가 항생제를 처방한다면 믿을 수 없지만, 그가 하나님의 말씀을 신실하게 가르치면 신뢰할 수 있습니다.

우리가 그 사람의 무엇을 믿는지가 믿음의 경험을 결정하기 때문에 이는 매우 중요한 문제입니다. 남편과 아내가 서로를 사랑하고 신뢰하는 경험은 우편물을 제대로 배달하는 배달부를 믿거나 자녀가 늦지 않고 귀가하리라 믿는 것, 친구가 좋은 조언을 해줄 것을 믿는 그런 경험과는 완전히 차원이 다른 것입니다. 이 모든 신뢰의 행위에는 서로 다른 감정적 경험이 개입되어 있습니다.

따라서 예수 그리스도를 믿는 믿음의 본질을 정의하려면 중요한 질문을 던져보아야 합니다. 우리는 그분의 무엇을 신뢰합니까? 우리가 그분의 무엇을 믿는지가 믿음의 경험을 결정합니다. 구원을 받으려면 예수 그리스도의 무엇을 신뢰해야 하는지 다섯 가지로 말씀드리겠습니다. 물론 이것이 완전한 목록은 아닙니다.

2.2.1. 예수님이 우리에게 칭의를 주실 것을 믿어야 한다

예수님의 신분과 그분이 행하신 일이 하나님께 용납받는 유일한 근거임을 알고 반드시 예수님을 믿어야 합니다. '칭의'라는 단어를 몰라도 됩니다. 그 말의 성경적 의미를 정확히 표현해야 하는 것도 아닙니다. 하지만 자신이 죄인이고 하나님은 공의로운 재판장이시기에, 그리스도와 그분이 하신 일 때문에 하나님께 용납받을 수 있다는 사실은 알아야 합니다.

우리는 자신이 하나님께 용납받는 근거가 되어 주시는 예수님을 믿지, 자신의 행위는 믿지 않습니다. 갈라디아서 2장 16절입니다. "우리도 그리스도 예수님을 믿나니 이는 우리가 율법의 행위로써가 아니고 '그리스도를 믿음으로써' 의롭다 함을 얻으려 함이라, 율법의 행위로써는 의롭다 함을 얻을 육체가 없느니라." 우리는 칭의를 얻기 위해 그리스도를 믿습니다.

2.2.2. 예수님이 우리에게 영생을 주실 것을 믿어야 한다

디모데전서 1장 16절입니다. "예수 그리스도께서 내게 먼저 일체 오래 참으심을 보이사 후에 '주를 믿어 영생 얻는' 자들에게 본이 되게 하려 하심이라." 이것은 우리가 인생 마지막 순간에 죽음을 맞이하거나 사랑을 위해 기꺼이 모험을 감행하는 것과 같은 믿음의 경험에 엄청난 영향을 미칩니다.

2.2.3. 예수님이 우리를 영원한 인자하심으로 대하실 것을 믿어야 한다

영생은 정말로 좋은 것이며 영원히 지루하거나 비참한 그런 것이 아닙니다. 본문의 핵심 단어는 '인자하심'입니다. 22절입니다. "그러므로 하나님의 인자하심과 준엄하심을 보라. 넘어지는 자들에게는 준엄하심이 있으니, 너희가 만일 하나님의 인자하심에 머물러 있으면 그 인자가 너희에게 있으리라."

"하나님의 인자하심 안에 머문다"는 것은 어떤 의미일까요? 날마다 우리를 긍휼로 대하시는 예수님을 영원히 신뢰한다는 말입니다. 하나님이 그 인자하심으로 언제나(기쁠 때나 슬플 때나) 나를 두르고 나를 격려하심을 믿는다면 그분의 인자하심 안에 머물 수 있습니다. 이를 믿을 수 있는 근거는 아래에 나옵니다.

2.2.4. 하나님이 예수님 안에서 우리에게 선한 것만 주심을 믿어야 한다

그리고 이러한 확신은 우리의 공로가 아니라 순전히 십자가에 근거합니다. 로마서 8장 32절입니다. "자기 아들을 아끼지 아니하시고 우리 모든 사람을 위하여 내주신 이가 어찌 그 아들과 함께 모든 것을 우리에게 주시지 아니하겠느냐?" 여기서의 논점은 명확합니다. 그리스도의 십자가는 하나님이 우리에게 모든 선한 것을 주신다는 보증입니다. 그분은 우리가 처한 모든 환경 속에서 우리의 선을 위해 역사하실 것입니다. 구원하는 믿음은 하나님이 그 일을 행하실 것을 신뢰합니다.

교회에서 세례식을 행할 때, 세례 받는 사람에게 무엇을 물어보는지 기억하십니까? "당신은 자신의 죄 사함을 위해 오직 예수 그리스도만을 믿으며, 하나님께서 당신에게 주신 모든 약속을 오직 그리스도 안에서 성취하실 것뿐 아니라 심지어 영생을 주실 것을 믿습니까?" 구원하는 믿음은 예수님 덕분에, 예수님 안에서 하나님이 우리에게 약속하신 모든 것을 이루실 것을 믿습니다.

그리고 이것은 예수님을 신뢰하는 것과 관련해 마지막으로 언급할, 가장 중요하면서도 종종 무시되는 어떤 사실에 대한 믿음으로 우리를 이끌어갑니다.

2.2.5. 하나님이 예수님과 더불어 우리와 함께 영원토록 사귀실 것을 믿어야 한다

하나님의 인자하심이란 무엇입니까? 영생의 본질은 무엇일까요? 칭의가 우리에게 가져다주는 것은 무엇일까요? 하나님의 모든 약속의 총합과 그 목적은 무엇일까요? 답은 바로 하나님 그분입니다. 그분이 우리의 영원한 기쁨을 위해 자신을 우리에게 주십니다.

하나님의 궁극적인 인자하심과 영생의 궁극적인 의미, 칭의의 궁극적 목적, 모든 약속의 진수는 예수 그리스도 안에서 하나님을 알고 그분과 교제를 누리는 것입니다. 베드로전서 3장 18절입니다. "그리스도께서도 단번에 죄를 위하여 죽으사 의인으로서 불의한 자를 대신하셨으니 이는 우리를 하나님 앞으로 인도하려 하심이라." 로마서 5장 10-11절입니다. "곧 우리가 원수 되었을 때에 그의 아들의 죽으심으로 말미암아 하나님과 화목하게 되었은즉 화목하게 된 자로서는 더욱 그의 살아나심으로 말미암아 구원을 받을 것이니라. 그뿐 아니라 이제 우리로 화목하게 하신 우리 주 예수 그리스도로 말미암아 하나님 안에서 또한 즐거워하느니라." 모든 구원의 결말은 우리가 하나님 안에서 누리는 기쁨입니다.

이것이 그리스도 안에 있는 최종적이고 궁극적인 하나님의 약속입니다. 그러므로 구원하는 믿음은 이렇게 행하시는 그리스도를 믿으며, 본질적으로는 예수 그리스도를 통해 하나님을 궁극적인 행복으로 받아들이는 것을 의미합니다. 믿음은 예수님 안에서 우리를 위하시는 하나님의 모든 것에 만족하는 것입니다.

그러므로 진정한 믿음이 충만할 때에는 교만과 자랑과 반유대주의와 인종주의와 자민족 중심주의가 일어나는 것 자체가 불가능합니다. 왜 그럴까요? 절실한 사람들은 자기 삶 속에 있는 것(구원의 기쁨) 때문에 결코 자랑하지도 자랑할 수도 없기 때문입니다. 목이 말라 죽어가는 사람에게 시원한 생수 한 병을 건네주었더니 이렇게 말하는 것을 보신 적이 있습니까? "생수를 마실 수 있는 나야말로 정말 특별한 사람 아닌가?"

32장

하나님의 인자하심과 준엄하심을 보라

로마서 11:17-24

또한 가지 얼마가 꺾이었는데 돌감람나무인 네가 그들 중에 접붙임이 되어 참감람나무 뿌리의 진액을 함께 받는 자가 되었은즉 그 가지들을 향하여 자랑하지 말라. 자랑할지라도 네가 뿌리를 보전하는 것이 아니요 뿌리가 너를 보전하는 것이니라. 그러면 네 말이 가지들이 꺾인 것은 나로 접붙임을 받게 하려 함이라 하리니 옳도다. 그들은 믿지 아니하므로 꺾이고 너는 믿으므로 섰느니라. 높은 마음을 품지 말고 도리어 두려워하라. 하나님이 원 가지들도 아끼지 아니하셨은즉 너도 아끼지 아니하시리라. 그러므로 하나님의 인자하심과 준엄하심을 보라. 넘어지는 자들에게는 준엄하심이 있으니 너희가 만일 하나님의 인자하심에 머물러 있으면 그 인자가 너희에게 있으리라. 그렇지 않으면 너도 찍히는 바 되리라. 그들도 믿지 아니하는 데 머무르지 아니하면 접붙임을 받으리니 이는 그들을 접붙이실 능력이 하나님께 있음이라. 네가 원 돌감람나무에서 찍힘을 받고 본성을 거슬러 좋은 감람나무에 접붙임을 받았으니 원 가지인 이 사람들이야 얼마나 더 자기 감람나무에 접붙이심을 받으랴. _롬 11:17-24

로마서 11장에서 바울은 이방인들에게 교만하지 말라고 세 번이나 경고하는데, 특히 유대인과 이방인과의 관계 속에서 그렇게 하지 말라고 경고합니다. 18절입니다. "그 가지들(예수님을 믿지 않는 유대인들)을 향하여 자랑하지 말라." 20절입니다. "높은 마음을 품지 말고 도리어 두려워하라." 25절입니다. "너희가 스스로 지혜 있다 하면서 이 신비를 너희가 모르기를 내가 원하지 아니하노니."

하나님은 교만하지 말라는 세 번의 경고와 더불어, 그리스도인으로서 다른 사람을 향한 교만과 자랑을 제거해야 하는 이유도 함께 주십니다. 지난 시간에는 우리가 오직 믿음으로 서야 하기 때문이라는 이유를 중점적으로 보았습니다. 그리고 믿음의 출처(하나님의 선물)와 믿음의 속성에 관해서도 살펴보았습니다. 본질적으로 믿음은 우리 안에 있는 자랑을 몰아내고, 은혜 주시는 하나님을 자랑합니다.

어떻게 마지막 날까지 믿음을 지키고 인내할 수 있는가?

지난 시간에 믿음의 출처와 믿음의 속성을 다룬 후에 믿음을 지키는 방법에 대해 말씀드리겠다고 약속했습니다. 개인적으로 긴급한 주제는 아닙니다. 하지만 끝날까지 믿음 안에서 인내하는 것보다 더 중차대한 문제는 없기 때문에 여기서는 성도의 견인에 대해 다루고자 합니다.

예수님은 마가복음 13장 13절에서 이렇게 말씀하셨습니다. "끝까지 견디는 자는 구원을 받으리라." 이 말씀은 우리가 어떻게 믿음을 지키고 끝날까지 인내할 수 있을지를 다뤄야 하는 충분한 이유가 됩니다. 또한 바울의 생각의 흐름은 바로 이 본문에서 우리로 하여금 이에 대해 생각하도록 강력하게 몰아가고 있습니다.

믿음으로 서고 두려워하라(20절)

20절에서 22절까지 바울의 생각이 무엇인지 함께 따라가 보겠습니다. 20절 중반에 있는 말씀을 주목하십시오. "너는 믿음으로 섰느니라." 달리 말하자면, 너의 생명, 너의 구원, 언약과 약속의 나무에 계속 붙어 있는 것, 소망은 모두 네 인내하는 믿음에 달려 있다는 말입니다. 그리고 이렇게 말합니다. "높은 마음을 품지 말고 도리어 두려워하라." 그리스도인의 삶에는 마지막 날까지 믿음을 지켜 가는 것과 관련해서 두려움이 매우 중요한 역할을 합니다.

두려워해야 하는 이유(21절)

그런 후에 21절에서 계속 이어갑니다. "하나님이 원 가지들도 아끼지 아니하셨은즉 너도 아끼지 아니하시리라." 두려워할 이유가 있다는 것입니다. 불신앙에 자리를 내어 주고, 생명과 소망을 위해 그리스도를 믿는 것을 그만둔다면 우리는 꺾일 것입니다.

바울이 빌립보서 2장 12절에서 말한 대로 "두렵고 떨림으로 너희 구원을 이루"어야 합니다. 불신앙이 우위에 서기 시작한다면, 두려워하고 떨며 그리스도께로 날아가십시오.

두려움으로 믿음을 보존하기 위한 전략(22절)

22절에서도 바울은 믿음을 지켜 가기 위해 두려움을 적절히 사용하는 전략을 제시합니다. "그러므로 하나님의 인자하심과 준엄하심을 '보라.' 넘어지는 자들에게는 준엄하심이 있으니 너희가 만일 하나님의 인자하심에 머물러 있으면 그 인자가 너희에게 있으리라."

지속적인 믿음은 마지막 날 구원받기 위해 절대적으로 필요하며, 우리가 믿음을 지켜 가는 데 있어서 두려움은 핵심적인 역할을 한다는 사실에 유의하라고 말합니다. 문자 그대로, '보라'고 강조합니다. 우리는 무엇을 봐야 합니까? 하나님의 인자하심과 준엄하심, 이 두 가지를 보십시오. 혹은 하나님의 긍휼과 하나님의 진노를 보라고 말할 수 있습니다. 하나님의 부드러움과 하나님의 강함을 보십시오. 하나님의 구원과 하나님의 심판을 보십시오. 하나님의 지지와 하나님의 반대를 보십시오. 하나님의 친절함과 하나님의 맹렬함을 보십시오. 하나님의 부드러운 면 하나만을 보지 마십시오. 그러면 우리의 믿음에 있어 해가 될 수도 있습니다.

따라서 오늘 설교의 요지는 이것입니다. "하나님의 인자하심과 더불어 하나님의 준엄하심을 보라." 진실로 양쪽 모두를 보십시오. 이것이 오늘 질문인 '우리의 믿음을 어떻게 유지할 것인가? 어떻게 믿음의 싸움을 싸울 것인가? 어떻게 믿음을 계속 지켜 나갈 것인가'에 대한 저의 답입니다. 이것이 부분적으로는 다음 질문의 답이 됩니다. '어떻게 우리 삶 속에 있는 교만과 반유대주의를 이겨 낼 것인가?'

첫째로 본다는 것의 의미를 살펴보고, 둘째로는 하나님의 인자하심과 준엄하심이 어떻게 함께 어울려 그리스도 안에 있는 우리의 믿음을 지켜 가도록 돕는지 보겠습니다.

1. "본다"는 의미는 무엇인가?

바울은 22절에서 말합니다. "그러므로 하나님의 인자하심과 준엄하심을 보라. 넘어지는 자들에게는 준엄하심이 있으니 … 그 인자가 너희에게 있으리라."

성경에는 우리에게 "보라(look)!"고 말하는 부분이 얼마나 많은지 모릅니다. 옛 단어인 "보라(behold!)"는 어떻습니까. 성경에서 몇 번이나 나올까요? ESV 영어 성경에는 'behold'가 1,061번 등장합니다(KJV에서는 1,257번). 믿기지 않을 정도입니다! 이 단어는 사람들을 주목시키고, 사람들을 일깨워 무언가를 생각하게 하는 말입니다. 물론 사람들의 주의를 환기시키기 위해 쓰는 말이 이것 하나만은 아닙니다. 그리고 22절에서는 문자 그대로 "본다"는 의미로 쓰입니다.

그렇다면 우리는 하나님의 인자하심과 준엄하심을 보기 위해 어디를 주목해야 합니까? 여기에는 두 가지 답이 있습니다. 하나님이 두 가지 책을 쓰셨기 때문입니다. 자연이라는 책과 성경입니다. 시편 19편 1절입니다. "하늘이 하나님의 영광을 선포하고 궁창이 그의 손으로 하신 일을 나타내는도다." 따라서 우리는 하나님이 창조하신 세상을 볼 때 그분의 준엄하심과 인자하심의 영광을 볼 수 있습니다.

하지만 자연은 아주 모호한 책입니다. 우리가 정확히 무엇을 보는지 알지 못할 때가 많습니다. 한 가지 사건이 매우 준엄한 심판처럼 보일 수 있지만(예를 들어, 어머니의 끔찍하고 갑작스런 사망), 사실은 엄청난 인자하심일 수 있습니다(아무도 몰랐지만, 어머니는 죽기까지 몇 달간 극심한 고통을 감내해야 하는 중병을 앓고 있었기 때문에). 혹은 어떤 사건이 엄청난 인자하심과 축복인 듯이 보이지만(복권 당첨으로 횡재하는 것) 사실상 하나님의 준엄하심과 심판이었던 때도 있습니다(돈을 사랑하는 마음 때문에 인생이 파괴되었을 때).

한 사건이 두 가지 모두의 (어떤 이에게는 준엄함이 되고, 또 어떤 이에게는 인자함이 되는) 경우에 해당할 때가 많고, 이는 그 사건 속에서 그가 하나님을 믿고 있는지 아니면 하나님께 분노하고 있는지에 달려 있습니다. 따라서 세상이라는 책은 하나님의 인자하심과 준엄하심을 보여 주는 예들로 가득차 있습니다. 하지만 그것들은 모두 애매모호합니다. 이에 대해 믿을 만한 해석을 달기가 쉽지 않습니다. 이것이 준엄함과 심판인지, 인자하심과 축복인지 꼬리표를 달고 나오지는 않기 때문입니다.

그래서 우리가 반드시 지녀야 하는 것이 하나님의 책, 성경입니다. 성경 또한 세상 속에 역사하시는 하나님 이야기를 들려 주지만, 한 가지 다른 점이 있습니다. 성경은 하나님이 하시는 일에 대해 직접 권위 있는 해석을 해줍니다. 하나님은 무엇에 준엄하시고 무엇을 심판하시는지, 또 무엇에 인자와 축복을 베푸시는지 말해 줍니다. 따라서 '하나님의 인자하심과 준엄하심을 어디서 보아야 하는가?'라는 질문에 대한 최고의 답은 '성경을 보라, 성경을 읽으라'는 것입니다.

새해의 결심으로 성경을 읽는 것을 택했다면 아주 좋습니다. 포기하지 마십시오. 우리의 삶은 여기 달려 있습니다. 조지 뮬러의 생애는 성경을 읽고 묵상하는 삶에서 뿜어져 나오는 본질적 능력을 잘 보여 줍니다. 그는 이렇게 쓰고 있습니다.

> [20살에] 회심하고 첫 4년 동안은 아무런 발전이 없었다. 성경을 내팽개쳐 두었기 때문이다. 하지만 내 마음과 영혼에 관해 성경 전체를 [즉, 몇몇 부분을 뛰어넘는 일 없이] 정기적으로 읽자 실제적인 발전이 있었다.

그런 후에 마음의 평화와 기쁨이 계속 더해 갔다. 지금까지 47년간 성경을 읽었다. 성경 전체를 거의 100번 넘게 읽었고 다시 읽어도 늘 새롭다. 그 덕분에 내 마음의 평강과 기쁨은 계속 커져만 간다.*

조지 뮬러는 이후로도 21년을 더 살았고 그의 전기 작가에 따르면 말년까지 성경을 처음부터 끝까지 200번을 읽었다고 합니다. 그의 끈기 있고 강력한 믿음의 열쇠는 바로 여기에 있었습니다. 그는 매일 계속해서 성경에 나온 하나님의 인자하심과 준엄하심을 보았습니다.

우리의 믿음은 우리가 보는 것으로 형성됩니다. 성경에 함께 어우러져 나오는 대로 하나님의 인자하심과 준엄하심을 바라본다면 우리의 믿음은 계속 강건하게 성장할 것입니다. 하지만 성경을 무시한다면, 하나님이 의도하신 모습대로 하나님의 인자하심과 준엄하심을 바라보지 못하게 됩니다. 그 둘을 이해하지 못하고 오해하게 될 것입니다. 그러다 분명 하나님을 오해하고 하나님의 준엄하심을 비난하며, 그분의 인자하심을 당연한 것으로 여기다 못해 자신에게는 그런 은혜를 받을 자격이 있다고 생각할 것입니다. 우리 믿음이 끝까지 강하게 지속되려면 성경에 나오는 하나님의 인자하심과 준엄하심을 모두 보아야 합니다.

우리가 혹 놓치지 않도록 그 두 가지가 다시금 나란히 등장합니

*A. T. Pierson, *George Mueller*, 287.

다. 두 가지 모두를 보지 않고서는 성경을 더 깊이 읽을 수 없습니다. 몇 가지 예를 들겠습니다.

출애굽기 34장 6-7절에서 하나님은 이스라엘에게 자신의 이름을 계시하십니다.

> [먼저 인자하심입니다] 여호와께서 그의 앞으로 지나시며 선포하시되, 여호와라, 여호와라, 자비롭고 은혜롭고 노하기를 더디하고 인자와 진실이 많은 하나님이라. 인자를 천대까지 베풀며 악과 과실과 죄를 용서하리라. [이제 준엄하심이 나옵니다] 그러나 벌을 면제하지는 아니하고 아버지의 악행을 자손 삼사 대까지 보응하리라.

마태복음 10장 28-31절에서 예수님은 제자들에게 경고하시고 위로하십니다.

> [먼저 준엄하심입니다] 몸은 죽여도 영혼은 능히 죽이지 못하는 자들을 두려워하지 말고, 오직 몸과 영혼을 능히 지옥에 멸하실 수 있는 이를 두려워하라. [이제 인자하심입니다] 참새 두 마리가 한 앗사리온에 팔리지 않느냐? 그러나 너희 아버지께서 허락하지 아니하시면 그 하나도 땅에 떨어지지 아니하리라. 너희에게는 머리털까지 다 세신 바 되었나니, 두려워하지 말라. 너희는 많은 참새보다 귀하니라.

로마서 2장 4-5절에서 바울은 하나님의 인자하심이 열매를 맺지 않으면 준엄하심으로 바뀌게 된다고 지적합니다.

[먼저 인자하심입니다] 혹 네가 하나님의 인자하심이 너를 인도하여 회개하게 하심을 알지 못하여, 그의 인자하심과 용납하심과 길이 참으심이 풍성함을 멸시하느냐? [다음은 준엄하심입니다] 다만 네 고집과 회개하지 아니한 마음을 따라 진노의 날 곧 하나님의 의로우신 심판이 나타나는 그 날에 임할 진노를 네게 쌓는도다.

따라서 '인생의 굴곡을 겪으면서 우리의 믿음을 어떻게 지켜 나갈 것인가?'라는 질문에 대해 바울은 "하나님의 인자하심과 준엄하심을 보라"는 말씀으로 답합니다. 그것을 보십시오. 그것을 읽으십시오. 하루 일을 걱정하기 전에 이 일을 우선적으로 하십시오.

2. 하나님의 준엄하심과 인자하심은 어떻게 믿음을 돕는가?

이제 제가 물어보고 싶은 마지막 질문은 이것입니다. "하나님의 인자하심과 준엄하심이 어떻게 어우러져서 그리스도 안에서 믿음을 지켜 가도록 돕는가?"

먼저 준엄하심과 인자하심이 동일한 방법으로 믿음을 돕는 것이 아님에 유의하십시오. 로마서 11장 22절에서 바울은 말합니다. "그러므로 하나님의 인자하심과 준엄하심을 보라. 넘어지는 자들에게는 준엄하심이 있으니, 너희가 만일 하나님의 인자하심에 머물러 있으면 그 인자가 너희에게 있으리라." 여기서 "너희가 만일 하나님의 준엄하심에 머물러 있으면"이라고 말하지 않습니다. 준엄함을 보는 목적은 우리를 하나님의 인자하심에 머무르게 하는 것입니다. 인자하심이 우리의 목적지이고, 준엄하심은 우리가 빠져나와야 할 곳입니다.

본문에서 준엄하심은 구속의 경험이 아닙니다. 심판이고 멸망입니다. 때로 우리는 "잔인한 자비"를 말하기도 하며, 물론 그런 것도 있습니다. 쉘던 베너컨(Sheldon Vanauken)의 책 『잔인한 자비』(*A Severe Mercy*)를 읽어 보신 분이 많을 것입니다. 아내의 암 투병과 죽음이 곧 남편의 구원이 됩니다. 하지만 여기서 바울이 생각하는 것은 그것이 아닙니다. 여기서의 준엄함이란 믿지 않는 자에게 임하는 마지막 심판입니다. 그것은 우리가 바라보며 두려워하기도 하지만 빠져나와야 할 곳이기도 합니다. 따라서 하나님의 준엄하심은 우리를 하나님의 인자하신 품속으로 뛰어들도록 내보냄으로써 우리의 믿음을 돕습니다.

믿는 자를 위한 두려움의 세 가지 목적

그렇다면 우리가 하나님의 준엄하심이 아닌 인자하심 속에 계속 머물러야 한다는 사실은 우리가 믿음에 머무르면서 두려워할 필요는 없다는 의미일까요?

20절입니다. "그들[믿지 않는 유대인들]은 믿지 아니하므로 꺾이고 너는 믿으므로 섰느니라. 높은 마음을 품지 말고 도리어 두려워하라." 우리는 하나님의 인자하심을 믿음으로 그분의 인자하심 안에 머무릅니다. 그렇다면 두려움은 우리에게 어떤 역할을 합니까?

이 질문에 대한 세 가지 답변으로 설교를 마무리하겠습니다. 두려움은 믿는 자들의 삶에서 믿음을 유지하고 마지막까지 인내하도록 도와줍니다.

1) 하나님의 준엄하심에 대한 두려움은 하나님의 인자하심을 향해 날아가게 해준다.

그렇게 될 때, 그분의 인자하심은 두려움을 내어 쫓습니다. 이것이 그리스도인의 삶 속에서 규칙적으로 반복되는 리듬입니다. 완전한 사랑이 두려움을 내어 쫓는 것이 맞습니다(요일 4:18). 하지만 우리 중 어느 누구도 사랑 안에서 완전해질 수는 없습니다. 그러므로 하나님의 심판에 대한 두려움은 지속적으로 우리 삶에 좋은 영향력을 미쳐서, 하나님의 인자하심이 얼마나 귀한지 분명하게 생각할 수 있도록 계속 깨우쳐 주며, 하나님의 품으로 가지 못하게 막는 모든 거짓과 헛된 소망에서 떠나게 합니다.

2) 두려움은 하나님의 인자하심 안에서 우리 믿음의 기쁨을 더욱 깊고 진지하게 해주고, 하찮은 것이 되지 않게 도와준다.

두려움은 단순한 도덕이나 인간관계, 형식적인 교리나 전통이나 형식주의에서 벗어나게 합니다. 영혼을 깨뜨리려는 지옥의 파도가 인간 영혼에 두려움으로 덮칠 때 오히려 믿음의 깊이가 더해져, 예수님을 위해 어떻게 살 것인가를 놓고 수차례 세미나를 여는 것보다 더욱 유익할 때가 있습니다. 하나님은 만홀히 여길 대상이 아닙니다. 그분의 준엄하심은 피상적이고 하찮고 장난치는 듯한 잠꼬대에서 우리를 깨어나게 합니다.

3) 두려움은 믿음 안에서 그 자체로 달콤함이 된다.

우리는 하나님의 인자하심 안에서만 믿음으로 살아가지 않습니다. 하나님의 인자하심만 알고 있다면 믿음으로 인한 기쁨이 보다 깊어지지가 않습니다. 오히려 두려움은 우리의 믿음 안에서 그 자체로 달콤함이 됩니다.

성경이 그렇게 말하고 있기 때문입니다. 느헤미야서 1장 11절입니다. "주여 구하오니 귀를 기울이사 … 주의 이름을 경외하기(fear)를 기뻐하는 종들의 기도를 들으시고." 이사야서 11장 3절은 주의 종이 올 것을 내다보면서 이렇게 말합니다. "그가 여호와를 경외함(fear)으로 즐거움을 삼을 것이며." 지옥과 심판과 정죄를 받을 수밖에 없는 실제 상황에서 벗어날 수 있을 때, 하나님을 경외하는 경험에 따라오는 달콤함을 표현하기 위해 '기쁨 또는 즐거움'이라는 단어를 사용하고 있습니다. 하나님에 대한 두려움에서 하나님의 정죄가 사라질 때, 그 뒤에는 겸손과 떨림, 기쁨이 함께하는 두려움과 놀라움이 남습니다.

실제로 사람들이 삶에서 두려운 상황을 만나면 피해 달아나면서도, 비슷한 두려움을 지켜보려고 굳이 영화관을 찾는 이유가 그것입니다. 어느 누구도 비행기 추락을 원치 않으면서도 굳이 놀이동산을 찾아가 돈을 내면서까지 추락의 짜릿함을 맛보려는 이유이기도 합니다. 우리는 안전하게 하나님을 두려워하도록 창조된 존재이기 때문에 그렇습니다. 그 외 다른 모든 것은 이러한 진리의 메아리일 뿐입니다. 우리가 그렇게 정죄함 없이 하나님이 우리 아버지이자 친구라는 사실을 알아갈 때 하나님께 대한 두려움에는 역설적이게도 깊은 환희가 남습니다.

그렇지 않다면 주님과 여러 성도들이 "내가 주의 이름을 경외함으로 즐거움을 삼는도다"라고 말하지는 못했을 것입니다.

그러므로, 보라!

그러므로 우리는 보고, 보고, 또 보아야 합니다! 하나님의 인자하심과 더불어 준엄하심을 보아야 합니다. 성경 속에 깊이 들어가십시오. 그리고 하나님의 준엄하심이 우리를 하나님의 인자하심의 품으로 안기게 하고, 그분의 준엄하심이 인자하심 안에서 우리의 믿음을 깊게 하며, 모든 정죄는 예수님을 믿음으로 사라져서 그분의 준엄하심이 우리에게 떨리는 기쁨으로 변화되기를 바랍니다.

33장

지옥의 메아리와 그 불충분성

로마서 11:17-24

또한 가지 얼마가 꺾이었는데 돌감람나무인 네가 그들 중에 접붙임이 되어 참감람나무 뿌리의 진액을 함께 받는 자가 되었은즉 그 가지들을 향하여 자랑하지 말라. 자랑할지라도 네가 뿌리를 보전하는 것이 아니요 뿌리가 너를 보전하는 것이니라. 그러면 네 말이 가지들이 꺾인 것은 나로 접붙임을 받게 하려 함이라 하리니 옳도다. 그들은 믿지 아니하므로 꺾이고 너는 믿으므로 섰느니라. 높은 마음을 품지 말고 도리어 두려워하라. 하나님이 원 가지들도 아끼지 아니하셨은즉 너도 아끼지 아니하시리라. 그러므로 하나님의 인자하심과 준엄하심을 보라. 넘어지는 자들에게는 준엄하심이 있으니 너희가 만일 하나님의 인자하심에 머물러 있으면 그 인자가 너희에게 있으리라. 그렇지 않으면 너도 찍히는 바 되리라. _롬 11:17-22

오늘은 하나님의 가치를 드러내는 반향이지만, 진정한 회개를 만들어 내기에는 충분하지 않은 지옥에 대해서 이야기하도록 하겠습니다. 그래서 저는 설교의 제목을 "지옥의 메아리와 그 불충분성"으로 잡았습니다.

본문은 말합니다. “그러므로 하나님의 인자하심과 준엄하심을 보라.” 우리는 단지 우리가 그토록 좋아하고 또 그렇게 해야 하는 것, 즉 하나님의 인자하심을 보라는 명령만 받은 것이 아닙니다! 우리가 그다지 하고 싶지 않은 것, 곧 하나님의 준엄하심을 보라는 명령도 받았습니다.

하나님의 준엄하심을 보려 하지 않는 것은 불순종이고 위험하며 하나님을 사랑하지 않는 행동입니다. 이것은 마치 부모가 자식에게 파란 가스레인지 불이 얼마나 좋은지 가르쳐 줄 때와 같습니다. 국수 삶을 물도 끓여 주고, 달걀로 맛난 음식을 만들어 주니 가스레인지가 얼마나 좋습니까. 하지만 그것을 잘못 사용하면 얼마나 위험하고 심각한 상처를 주는지 아이에게 말하지 않는다면, 그 자체로 위험하고 사랑이 없는 행위입니다. 따라서 하나님의 준엄하심을 보라는 말은 엄청난 사랑에서 비롯된 명령입니다. 그리고 이러한 준엄하심을 보지도 믿지도 못하게 하려는 사람들은, 말은 부드럽게 하지만 우리에게 호의를 베푸는 것이 결코 아닙니다.

지옥에 대한 역사적, 성경적 관점을 거부하다

사실상 이번 주제를 선택하게 된 동기는 저명하고 존경받는 기독교 지도자들이 점차 지옥에 대한 역사적, 성경적 이해를 거부하고 있다는 점을 여러분에게 경고하고 싶었기 때문입니다. 제가 “지옥에 대한 역사적, 성경적 이해”라고 할 때는 우리가 교회에서 사용하는 신앙고백(침례교 총회의 신앙고백과 같은), 즉 “우리는 … 마지막 심판과 의인의 영원한 행복과 악인의 끝없는 고통을 믿으며 …”라고 적혀 있는 글을 의미합니다.

지옥에 대한 역사적, 성경적 관점은 지옥이 '끝없는 고통'(endless suffering)이라는 것입니다. 두 단어 모두 성경적이며 중요합니다. '끝없는'은 지옥이 영원하며 끝나지 않는다는 의미이고, '고통'이란 그렇게 끝없이 계속되는 상태에서 사람들은 괴로움을 고스란히 느낀다는 것입니다.

정통에서 이단으로 옮겨가다

지옥에 대한 성경적 진리를 버리는 과정은 잘 알려지지 않은 성경의 다른 가르침들을 하나씩 버리는 방식을 그대로 답습하고 있습니다. 그런 충동은 성경에서 오는 것이 아니라, 당대의 문화와 개인의 주관적 감정의 충동에서 비롯됩니다. 예를 들어, 클라크 피녹(Clark Pinnock)은 1990년에 이런 글을 썼습니다.

> 나는 끝없는 고통을 의식한다는 전통적 신앙에 의문을 갖게 되었다. 성경적 기반에서 이런 주장을 편다기보다는, 도덕적 불쾌감과 폭넓은 신학적 고찰 때문이다. 사랑의 하나님이 유한한 삶에서 저지른 죄 때문에 인간을 영원히 벌준다고 주장하는 것은 말이 되지 않는다. … 이제는 복음주의자들이 나서서, 지옥에 대한 성경적이고 도덕적으로 적합한 교리는 멸절(annihilation)이지 영원한 고통이 아니라고 말해야 할 때다.*

*Clark Pinnock and Delwin Brown, *Theological Crossfire: An Evangelical/Liberal Dialogue* (Grand Rapids: Zondervan Publishing House, 1990), 226–227.

이것은 한 사람이 정통 신앙에서 이단으로 넘어가는 고전적인 과정입니다. 인간의 감정과 욕망이 일반 주제에 관한 이론적 사고와 결합하면서, 특정한 성경 본문과 가르침보다 우선시됩니다. 때로는 이러한 움직임이 시대정신에 걸맞지 않는(현대의 계몽된 사람들에게 용납되지 않을 것 같은) 성경의 가르침을 폐기하도록 사람들을 이끌어 가는 과정을 볼 수 있습니다.

존 스토트는 4년 전에 이런 글을 썼습니다. "감정적으로 나는 그 개념[영원히 고통을 느낀다는 것]을 견디기 힘들 뿐더러, 사람들이 그런 개념을 알고서도 감정적 마비나 중압감으로 붕괴되지 않고 살아갈 수 있다는 사실이 이해되지 않는다. … 성경은 멸절을 가리킨다."*

클라크 피녹이나 존 스토트 모두(그 외 오늘날의 여러 사람들) "끝없는 고통"이 있는 지옥에 가는 사람은 없다는 주장을 펴고 있습니다. 도리어 사람들이 예수 그리스도를 믿지 않으면 '멸절'된다고 말합니다. 그 말은 사람들이 어떤 의미에서, 존재하기를 멈춘다는 의미입니다. 그들은 의식이 사라지고 더 이상 어떤 것도 경험하지 못하는, 어디에도 존재하지 않는 것이 됩니다.

선교에 미치는 엄청나고 거대한 차이

따라서 저는 최근의 이러한 신학적 도전에 대응하느라 집필 휴가 기간 동안 이 사안을 놓고 씨름하는 데 긴 시간을 보냈습니다. 왜냐

*David Edwards, *Evangelical Essentials, with a Response from John Stott* (Downers Grove: InterVarsity Press, 1988), pp. 314–320.

하면 선교에 있어서 이런 사안은 엄청나고 거대한 차이를 가져오기 때문입니다. 예수님을 믿지 않아서 영원히 지옥에서 고통을 받는 것과 단지 존재하기를 멈추는 것 사이의 차이는 실로 어마어마합니다. 이해가 되십니까? 성경의 가르침에 대한 약간의 조정이 아닙니다. 막대합니다. 영원한 고통 속에 존재하느냐 존재하지 않게 되느냐의 차이는 무한합니다.

하나님이 심판의 날에 아돌프 히틀러와 만나서 이렇게 말씀하신다고 생각해 보십시오. "너의 모든 교만과 불신앙와 증오, 그리고 수백만의 사람들에게 행한 모든 고통과 비극에 대한 나의 심판은 이것이다. 지금부터 너는 더 이상 존재하지 않는다. 아무것도 느끼지 않게 될 것이다." 이것이 히틀러에게 끔찍한 징벌이 될 거라 생각하는 분이 있다면, 스스로에게 물어보십시오. 자신이 태어나기 전, 존재하지 않았던 수천 년의 시간이 과연 끔찍했는지 말입니다. 태어나지 않음으로 인해 겪은 고통이 바로 히틀러가 더 이상 존재하기를 멈출 때 겪게 되는 고통이라면요?

성경의 가르침과 위배되다

믿지 않는 자들이 단순히 존재하지 않게 된다는 견해에는 중대한 문제가 있습니다. 성경은 그리스도를 믿지 않는 사람들이 영원한 고통의 형벌을 받게 된다고 가르칩니다. 달리 말해, 멸절설은 교회가 성경적 진리에서 벗어나게 합니다. 이런 일은 많은 사람들을 다치게 하고 하나님을 욕되게 합니다.

성경이 "하나님의 준엄하심을 보라"고 말할 때 우리는 반드시 그렇게 해야 합니다. 하나님의 준엄하심에는 끝없는 고통을 수반하는 지옥에 관한 진리가 포함되어 있습니다. 이번에 선교에 관한 책을 새로 저술하면서 이 부분과 연관된 성경 열여섯 구절을 다루었는데* 이것은 제각기 분리된 교리가 아닙니다.

성경이 말하는 지옥의 두렵고 끔찍한 모습

지옥은 심오하고 두려운 실체입니다. 지옥을 가볍게 다룰 거라면 차라리 아무 말을 하지 않아야 하고, 지옥의 고통을 아무 고통을 못 느끼는 것으로 탈바꿈시키려면 우리가 아무 두려움도 느끼지 못한다는 사실을 증명해야 합니다. 저는 지옥의 공포를 '지나치게' 과장해서 말할 수 있는 사람을 아직 한 번도 보지 못했습니다. 예수님이 사용하신 무시무시한 이미지를 결코 넘어서지 못합니다. "슬피 울며 이를 갊이 있으리라"(마 8:12, 13:42, 22:13, 24:51, 25:30), "거기에서는 구더기도 죽지 않고 불도 꺼지지 아니하느니라"(막 9:48), "꺼지지 않는 불"(마 3:12, 막 9:43), "영원한 불"(마 25:41), "지옥 불"(마 18:9), "영벌"(마 25:46), "불꽃 가운데서 괴로워하나이다"(눅 16:24).

이 모든 말씀의 요지는 우리가 심히 떨어야 한다는 것입니다. 이런 말을 들으면 두려워 떨며 무서워하도록 되어 있습니다. 그 끔찍한 현실로부터 달아나려 하는 것은 인지상정입니다. 그리고 그것은 지옥을 부정함으로써가 아니라, 우리를 지옥에서 구하기 위해 죽으신

*단 12:2, 마 3:12 (눅 3:17), 막 9:43-48, 마 18:8, 마 10:28 (눅 12:4-5), 마 25:41, 46, 마 26:24, 막 3:29 및 마 12:32, 눅 16:26, 롬 2:6-8, 살후 1:9, 히 6:1-2, 유 12-13, 계 14:11, 계 19:3, 계 20:10.

예수님의 품을 향해 달려가는 것으로 나타나야 합니다.

요한계시록 14장 11절은 회개하지 않는 자들의 영원한 고통을 가장 생생하게 보여 주는 신약 말씀일 것입니다. "그 고난의 연기가 세세토록 올라가리로다. 밤낮 쉼을 얻지 못하리라." 고통은 영원히 계속됩니다. 회개하지 않는 죄인들의 끝없는 고통이야말로 성경에서 가르치는 실재이므로, 우리에게 유익한 말씀입니다.

마지막 엄중한 경고

엄중한 경고로 설교를 마무리할까 합니다. 특별히 저는 예수님이 하신 말씀으로 경고를 드리려 합니다. "만일 네 손이나 네 발이 너를 범죄하게 하거든 찍어 내버리라. 장애인이나 다리 저는 자로 영생에 들어가는 것이 두 손과 두 발을 가지고 영원한 불에 던져지는 것보다 나으니라"(마 18:8).

오늘날의 상식과는 정반대인 성경의 사고 과정을 따를 것을 여러분께 권면합니다. 성경을 보며 "내가 보기에 끝없는 고통은 정당하지 않다. 그런 건 성경에서 가르치면 안 돼"라고 말하는 대신 이렇게 말씀하십시오.

"성경이 그렇게 가르친다면 분명 정당한 것이다. 그러니 죄가 얼마나 무한히 두려운 것인지! 하나님의 영광을 모독하는 것이 얼마나 무한히 비난받을 일인지! 하나님의 약속을 믿지 않는 것이 하나님을 얼마나 무한히 욕되게 하는 것인지! 하나님의 아름다움과 영광과 순수함과 거룩함이 얼마나 무한한지, 끝없는 고통은 정당하며 그분의 말씀에 불순종하는 자는 벌을 받아 마땅하다!"

멸절은 마치 극악무도의 반역을 경범죄로 경감시키는 것과도 같습니다. 하지만 지옥은 우리가 경멸했던 하나님의 영광을 보며 두려움을 느끼게 합니다.

그리고 한 분(하나님이자 사람이신 예수 그리스도)의 죽음이, 회개하고 그 분을 믿는 모든 사람을 위한 대속물로 지옥의 영원한 형벌을 직접 담당하셨다는 사실을 보며 우리 안에는 놀라움이 가득하게 됩니다.

지옥은 하나님 영광의 메아리입니다. 지옥은 인간이 거부했던 영광의 위대함과 믿는 모든 자를 위해 지옥을 마다하지 않은 예수님의 위대한 고통이 어느 정도인지를 계시합니다.

34장

온 이스라엘이 구원을 받으리라

로마서 11:22-29

그러므로 하나님의 인자하심과 준엄하심을 보라. 넘어지는 자들에게는 준엄하심이 있으니 너희가 만일 하나님의 인자하심에 머물러 있으면 그 인자가 너희에게 있으리라. 그렇지 않으면 너도 찍히는 바 되리라. 그들도 믿지 아니하는 데 머무르지 아니하면 접붙임을 받으리니 이는 그들을 접붙이실 능력이 하나님께 있음이라. 네가 원 돌감람나무에서 찍힘을 받고 본성을 거슬러 좋은 감람나무에 접붙임을 받았으니 원 가지인 이 사람들이야 얼마나 더 자기 감람나무에 접붙이심을 받으랴. 형제들아 너희가 스스로 지혜 있다 하면서 이 신비를 너희가 모르기를 내가 원하지 아니하노니 이 신비는 이방인의 충만한 수가 들어오기까지 이스라엘의 더러는 우둔하게 된 것이라. 그리하여 온 이스라엘이 구원을 받으리라. 기록된 바 구원자가 시온에서 오사 야곱에게서 경건하지 않은 것을 돌이키시겠고 내가 그들의 죄를 없이 할 때에 그들에게 이루어질 내 언약이 이것이라 함과 같으니라. 복음으로 하면 그들이 너희로 말미암아 원수 된 자요 택하심으로 하면 조상들로 말미암아 사랑을 입은 자라. 하나님의 은사와 부르심에는 후회하심이 없느니라. _롬 11:22-29

하나님은 역사적으로 주목할 만한 시기에 우리에게 로마서 11장을 듣게 해주셨습니다. 중동에 위치한 이스라엘은 언제나 세계인의 관심을 끄는 사안의 중심에 있곤 합니다. 그리고 지금은 멜 깁슨의 영화 〈패션 오브 크라이스트〉로 인해 이스라엘이 다시 한번 뜨거운 이슈가 되었습니다. 따라서 오늘 설교는 그러한 맥락에서 말씀드리도록 하겠습니다.

금요일에 저는 우리 지역에 사는 어느 유대인 지도자의 이메일을 받았습니다. 시내에 거주하는 사역자들 앞으로 보낸 것이었는데, 멜 깁슨의 영화에 대해 부드럽지만 단호한 우려의 목소리를 내고 있었습니다. 그는 먼저 미네소타에서 있었던 유대인과 그리스도인 간의 평화로운 대담 결과에 찬사를 보낸 후에 이렇게 말했습니다.

> 우리는 존중심을 담아 이 영화에 대한 걱정스러운 마음을 여러분과 나누고자 합니다. 우리는 이 영화가 다시금 몰고 올 잠재적인 균열을 심각하게 여기고 있습니다. 단지 유대인과 그리스도인뿐 아니라 그리스도인들 사이에서도 서로 다른 관점으로 인한 균열이 발생할 것입니다. 우리 세계는 최근 몇 년간 지나치게 양극화되었고 우리는 이 영화가 그러한 양극화를 더욱 부추기리라 생각합니다. …
>
> 우리는 이 영화에서 묘사된 유대인의 모습으로 인해 매우 당혹스럽습니다. 어떤 종교나 인종이나 민족도 이러한 정형화된 이미지를 달가워하지 않습니다. 이 영화는 예수를 따르지 않는 유대인들에 대해, 예수의 십자가형을 요구하고 그의 고통과 죽음을 욕망하면서 한 치도 물러서지 않는, 피에 굶주린 폭도로 묘사했습니다.

지난 2천여 년간 부활절을 전후로 항상 유대인들을 겨냥한 끔찍한 폭력 사건이 있어 왔습니다. 예수 수난극은 사람들에게 유대인 전체가 예수의 죽음에 책임이 있다고 해석하게 했고, 유대인이 예수를 받아들이지 않은 사실을 늘 떠올리게 만들었습니다. 최근에 가톨릭 교회와 여러 기독교 교파들은, 수난극에서 '하나님을 죽인' 일을 지나치게 자세히 묘사한 결과로 유대인들이 역사적으로 계속된 죽음과 추방, 끔찍한 학대를 받게 되었다고 인정했습니다.

그리하여 가톨릭 교회와 여러 교파들이 모여 '하나님을 죽였다'는 죄의 선고 장면을 넣지 말기로 하고, 기독교 내의 여러 지도자 모임에서 수난에 대한 책임감 있고 정확하고 신중한 묘사를 요구함으로써 그리스도인과 유대인 간의 긴장감은 감소되었을 뿐 아니라 신뢰와 상호 존중을 기반으로 관계를 맺게 하는 중요한 역할을 담당했습니다.

존 목사님과 성도들이 이 영화를 보고 이야기를 나누는 가운데, 유대인의 관점이 무엇인지 인식하고 우리가 우려하는 것이 무엇인지 이해하며, 평화와 이해를 위해 기도하는 우리의 진심을 이해해 주시기 바랍니다. 기독교 성직자들께 부탁합니다. 성도들이 이 논란 가득한 영화를 보고 의미를 이해하느라 힘겨워할 때 이러한 관점을 기반으로 논의해 주시면 좋겠습니다. 우리는 모든 종교 단체가 이해와 평화의 다리를 놓는 것이 자신의 사명임을 깨닫기를 소망합니다.

여기서 저는 굳이 영화를 옹호하지 않겠습니다. 영화가 예수님의 마지막 고난을 "책임감 있고 정확하고 조심스럽게" 묘사했는지는 여러분 스스로 판단할 일입니다. 저는 미니애폴리스에 사는 이스라엘 사람들과 예수 그리스도를 따르는 사람들 사이에 로마서 11장을 통해 놓인 "이해와 평화의 다리"가 유일한 구원자 예수 그리스도임을 믿게 하고, 하나님의 진노에서 구원받도록 유대인과 이방인에게 주는 초대라는 사실을 쉽게 설명하는 일에 더욱 신경을 쓰고 싶습니다.

우리를 건지시는 그리스도는 이해와 평화의 다리

사도 바울은 데살로니가전서 1장 10절에서 말합니다. "또 죽은 자들 가운데서 다시 살리신 그[하나님]의 아들이 하늘로부터 강림하실 것을 너희가 어떻게 기다리는지를 말하니 이는 장래의 노하심에서 우리를 '건지시는'(delivers) 예수시니라." 예수님은 장차 올 하나님의 진노에서 "건지시는 자"(the Deliverer)입니다. 신약에서 "건지시는 자"라는 단어와 가장 유사한 단어가 로마서 11장 26절에 나옵니다. 여기서 바울은 '온 이스라엘'이 어떻게 구원을 받는지 설명하고 있습니다. 26절입니다. "구원자(The Deliverer)가 시온에서[예루살렘, 혹은 하늘의 예루살렘을 뜻함] 오사 야곱에게서 경건하지 않은 것을 돌이키시겠고."

건지시는 자는 예수 그리스도입니다. 그분은 '온 이스라엘'을 구하실 분이며, 그분의 구원은 "장래의 노하심"에서 피할 수 있게 합니다. 그리고 26절에서 보듯이 그 일은 "사람들에게서 경건하지 않은 것을 돌이키시는" 방식으로 행하실 것입니다. 27절입니다. "내가 그들의 죄를 없이 할 때에 그들에게 이루어질 내 언약이 이것이라 함과 같으니라." 따라서 이스라엘은 건지시는 자, 예수 그리스도가 시온에서 오셔서 1) 경건하지 않은 것(즉 우둔해진 것)을 이스라엘에게서 돌이키시고 믿음으로 채우실 것이며[23절을 기억하십시오. "그들도 믿지 아니하는 데 머무르지 아니하면 접붙임을 받으리니"] 또한 2) 그들의 죄를 사하시고, 3) 예수님을 믿는 이방인과 더불어 한 백성으로서 구원과 약속의 나무에 접붙여 주실 것입니다.

다시금 말씀드리지만, 이것이 로마서 11장이 놓아 주는, 유대인 공동체와 기독교 교회 사이를 연결하는 평화의 다리입니다. 유일한 구원자 예수 그리스도, 하나님의 아들이자 이스라엘의 메시아가 십자가에서 완성하신 사역에 대한 믿음을 통해 유대인과 이방인 모두를 구원하십니다.

이것이 의미하는 바는, 그리스도에게서 나와서 이스라엘에게로 이어지는 다리는 '기도와 복음 증거'의 다리라는 것입니다. 즉 이스라엘이(그리고 열방이) 그리스도를 믿고 구원을 얻기를 소망하면서 기도하고 복음을 전해야 합니다. 우리는 로마서 10장 1절에서 바울이 기도한 대로 이 다리를 건너 사도 바울을 따라가야 합니다. "내 마음에 원하는 바와 하나님께 구하는 바는 이스라엘을 위함이니 곧 그들로 구원을 받게 함이라." 로마서 11장 14절에서 바울이 "그들 중에서 얼마를 구원하려" 복음을 전했듯 우리 역시 바울을 따라 다리를 건너가야 합니다.

두 언약의 신학, 혹은 두 방식의 구원?

유대인을 위한 기도와 복음 증거에 대해 제가 이렇게 직접적으로 그리고 분명하게 말씀드리는 이유는 유대인 공동체뿐 아니라, 안타깝게도 우리 지역의 일부 기독교 지도자들이 그 사실을 믿지 않고 있다는 사실을 아셔야 하기 때문입니다. 오히려 지금 우리 지역의 유대인과 그리스도인들 사이에 맺은 평화와 상호 존중은 성경에 나온 바울의 가르침을 거부하고 유대인과 그리스도인들이 구원받는 방법은 서로 다르다는 비성경적인 기반 위에 세워진 것입니다.

로마서 11장 26절에 나오는 구원의 의미에 관해 존 스토트는 이렇게 말했습니다.

> 대학살을 경험한 유대인들이 기독교 선교사들의 유대인 대상 선교 활동을 중단해 달라고 요청한 이후로 여러 그리스도인들이 선교 사역을 지속하는 것에 대해 당혹감을 느낀다는 소식은 충분히 이해할 만하다. 심지어 이러한 유대인을 대상으로 한 전도가 용납하기 힘든 반유대주의는 아닌지에 대해서도 논란이 일고 있다. 따라서 일부 그리스도인들은 유대인들을 그냥 유대교 식대로 살도록 내버려 두는 신학을 개발하려고 시도해 왔다. 그들은 아브라함과 맺은 하나님의 언약이 '영원한 언약'임을 우리에게 상기시키면서 그 언약이 아직도 유효하므로 하나님은 그들에게 예수를 믿도록 하지 않으면서도 그들의 언약을 통해 유대인들을 구원하신다고 주장한다. 이 제안을 보통 '이중 언약 신학'이라 부르는데, 크리스터 스텐덜 주교는 소위 두 가지 구원의 '방식'이 있다고 주장한 최초의 학자들 중 하나다. 두 가지 방식이란 믿음을 가진 남은 자들 및 이방인들을 위한 기독교적 방식과 하나님과의 언약에 의존하는 역사적 이스라엘의 방식이 있다는 뜻이다.
>
> 로마서 11장은 이러한 경향에 분명하게 반대하고 있다. 로마서 11장은 유대인과 이방인 모두가 속해야 할 참감람나무는 오직 하나라는 사실을

줄곧 보여 주기 때문이다. 톰 라이트는 이렇게 쓰고 있다. "참으로 역설적인 사실은 지난 20세기 동안 반유대주의를 피하기 위해 옹호했던 (유대인 선교 반대와 같은) 행동이야말로 바울이 정확히 반유대주의라고 여기는 행동이라는 것이다."*

그렇습니다. 이것은 역설이 아닌 비극입니다. 이런 식으로 유대인 선교를 포기한 교회가 과연 복음을 얼마나 오래 지킬 수 있을지 모르겠습니다. 그들은 구원을 위해 그리스도에 대한 믿음이 필요하다는 사실을 거부하면서 복음을 훼손시키고 말 것입니다. 사도 바울은 이러한 두 방식의 구원은 그리스도가 하신 일을 드러내 놓고 거부하고 이스라엘에 대한 하나님의 지극한 사랑을 훼방한다는 점을 알고 있었습니다.

따라서 오늘 그 점을 아주 명확하고 냉정하게 보겠습니다. '구원은 이스라엘이나 이방인들 모두에게 동일한 방식으로 옵니다. 구원자이신 그리스도 예수를 믿지 않으면 구원은 결코 오지 않습니다.'

이스라엘의 구원의 확실성

놀랍게도 오늘 본문의 요지는 이것이 전부가 아닙니다. 이스라엘의 구원은 오직 구원자이신 예수 그리스도를 통해서 올 뿐만 아니라, 반드시 오게 될 것입니다. 이스라엘의 구원은 단지 가능성이 아니라

*John Stott, *Romans: God's Good News for the World* (Downers Grove: InterVarsity Press, 1994), pp. 304-305.

확실한 사실입니다. 하나님이 약속하셨고 하나님이 이스라엘을 그분의 백성으로 부르셨습니다. 그리고 바울은 29절에서 이렇게 말합니다. "하나님의 은사와 부르심에는 후회하심이 없느니라." 로마서 11장 25-26절에 나오는 약속을 함께 읽도록 하겠습니다. "형제들아 너희가[이방인] 스스로 지혜 있다 하면서 이 신비를 너희가 모르기를 내가 원하지 아니하노니, 이 신비는 이방인의 충만한 수가 들어오기까지 이스라엘의 더러는 우둔하게 된 것이라[7절에서 살펴본 말씀]. 그리하여 온 이스라엘이 구원을 받으리라. 기록된 바 구원자가 시온에서 오사 야곱에게서 경건하지 않은 것을 돌이키시겠고."

온 이스라엘이 구원받을 수도 '있겠다'(may)가 아니고 온 이스라엘이 구원을 '받을'(will) 것입니다. "온 이스라엘"이 미래 어느 세대를 사는 민족 전체를 언급한다는 점에 관해서는 모두의 의견이 같지는 않습니다. 어떤 사람들은 "온 이스라엘"이 유대인과 이방인 모두를 포함한 진정한 영적 이스라엘이라고 봅니다. 또 어떤 이들은 그리스도를 믿는 믿음을 통해 구원을 받는 이스라엘 민족의 남은 사람들을 언급한다고 보기도 합니다. 양쪽의 관점 모두 제가 지금까지 논증했던 내용(언젠가 이스라엘의 거대하고 놀랄 만한 민족적 회심이 있을 것)을 부정합니다.

이스라엘 민족 전체를 언급하는 다섯 가지 이유

그러므로 저는 로마서 11장 26절 말씀(그리하여 온 이스라엘이 구원을 받으리라)이 언젠가 민족 전체가(반드시 모든 개인이어야 하는 것은 아닙니다. 왕상 12:1, 대하 12:1 참조) 그리스도께로 회심하고 그리스도의 교회로 들어와 구원받게 될 것을 의미한다고 믿는 몇 가지 이유를 말씀드리겠습니다. 그런 뒤에 몇 가지 함의를 보면서 결론 짓도록 하겠습니다.

1. 25절과 26절에 나오는 '이스라엘'이라는 용어는 자연스럽게 동일한 대상을 언급하고 있습니다.

25절입니다. "형제들아 너희가 스스로 지혜 있다 하면서 이 신비를 너희가 모르기를 내가 원하지 아니하노니 … 이스라엘의 더러는 우둔하게 된 것이라." 이 단어는 분명히 세대를 아우르는 민족 전체(the nation as a whole)를 언급합니다. 바울은 계속 말을 잇습니다. "이방인의 충만한 수가 들어오기까지 … 그리하여 온 이스라엘이 구원을 받으리라." 이스라엘의 의미가 25절에서 26절로 넘어가며 바뀐 것 같지는 않습니다. 마음이 우둔해진 이스라엘(민족 전체)이 구원받은 이스라엘(민족 전체)이 될 것입니다.

2. 야곱에게서 경건하지 않은 것을 돌이키겠다고 한 말은 "온 이스라엘"을 민족적 관점으로 이해하는 것과 부합합니다.

26절입니다. "그리하여 온 이스라엘이 구원을 받으리라. 기록된 바 구원자가 시온에서 오사 야곱에게서 경건하지 않은 것을 돌이키시겠고." 이 말은 그리스도께서 다시 오실 때의 장면을 가장 자연스럽게 보여 주며, 또한 야곱에게서 경건하지 않은 것을 돌이키겠다고 말하는 대목은 그들의 우둔해짐이 제거되는 것과 자연스럽게 연결될 수 있습니다(25절). '야곱'은 이스라엘의 남은 자를 언급하는 데 있어 전형적이고 자연스런 표현은 아닙니다. 우둔함은 이방인의 충만한 수가 차기까지 지속된다고 했고, 그 이후에 그리스도가 오셔서 덮인 것을 걷어 주시고 우둔해진 것을 제하여 야곱, 즉 "온 이스라엘"의 불경건한 것을 돌이키십니다.

3. 병행을 이루는 28절 전반부와 후반부는 온 이스라엘이 민족 전체임을 가리킵니다.

28절입니다. "복음으로 하면 그들이 너희로 말미암아 원수 된 자요." 전반부는 분명히 민족 전체를 하나님의 원수로 언급합니다. 따라서 후반부 역시 민족 전체를 언급하는 것이 맞습니다. "택하심으로 하면 조상들로 말미암아 사랑을 입은 자라." 이 구절의 요지는 이스라엘이 비록 지금은 언약을 깨뜨린 믿음 없는 민족이지만 앞으로 변화될 것임을 보여 줍니다. 지금은 원수지만 사랑으로 선택되었기에 이후에는 돌이킬 것입니다.

4. 12절에 등장하는 병행구는 같은 방향을 가리킵니다.

12절입니다. "그들[유대 민족]의 넘어짐이 세상의 풍성함[이방인의 구원]이 되며 그들[유대 민족]의 실패가 이방인의 풍성함이 되거든 하물며 그들의 충만함이리요!" 여기서 "그들의 충만함"이라는 구절에서 언급된 '그들'은 "그들의 넘어짐", "그들의 실패"에서 언급된 '그들'과 동일한 민족임이 분명합니다. 따라서 "그들의 충만함"은 "온 이스라엘"의 구원을 말하는 것이며, 전 민족적인 의미입니다.

5. 15절의 병행구 역시 동일하게 적용됩니다.

"그들[유대 민족]을 버리는 것이 세상의 화목이 되거든 그[유대 민족] 받아들이는 것이 죽은 자 가운데서 살아나는 것이 아니면 무엇이리요?" 지금 버려진 민족이 장차 받아들여진다는 것입니다. 따라서 유대 민족을 "받아들이는 것"이란 "온 이스라엘"의 구원(언젠가 일어날 민족 전체의 구원)을 언급한다고 보는 것이 가장 자연스럽습니다.

함축된 의미

그러면 이 일은 어떻게 일어납니까? 자세한 것은 알 수 없지만, 바울은 예수님의 재림 때가 되어서 이스라엘이 그리스도께로 돌아오는 큰 회심이 있을 것이라는 의미로 말하는 것 같습니다. 어떻게 그 일이 가능할지는 잘 모르겠습니다. 하지만 아주 설득력 있는 예언은 발견했습니다. 스가랴서 12장 10절을 예로 들겠습니다. "내가 다윗의 집과 예루살렘 주민에게 은총과 간구하는 심령을 부어 주리니, 그들이 그 찌른 바 그를 바라보고 그를 위하여 애통하기를 독자를 위하여 애통하듯 하며, 그를 위하여 통곡하기를 장자를 위하여 통곡하듯 하리로다." 그리고 이사야서 66장 8절입니다. "이러한 일을 들은 자가 누구이며, 이러한 일을 본 자가 누구이냐 나라가 어찌 하루에 생기겠으며, 민족이 어찌 한 순간에 태어나겠느냐."

그리고 마태복음 23장 39절에서는 마음이 우둔해진 이스라엘을 향해 예수님이 말씀하십니다. "내가 너희에게 이르노니, 이제부터 너희는 찬송하리로다. 주의 이름으로 오시는 이여 할 때까지 나를 보지 못하리라 하시니라."

저는 분명하게 나온 것 이상을 넘어가고 싶지 않습니다. 그래서 정확히 이스라엘이 언제 어떻게 회심할지에 대해서는 확실하지 않다고 말씀드립니다. 하지만 그때는 올 것이며, 불경건한 것을 돌이키시고 죄를 용서하시는 구원자 예수 그리스도께서 그때를 허락하실 것을 저는 확신합니다.

우리는 이방인의 충만한 수가 들어와서 이스라엘의 우둔한 것이 사라지도록 기도해야 합니다. 열방을 향해 복음을 전하고 이스라엘에게 증거해야 합니다. 유대인 비그리스도인들에 대한 모든 자만과 편견은 치워 버리고, 우리의 구원을 통해 그들을 구원하는 것이 하나님의 목적임을 깨달아야 합니다. 그리고 오늘날 이스라엘의 땅에 대해 분명하면서도 조심스럽게 생각해 보아야 합니다. 그 부분에 대해서는 다음 시간에 보겠습니다.

이제 우리는 함께 이방인의 충만한 수를 모으는 위대한 사역과 기도에 헌신해야 합니다. 어떤 방법으로든 이스라엘이 그리스도 안에 있는 이방인들을 시기하게 만들어 그들이 믿고 구원을 받을 수 있게 말입니다.

35장

이스라엘, 팔레스타인, 중동

로마서 11:25-32

형제들아 너희가 스스로 지혜 있다 하면서 이 신비를 너희가 모르기를 내가 원하지 아니하노니 이 신비는 이방인의 충만한 수가 들어오기까지 이스라엘의 더러는 우둔하게 된 것이라. 그리하여 온 이스라엘이 구원을 받으리라. 기록된 바 구원자가 시온에서 오사 야곱에게서 경건하지 않은 것을 돌이키시겠고 내가 그들의 죄를 없이 할 때에 그들에게 이루어질 내 언약이 이것이라 함과 같으니라. 복음으로 하면 그들이 너희로 말미암아 원수 된 자요 택하심으로 하면 조상들로 말미암아 사랑을 입은 자라. 하나님의 은사와 부르심에는 후회하심이 없느니라. 너희가 전에는 하나님께 순종하지 아니하더니 이스라엘이 순종하지 아니함으로 이제 긍휼을 입었는지라. 이와 같이 이 사람들이 순종하지 아니하니 이는 너희에게 베푸시는 긍휼로 이제 그들도 긍휼을 얻게 하려 하심이라. 하나님이 모든 사람을 순종하지 아니하는 가운데 가두어 두심은 모든 사람에게 긍휼을 베풀려 하심이로다. _롬 11:25-32

오늘은 중동에 있는 "약속의 땅"과 연관지어 이스라엘 문제를 언급하도록 하겠습니다. 로마서 11장에서는 이에 관해 자세한 설명을 들을 수는 없습니다. 하지만 로마서 11장과 나머지 말씀에 함축된 의미를 이끌어 내면서 오늘날 세계적으로 가장 성가실 수도 있는 문제를 살펴보겠습니다. 중동에 이스라엘이 존재하고, 이스라엘이 그 통치와 경계를 확장시켜 가면서 전 세계 테러 이슈에 있어 가장 폭발력 있는 요소가 되었습니다. 그들은 아랍과 서구의 관계에 있어서도 가장 큰 뇌관입니다.

아랍과 유대인의 뿌리는 수천 년 전으로 거슬러 올라갑니다. 양쪽 모두 자기 땅이라고 주장하는 이유는 그들이 역사적으로 그곳에서 모두 살아 왔기 때문이기도 하지만, 영적인 권리 때문이기도 합니다. 저는 굳이 구체적인 평화안을 제시하려고 하지는 않겠습니다. 하지만 그 지역의 평화와 공의에 대해 생각할 때 우리 모두에게 지침이 될 만한 성경의 진리를 여러분께 보여 드리도록 노력하겠습니다. 여기에 관해 어떤 생각을 하며, 어떤 말을 하는지가 문제가 되는 것은, 이렇듯 종교적으로 심한 격동이 일어나는 상황에서는 정치인들이 유권자들의 영향을 많이 받기 때문입니다.

우리는 이와 관련해 어떻게 기도할지 배워야 합니다. 그리고 진리를 높이는 방법을 통해 다른 이들에게 말하는 방법을 알아 두어야 합니다. 우리는 하나님께서 이런 상황에 깊이 개입하시는 이유를 알기 위해서라도 로마서 11장의 문맥에서 논의해야 합니다.

우리는 로마서 11장에서 이스라엘 민족 전체가(즉, 수 세대를 함께 견뎌온 한 민족으로서) 아브라함과 그 자손에게 약속하신 언약에 뿌리를 두고 있음을 보았습니다. 16절입니다. "뿌리가 거룩한즉 가지도 그러하니라." 우리는 이 그림을 28절에 근거해서 해석했습니다. "복음으로 하면 그들[이스라엘]이 너희[이방인]로 말미암아 원수 된 자요, 택하심으로 하면 조상들로 말미암아 사랑을 입은 자라." 여기서 "조상들"이란 16절에 나오는 뿌리와 일치합니다. 따라서 조상들에게 주신 약속은 언젠가 나무 전체와 가지 전체가 구원을 받으리라는 것을 암시합니다.

'언젠가' 말입니다. 28절 말씀이 그렇게 말하고 있기 때문입니다. 하지만 지금은 그들이 '원수'입니다. 28절입니다. "복음으로 하면 그들[이스라엘]이 너희로 말미암아 원수 된 자요." 달리 말하면, 그들은 메시아를 거부하고 있으며 스스로 하나님과 원수가 되어 있습니다. 이것은 예수님이 요한복음 8장 42절에서 이스라엘에게 하신 말씀입니다. "하나님이 너희 아버지였으면 너희가 나를 사랑하였으리니." 예수님은 어떤 사람의 신앙이 진정한 하나님을 향한 예배인지를 확인하는 리트머스 시험지와 같습니다. 이스라엘은 예수님을 하나님의 아들과 자신들의 메시아로서 사랑하지 않았습니다. 그래서 그들은 지금 "하나님의 원수"입니다.

따라서 16절에서 "뿌리가 거룩한즉 가지도 그러하니라"고 말할 때는 이런 의미로 한 것입니다. "하나님이 자신을 위해 조상 아브라함과 이삭과 야곱을 선택하셨고, 그들을 따로 구별하셔서 언약의 약속을 받게 하셨다면, 우둔함이 반복되는 현 시기가 지나간 후에 그들의 후손은 예수 그리스도를 통해 하나님께 돌아올 것이고, 하나님이 따로 구별한 거룩한 사람들이 될 것입니다. 불신앙과 불경건은 야곱에게서 영원히 사라질 것입니다(26절).

따라서 이제 우리는 묻습니다. 소위 "약속의 땅"이 "온 이스라엘"(26절)이 받게 될 기업과 구원의 일부일까요? 만일 그렇다면 오늘날 그 땅에 대한 이스라엘의 권리에 대해 무슨 말을 할 수 있을까요? 이 질문에 답변하기 위해 성경에 기반하고 있는 7가지 진리를 주장하려 합니다.

1. 하나님은 이스라엘을 그분의 소유로 삼기 위해 열방 중에서 선택하셨습니다.

신명기 7장 6절입니다. "너는 여호와 네 하나님의 성민이라. 네 하나님 여호와께서 지상 만민 중에서 너를 자기 기업의 백성으로 택하셨나니."

2. 그 땅은 하나님이 아브라함과 그 자손에게 영원히 약속했던 기업의 일부였습니다.

창세기 15장 18절입니다. "그 날에 여호와께서 아브람과 더불어 언약을 세워 이르시되 내가 이 땅을 애굽 강에서부터 그 큰 강 유브라데까지 네 자손에게 주노니."

그런 후에 창세기 17장 7-8절에서 하나님이 아브라함에게 말씀하십니다. "내가 내 언약을 나와 너 및 네 대대 후손 사이에 세워서 영원한 언약을 삼고 너와 네 후손의 하나님이 되리라. 내가 너와 네 후손에게 네가 거류하는 이 땅 곧 가나안 온 땅을 주어 영원한 기업이 되게 하고 나는 그들의 하나님이 되리라."

이후 하나님은 창세기 28장 13절에서 그 약속을 아브라함의 손자인 야곱에게 확인시키셨습니다. "또 본즉 여호와께서 … 이르시되

나는 여호와니 너의 조부 아브라함의 하나님이요 이삭의 하나님이라 네가 누워 있는 땅을 내가 너와 네 자손에게 주리니." 그리고 야곱은 임종 시에 요셉을 그에게로 불러 이렇게 말했습니다. "이전에 가나안 땅 루스에서 전능하신 하나님이 내게 나타나사 복을 주시며 내게 이르시되 내가 너로 생육하고 번성하게 하여 … 내가 이 땅을 네 후손에게 주어 영원한 소유가 되게 하리라 하셨느니라"(창 48:3-4).

물론 이것이 하나님의 언약에 대한 이슬람의 관점과 유대인의 관점, 그리스도인의 관점 사이에서 큰 분열을 만들어 냅니다. 하지만 이것은 주 예수께서 확증하신 하나님의 말씀이기에 우리는 그 땅이 이스라엘의 땅으로 예정되었다고 말합니다. 하지만 그리 단순한 일은 아닙니다. 짤막한 한 마디 말로 처리할 수 있는 그런 사안은 아닙니다.

3. 아브라함에게 주신 약속에는 땅에 대한 약속도 포함되어 있지만, 진정한 영적 이스라엘만이 그 땅을 영원한 기업으로 받을 수 있으며, 불순종하고 믿지 않는 이스라엘은 받을 수 없습니다.

이것은 로마서 9장의 요지입니다. 예수님을 거부하고 죽어가는 수많은 유대인들을 보며 가슴 아파하면서도 바울은 6-7절에서 이렇게 말했습니다. "그러나 하나님의 말씀이 폐하여진 것 같지 않도다. 이스라엘에게서 난 그들이 다 이스라엘이 아니요. 또한 아브라함의 씨가 다 그의 자녀가 아니라 오직 이삭으로부터 난 자라야 네 씨라 불리리라 하셨으니."

달리 말하면, 단지 유대인이라는 이유만으로 하나님의 약속이 성취되리라고 주장할 수는 없다는 것입니다. 하나님의 계획 안에는 유대인이라는 민족이 있기는 하지만 그것만으로 약속의 성취를 보장받는 것은 아닙니다. 그 자체로 아브라함과 그 자손에게 주신 약속의 상속자가 될 자격이 주어지지는 않는다는 말입니다. 로마서 9장 8절은 분명하게 말합니다. "곧 육신의 자녀가 하나님의 자녀가 아니요 오직 약속의 자녀가 씨로 여기심을 받느니라." 유대인으로 태어나는 것으로 약속의 상속자가 되지는 않습니다. 약속의 땅에 대한 말씀이나 그 외의 다른 약속들도 마찬가지입니다.

이것은 구약성경에 잘 나와 있으며, 예수님도 분명히 이에 대해 가르치셨습니다(4번에서 볼 내용임). 예를 들어, 백성들이 언약을 깨뜨리고 하나님을 버릴 때 그들에게 임하게 하리라고 하나님이 약속하셨던 끔찍한 저주의 목록이 있습니다. "여호와께서 너희에게 선을 행하시고 너희를 번성하게 하시기를 기뻐하시던 것 같이 이제는 여호와께서 너희를 망하게 하시며 멸하시기를 기뻐하시리니 너희가 들어가 차지할 땅에서 뽑힐 것이요"(신 28:63). 이스라엘의 역사 전체를 볼 때, 이스라엘은 언약의 파기와 불순종, 우상숭배 때문에 약속의 땅으로 들어가는 영적 권리를 얻을 자격을 놓쳤습니다(단 9:4-7, 시 78:54-61 참조).

그렇다고 (아랍과 같은) 이방 민족에게 이스라엘을 괴롭힐 권리가 있다고 추론하지는 마십시오. 하나님이 이스라엘을 심판하신다고 해서 이스라엘을 공격하는 인간의 죄악을 묵인하신다는 뜻은 아닙니다. 이스라엘이 비록 약속의 땅에 대한 영적 권리는 잃었지만, 나라들 사이에서 살아갈 인간적 권리는 여전히 갖고 있습니다. 하나님께 징계를 받은 이스라엘의 영적 고난을 보며 조롱하던 나라들을 기억하십시오(사 10:5-13, 욜 3:2).

따라서 아브라함의 후손들이 그 땅을 기업으로 받겠다는 약속은 모든 유대인이 그 약속을 기업으로 얻는다는 의미가 아닙니다. 이는 마지막에 진정한 이스라엘에게 일어날 일이며, 그 이스라엘은 하나님의 언약을 지키고 순종하는 사람들을 말합니다.

4. 예수 그리스도는 유대의 메시아로 이 땅에 오셨고, 백성은 그분을 거부하고 하나님과 맺은 언약을 깨뜨렸습니다.

예수님이 제자들에게 "너희는 나를 누구라고 말하느냐?"고 물으셨을 때 베드로는 이렇게 대답했습니다. "주는 그리스도[유대인의 메시아]시요 살아 계신 하나님의 아들이시니이다." 그러자 예수님이 그에게 대답하셨습니다. "바요나 시몬아! 네가 복이 있도다. 이를 네게 알게 한 이는 혈육이 아니요 하늘에 계신 내 아버지시니라"(마 16:16-17). 그리고 대제사장이 예수님께 "네가 찬송받을 이의 아들 그리스도냐?"고 물었을 때, 예수님은 이렇게 대답하셨습니다. "내가 그니라. 인자가 권능자의 우편에 앉은 것과 하늘 구름을 타고 오는 것을 너희가 보리라"(막 14:61-62).

예수님이 메시아이시고, 놀라운 역사를 많이 행하셨으며, 위대한 권세로 가르치시고, 구약의 약속을 성취하셨음에도 불구하고 이스라엘 백성 전체가 그분을 거부했습니다. 이는 이스라엘이 역사상 범했던 그 어떤 죄 중에서도 가장 심각한 언약 파기에 해당하는 불순종이었습니다.

그래서 예수님은 포도원 주인의 아들이 추수 때 찾아오자 그를 죽여 버린 농부들에 대한 비유를 말씀하셨습니다. 그리고 마태복음 21장 43절에서 그 비유를 이스라엘에 적용하며 마무리하셨습니다. "그러므로 내가 너희에게 이르노니 하나님의 나라를 너희는 빼앗기고 그 나라의 열매 맺는 백성이 받으리라."

마태복음 8장 11-12절에서는 이방인 백부장의 믿음과 이스라엘의 불신을 보신 후에 이렇게 말씀하셨습니다. "동서로부터 많은 사람[이방인]이 이르러 아브라함과 이삭과 야곱과 함께 천국에 앉으려니와, 그 나라의 본 자손들은 바깥 어두운 데 쫓겨나 거기서 울며 이를 갈게 되리라."

이스라엘은 자기 하나님과의 언약을 깨뜨렸고, 오늘날 그분의 아들이자 자신들의 메시아를 믿지 않고 불순종하며 살아가고 있습니다. 그래서 바울은 로마서 11장 28절에서 말합니다. "복음[메시아에 대한 좋은 소식]으로 하면 그들이 너희로 말미암아 원수 된 자요."

5. 그러므로 오늘날 세속적인 이스라엘 국가는 언약의 땅에 대한 현재의 영적 권리를 주장할 수는 없지만, 그들과 우리는 현재의 영적 권리가 아닌, 공의와 긍휼 그리고 실현 가능한 국제 원칙에 입각하여 평화로운 해결책을 찾아야 합니다.

이것은 지금까지 우리가 말했던 모든 내용에 자연스럽게 뒤따라오는 것입니다. 성경을 믿고 그리스도를 구원자요 역사의 주인으로 믿는 우리는 유대인이나 팔레스타인의 특정 행동에 덮어 놓고 찬성하지는 말아야 합니다. 우리는 성경적인 공의와 긍휼의 기준에 따라 그들에게 찬성하거나 반대해야 합니다. 우리의 지도자들이 양쪽 편의 역사적, 사회적 주장을 고려하여 해결책을 찾도록 격려해야 합니다. 이 땅에 대한 현재의 영적 권리 주장이 공의로운 판결을 좌지우지하지 않도록 해야 합니다. 우리가 이를 믿는다면, 지도자들에게 그 사실을 알리는 것이 좋습니다.

우리는 테러 행위를 눈가림하려는 것도 아니고 이스라엘의 군사적 이슈를 외면하려는 것도 아닙니다. 그리고 비난의 기준이나 도덕적인 균형 감각을 조율하려고 애쓰는 것도 아닙니다. 그것은 저의 목표가 아닙니다.

어느 쪽도 자신의 영적 권리를 주장하면서 국제 사법부를 선점하는 일은 없어야 하며, 오직 균형 잡힌 토대 위에서 논의하도록 하는 것이 저의 목표입니다. 어떠한 판결이 날지 가늠하기란 여전히 무척 어려운 일입니다. 저는 그 문제를 해결하지 못했습니다. 하지만 우리가 현재의 갈등 상태에서 민족적으로나 국가적으로 하나님의 승인을 받았다는 이들의 주장에 일방적으로 손을 들어주지 않는다면 앞으로 이 문제를 잘 대처해 나갈 것이라 생각합니다.

6. 유대인의 메시아인 예수 그리스도를 믿음으로 이방인은 약속의 땅을 비롯하여 아브라함의 약속의 상속자가 되었습니다.

로마서 11장 17절을 보면 "돌감람나무인 네[이방인]가 그들 중에 접붙임이 되어 참감람나무 뿌리의 진액을 함께 받는 자가 되었은즉"이라는 말이 나옵니다. 이는 이방인들이 아브라함의 믿음을 함께 나누는 구속받은 언약 백성이 되었다는 의미입니다. 바울이 로마서 4

장 13절에서 말했듯이 그 이유는 "아브라함이나 그 후손에게 세상의 상속자가 되리라고 하신 언약은 율법으로 말미암은 것이 아니요 오직 믿음의 의로 말미암은 것"이기 때문입니다. 따라서 그리스도와 연합한 모든 사람들, 믿음으로 아브라함의 후손이 된 사람들은 아브라함 및 그 후손과 더불어 맺어진 언약에 참여할 수 있습니다.

에베소서 2장 12-13절에는 그 진리에 있어서 가장 포괄적인 언급이 나옵니다. "그때에 너희[이방인]는 그리스도 밖에 있었고 이스라엘 나라 밖의 사람이라 약속의 언약들에 대하여는 외인이요 세상에서 소망이 없고 하나님도 없는 자이더니 이제는 전에 멀리 있던 너희가 그리스도 예수 안에서 그리스도의 피로 가까워졌느니라."

그러므로 예수님을 믿는 유대인과 이방인 그리스도인들은 그 땅을 기업으로 받을 것입니다. 우리가 그 땅을 포함하여 온 세상을 기업으로 얻을 것이기 때문입니다. 새 하늘과 새 땅 모두 우리의 것이 될 터라, 유대인 그리스도인과 이방인 그리스도인은 서로 약속의 땅을 놓고 억지를 부리지 않을 것입니다.

고린도전서 3장 21-23절입니다. "만물이 다 너희 것임이라. 바울이나 아볼로나 게바나 세계나 생명이나 사망이나 지금 것이나 장래 것이나 다 너희의 것이요, 너희는 그리스도의 것이요 그리스도는 하나님의 것이니라." 그리스도를 따르는 모든 사람들, 오로지 그리스도를 따르는 사람들은 약속의 땅을 비롯하여 온 땅을 기업으로 받을 것입니다.

7. 마지막으로 그리스도의 백성들을 위한 기업은 그리스도께서 그 나라를 세우러 다시 오실 때에 받게 됩니다. 그때까지 그리스도인은 자신의 기업을 주장하기 위해 무기를 들고 싸워서는 안 되며, 차라리 더 많은 이들과 기업을 나누기 위해 삶을 드려야 합니다.

예수님이 요한복음 18장 36절에서 빌라도에게 하신 매우 중요한 말씀을 기억합시다. "내 나라는 이 세상에 속한 것이 아니니라. 만일 내 나라가 이 세상에 속한 것이었더라면 내 종들이 싸워 나로 유대인들에게 넘겨지지 않게 하였으리라. 이제 내 나라는 여기에 속한 것이 아니니라."

그리스도인들은 주님의 왕국을 확장시키기 위해 칼을 들지 않습니다. 우리는 하늘에서 왕이 오셔서, 우리를 그 막강한 힘으로 구원해 주시기를 기다립니다. 그 위대한 날이 오면 그리스도를 보화처럼 여겼던 유대인과 이방인 모두 약속하신 그것을 받을 것입니다. 그리고 엄청난 반전이 일어날 것입니다. 나중 된 자가 먼저 되고, 겸손한 자는 땅을 기업으로 받게 됩니다.

그러므로 시간이 허락되는 동안, 겸손하게 낮아지신 그리스도께 나아가 죄 용서와 영광의 소망을 받으시기 바랍니다.

36장

역사를 위한 하나님의 계획: 긍휼의 영광

로마서 11:28-32

복음으로 하면 그들이 너희로 말미암아 원수 된 자요 택하심으로 하면 조상들로 말미암아 사랑을 입은 자라. 하나님의 은사와 부르심에는 후회하심이 없느니라. 너희가 전에는 하나님께 순종하지 아니하더니 이스라엘이 순종하지 아니함으로 이제 긍휼을 입었는지라. 이와 같이 이 사람들이 순종하지 아니하니 이는 너희에게 베푸시는 긍휼로 이제 그들도 긍휼을 얻게 하려 하심이라. 하나님이 모든 사람을 순종하지 아니하는 가운데 가두어 두심은 모든 사람에게 긍휼을 베풀려 하심이로다. _롬 11:28-32

오늘은 로마서 11장의 몸통이 되는 부분을 마무리짓겠습니다. 앞으로 두 주 후면 종려주일입니다. 로마서 11장의 마지막 문단인 33-36절에 대한 주해를 다음 두 주 동안에 끝내고 이어서 예수님의 죽음과 부활에 초점을 맞춰 말씀을 전하도록 하겠습니다.

로마서 11장 30-32절은 11장의 핵심을 요약하는 구절입니다. 즉, 하나님의 약속들이 얼마나 신뢰할 만하며 그분의 긍휼하심이 얼마나 장엄한지에 대한 진리가 역사 속에서 최종적으로 가장 충만히 드러남으로써 인간의 교만을 꺾고 오직 열렬한 예배만 있게 하기 위하여, 하나님은 역사를 계획하시고 이끌어 가신다는 사실(사람들의 불순종이나 순종과는 상관없이)을 잘 요약하고 있습니다.

29절입니다. "하나님의 은사와 부르심에는 후회하심이 없느니라." 달리 말하면, 하나님이 역사 속에서 그분의 계획을 완성해 가시는 일은 결코 실패하지 않는다는 말입니다. 그러므로 하나님은 결코 돌이킬 수 없는 방식으로 역사를 계획하고 이끌어 가십니다.

역사의 주인

하나님은 단연코 역사의 주인이십니다. 시편 67편 4절의 말씀과 같습니다. "주는 민족들을 공평히 심판하시며 땅 위의 나라들을 다스리실 것임이니이다." 하나님은 온 열방을 다스리십니다. 지구상의 나라들은 매일 수십억 번의 결정을 내리며 살아가고 있지만, 사실 그들에게 주도권은 없고 자기 마음대로 할 수도 없습니다. 그들은 '다스림'을 받습니다. 그들은 '인도하심'을 받습니다.

다니엘서 2장 21절입니다. "그는 때와 계절을 바꾸시며 왕들을 폐하시고 왕들을 세우시며." 다니엘서 4장 35절입니다. "땅의 모든 사람들을 없는 것 같이 여기시며 하늘의 군대에게든지 땅의 사람에게든지 그는 자기 뜻대로 행하시나니, 그의 손을 금하든지 혹시 이르기를 네가 무엇을 하느냐고 할 자가 아무도 없도다." 이사야서 46장 9-10절입니다. "나는 하나님이라. 나 외에 다른 이가 없느니라. 나는 하나님이라. 나 같은 이가 없느니라. 내가 시초부터 종말을 알리며 아직 이루지 아니한 일을 옛적부터 보이고 이르기를 나의 뜻이 설 것이니 내가 나의 모든 기뻐하는 것을 이루리라 하였노라."

충격적인 역사의 계획

따라서 로마서 11장 30-32절은 하나님의 긍휼하심을 최대로 드러내고 인간의 모든 자랑하는 입을 막기 위해, 역사를 운행하시는 하나님의 계획이 얼마나 놀랍고 충격적인지 요약하고 있습니다.

제가 "놀랍다", "충격적이다"고 말했는데, 이는 바울이 다음 절(33절)에서 사용한 두 단어가 "헤아리지 못하는", "찾지 못하는"이기 때문입니다. "깊도다. 하나님의 지혜와 지식의 풍성함이여, 그의 판단은 헤아리지 못할 것이며 그의 길은 찾지 못할 것이로다." 만일 우리가 30-32절에서 알게 될 내용은 마음이 떨리고 놀라고 헤아릴 수 없고 찾지 못할 것들이라고 생각한다면, 그것이 정답입니다. 우리가 보여야 할 마땅한 반응입니다. 그래서 사도 바울도 피조물을 위한 하나님의 절대적 통치와 궁극적 계획과 목적 속으로 우리를 의도적으로 더욱 깊이 이끌어 가고 있습니다. 의도된 충격입니다. 33절이 그 사실을 증명합니다. 따라서 목회자로서 설교를 전하는 저의 의무 중 하나는 성도들이 하나님을 만나고 알아가는 충격을 경험하게 하는 것이라고(충격을 제거하는 것이 아니라) 생각합니다.

여기서 잠시 멈춰, 궁극적 실체를 경험하는 충격(그 실체를 있는 그대로 알고 느낄 때 받는 충격)이 우리의 삶과 실제로 어떤 연관이 있는지를 말씀드릴까 합니다. 성(性)을 예로 들겠습니다. 〈디자이어링 갓〉에서는 이번 가을에 (하나님의 뜻이라면) "성과 하나님의 탁월하심"(Sex and the Supremacy of Christ)을 주제로 컨퍼런스를 개최할 예정입니다. 전제는 이것입니다. 온 세계와 교회가 정욕과 포르노(남녀 모두에 해당되는데, 인터넷 포르노 시청자의 30%가 여성임), 간통, 간음, 자위, 노출증, 동성애, 수간, 강간, 미디어에서 끝없이 흘러나오는 성적 이미지 등에 잠식되어 버린 주된 이유 중 하나는 우리의 영혼에 충격을 주는 무한한 위대함에 사람들이 지적으로나 정서적으로 단절되어 있기 때문입니다.

우리는 교회 안팎으로 하찮고 어설프고 진부하고 어리석은 것들의 홍수 속에 빠져 살아가고 있습니다. TV도 시시합니다. 라디오도 시시합니다. 대화도 시시합니다. 교육도 시시합니다. 기독교 서적도 시시합니다. 예배 형식도 시시합니다. 닿을 수 없이 무한하면서도 안전하게 품어 주시는, 하나님의 무서우리만큼 즐거운 두려움과 평안으로 마음에 충격을 받아야 하는 인간이기에 이런 일은 피할 수 없습니다. 진부한 흥밋거리들 가운데 둘러싸여 있으면서 밋밋하고 뻔한 지루함 속에 빠져 죽어가는 인간이 찾을 수 있는 인생 최고의 흥밋거리가 성이 되는 것은 피하기 힘든 일입니다.

우리의 비참한 탐닉을 고치는 최고의 치료책은 정신 치료가 아닙니다. 물론 저는 그것을 신뢰하고 직접 사용하기도 합니다. 하지만 최고의 치료책은 무한하고 영원하며 변함이 없는 하나님의 주권과 거룩, 진노, 공의, 지혜, 진리, 긍휼로 인해 지적이고 감정적인 충격을 받는 것입니다. 성은 살아계신 하나님을 만나지 못하게 우리를 사로잡고 품격을 떨어트리는 수백 가지 일상의 문제들 중 하나일 뿐입니다.

그래서 로마서 11장 30-32절이 우리와 관련 있는 것입니다. 저는 하나님이 우리에게 영적으로 충격을 받을 수 있는 능력을 주시기를 기도합니다. 앞으로 3주 동안 이 일이 우리에게 일어나도록 하는 일에 최선을 다하겠습니다. 그 일은 바울에게 일어난 일이기도 하고, 바울이 우리에게 전달해 주려 애쓰는 점이기도 합니다. 하지만 결국 제가 아니라 하나님이 그렇게 하실 것입니다.

역사를 운행하시는 하나님의 네 단계 계획

역사를 운행하시는 하나님의 네 단계 계획을 알아보겠습니다. 먼저 우리가 좀 더 쉽게 이해하고 분명히 사고할 수 있도록 그 단계가 무엇인지, 그 결과가 무엇인지 말씀드리겠습니다.

1) 이방인이 불순종하는 시기: 모든 민족들이 각자 자기 길로 가면서 더욱 죄에 빠져들도록 하나님이 내버려 두셨던 시기입니다. 그러는 동안 하나님은 이스라엘의 역사 속에서 그들에게 율법과 성문서와 예언서를 주심으로, 열방을 위한 교과서를 인내심 있게 쓰고 계셨습니다.

2) 유대인이 불순종하는 시기: 그들은 메시아이신 예수 그리스도를 거부하고 하나님은 그들을 우둔하게 하셨습니다.

3) 많은 이방인에게 긍휼을 베푸시는 시기: 모든 민족에 복음이 전파되고, 이방인의 충만한 수가 차기까지 하나님이 구원받은 백성들을 부르십니다.

4) 이스라엘에게 긍휼을 베푸시는 시기: 하나님이 그분의 구속 계획을 완성하시고 이스라엘 민족의 우둔함을 제하고 구원하셔서, 많은 이들이 그리스도께로 돌아옵니다.

이상이 여기서 언급한 네 단계입니다. 바울이 32절에 정리한 각 단계의 특징을 하나씩 읽어 보겠습니다. “하나님이 모든 사람을 순종하지 아니하는 가운데 가두어 두심은 모든 사람에게 긍휼을 베풀려 하심이로다.”

30절입니다. “너희[이방인]가 전에는 하나님께 순종하지 아니하더니 이스라엘이 순종하지 아니함으로 이제 긍휼을 입었는지라.” 이 한 절에 네 단계 중 세 가지가 언급되어 있습니다.

첫 번째 단계: 이방인이 불순종하는 시기

첫째, “너희[이방인]가 전에는 하나님께 순종하지 아니하더니.” 잠시 이 말씀을 살펴보겠습니다. 여기서 바울은 사도행전 14장 16절에서 자신이 언급했던 내용을 생각하고 있습니다. 거기서 그는 이렇게 말했습니다. “하나님이 지나간 세대에는 모든 민족으로 자기들의 길들을 가게 방임하셨으나.”

하나님이 심판과 긍휼을 주시기 전에 모든 나라들이 쌓도록 허락된 죄(불순종)의 특정한 분량이 있다는 것이 열쇠입니다. 그 예로 창세기 15장 13절을 읽겠습니다. “여호와께서 아브람에게 이르시되 너는 반드시 알라. 네 자손이 이방에서 객이 되어 그들을 섬기겠고 그들은 사백 년 동안 네 자손을 괴롭히리니 … 네 자손은 사대 만에 이 땅으로 돌아오리니 이는 아모리 족속의 죄악이 아직 가득 차지 아니함이니라 하시더니.” 하나님은 온 나라들이 제 갈 길을 가며 죄를 쌓도록 허락하셨을 뿐만 아니라, 그들이 저지를 죄의 분량과 기한을 염두에 두고 계셨습니다. 다양한 경우마다 얼마나 많은 죄를 용인할지 계획하셨습니다(오늘날에도 마찬가지입니다).

따라서 바울은 로마서 11장 30절 전반부에서, 하나님이 심판과 긍휼의 때가 무르익을 때까지 모든 나라들로 각자 자기 길로 가서 자기들의 죄의 분량을 채우게 하신다는 사실을 강조합니다.

하지만 여기서 바울은 각 개인을 염두에 두고 말하는 것이 아닙니다. 그는 여기서 전체를 생각하고 있습니다. 이방인 각 개인이 아니라 이방인 세계 전체를 지칭합니다. 구약에서도 개인적으로 불순종에서 돌이켜 회개하고 구원을 받은 이방인들이 많다는 것이 그 증거입니다. 창세기 14장을 보면 멜기세덱이 있었습니다. 그리고 요나의 설교를 듣고 회개했던 니느웨 사람들도 있었습니다. 바울은 첫 번째 시기에 이방인들 중에 순종한 사람들이 하나도 없었다는 말을 하려는 게 아닙니다. 단지 이방인 전체로 볼 때 믿지 않고 불순종하는 시기였다는 의미입니다. 하나님이 그렇게 내버려 두셨습니다. 혹은 로마서 1장 28절의 말씀과도 같습니다. "하나님께서 그들을 그 상실한 마음대로 내버려 두사 합당하지 못한 일을 하게 하셨으니." 이것이 첫 번째 단계입니다.

두 번째 단계: 유대인이 불순종하는 시기

30절을 계속 읽어 보십시오. "너희가 전에는 하나님께 순종하지 아니하더니 이스라엘이 순종하지 아니함으로 이제 긍휼을 입었는지라." 오랜 시간 계속된 이방인의 불순종 시기가 지난 후에 하나님이 이방인을 향해 보이신 긍휼에 초점을 맞추기에 앞서, 그러한 긍휼이 "이스라엘이 순종하지 아니함으로" 오게 되었다는 사실에 유의하시기 바랍니다. 따라서 하나님의 계획의 두 번째 단계는 유대인의 불순종입니다.

이것은 유대인이 예수님을 거부한 것을 포함합니다. 이스라엘의 결정적 불순종은 예수 그리스도를 경배하기를 거부한 것입니다. 이것이 바로 바울이 말했던 이방인에게 긍휼을 베풀게 된 불순종이었습니다. 예수님은 포도원 농부들 비유에서 그들이 아들을 죽였을 때 이렇게 말씀하셨습니다. "그러므로 내가 너희에게 이르노니 하나님의 나라를 너희는 빼앗기고 그 나라의 열매 맺는 백성이 받으리라"(마 21:43).

예수님은 '너희가 아들을 거부했기 때문에, 하나님나라는 순종한 이방인에게 넘어갈 것이다'는 의미로 말씀하신 것입니다. 그것이 여기서 바울이 30절에서 말한 의미입니다. "너희[이방인]가 … 이스라엘이 순종하지 '아니함으로' 이제 긍휼을 입었는지라."

불순종의 두 단계를 계획하신 목적

다음 두 구절에서 분명하게 드러나는 진리가 있습니다. 불순종이라는 이 두 가지 단계의 시기(첫째 이방인의 불순종, 둘째 유대인의 불순종)는 하나님이 계획하셨다는 사실입니다.

32절입니다. "하나님이 모든 사람을 순종하지 아니하는 가운데 가두어 두심은 모든 사람에게 긍휼을 베풀려 하심이로다." 여기서 바울은 개별적인 한 사람 한 사람이 아니라 전체를 언급하고 있습니다.

그는 구속 역사의 처음 두 단계를 언급하고 있습니다. 즉, 이방인의 불순종 시기에는 이방인 전체가 불순종했고, 유대인의 불순종 시기에는 유대인 전체가 불순종했으며 지금도 그러합니다. 바울은 32절에서 이에 관해 말하면서 하나님이 그들을 "가두어 두셨다"고 합니다.

바울은 심지어 일부러 목적이 있어서 그렇게 하셨다고 분명하게 말하면서, 그 사실을 좀 더 명확히 합니다. 하나님은 이유가 있어서 그렇게 하신 것입니다. "하나님이 모든 사람을 순종하지 아니하는 가운데 가두어 두심은 모든 사람에게 긍휼을 베풀려 하심이로다."

하나님은 목적을 가지고 이러한 불순종의 시기를 계획하셨습니다. 하나님의 긍휼을 더욱 분명히 나타내기 위함이었습니다. 그리고 31절은 거기에는 의도가 있었다고 말합니다. "이와 같이 이 사람들[유대인]이 순종하지 아니하니 이는 너희에게 베푸시는 긍휼로 이제 그들도 긍휼을 얻게 하려[얻게 할 목적으로] 하심이라." 다시금 말씀드리지만 하나님의 편에서 볼 때 불순종에는 목적이 있으며, 그 목적은 그들에게 긍휼을 나타내는 것입니다.

따라서 우리는 하나님의 구속 역사에 나타난 두 가지 불순종의 시기에 관해 두 가지를 말할 수 있습니다.

첫째, 그들의 불순종은 계획된 것이지 우발적인 것이 아닙니다. 그들은 하나님을 놀라게 하지 못했습니다. 하나님을 함정에 빠뜨린 것도 아닙니다. 그들의 불순종은 하나님의 긍휼이 풍성해져 더욱 충만히 드러나게 하기 위해 일어난 일일 뿐입니다.

둘째, 바울은 유대인과 이방인을 개개인으로 대하는 것이 아니라 민족 전체로 대합니다. 이방인의 불순종 시기에 모든 이방인이 불순종한 것은 아닙니다. 그리고 유대인의 불순종 시기에 모든 유대인이 불순종한 것도 아닙니다. 이것이 매우 중요한 이유는 이 사실을 몰랐더라면 32절 말씀을 보며 보편구원론(모든 개인이 구원을 받는다는)을 가르칠 수도 있기 때문입니다.

세 번째 단계: 이방인의 충만한 수를 위한 긍휼의 시기

이제 하나님의 구속 역사에 있어 세 번째 단계를 보겠습니다. 30절로 돌아가 봅시다. "너희[이방인]가 전에는 하나님께 순종하지 아니하더니 이스라엘이 순종하지 아니함으로 이제 긍휼을 입었는지라."

하나님의 계획의 세 번째 단계는 이방인이 긍휼을 받을 때 그 전체로서의 이방인이 받게 하는 것입니다. 30절에 나와 있듯이 유대인들의 불순종 "때문에"(2단계) 이 일이 일어납니다. 이스라엘이 우둔해진 동안 하나님은 복음을 모든 나라에게 보내셨습니다(25절). 또한 바울은 "이방인의 충만한 수"를 언급하면서 세계 복음화 기간 동안 그 일이 이루어질 것이라고 말합니다.

하나님은 이스라엘이 불순종한 이후에 그제서야 위대한 지상명령을 계획하신 것이 아닙니다. 지난 2천 년간 이스라엘과 관계를 이어가시면서 구약성경이 기록되고, 율법을 배경으로 메시아가 오시고, 죽으시고 부활하셔서, 복음으로 인해 온 세계에 하나님의 긍휼이 온전히 이해될 때까지 하나님은 기다리셨습니다. 이렇게 하는 데에는 그분만의 이유가 있으십니다. 2천 년간 이스라엘과 함께하신 이후에야 이방인에게 긍휼을 베푸시는 위대한 사명을 주신 이유는 하나님의 무한한 지혜에 속하는 일입니다.

그러므로 하나님이 역사를 운행하시는 데 있어서 세 번째 단계에 해당하는 시기는, 2천 년 동안 이스라엘과 함께하신 기록을 바탕으로, 하나님이 복음 선포를 통해 이방인에게 긍휼을 베푸시는 시기입니다.

네 번째 단계: 온 이스라엘에 긍휼을 베푸시는 시기

마지막으로 31절에서 네 번째 단계를 볼 수 있습니다. "이와 같이 이 사람들[유대인]이 순종하지 아니하니 이는 너희에게 베푸시는 긍휼[3단계]로 이제 그들도 긍휼을 얻게 하려 하심이라." 네 번째 단계는 이방인의 충만한 수가 들어올 때 유대인들이 긍휼을 얻는 시기입니다. 모든 이방 나라를 구원하시는 긍휼이 완성되면, 완전한 긍휼이 이스라엘의 우둔함을 제거하고 "온 이스라엘"은 메시아를 영접할 것이며, 이스라엘 전체가 구원을 얻을 것입니다.

31절에 나오는 표현들을 유의해 보십시오. 이스라엘의 구원이 기이한 방법으로 이루어진다는 사실을 알 수 있습니다. "이와 같이 이 사람들[유대인]이 순종하지 아니하니 이는 … 하려 하심이라."

불순종의 목적이 무엇입니까? 이스라엘이 왜 불순종하게 되었다고 얘기합니까? 이방인의 구원으로 인해 유대인의 구원이 가능해지도록 하기 위해서입니다. "이 사람들이 순종하지 아니하니 이는 너희에게 베푸시는 긍휼로 이제 그들도 긍휼을 얻게 하려 하심이라." 달리 말하면, 하나님은 오직 이방인에게 보이신 긍휼로 인해 이스라엘이 풍성한 긍휼을 경험하도록 계획하셨습니다. 이렇게 이방인이 유대인의 불순종으로 인해 구원을 받은 이후에, 다시금 그것이 유대인을 구원하는 방법이 되도록 계획하신 이유는 무엇일까요?

왜 하나님은 이런 식으로 역사를 계획하셨는가?

하나님은 인간의 교만한 입을 막고 하나님이 절대적으로 자유롭게 베푸시는 위대한 긍휼을 극대화시키고자 역사 속에서 일하십니다. 유대인은 이방인을 보며 자랑하는 경향이 있었고, 그래서 하나님은 유대인의 불순종을 이방인 구원의 방편으로 삼으시면서 그들을 겸손하게 하셨습니다. 게다가 하나님은 이방인의 구원으로 유대인의 구원이 열매 맺게 하심으로써 더욱 겸손하게 하셨습니다. 이방인에게 보이신 긍휼로 유대인이 긍휼을 받습니다. 유대인의 자랑은 끝이 난 것입니다.

그러면 이방인은 어떻습니까? 우리는 이스라엘의 부러진 가지를 보며 자랑하고 우리에게 주실 긍휼 때문에 그들이 불순종하게 되었다고 떠벌립니다. 맞습니다. 하지만 하나님은 우리에게 주신 긍휼을 그들에게 주실 긍휼의 방법으로 삼으시고, 우리의 구원을 그들의 구원을 위한 디딤돌로 삼으심으로써 우리 입도 막으십니다. 그리하여 모든 이방인의 자랑도 끝이 났습니다.

하나님의 긍휼을 받으라

그러면 이 모든 자랑이 제거되고 난 후에 남은 것은 무엇일까요? 모든 사람에게 주시는 긍휼, 즉 이방인의 충만한 수와 이스라엘의 충만한 수에 주시는 긍휼이 남습니다. 긍휼은 절대적으로 자유롭습니다. 인간의 모든 자기 의존과 자기 자랑을 배제시킵니다. 로마서 9장 16절에서 말한 대로입니다. "그런즉 원하는 자로 말미암음도 아니요 달음박질하는 자로 말미암음도 아니요 오직 긍휼히 여기시는 하나님으로 말미암음이니라."

충격받고, 놀라고, 감탄하십시오! 두려움과 경외감 속에 잠잠히 서 있으십시오. 참으로 헤아리지 못할 방법이지 않습니까? 하찮고 진부하고 시시하고 어리석은 예배로 하나님을 모욕하지 마십시오. 무엇보다 중요한 것은 이것입니다. 긍휼을 받으십시오. 그것이 역사 속에서 하나님이 우리에게 원하시는 가장 큰 목적입니다. 모든 나라가 하나님의 긍휼 안에서 하나님을 영화롭게 하는 것입니다(롬 15:9). 긍휼을 받으십시오.

37장

하나님의 지혜와 지식의 풍성함

로마서 11:33-36

깊도다. 하나님의 지혜와 지식의 풍성함이여, 그의 판단은 헤아리지 못할 것이며 그의 길은 찾지 못할 것이로다. 누가 주의 마음을 알았느냐 누가 그의 모사가 되었느냐 누가 주께 먼저 드려서 갚으심을 받겠느냐. 이는 만물이 주에게서 나오고 주로 말미암고 주에게로 돌아감이라. 그에게 영광이 세세에 있을지어다. 아멘. _롬 11:33-36

제가 베델 대학 성경연구 학부에서 6년간 교수직을 맡았던 짧은 시간 중에 가장 좋았던 때는 1977년 여름이었습니다. 한 학기를 통째로 로마서 9-11장에 할애했는데, 이 세 장을 꼼꼼히 주해하며 열두 명의 그리스 출신 학생들을 지도했습니다. 그 해 마지막 수업 때, 각각의 모든 단원들 사이의 관계를 정리하기 위해 칠판에 커다란 '원호'를 그리고 있었습니다. 로마서 9-11장에 해당하는 원호를 칠판 한쪽에서 다른 쪽 끝까지 그리고 나서 로마서 11장 36절을 전체 내용의 궁극적 핵심으로 강조했습니다. "이는 만물이 주에게서 나오고 주로 말미암고 주에게로 돌아감이라. 그에게 영광이 세세에 있을지어다." 그런데 제가 칠판에서 돌아서기도 전에 열두 명의 학생들은 (이들은 내가 아는 한 가장 영민한 학생들입니다. 우리 교회의 탐 스텔러 목사도 거기에 있었습니다) 송영을 부르기 시작했습니다.

제가 부탁한 것이 아니었습니다. 계획한 일도 아니었습니다. 그렇게 저절로 찬송이 나왔습니다. 그것이 바로 바울이 이 서신서를 쓸 때의 모습이었습니다. 긍휼의 그릇들에게 자기의 영광의 풍성함을 보이시려는 하나님의 궁극적 목적에 관한 세 장의 내용이 끝나자 바울은 갑작스레 송영으로 마무리합니다. 하나님의 이야기는 하나님의 영광에 관한 것입니다. 하나님의 구원 방법에 대한 계시는 하나님의 경이로움에 대한 기쁨의 찬양으로 이어집니다. 그것이 오늘의 본문인 로마서 11장 33-36절이 우리에게 보여 주는 내용입니다.

오늘 우리는 33절에 초점을 맞출 예정이며, 하나님이 원하신다면 마지막 문단은 다음 시간에 다루도록 하겠습니다.

"깊도다!"

33절입니다. "깊도다. 하나님의 지혜와 지식의 풍성함이여!"(Oh, the depth of the riches and wisdom and knowledge of God). 하나님의 지혜와 지식의 풍성함이 여기서는 말로 표현할 수 없이 '깊은' 것으로 묘사됩니다. "깊도다!"라는 말은 그 깊이가 굉장하다는 의미입니다. 너무 깊은 나머지 성령이 충만한 사도 바울이 하나님의 부요함과 지혜와 지식의 계곡을 응시하는 중에 저도 모르게 "아!" 하는 탄성을 내뱉은 것입니다. 여기서 그 깊은 것들은 말로 할 수 없을 만큼 깊습니다.

하나님의 지혜와 지식의 풍성함에 대한 표현을 보며 세 가지를 생각해 보겠습니다.

1. 말로 할 수 없는 은밀함

첫째, 은밀함입니다. 다니엘 2장 21-22절은 이렇게 말합니다. "[하나님은] 지혜자에게 지혜를 주시고 총명한 자에게 지식을 주시는도다. 그는 깊고 은밀한 일을 나타내시고 어두운 데에 있는 것을 아시며." '깊고'와 '은밀한' 사이의 관계에 주목하시기 바랍니다. "깊도다"는 말은 하나님의 지혜와 지식의 풍성함에 숨겨진 거대함을 의미합니다. 눈에 보이지도 않고 닿을 수도 없다는 의미에서 깊다는 말입니다. 그래서 은밀합니다. 감추어졌습니다. 우리는 거기에 닿을 수 없습니다. 우리는 언제나 하나님의 깊이를 알지 못할 것입니다. 하나님은 무한하시고 우리는 유한하기 때문입니다. 영원토록 우리는 그 사실을 점점 더 깨닫게 될 것입니다.

2. 객관적 실체

둘째, '은밀함' 다음으로, '깊음'은 어떤 실체가 있음을 암시합니다. 거기 깊은 곳 아래에 무언가가 있다는 말입니다. 그 아래에 정작 아무것도 없다면, 지혜와 지식의 풍성함은 깊지 않은 것입니다. 허상이 되고 맙니다. 너무나 자명한 이것을 제가 굳이 말하는 이유는, 이 분명한 것을 부정하는 교양 있는 대중들이 많기 때문입니다.

지난 금요일에 공영 라디오 방송에서 어느 교양 있는 여성이 "신학은 시입니다"라고 말하는 인터뷰를 들었습니다. 감명을 받은 기자는 "정말 멋지네요, 더 말해 주시겠습니까?"라고 청했습니다. 그 말에 기분이 좋았던지 그 여성은 이렇게 결론을 지었습니다. "결국 종교는 인간이 만들어 낸 예술의 한 형식인거죠." 솔직히 저는 토하고 싶었습니다. 하지만 메스꺼움이 지나고 나자 하나님께 저 사람들의 눈을 열어 주셔서 더 이상 세 살짜리 어린애 같은 말은 하지 않게 해달라고 기도했습니다. 그건 아름다운 생각이 아니었습니다. 비참하고도 추했습니다. 성경에 계시된 하나님의 지혜와 지식의 풍성함은 인간의 예술 양식이 아니고, 성경 신학은 인간의 상상이 빚어낸 시도 아닙니다. 바울이 "깊도다!"라고 말할 때 그가 의미한 것은 그 안에 무언가가 있다는 말입니다. 바울은 그 일부를 드러내 주었습니다. 거기에 더 많은 것이 있음을 바울은 압니다. 바울은 객관적인 실체(하나님은 완전히 아시고 우리는 일부만 알고 있는 것)를 말하고 있습니다.

3. 궁극적 기초

셋째, "깊도다!"는 말은 그 실체가 기초가 된다는 의미입니다. 바울은 "높도다 하나님의 지혜와 지식의 풍성함이여!"라고 말할 수도 있었습니다. 그 말도 맞는 말입니다. 이것은 무한이라는 나무의 '깊은' 뿌리와 '높은' 가지 정도로 생각하면 됩니다. '깊은' 원인과 '높은' 결과 정도로 생각하면 됩니다. 시작점과 목표점입니다. 여기서 바울이 말하고 있는 것은 하나님이 만물의 기초가 되신다는 겁니다. 하나님이 또한 만물의 최정상이 되신다는 말도 옳습니다. 모든 것이 하나님께 뿌리를 두고 있으며, 모든 것이 하나님을 향해 나아가고 있습니다. 36절의 말씀대로입니다. "만물이 주에게서 나오고 주로 말미암고 주에게로 돌아감이라."

무한한 깊이는 그분의 것이고, 무한한 높이도 그분의 것입니다. 그분은 만물의 기초이고, 또한 목적지이십니다. 하나님 밑으로는 아무런 원인이 없습니다. 우리가 아무리 깊은 곳에 있다 해도 거기에는 오직 하나님만 계십니다. 우리가 원인을 향해 내려가든 목적을 향해 올라가든 그 끝에는 언제나 하나님이 계십니다. 따라서 바울이 "깊도다"로 시작한 말은 적어도 이 세 가지를 의미합니다. 말로 할 수 없는 은밀함과 객관적인 실체, 궁극적 기초입니다.

그런 다음 바울은 기쁨의 탄성을 자아내게 했던 하나님에 대한 세 가지를 언급합니다. 풍성함과 지혜와 지식입니다. "깊도다 하나님의 지혜와 지식의 풍성함이여!"

"풍성함"

먼저 하나님의 풍성함(riches)에 대해 생각해 봅시다. 하나님은 최소한 세 가지 면에서 풍성하십니다.

1. 하나님은 모든 것을 소유하신다

첫째, 하나님은 하나님 외에 모든 존재하는 것을 소유하십니다. 시편 24편 1절은 가장 친숙하게 이 진리를 언급합니다. "땅과 거기에 충만한 것과 세계와 그 가운데에 사는 자들은 다 여호와의 것이로다." 하지만 신명기 10장 14절이 훨씬 포괄적입니다. "하늘과 모든 하늘의 하늘과 땅과 그 위의 만물은 본래 네 하나님 여호와께 속한 것이로되." 따라서 하나님은 우리를 포함하여 땅에 있는 모든 것과 온 땅을 소유하실 뿐 아니라, 우주 공간과 천군 천사가 머무는 하늘 위의 하늘도 소유하십니다.

달리 말하면, 하나님을 벗어나서 존재하는 것은 아무것도 없으며, 하나님의 소유가 아닌 것도 없습니다. 인간의 부는 하나님의 부와 비교하면 어처구니없을 만큼 미미하며, 그것으로 자랑하는 것은 웃음거리일 뿐입니다. 빌 게이츠는 하나님의 가장 가난한 상속자와도 비교할 수 없을 뿐더러 극빈자에 불과합니다(롬 8:17).

2. 하나님이 모든 것을 만드신다

둘째, 하나님은 존재하는 모든 것을 만드셨고, 원하는 대로 만드실 수 있으며, 무(無)에서도 원하시는 만큼 만드실 수 있다는 면에서 풍성하십니다. "태초에 하나님이 천지를 창조하시니라"(창 1:1, 시 8:3, 104:24). 달리 말해, 아무것도 없는 데서 만들어 낼 수 있는 것이 하나님의 자원이므로 그분의 자원은 무한합니다. 그리고 그 '분량'은 헤아릴 수 없습니다. 더 간단히 말하자면, 우리가 만일 아무것도 없는 데서 아무 노력 없이 원하는 것을 만들 수 있다면, 우리의 부는 한계가 없다는 뜻입니다. 자신의 창조 능력이 원재료에 제한받지 않기 때문입니다. 그분에게는 원재료가 필요 없습니다. 하나님은 무한한 부자이십니다. 하나님은 모든 것을 소유하시고, 아무것도 없는 데서 원하는 것은 무한정 만들어 내실 수 있기 때문입니다.

3. 하나님은 우주의 무한한 보화이시다

셋째, 하나님 그분이 온 우주의 무한한 보화라는 면에서 그분은 풍성하십니다. 하나님은 부요하기 위해서 무언가를 창조하거나 무언가를 소유해야 할 필요가 없습니다. 그분 자체로 무한한 가치가 있습니다. 그리고 한 분 하나님 안에 삼위일체로 존재하시기 때문에 삼위일체의 다른 위격 안에 존재하는 영원으로부터 오는 모든 영광의 풍성함을 지금까지 누릴 수 있었습니다.

바울이 다른 곳에서 "하나님의 은혜의 풍성함"(엡 1:7)과 "그의 인자하심의 풍성함"(롬 2:4)과 "그의 영광의 풍성함"(롬 9:23)을 말할 때 주된 내용은 이것입니다. 하나님은 모든 것을 만족시키는 그분의 영광을 우리가 영원히 누릴 수 있도록 은혜와 인자하심 가운데 자유롭게 그 자신을 우리에게 주십니다.

하나님의 부요함에 관해 가장 개인적이고 결정적으로 표현하는 방법은 그것을 "측량할 수 없는 그리스도의 풍성함"(엡 3:8)이라 부르는 것입니다. 단지 그리스도가 주시는 풍성함이 아니라 그리스도가 곧 풍성함이 되신다고 말하는 것입니다. 바울이 골로새서 1장 27절에서 말한 것과 같습니다. "이 비밀의 영광이 … 너희 안에 계신 그리스도시니 곧 영광의 소망이니라." 그리스도는 하나님의 영광에 대한 현재의 보장이고 미래의 선물입니다. 그리스도께서 죽으셨을 때 그분은 우리를 위해 가장 위대한 보화를 사셨고 그 보화가 되셨습니다. 그분 자체가 하나님 영광의 선물이고 위대함입니다.

"하나님의 지혜와 지식"

로마서 11장 33절의 '풍성함'이라는 단어는 우리를 '지혜'와 '지식'이라는 단어로 이끌어 갑니다. 골로새서 2장 3절에서 바울이 그리스도 안에 지혜와 지식의 모든 보화가 감춰져 있다고 말하기 때문입니다. 하나님이 그렇게 부요하신 이유 중 하나는 그분이 지닌 무한한 지혜와 지식 때문입니다.

지혜와 지식의 차이점은 무엇일까요? 성경에서는 가끔 두 가지를 바꿔 쓰다시피 합니다. 하지만 일반적으로 지식이란 사실에 대한 인식이고, 지혜는 선한 목적을 위해 그 사실을 사용하는 방법에 관한 인식입니다.

바울은 하나님의 지식이 말할 수 없이 깊다고 말합니다. 그분은 모든 기록된 사실(세계 모든 도서관에 있는 책과 모든 컴퓨터를 통해 알아낼 수 있는 모든 사실)을 알고 계십니다. 하지만 그보다도 더 놀라운 것은 그분이 거시적 차원에 있는 모든 것(땅과 하늘, 가장 먼 은하와 별과 행성 사이에서 일어나는 모든 일)을 알고 계시다는 것입니다. 그리고 미시적 수준에서 일어나는 모든 사건(분자와 원자, 전자, 양성자, 중성자, 쿼크 안에서 일어나는 모든 것)도 알고 계십니다. 그분은 모든 시간의 십억 분의 일 단위로 우주에 있는 모든 티끌의 움직임과 위치와 상태까지 알고 계십니다. 그리고 인간의 생각과 의지 안에서 일어나는 모든 사건(모든 의지적, 정서적, 영적 사건)과 모든 생각과 선택과 감정도 아십니다.

거기에는 과거와 현재와 미래도 포함됩니다. 그분은 존재하는 모든 수준(육체적, 정신적, 의지적)에서 지금까지 일어났고 앞으로 일어날 모든 일을 아십니다. 그리고 서로 관련되고 서로 영향을 주는 모든 종류의 모든 사실과 모든 사건을 알고 계십니다. 한 가지 사건이 일어나면 그것만 보시지 않고 다른 모든 사건 때문에 야기된 모든 수십억 가지 사건에서 비롯되는 결과와 연결된 영원의 끈을 보십니다.

바울은 하나님의 지식뿐 아니라 지혜도 헤아릴 수 없이 깊다고 말합니다. 하나님은 무한히 지혜로우십니다. 즉, 뜻하시는 일이 일어날 수 있도록 모든 지식을 사용하시고, 선한 목적을 이룰 수 있는 계획을 구상해서 실행할 능력을 늘 갖고 계십니다. 우주의 모든 사실을 어떻게 사용할지 아시고, 또한 열정을 가지고 뜨겁게 예배하는 사람들 안에 하나님 영광의 풍성함이 극대화되는 최고의 목표를 위해 우주의 모든 사건을 운행하는 법도 잘 아십니다.

그리고 이 모든 지혜와 지식이라는 보물은 그리스도 예수 안에 감춰져 있습니다(골 2:3). 그리스도는 모든 창조된 실재의 창조자이십니다. "만물이 그로 말미암아 지은 바 되었으니 지은 것이 하나도 그가 없이는 된 것이 없느니라"(요 1:3). 그리고 그리스도는 모든 창조된 실재를 붙드십니다. 골로새서 1장 17절입니다. "그가 만물보다 먼저 계시고 만물이 그 안에 함께 섰느니라." 모든 창조된 실재는 그리스도를 알리고 그분을 사랑하기 위해 존재합니다. "만물이 다 그로 말미암고 그를 위하여 창조되었고"(골 1:16).

그러므로 모든 지식과 모든 지혜와 모든 풍성함은 예수님 안에서 나온 것이고, 그분으로 인해 유지되며, 그분을 알리기 위한 목적으로 존재합니다. 따라서 그리스도는 모든 실재의 최종적이고 궁극적인 의미입니다. 이는 예수 그리스도와 관련해 알려지지 않은 것은 그 어떤 것도 온전히 제대로 알려질 수가 없다는 말입니다.

"그[그리스도] 안에는 지혜와 지식의 모든 보화가 감추어져 있느니라"(골 2:3). 보화, 지혜, 지식. "깊도다. 하나님의 지혜와 지식의 풍성함이여!"(롬 11:33). 그 풍성함은 결국 우리에게 완전한 만족이 되시려고 우리에게 그 자신을 주신 예수 그리스도를 말합니다(골 1:27). "또한 모든 것을 해로 여김은 내 주 그리스도 예수를 아는 지식이 가장 고상하기 때문이라"(빌 3:8).

결국 하나님의 지혜는 십자가에 못 박히고 다시 살아나 다스리시며, 유대인에게는 거치는 돌이요 이방인에게는 어리석은 것이지만 부름받은 사람들에게는 하나님의 능력과 지혜가 되시는 예수 그리스도이십니다(고전 1:23-24). 그리스도는 하나님의 길이요, 하나님의 진리요, 하나님의 생명입니다. 그분은 모든 것의 지혜로운 목표와 목적이십니다.

그리고 하나님의 헤아릴 수 없는 지식 역시 예수 그리스도입니다. 모든 사실과 사건이 그분에게서 일어납니다. 그분이 모든 사실과 사건을 붙드십니다. 모든 사실과 사건이 그분을 가리킵니다. 그분은 모든 지식의 의미입니다. 진정한 지식은 모두 그리스도와 연관됩니다. 진실로 그리스도와 연결되지 않은 모든 사실과 사건, 그리고 마귀에게 있는 모든 생각은 하나님과 진리를 대적하는 반역적인 생각입니다. 그리스도를 떠난 진정한 지식이란 없습니다. 이것은 삶의 모든 것에서 얼마나 철저히 그리스도를 높여야 하는지를 보여 줍니다.

"깊도다. 하나님의 지혜와 지식의 풍성함이여!" 이 모든 것이 향하고 있는 아들에 대한 계시와 그분의 뜻에 대한 계시로 인해 우리가 그분을 더욱 경외하고, 그분을 우리의 생각과 감정과 행동의 처음이요 중간이자 마지막으로 삼을 수 있길 바랍니다. 함께 와서 그분께 경배드립시다!

38장

만물이 주에게서 나오고 주로 말미암고 주에게로 돌아감이라 그에게 영광이 세세에 있을지어다

로마서 11:33-36

깊도다. 하나님의 지혜와 지식의 풍성함이여, 그의 판단은 헤아리지 못할 것이며 그의 길은 찾지 못할 것이로다. 누가 주의 마음을 알았느냐 누가 그의 모사가 되었느냐 누가 주께 먼저 드려서 갚으심을 받겠느냐 이는 만물이 주에게서 나오고 주로 말미암고 주에게로 돌아감이라. 그에게 영광이 세세에 있을지어다. 아멘. _롬 11:33-36

오늘 우리는 로마서 1장부터 11장까지 둘러보았던 6년간의 여정을 마무리합니다. 그동안 우리는 우리의 마음(모든 인간의 마음)이 끔찍할 만큼 악한 상태라는 것을 로마서 1장에서 3장 19절까지 살펴보았습니다. 그리고 우리의 의와 희생제물이 되셔서 율법의 행위가 아닌 오직 믿음으로 의롭다 함을 얻게 하기 위해 그리스도가 십자가에서 행하신 위대한 사역도 로마서 3장 20절에서 5장 21절까지 살펴보았습니다. 또한 그리스도의 사랑 안에서 우리로 하여금 죄를 이기고 안전케 하시는 성령의 능하신 사역에 대해서도 로마서 6장에서 8장에 걸쳐 보았습니다. 그런 후에는 하나님의 주권적 은혜와 약속을 지키는 신실하심에 대한 위대한 논증도 로마서 9장에서 11장까지 지나며 보았습니다. 이제는 로마서 11장 32절의 놀라운 말씀으로 절정에 다다랐습니다. "하나님이 모든 사람을 순종하지 아니하는 가운데 가두어 두심은 모든 사람에게 긍휼을 베풀려 하심이로다."

로마서 1-11장에 보내는 찬사

하나님의 길과 판단에 관한 이 모든 계시에 대해 바울은 로마서 11장 33-36절에서 경이와 찬양으로 확실하게 화답합니다.

"깊도다. 하나님의 지혜와 지식의 풍성함이여, 그의 판단은 헤아리지 못할 것이며 그의 길은 찾지 못할 것이로다. 누가 주의 마음을 알았느냐 누가 그의 모사가 되었느냐 누가 주께 먼저 드려서 갚으심을 받겠느냐 이는 만물이 주에게서 나오고 주로 말미암고 주에게로 돌아감이라. 그에게 영광이 세세에 있을지어다. 아멘."

하나님은 우리가 로마서 1-11장 말씀을 들은 후에 이러한 반응을 할 수 있기를 바라십니다. 그분의 긍휼에 놀라고 예수 그리스도를 통해 하나님을 경배하는 것 말입니다. 이러한 반응이 우리로 하여금 로마서 12-15장에 나오는 실질적인 도덕적 요구대로 살 수 있게 해줍니다.

그리스도인의 삶에서 도덕이란 단순히 옳은 일을 하는 의지력이 아닙니다. 하나님께서 그 옳은 일을 행하라고 명하시는 분이기 때문입니다. 그리스도인의 도덕은 긍휼에 풍성하신 주권자 하나님을 향한 경배가 흘러넘치는 것입니다. 그리스도인의 삶은 예수 그리스도 안에서 계시된 하나님의 모든 능력과 주권과 긍휼을 깨닫고 맛보면서 변화된 생각과 마음으로부터 나오는 열매입니다. 그것은 로마서 12장으로 넘어가면서 보다 명확해집니다.

로마서 11장 33-36절의 찬양

하지만 지금은 로마서 11장 마지막에서 바울의 마음을 채우고 있는 찬양을 다시금 살펴보겠습니다.

33절

지난 시간에는 하나님의 지식과 지혜의 풍성함이 헤아릴 수 없이 깊다는 것을 보았습니다. 하나님의 풍성함과 하나님의 지혜, 하나님의 지식 속으로 아무리 깊이 내려가더라도 우리는 하나님의 깊이에 가 닿을 수 없습니다. 하나님보다 더 깊이 내려갈 수 없으며, 하나님 밑으로는 아무것도 없습니다. 위로든 아래로든 하나님을 넘어서는 것은 아무것도 없습니다. 하나님의 깊이와 높이 그 사이에서 어떤 것도 하나님을 대적할 수 없습니다.

35-36절

그래서 바울은 36절에서 이렇게 말합니다. "이는 만물이 주에게서 나오고 주로 말미암고 주에게로 돌아감이라." 이 진리는 35절의 진리로 이끌어 줍니다. "누가 주께 먼저 드려서 갚으심을 받겠느냐?"

답은 '아무도 없다'입니다. 다시 말해, 우리는 하나님께 속하지 않은 것을 하나님께 드릴 수가 없습니다. 만약 그럴 수 있다면 하나님이 우리에게 빚지게 되는 셈이지요. 우리는 그럴 수 없습니다. 또한 앞으로도 그럴 일은 없을 것입니다. 모든 것이 그분에게서 나오고 그분을 통해 나옵니다. 그분은 절대적으로 자유로우십니다.

34-35절

이것 역시 34절의 내용으로 이어집니다. "누가 주의 마음을 알았느냐? 누가 그의 모사가 되었느냐?" 답은 역시 '아무도 없다'입니다. 다시 말해, 우리는 하나님께 이미 하나님께 속하지 않은 선물을 드릴 수 없을 뿐 아니라, 하나님이 아직 모르시는 조언을 할 수도 없습니다. 모든 것은 하나님에게서 나오고 하나님을 통해서 나가기 때문입니다.

33-34절

이것은 바울이 33절에서 말하는 내용으로 이어집니다. "그의 판단은 헤아리지 못할 것이며 그의 길은 찾지 못할 것이로다!" 달리 말해, 하나님의 지혜와 지식의 풍성함은 너무도 깊기 때문에 하나님께 속하지 않은 것을 우리가 그분께 드릴 수 없고, 그분이 모르시는 것을 우리가 귀띔해 줄 수도 없으므로, 하나님의 판단과 길을 보면서 우리가 그토록 당황하고 당혹해하고 놀라고 경탄하는 것은 당연합니다.

36절

이제 마지막으로 등장하는 하나님에 대한 찬양과 그 결과는 36절 마지막에 나옵니다. "이는 만물이 '주에게서' 나오고 '주로' 말미암고 '주에게로' 돌아감이라. '그에게 영광이 세세에 있을지어다.'" 우리 인생은 기꺼이 하나님의 영광을 위해 살아야 합니다. 그렇지 않으면 우리는 부득이 지옥에서 그분의 영광을 섬기게 될 것입니다. 우리는 하나님의 아름다움과 위대함을 온 세상에 알리기 위해 창조되고 부르심을 받았습니다. 우리가 존재하는 이유는 하나님을 소중히 여기고 모든 나라들이 예수님을 주로 고백하고 "하나님 아버지께 영광을 돌리게"(빌 2:11) 하는 것입니다.

설교의 개요: 다섯 단계

그러므로 오늘 설교의 개요는 이렇습니다. 지난 시간에 살펴보았던 '하나님의 지혜와 지식의 풍성함이 헤아릴 수 없이 깊다'는 사실을 근간으로 하고 있습니다.

1. 모든 것이 그분에게서 오고 그분을 통해서 온다. 그러므로…

2. 어느 누구도 하나님께 선물을 드려서 하나님을 빚지게 할 수 없다. 그리고…

3. 어느 누구도 하나님께 무엇을 하셔야 할지 조언할 수 없다. 왜냐하면…

4. 그분의 길과 판단은 우리의 한정된 생각으로는 헤아릴 수도 찾을 수도 없다. 따라서 결국…

5. 우리는 모든 영광을 하나님께 돌려야 하고, 하나님 안에서 오

로지 그리스도를 높이는 행복으로만 만족해야 한다.

이 다섯 단계를 하나씩 보겠습니다.

1. 모든 것이 하나님에게서 오고 하나님을 통해서 오고 하나님께로 간다.

첫째로, 하나님의 지혜와 지식의 풍성함은 헤아릴 수 없이 깊으므로 36절의 말씀은 옳습니다. "만물이 주에게서 나오고 주로 말미암고." 저는 이 말씀을 만물의 궁극적인 기원과 궁극적인 원인, 혹은 결정적인 이유가 하나님이라는 의미로 받아들입니다. 모든 존재는 그 기원부터 지금까지 계속 하나님께 의존하고 있으므로(그분에게서, 그분을 통해서 나옴) 만물은 의존적입니다.

에베소서 1장 11절은 이렇게 설명합니다. "모든 일을 그의 뜻의 결정대로 일하시는 이의 계획을 따라 우리가 예정을 입어 그 안에서 기업이 되었으니." 로마서 9장 16절에서는 이렇게 말합니다. "그런즉 원하는 자로 말미암음도 아니요 달음박질하는 자로 말미암음도 아니요 오직 긍휼히 여기시는 하나님으로 말미암음이니라." 잠언 16장 33절은 또 이렇게 말합니다. "제비는 사람이 뽑으나 모든 일을 작정하기는 여호와께 있느니라." "만물이 주에게서 나오고 주로 말미암고"라는 말은 무엇이 존재하고 발생하는 것에 하나님보다 더 깊고 결정적 역할을 하는 원인은 없다는 뜻입니다. 하나님이 절대적 주권자라고 말할 때의 의미가 바로 이것입니다.

마귀는 하나님과 영원히 공존하는 존재가 아니며 궁극적으로 하나님에게서 독립할 수 없습니다. 마귀의 존재와 그로부터 오는 모든 것(세상에 넘쳐나는 악)은 마귀의 존재를 허용하시고 한시적인 기간 동안 그 일을 행하도록 그의 때를 허락하신 하나님의 뜻에 달려 있습니다.

하나님은 장차 올 일을 아시고 그 일이 일어나는 것을 허용하십니다. 그리고 하나님이 목적 없이 변덕스럽게 행하시는 일은 없으므로, 그분이 직접적으로 일어나게 하시는 일과 간접적으로 허용하시는 일에는 언제나 목적이 있습니다. 따라서 그런 면에서 볼 때 우리는 세상의 악한 일과 재난이라도(예를 들면, 로마서 11장 7-10절) 36절에 나오는 "만물이 주에게서 나오고 주로 말미암는" 일에 포함된다고 말할 수 있습니다.

하지만 여기서 우리가 말하지 말아야 할 것도 있습니다. 어떤 의미에서 우리는 모든 것이 하나님에게서 나왔다고 말해서는 안 되는 경우도 있습니다. 그 예로 요한일서 2장 15-16절을 생각해 보시기 바랍니다.

"이 세상이나 세상에 있는 것들을 사랑하지 말라. 누구든지 세상을 사랑하면 아버지의 사랑이 그 안에 있지 아니하니. 이는 세상에 있는 모든 것이 육신의 정욕과 안목의 정욕과 이생의 자랑이니 다 아버지께로부터 온 것이 아니요 세상으로부터 온 것이라."

여기서 요한은 "육신의 정욕"과 "안목의 정욕"과 "이생의 자랑"은 "하나님에게서 온 것이 아니다"라고 말합니다. 따라서 "모든 것"이 "하나님에게서 온 것"이라 생각할 수도 있지만, 어떤 면에서는 이러한 악한 것은 하나님에게서 온 것이 아닙니다.

저는 이 말씀을 죄가 하나님의 본성에서 오지 않았다는 의미로 받아들입니다. 즉, 악한 것은 하나님의 속성이나 성품의 양상도 아니고 거기서 비롯된 것도 아닙니다. 하나님은 거룩하시며, 하나님께는 거룩하지 않은 것이 없습니다. 하나님은 빛이시며 그 안에는 어두움이 없습니다. 하나님의 속성이나 성품 중 어느 부분에도 어두움과 죄의 부정한 것은 없습니다. 그런 면에서 볼 때 이것은 하나님에게서 나오지 않았습니다. 궁극적이고 결정적 원인(cause)이라는 측면에서는 죄가 하나님에게서 하나님을 통해 나왔다고 말할 수는 있습니다. 하지만 죄가 그분의 속성이나 성품에서 나온다는 것은 말이 되지 않습니다. 하나님은 스스로 죄를 짓지 않으시지만 죄는 있도록 허용하십니다. 하나님이, 그분의 무한한 지혜와 거룩함으로, 죄가 세상에 존재하도록 작정하신다고 해도, 그것은 죄가 아닙니다. 죄는 그것이 세상에 존재하도록 작정하신 이가 하나님이므로 그런 측면에서 보면 '그분에게서 나지만', 그분의 속성이 표출된 것이냐는 측면에서 보면 '그분에게서 나는 것이 아닙니다.'

완벽하진 않지만 그 차이점을 보여 주는 실례가 있습니다. 두 가지 방법으로 눈두덩이가 시커멓게 되었다고 합시다. 하얀 눈덩이를 눈에 맞아 눈이 검게 멍들었을 수 있습니다. 혹은 검은 염료가 든 피하지방 주사를 눈 위에 맞아서 시커멓게 될 수도 있습니다. 두 번째 경우 검은 염료의 특성 때문에 검게 된 것입니다. 첫 번째 경우는 눈덩이 자체에 있는 검은 색 때문에 눈이 검게 변한 것이 아닙니다.

이러한 예를 통해서 어떤 것이 "하나님에게서" 오는 것이라 생각할 때는 두 가지 길이 있다는 사실을 깨닫기 바랍니다. '모든 것'이 하나님에게서 왔다고 할 때는 하나님이 장차 올 모든 것을 정하셨다는 의미입니다. 하지만 모든 죄악 된 행동은 하나님의 속성이 표출되어 하나님에게서 온 것이 아닙니다.

실천적인 결론을 내린다면, 우리가 온전히 모든 것을 하나님께 의존하되, 이와 더불어 우리 마음에 있는 악에 대해서는 철저히 우리가 유죄이며 심판을 받아 마땅합니다. 여기에서 우리는 깊은 겸손을 가져야 합니다. 고린도전서 4장 7절입니다. "누가 너를 남달리 구별하였느냐 네게 있는 것 중에 받지 아니한 것이 무엇이냐 네가 받았은즉 어찌하여 받지 아니한 것 같이 자랑하느냐." 모든 것이 하나님에게서 나오고 하나님으로 말미암는다는 사실을 알면 자랑할 수가 없습니다.

2. 어느 누구도 하나님께 선물을 드려서 하나님을 빚진 자가 되게 할 수 없다.

둘째, 이것은 35절 말씀에 담겨 있습니다. "누가 주께 먼저 드려서 갚으심을 받겠느냐?" 그럴 수 없습니다. 모든 것이 하나님에게서 나오고 하나님으로 말미암기 때문에 하나님이 모든 것을 소유하시고, 우리는 하나님의 소유가 아닌 것을 그분께 드릴 수 없습니다. 그 말은 우리는 절대 하나님을 '빚지게' 만들 수 없다는 뜻입니다. 하나님과 거래나 협상을 할 수 없습니다. 우리는 하나님과 거래를 시도할 위치에 있지 않습니다. 우리는 온전히 그분의 소유이며, 그분의 땅에 거하는 거류민입니다. 우리가 호흡하는 것조차 선물입니다. 우리가 행하는 모든 선한 일은 그분의 은혜입니다. "또 무엇이 부족한 것처럼 사람의 손으로 섬김을 받으시는 것이 아니니 이는 만민에게 생명과 호흡과 만물을 친히 주시는 이심이라"(행 17:25).

3. 어느 누구도 하나님께 무엇을 하라고 조언할 수 없다.

셋째로, 바울은 우리가 하나님으로 하여금 무엇을 억지로 하시게 하거나 도움이 될 어떤 일을 할 수도 없다고 하며 구체적인 예를 듭니다. 34절입니다. "누가 주의 마음을 알았느냐? 누가 그의 모사가 되었느냐?" 어느 누구도 하나님의 모사(counselor)가 될 만큼 그분의 마음을 잘 알지 못합니다. 바울은 로마서 11장에서 하나님의 마음에 대해 설명했습니다. 우리는 하나님의 마음을 알도록 창조되었습니다. 하지만 어떤 사람도 하나님의 모사가 될 만큼 그분의 마음을 알지는 못합니다.

그러므로 여기서 우리가 하나님께 드리지 못할 특별한 것이 있다면 그것은 '조언'(counsel)입니다. 그런데 죄인들 스스로는 이 조언을 하나님께 드릴 수 있다고 너무 빈번하게 착각합니다. 죄인들은 사랑이나 기쁨이나 믿음이나 소망이 아닌, 조언을 내놓습니다. 그들은 노골적으로 혹은 우회적으로 하나님께 말합니다. "이런 식으로 세상을 꾸려 나가시다니 마음에 안 듭니다. 이건 좀 이렇게 해야 하지 않겠습니까." 세상에는 이런 식으로 하나님에게 충고하는 사람들로 가득합니다.

바울이 분명하게 말하는 한 가지가 있습니다. 우리가 드릴 수도 없고 감히 드려서도 안 되는 것입니다. 그들은 하나님이 어떤 식으로 세상을 운영해야 하는지 떠들어 대고, 하나님을 믿지 않는 자기들의 방식대로 하나님이 세상을 이끌어 가지 않으면 경고를 해댑니다. 마치 당뇨병 걸린 어린아이가 의사 선생님에게 이렇게 말하는 것과도 같습니다. '더 이상 주사기를 들이대지 마세요. 또다시 인슐린 주사를 나한테 꽂으면 다시는 안 올 거예요.' 마치 하나님께 위협을 가하듯 말입니다!

충고하지 마십시오. 하나님을 위협하지 마십시오. 그분을 신뢰하십시오. 다른 모든 것은 자살 행위입니다.

4. 그분의 길과 판단은 우리의 한정된 생각으로는 헤아릴 수도, 찾을 수도 없다.

넷째로, 모든 만물은 하나님에게서 나오고 하나님으로 말미암는 것이므로, 우리는 하나님께 속하지 않은 것으로 그분께 드릴 수도 없고 그분의 모사가 될 수도 없습니다. 따라서 우리가 하나님의 길과 판단을 보며 자주 당황하고 놀라는 것은 당연합니다. "그의 판단은 헤아리지 못할 것이며 그의 길은 찾지 못할 것이로다!" 이 말은 하나님을 결코 이해할 수 없다는 의미가 아닙니다. 하나님의 신비는 성경에 계시되어 있습니다. 그리고 우리를 깨닫게 하시기 위해 성령을 우리에게 주셨습니다(고전 2:14-15). 하지만 "우리가 지금은 거울로 보는 것 같이 희미하나 그때에는 얼굴과 얼굴을 대하여 볼 것이요. 지금은 내가 부분적으로 아나 그때에는 … 내가 온전히"(고전 13:12) 알게 됩니다.

5. 하나님께 모든 영광을 돌리라

이제 마지막으로 전체의 결론(11장과 오늘 본문의 결론)으로 이어집니다. 만물이 하나님에게서 나오고 하나님으로 말미암는 것뿐만 아니라, 36절에서 말하듯이, "만물이 주에게로 돌아감이라. 그에게 영광이 세세에 있을" 것입니다.

여러분은 자신이 하나님을 영광스럽게 하기 위해 존재한다는 개념이 마음에 듭니까? 모든 피조물이 하나님의 영광을 드러내기 위해 존재한다는 생각은 어떻습니까? 역사의 모든 것이 언젠가는 하나님의 위대하심과 아름다움을 최고의 방법으로 드러내는 완성된 그림이 되도록 하나님이 계획하셨다는 진리는 어떠한가요?

예수 그리스도께서 이 세상에 오신 것은 하나님의 의를 나타내고 우리가 하나님의 영광스러운 이름에 먹칠한 것을 회복하시기 위해서라는 사실이 마음에 수긍이 됩니까? 우리 각자는 하나님의 진정한 모습(영광스러운 모습)을 그대로 드러내기 위해 존재한다는 진리가 마음에 와 닿습니까? 다시 한 번 묻습니다. 우리의 구원은 하나님 은혜의 영광을 드러내기 위함이라는 사실이 마음에 드십니까? 하나님의 영광을 알 뿐 아니라 보여 준다는 것이 마음에 드십니까?

그것이 바로 하나님이 우주를 창조하신 이유입니다. 역사를 정하신 이유입니다. 그분의 아들을 보내신 이유입니다. 또한 우리가 존재하는 이유입니다. 하나님의 형상인 그리스도의 영광을 영원히 바라보고, 맛보고, 보여 주기 위함입니다. 로마서 1-11장을 마치면서 드리는 질문은 이것입니다. 여러분은 이 부르심을 자신의 보물이자 기쁨으로 받아들이겠습니까?